田汉研究

TIANHAN YANJIU

第五辑

田汉诞辰120周年纪念文集

中国田汉研究会、田汉基金会 编

中国戏剧出版社
CHINA THEATRE PRESS

图书在版编目（CIP）数据

田汉研究. 第五辑 / 中国田汉研究会，田汉基金会编. -- 北京 : 中国戏剧出版社，2019.12
ISBN 978-7-104-04905-0

Ⅰ. ①田… Ⅱ. ①中… ②田… Ⅲ. ①田汉（1898-1968）—纪念文集 Ⅳ. ①K825.6-53

中国版本图书馆CIP数据核字(2019)第270998号

田汉研究·第五辑

责任编辑： 王松林
责任印制： 冯志强

出版发行： 中国戏剧出版社
出 版 人： 樊国宾
社　　址： 北京市西城区天宁寺前街 2 号国家音乐产业基地 L 座
邮　　编： 100055
网　　址： www.theatrebook.cn
电　　话： 010-63385980（总编室）
传　　真： 010-63383910（发行部）

读者服务： 010-63381560
邮购地址： 北京市西城区天宁寺前街 2 号国家音乐产业基地 L 座

印　　刷： 鑫海达（天津）印务有限公司
开　　本： 889mm×1192mm　1/32
印　　张： 16
字　　数： 330千字
版　　次： 2019年12月　北京第1版第1次印刷
书　　号： ISBN 978-7-104-04905-0
定　　价： 88.00元

目录

领导讲话

纪念座谈会发言

专题报道一

学术研讨会发言

总 论

话剧研究

戏曲研究

史料研究

专题报道二

领导讲话

学习田汉同志，做有信仰、有情怀、有担当的文艺工作者

——在纪念田汉诞辰120周年座谈会上的讲话

中国文联党组书记、副主席　李屹

尊敬的各位艺术家、专家学者，同志们、朋友们：

在全国上下深入学习贯彻党的十九大和十九届二中、三中全会精神，广大文艺工作者认真学习贯彻习近平总书记在全国新时期党的工作会议上重要讲话精神，大力推动社会主义文化繁荣兴盛的重要时刻，我们今天在这里隆重举行纪念田汉先生诞辰120周年座谈会，追忆他为中国进步文艺事业奋斗一生的光辉历程，重温他为后人留下的宝贵精神财富，具有十分重要的意义。

田汉同志是中国共产党的优秀党员、杰出的无产阶级文化战士、中国现代革命文艺的先驱者之一。他是中华人民共和国国歌的词作者，是成就斐然的剧作家、诗人，是卓越的

剧坛领袖和中国现代戏剧的奠基人、戏曲改革的开拓者，还是我国早期电影和音乐事业的优秀组织者和领导人，被党和人民誉为杰出的“时代歌手”和“人民艺术家”，在国内外享有广泛声誉。

田汉同志的一生，是爱国进步、追求理想的一生，他以“暴雨飘风总不移”的意志高擎民族精神的火炬，为推动中国进步文艺事业的发展作出了卓越贡献。他饱含爱国主义热忱，自幼就立下了“救国”“强国”的志向，在五四、抗战、新中国成立后等重要历史时期，都有重要的历史功绩。青年时他便以满腔热情投身五四新文化运动，开创和领导了著名的“南国艺术运动”，吸引和鼓励了无数热血青年投奔反帝反封建的战场。20 世纪 30 年代，他是左翼文艺运动的主要领导者之一，特别是在抗战爆发后，他积极组织左翼文艺工作者开展“抗日救亡运动”，组织创作了上百部抗日救亡的戏剧、电影、音乐作品，成为“抗日救亡运动”具有重要影响力的宣传家。其时，由田汉作词、聂耳谱曲的《义勇军进行曲》，是中华民族追求独立解放、颂扬自由抗争的不朽诗篇，是一座爱国主义的伟大丰碑，并最终被定为新中国国歌。新中国成立后，他执行党和国家的文艺路线方针政策，为发展社会主义文化事业呕心沥血，作出了重大贡献。

田汉同志的一生，是与人民群众同呼吸共命运的一生，他以“争与吾民共死生”的精神始终保持与人民群众的血肉联系，为人民代言。田汉同志的作品以及他从事的文艺运动无不彰显着文艺为人民的伟大历史责任。田汉同志的文艺思想是植根于人民的，他一向主张艺术是“属于民众，为民众，由民众的”，主张艺术要“到民间去”。他的创作紧密围绕反映现实、关注社会、贴近大众，生动表现人民大众的生活体验和精神世界。他把艺术家的历史使命和责任担当与时代、与人民紧密联系，把自己卓越的艺术创造、组织才华毫无保留地献给了为自由解放、为美好未来而奋斗的人民群众。著名历史学家翦伯赞1947年曾盛赞田汉：“在你的五十年中，至少有三十年是投放在人民的事业上。在这三十年中，你用戏剧、用诗歌，为了中国的苦难人民而歌而哭而呐喊。你的戏剧，不是戏剧，而是近三十年来中国社会之缩写；你的诗歌，不是诗歌，而是近三十年来中国人民之哭叫。你不是戏剧家，不是诗人，而是时代的速记，是人民的代言人。”

田汉同志的一生，是为建设有中国精神、中国气派、中国风格的新文艺而创新创造的一生，他以“胜利属于创造者”的精神，在创作上锐意进取、兼收并蓄。田汉同志一生笔耕不辍，著作等身，他在话剧、戏曲、电影、书法、艺术理论、文学翻译、歌词创作等诸多领域，都有重大建树。他创作的话剧、歌剧、戏曲剧本、电影剧本就有130余部，歌词和新旧体诗歌2000余首（其中谱成歌曲近200首），译作20余部，理论、评论文章数百篇。他博古通今、学贯中西，在汲取中国传统文化精华的同时，积极借鉴西方文明成果，主张中西融合，兼容并包，并逐渐形成独具中国精神、中国气派、中国风格的新文艺风格。田汉同志的创新精神久为文艺界称道，其中尤以他的戏曲改革理论最为突出。在20世纪前二十年，随着外国戏剧的引进，有部分新文化运动的代表人物主张废除或摒弃中国传统戏曲，全盘照搬西方戏剧；而田汉主张继承改革发展中国传统戏曲，他提出要改革传统戏曲的文学内容和表演形式，但也着重强调了要继承和挖掘传统戏曲所表现出的民族精神和民族文化。在随后的三十年里，田汉的戏曲改革理论在实践中不断完善，到新中国成立初期，再一次发挥出它保护地方剧种、剧目和传承创新发展祖国戏曲文化遗产的重要作用。除了戏曲之外，他在话剧、电影、诗歌等方面同样发挥了无与伦比的创新创造精神，正如郭沫若先生在《先驱者田汉》一文中所评价的，“寿昌（田汉的学名），不仅是戏剧界的先驱者，同时是文化界的先驱者……二十五年来，中国各项新兴的文化部门中，进发得最为迅速而且有着惊人成绩的要数戏剧、电影，而寿昌在这儿是起着领导作用的。他的知识和行为，时常是跑在我们的前头……他有时跑得很快，快得要经过十年或二十年之后，我们才能跟得上来。”

作为伟大的人民艺术家，田汉同志在中国现代文化史上书写了辉煌的篇章，为我们留下了不朽的精神财富。当前，中国特色社会主义进入了新时代，习近平总书记在党的十九大报告中对繁荣社会主义文艺做出了重要的论述，将文艺工作提高到了前所未有的战略高度。在刚刚召开的全国宣传思想工作会议上，习近平总书记明确要求，要引导广大文化文艺工作者深入生活、扎根人民，把提高质量作为文艺作品的生命线，用心用情用功抒写伟大时代，不断推出讴歌党、讴歌祖国、讴歌人民、讴歌英雄的精品力作，书写中华民族新史诗。

新的时代对文艺工作提出了新要求，对文艺工作者充满新期待。今天，我们回顾田汉先生的光辉历程，令人感动，催人奋进。中共中央政治局委员、中央书记处书记，中宣部部长黄坤明同志批示：我们要继承老一辈文艺家留下的思想艺术遗产，发扬田汉同志忠诚党的事业、热爱祖国和人民的崇高精神，光大田汉同志孜孜以求、不懈探索的艺术品格，坚持以人民为中心的创作导向，把艺术之根深深扎在广大人民群众中，把作品质量作为生命线，把德艺双馨作为毕生追求，用心、用情、用功抒写伟大时代，不断推出讴歌党、讴歌祖国、讴歌人民、讴歌英雄的精品力作，为实现中华民族伟大复兴的中国梦作出新的更大贡献。

我们要向田汉同志学习，努力做有信仰、有情怀、有担当的新时代文艺工作者，这是时代赋予我们的重大使命与要求。

向田汉同志学习，就要坚持高扬爱国主义的主旋律，坚定文化自信，体现时代进步精神。我们要学习田汉同志，以伟大的爱国主义精神为指引，追随时代脚步，与民族共命运，与人民同呼吸。我们要大力弘扬社会主义核心价值观，坚定文化自信，用生动的文学语言和光彩夺目的艺术形象，激发全国人民的民族自豪感和国家荣誉感，引导人民树立正确的历史观、民族观、国家观、文化观。当下，文艺工作者要紧紧围绕改革开放 40 周年、新中国成立 70 周年、全面建成小康社会和中国共产党成立 100 周年的重大时间节点，大力推进文艺精品创作，要回答时代的课题、接受时代的挑战，坚定不移地用中国人独特的思想、情感、审美去创作思想精深、艺术精湛、制作精良的优秀作品，讲好中国故事，抒写改革开放和社会主义现代化建设的蓬勃实践，抒写富强的中国、民主的中国、文明的中国、和谐的中国、美丽的中国，激励全国各族人民朝气蓬勃迈向未来。

向田汉同志学习，就要坚持以人民为中心的创作导向，在深入生活、扎根人民中进行无愧于时代的文艺创作。我们要学习田汉同志“属于民众，为民众，由民众的”艺术创作观，学习他对国家、对民族、对人民命运的深切关怀。广大文艺工作者要坚持以人民为中心的创作导向，坚持为人民服务、为人民抒情、为人民抒怀，走出小圈子、走向大生活，俯下身子虚心向人民学习、向生活学习，从人民的伟大实践和丰富多彩的现实生活中汲取营养，不断进行生活和艺术的积累，不断进行美的发现和美的创造。我们要牢记习近平总书记指出的“胸中有正义，心里有人民，肩上有责任，笔下有乾坤”的谆谆教诲，深入生活、扎根人民，自觉把自己的命运与党和国家、人民的命运联系起来，创作出更多能够真正反映人民大众心声的，有道德、有筋骨、有温度，接地气、留得下、传得开的优秀文艺作品。

向田汉同志学习，就要积极传承、勇于创造，努力推动中华优秀传统文化在当代的创造性转化、创新性发展。田汉同志拥有文化先行者不竭的探索与创新精神，深为文艺界所景仰。他的戏曲改革实践及其他艺术创作实践，至今仍有着广泛的时代影响与借鉴意义。作为中华优秀传统文化的继承者，我们要秉持客观、科学、礼敬的态度，坚持古为今用、推陈出新。我们要坚持不忘本来、吸收外来、面向未来，按照时代的新进步新进展，对中华优秀传统文化的内涵不断加以丰富、拓展、完善，增强其凝聚力、影响力、引导力和感召力。我们要努力实现中华优秀传统文化的创造性转化和创新性发展，创作出更多体现中华文化精髓、反映中国人审美追求、传播当代中国价值观的精品力作，让中华文化展现出永恒魅力和时代风采。

文化兴国运兴，文化强民族强。在不久前召开的全国宣传思想工作会议上，习近平总书记强调“举旗帜、聚民心、育新人、兴文化、展形象”，提出了“兴文化”的使命任务：坚持中国特色社会主义文化发展道路，推动中华优秀传统文化创造性转化、创新性发展，继承革命文化，发展社会主义先进文化，激发全民族文化创新创造活力，建设社会主义文化强国。这为新时代文化事业的发展提供了根本遵循，指明了前进方向。我们召开今天的纪念会，就是要继承老一辈文艺家的精神财富和光荣传统，自觉肩负光荣的历史使命，做有信仰、有情怀、有担当的文艺工作者。让我们紧密团结在以习近平同志为核心的党中央周围，深入学习贯彻习近平新时代中国特色社会主义思想和党的十九大精神，坚定文化自信，不忘初心、牢记使命、振奋精神、开拓创新，为繁荣兴盛新时代中国特色社会主义文艺、实现中华民族伟大复兴中国梦作出新的更大贡献！

谢谢大家！

学习田汉精神和人格风范，发扬优良传统，攀登艺术高峰

——在纪念田汉诞辰120周年座谈会上的讲话

文化和旅游部党组成员、副部长　李群

尊敬的各位前辈、艺术家、专家学者，同志们、朋友们：

大家好!

在刚刚召开的全国宣传思想工作会议上，习近平总书记做了重要讲话，强调宣传思想工作要自觉承担“举旗帜、聚民心、育新人、兴文化、展形象”重要使命任务。今天中国文联、文化和旅游部共同召开纪念田汉同志诞辰120周年座谈会，结合新形势下宣传思想工作的使命任务，通过回顾田汉同志为中国革命文艺事业奋斗一生的光辉历程，重温老一代革命文艺家的民族精神和时代精神，激励新一代文艺工作者以习近平新时代中国特色社会主义思想和党的十九大精神为指导，树立“四个意识”，坚定“四个自信”，坚决维护习

近平总书记党中央的核心、全党的核心地位，维护党中央权威和集中统一领导，时刻牢记、践行肩负的使命任务，做有信仰、有情怀、有担当的新时代文艺工作者，以坚定、奋进、创新的姿态，努力创造无愧于时代、无愧于人民的优秀文艺作品。

田汉同志一生经历了中国20世纪不同发展时期，为国家民族的文学艺术贡献了毕生精力和卓越才华。他是中国共产党的优秀党员，杰出的无产阶级文化战士，中国现代革命文艺的先驱者之一；他是成就卓著的剧作家、歌词作家和诗人，中国话剧运动的重要奠基人、戏曲改革的开拓者；他是我国早期革命音乐和电影事业的先驱，中华人民共和国国歌的词作者。他参与新中国创建的筹备工作，以及国歌、国旗、国徽、国都、纪年方案的拟定工作。新中国成立后，他任职原文化部戏曲改进局局长和艺术事业管理局局长、中国文联副主席、中国戏剧家协会主席，负责领导全国的戏曲改革工作和戏剧发展事业，是我国文艺工作杰出的组织管理者。他一生始终高擎民族精神的火炬，始终倡导和执行党和国家文艺路线方针政策，始终坚持兼收并蓄继承创新，始终保持人民情怀，坚持为人民创作。虽然田汉同志已故去半个世纪，但直至今天，田汉精神和人格风范，仍深深地感染我们，召唤我们不断奋斗，继续前行。

广大文艺工作者要学习田汉同志紧跟时代、追求真理、献身革命的理想信念。田汉同志一生追求真理和光明，他在新文化运动中传播马克思主义，创办“南国社”宣传进步文艺思想，不论是新民主主义革命时期，还是社会主义革命和建设时期，田汉同志都走在时代前列，旗帜鲜明地投身革命实践，坚持文艺的正确方向，成为文化艺术界旗帜性人物。我们今天纪念田汉同志，就是要承担时代赋予我们的历史责任；要在当下价值观念多元多样的社会，立主导、领主流；高举中国特色社会主义旗帜，推动习近平新时代中国特色社会主义思想深入人心，以思想的火炬烛照一个古老民族的前进方向和精神家园。

广大文艺工作者要学习田汉同志忧国忧民、不屈不挠、敢于斗争的爱国情怀。田汉同志在抗战时期领导抗战文艺，身体力行创作反映抗战题材的戏剧作品、诗歌、歌曲，凝聚民心，反抗侵略者。在民族危亡关头，他创作的电影《风云儿女》主题歌《义勇军进行曲》成为中华民族解放的号角，对激励中国人民的爱国主义精神起了巨大的作用，后成为中华人民共和国国歌。它是国家的象征和标志，每当它奏响时，总能激荡出全国各族人民的国家认同感和国家荣誉感。我们今天纪念田汉同志，就要认识到爱国主义是中华民族精神的核心，文艺要顺应人民意愿、反映人民关切，把全党全国各族人民的士气鼓舞起来、精神振奋起来，把人民对美好生活的向往作为我们的奋斗目标，使我们的文艺作品更好地发挥强信心、聚民心、暖人心、筑同心的现实作用，唱响新时代团结人民共同奋斗的最强音，凝聚起 13 亿多人的磅礴合力，向着中华民族伟大复兴的中国梦阔步前行。

广大文艺工作者要学习田汉同志勤奋耕耘、开拓进取、勇于创新的工作作风。田汉同志学贯中西、博古通今，长期保持着旺盛的创作热情。他历经新文艺、革命文艺和社会主义文艺阶段，孜孜以求地寻找革命的内容与完美的艺术形式相结合的创作之路；他着力开展和保护传统戏曲，主张现代戏、新编历史剧、整理改编传统戏“三并举”原则，同时积极践行传统戏曲的继承和创新，其作品和艺术主张贯穿在我国不同文艺发展阶段的总体脉络中，在不少艺术门类都有新的突破和建树。他著作等身，创作的《获虎之夜》《名优之死》《白蛇传》《关汉卿》《谢瑶环》等剧目迄今仍不断演出，深受广大观众喜爱，为创建有中国精神、中国气派、中国风格的新文艺进行了有益的探索。我们今天纪念田汉同志，就要认识到文艺“以文化人”“以艺感人”的作用，牢牢把握正确的创作导向，唱响主旋律，壮大正能量，培育和践行社会主义核心价值观，引导广大文艺工作者深入生活、扎根人民，把创作“思想精深、艺术精湛、制作精良”的优秀作品作为文艺作品的生命线，用心用情用功抒写伟大时代，讲好中国故事、传播好中国声音，不断推出讴歌党、讴歌祖国、讴歌人民、讴歌英雄的精品力作，书写中华民族新史诗。

同志们，新时代开启新征程，新使命呼唤新作为。希望广大文艺工作者以习近平新时代中国特色社会主义思想为指导，坚持“二为”方向、“双百”方针，坚持创造性转化、创新性发展，坚定文化自信，坚守中华民族文化立场，坚持以人民为中心的创作导向，不忘初心、牢记使命，肩负社会责任，反映人民心声，发扬优良传统，勇攀艺术高峰，在新时代努力创作更多接地气、传得开、留得下的优秀作品，以更加昂扬的向上的精神状态和更加饱满的工作热情，为繁荣发展社会主义文艺、建设社会主义强国、实现“两个一百年”奋斗目标作出新的更大贡献。

缅怀田汉同志

——在纪念田汉诞辰120周年座谈会上的讲话

中国人民对外友好协会原会长　陈昊苏

田汉同志是20世纪中国著名的革命文艺家，他是文学的天才，继承了中国漫长悠久的诗歌文化传统，与他所处时代人民进行伟大革命斗争相结合，创作出与时俱进的史诗性作品，足以流传千古，为亿万人民敬仰爱戴。他在诗歌、音乐、戏剧、电影等领域辛勤耕耘，培育奉献出大量的艺术珍品，成为时代召唤的记录、人民革命的丰碑。他的作品中最为当代人们所熟悉和称道的，就是与聂耳合作的《义勇军进行曲》，在20世纪中叶成为中华人民共和国的国歌。这是我们这个时代标志性作品、永远高扬的旗帜，将与我们伟大的祖国同在，是共和国历史上辉煌永驻的不朽经典。

我们这一代是在中国革命战争的烈火硝烟中诞生并长大的，从小就熟悉《义勇军进行曲》的战斗旋律。我们的父兄唱着这首歌走上民族解放的战场，走过浴血奋斗的漫漫征程。在十几年的峥嵘岁月里，他们打败了日本侵略者，推翻了国民党反动派，迎来了新中国的光荣诞生。1949 年 9 月召开的人民政协全体大会庄严决议，以《义勇军进行曲》作为中华人民共和国的国歌。

新中国成立后，我们这一代也唱着《义勇军进行曲》踏上属于自己的革命征程，在学校课堂、工厂农村、部队营房及各种革命工作岗位上，为建设并保卫新中国付出辛劳、流淌热血，甚至献出生命。国歌的战斗诗情鼓舞我们不断进取，迎来了一个又一个的胜利。我们的征途不仅漫长，而且充满曲折。我们都没有料到，田汉同志会在新中国发展的进程中蒙受冤屈，受到不公正的待遇直至牺牲。这些不公正的待遇甚至威胁到他作为国歌歌词作者的荣耀地位。但不公正终于得到纠正，随着改革开放的进程，文学界拨乱反正取得重大成果。1982 年全国人民代表大会作出庄严决定，恢复田汉同志作词的《义勇军进行曲》为中华人民共和国国歌。

我父亲陈毅是第一届全国政协大会的参加者，他曾对《义勇军进行曲》作为国歌投下赞成票，这体现了开创新中国那一代的革命战士对田汉同志参与创建新中国革命功勋的承认和赞许。三十多年之后，全国人大会议通过恢复《义勇军进行曲》为国歌，则体现了当代中国人对于田汉同志作为老一辈革命文艺家的革命生平杰出贡献的敬仰与赞美。田汉同志在中国现代史、中国革命文艺发展史上占有的崇高地位到 20 世纪 80 年代终于再次得到确认，不可动摇，这是亿万人民的共识，让我们大家都感到欣慰。

现在我们重温国歌《义勇军进行曲》的歌词，可以充分感受田汉同志对于国家人民的历史命运所怀赤子般的炽热情怀。“中华民族到了最危险的时候，每个人被迫着发出最后的吼声”，前一句是向全体中国人民发出战斗的警报；后一句则是代表全体中国人民在警报面前表达奋起救亡的坚定决心。中华民族争取解放的事业置之死地而后生，凝聚起最强大的力量，开始了由衰微向着振兴、由失利转为胜利的转折。在新中国成立之际，曾经有同志以为“最危险的时候”已经过去，质疑在国歌中出现这样的提法。但多数委员都认为中华民族的伟业需要居安思危，不断地敲响警钟，以利于永远保持牺牲奋斗不断进取的雄心。我们庆幸当年开创新中国的先驱者们，他们具有洞察风云的远见，做好了长期奋斗的准备，领导着我们国家和人民在世纪的征程中一往无前。

“把我们的血肉筑成我们新的长城”，这是中华儿女在敌人侵犯时作出反抗的伟大战略，在回顾历史时到处可以找到践行这种战略的实例。我父亲陈毅曾担任新四军代军长，在华中敌后建立起抗日民主根据地，毛主席曾赞扬新四军是“华中人民的长城”，表明这正是《义勇军进行曲》的战略在华中敌后成功运用的典型。展望未来，我们在不同方向、不同时期、不同领域，还要筑就无数新的长城，以确保中华民族复兴的伟业不断赢得胜利。

现在已经是 21 世纪，中国特色社会主义事业正在以习近平同志为核心的党中央领导下以磅礴的气势进军。正义的事业总是在艰难曲折中顽强进取。“我们万众一心，冒着敌人的炮火前进”，这歌声将永远鼓舞我们走向光明的未来。我谨献上颂诗一首，向田汉同志致敬，他作为革命先驱伟大歌者的形象，永远在我们后代的心中放射不朽的光芒！

起来唱响山河动，崛起神州紫气东。
百战艰难拼义勇，千殇壮烈靠工农。
风云儿女长城再，伟业辉煌国史红。
一曲兴邦诗不老，丰碑耸立赞歌雄。

怀念田汉先生　学习田汉先生

——在纪念田汉诞辰120周年座谈会上的讲话

中国文联副主席、中国戏剧家协会主席　濮存昕

各位领导、各位前辈、同志们、朋友们：

在田汉诞辰120周年之际，我们在这里深切缅怀田汉先生，追忆他对我国文艺和戏剧事业作出的巨大贡献，作为新时期的戏剧工作者，我们对田汉先生满怀景仰。

我们不能忘记田汉先生对戏剧事业发展所作出的巨大贡献。田汉先生是大剧作家，他创作了《白蛇传》《谢瑶环》《关汉卿》《文成公主》等经典剧作、影响深远，我所在的北京人民艺术剧院就曾上演《名优之死》《关汉卿》，田汉先生当时也常为北京人艺的剧本创作、演出排练出谋划策。田汉先生是话剧艺术的奠基人之一，是戏曲改革运动的先驱者和领导人，为发展新生的话剧艺术、保护和传承发展戏曲艺术作出了不可磨灭的突出贡献。田汉先生是戏剧运动的杰出的组织

家和领导人，他发起并领导了南国戏剧运动、左翼戏剧运动、抗战演剧宣传运动等，并担任了中国剧协的第一、二届主席。田汉先生是戏剧理论家、戏剧教育家，曾任教于多所大学，培养了大量戏剧骨干人才。田汉先生是戏剧翻译家，他是中国最早翻译莎士比亚戏剧名作，以及众多欧洲和日本戏剧的翻译家。田汉先生还是戏剧出版家，编辑了《抗战戏剧》《人民戏剧》等大量戏剧刊物，创办了中国戏剧出版社。田汉先生是集戏剧创作、戏曲改革、戏剧理论、戏剧教育、戏剧翻译、戏剧出版、戏剧管理等于一身并取得极高成就的集大成者，是具有戏剧史里程碑意义的大戏剧家。他以火一样的热情、水一般的才思几十年如一日地投身在戏剧事业的第一线，激励着一代代的戏剧工作者，也鼓舞着一代代的人民群众！

戏剧界有不少前辈演员、剧作者、组织者、管理者，或与田汉先生曾有亲密交往，或受到田汉先生的深刻影响，都对先生充满景仰与缅怀之情。中国剧协名誉主席、京剧表演艺术家尚长荣老师原本也要来大会发言，因身体原因未能参会，他发来了书面发言，特别委托我在这里节选几段给大家念一念：

“田汉先生与戏曲的缘分由来已久。14岁时，他便改编传统京剧《三娘教子》，写出了他人生的第一部戏曲作品。民国时期，他与众多京剧大师广交朋友，以实际行动向传统艺术表达着尊崇之情。抗日战争的爆发，激起了田汉先生极大的戏曲创作热情，他以戏言志，以“大史剧”的气势和风格表达抗敌救国的恢宏气势。这期间他创作的《明末遗恨》《土桥之战》《江汉渔歌》《岳飞》等京剧作品都以大场面、大气魄呼应着军民同仇敌忾的大气势，在当年极具冲击力和影响力。

中华人民共和国成立前后，田汉先生一直致力于戏曲的改革工作。他在对古代戏曲遗产的批判继承、对地方剧种剧目的鉴别、新戏曲的建设、对演员的关怀以及剧本的创作和建设等方面都身体力行地做了大量工作。

田汉先生虽然离开我们许多年了，但他对于文艺创作、改革和发展的精神仍然值得今天的我们研究、回顾和反思。我们拥有着几百个剧种、成千上万的剧目，它们是民族之瑰宝、文化之遗产，对于这些传统，我们应当尊重、应当守护，但万不可僵化、极端，矫枉过正地走进另一个误区、犯另一种错误。只有更好地完善、提高、去芜存菁，才是对传统最大的尊崇和敬畏。田汉先生当年的理念、实践与精神，是不可否定、也不容否定的。他笔耕不辍的精神、勇于创新的胆量、追求真理的魄力对于当下文艺事业的发展与推进都是一笔极其宝贵的财富！”

这是尚长荣老师的肺腑之言，也是我们戏剧界的心声。我们景仰田汉先生，因为在他的心中戏剧是神圣的，是与最广大的人民群众血脉相连的，也是不断在传承发展进步的，是应该大有可为、大有作为的，他深切爱着戏剧、爱着戏剧人、爱着戏剧观众。我曾听闻一些前辈艺术家深情讲述与田老的交往故事，他被剧人们亲切称为“田老大”，大家都把他当成最知心最可信赖的带头人和精神领袖，他在戏剧界的崇高威望是在漫长的动荡的社会条件下艰苦忘我的戏剧实践中自然形成的。他热情、纯真、坦诚、宽厚，对国家、对民族饱含深情，对戏剧、对艺术充满探索、永不自满、不懈追求，令人肃然起敬，至今仍为广大戏剧人所称颂。

回顾田汉先生的艺术人生令人感动，催人奋进；学习田汉先生的精神品格，对于我们做有责任、有担当的戏剧工作者，做好新时期的戏剧工作具有重要的现实意义。我们要学习田汉先生对党和人民的无比忠诚，勇于做国家和民族脊梁的担当精神，这是做好戏剧工作必须继承的精神财富；我们要学习田汉先生对戏剧艺术的满腔热情，在不断学习兼收并蓄的基础上，永不疲倦、永不满足地创新创造，这是做好戏剧工作必须继承的宝贵经验；我们要学习田汉先生襟怀坦荡、无私正直、实事求是的精神品格，这是做好戏剧工作必须继承的优良作风。

田汉先生虽早已离开我们，但戏剧界会永远铭记，他的精神也必将永存。谢谢大家！

继承田汉戏剧精神，创造当代艺术精品

——在纪念田汉诞辰120周年学术研讨会上的讲话

中国艺术研究院院长、党委书记、
中国非物质文化遗产保护中心主任　韩子勇

各位嘉宾、同志们、朋友们：

今天，我们在这里集会，静静地缅怀田汉先生在文艺事业上的伟大业绩，学习他的人品和艺术精神；共同纪念学习田汉先生，探讨和研究其历史功绩与文化价值。

120年前，田汉先生出生于湖南省长沙县，伴随着中国告别封建统治迈向现代社会的历史进程，在时代风雨中，他从一个农家子弟，成长为一名优秀的中国共产党党员、杰出的文化战士。在其70年的人生历程中，他一直秉承民族良心，捍卫国家利益，坚持艺术理想，不畏艰难，奋斗不息，在现代文艺史上书写了辉煌的业绩。他不仅是中华人民共和国国歌的词作者，而且是中国现代戏剧艺术的重要奠基人；他不仅是早期革命音乐、左翼戏剧、左翼电影的开拓者，而且是现代诗歌、戏剧教育、戏剧改革的领路人。此外，他在剧本创作、艺术评论、音乐、书法等方面也造诣很深，在国际上享有广泛的声誉。

今天，我们缅怀田汉先生这位伟大的人民艺术家，就是为了更好地研究其光辉的艺术道路；学习其真诚的报国志向；总结其丰富的思想资源；弘扬其高尚的文化精神，为建设中国特色社会主义文化事业贡献我们的力量。我们要学习田汉先生与人民同呼吸、与时代共命运，追求理想、坚持真理的人格精神。田汉先生生于忧患，逝于动乱，个人遭际相当坎坷。但是，无论是在五四新文化运动中，还是在左翼文艺运动中，抑或是在抗日战争的烽火岁月里，在社会主义革命和建设时期，田汉都坚持正确的文艺方向，勇敢地走向时代前列，以笔做投枪，向一切阻碍社会进步的腐朽势力宣战；以剧场为战场，掀起讴歌时代精神，塑造民族品格的文艺浪潮。田汉先生充满激情地创造了一系列剧作，为民族的心声、时代的发展留下了真实的坐标。

今天，我们纪念田汉先生，就是要认清时代所赋予我们的光荣使命，无愧于党和人民的殷切希望，坚持文艺为社会主义服务，为人民服务的宗旨，把文艺事业看成增强民族凝聚力、创造力，提升国家软实力的重要方式，为丰富人民群众的精神文化生活，促进社会和谐发展不断努力。

我们要学习田汉先生宽广的文化胸襟和探索创新的艺术

品格，田汉先生的一生是革命的一生，奋斗的一生，也是创造的一生。田汉先生是大时代洪流中的奋勇者，而不是书斋里的艺术家。对文艺事业他不仅刻骨、勤奋、博采、学贯中西，而且有一种“不薄今人爱古人，清词丽句必为邻”的态度。他在继承民族优秀文化传统的基础上不断开拓创新，在话剧、戏曲、诗歌、评论等很多领域都有建树，他留给后人 20 卷《田汉全集》，其中许多佳作已经成为民族艺术的瑰宝。我们今年纪念田汉先生，就是要以人民为中心，拥抱新时代，共筑中国梦，努力攀登文艺高峰。我们要学习田汉先生政治坦荡、磊落光明，不以物喜、不以己悲的严格风范。

1949 年以前田汉先生在很长的时间里怒斥黑暗、追求光明，在艰苦的岁月里，为进步文艺事业凝聚各方面人才。他为人真性情，行事大无畏，是戏剧圈里的田老大，是文艺青年的知心人。1949 年以后田汉先生成为新中国戏剧事业的领导者和组织者，为繁荣社会主义作出了巨大贡献。

同志们、朋友们，当今世界正发生着广泛而深刻的变化，当今中国正处在中华民族伟大复兴的前叶，我们正面临着新的挑战和新的机遇。文艺的资深建设面临着许多新的课题，我们要认真学习习近平新时代中国特色社会主义文艺思想，增强责任意识和使命感，摒弃浮躁，潜心创造，为中华文化的复兴而奋斗努力。

谢谢各位！

纪念座谈会发言

在纪念田汉诞辰120周年座谈会上的发言

田汉长孙、田汉基金会会长　田钢

尊敬的各位领导、各位来宾，各位朋友：

今天，我们怀着激动的心情参加这次重要的座谈会。在此，我谨代表田汉先生的亲属，向主办和承办这次会议的中国文学艺术界联合会、中华人民共和国文化和旅游部，中国戏剧家协会、文化和旅游部艺术司、中国田汉研究会、田汉基金会表示衷心感谢，向各位会议代表和朋友们的到来表示诚挚的敬意！

120年前，田汉先生出生在湖南省长沙县东乡花果园田家塅茅坪一个贫苦农民家庭，是家里的长子。他在正直、坚忍、智慧的母亲易克勤的抚育下，在艰辛和磨难中成长。家庭交不起学费，也给不了他什么物质财产，倒是爱读书的父亲和最疼爱、最期待他的母亲，和最激励他成长的导师舅舅易梅臣给了砥砺他一生前行的精神力量。

他 13 岁时，就真诚热情地投入反抗封建专制的革命运动，参加了学生军，打着绑腿准备去参战北伐。他 15 岁创作了《新教子》，以表达他为国家民族尽力的志向。在日本的时候，他博览群书，以至诚之心，立志追求社会进步和一个新生、强大、民主、自由的“少年中国”。他曾发自肺腑地说：“我最爱的是真挚的人。我深信‘一诚可以救万恶’……”他写的“梅雨”一诗，真切地剖析自我，面对“浮嚣者多，真挚者少”的世况，人格公开，把自己无遮拦地示与他人。他对真善美的“忏悔”，给了他一个无悔的人生。

他至诚于艺术，在很早就认清自己的初衷之后，就无限热爱、忠诚、执着于他为之献身的戏剧事业。他当初自署为“中国的易卜生”，选择以艺术为民族国家服务，最后成为中国的“戏剧魂”。他至诚于祖国和人民，讲真话，实事求是，敢于向党和国家反映真实情况。他创作的《谢瑶环》《关汉卿》等剧作，都反映了他的家国情怀和赤诚之心。在他生命的任何一个阶段，不论在艺术和政治上有着什么样的变化与选择，他都至诚对待，全力以赴，践行理想。

在积贫积弱的中国，风起云涌的革命浪潮，艰苦生活的锤炼使他更加贴近社会实际，与老百姓心心相印。在意志坚强、胸怀博大的母亲和为爱国和革命而牺牲的舅父培养下，他把“国气与民心融入了自己的灵魂之中”。早在 1919 年，他在日本时就积极参与组织了“少年中国学会”，而后相继撰写了《平民诗人惠特曼百年祭》《诗人与劳动问题》等宣扬自由、独立、民主和民族精神的论文，歌颂劳动，呼吁创立无产阶级文化，“团结万国共患难同辛苦的劳动者”为他们的利益而战，因此他是我国最早的社会主义者之一。

二十世纪三十年代初，他毅然转向左翼文化阵线，全身心地投入为了劳苦大众的戏剧、戏曲、音乐和电影运动，以强烈的责任感反映时代要求和人民的心声。在民族危亡的历史关头，他发出“每一个不愿做亡国奴的工作者都愿把他的艺术、甚至他的生命，贡献给抗战”，把戏剧当武器，把剧场当战场，让每一位观众举起救亡刀枪的呼吁。他为电影《风云儿女》所写的主题歌歌词《义勇军进行曲》经音乐家聂耳谱曲在全国传唱，成为鼓舞中国人民在抗日救亡运动和抗日战争中英勇奋斗的时代号角。后来，《义勇军进行曲》成为中华人民共和国国歌，国家专门颁布了《国歌法》并在新《宪法》中再次确认，这是对田汉写出中华民族不屈不挠斗争精神、忧患意识和英雄气概不朽作品的最高肯定。

他崇尚“命为生民立”，崇尚学文天祥富贵不能淫、威武不能屈的爱国气节；他爱家人，爱朋友，把所有戏剧人都看成是自己的亲人，对生活在底层的人民有天然深切的同情。他倾尽行囊，接济朋友，大爱无我，为民呐喊请命。

老母亲易克勤含辛茹苦供田汉读了几年私塾，加上他自己的努力，国学功夫扎实。后来在长沙上师范时学了新学，特别是在日本的学习，使他打下了贯通国学西学的基础。早年，他热心做文艺批评家，剧作家，画家、诗人，但第一热心做的就是戏剧家。在早期的艺术活动中，他深入进行了现代文艺理论研究和诗歌创作，在民主主义、社会主义和现代艺术思想影响下，逐步形成了他综合融汇的创作思想和艺术风格。他一生投身于艺术事业，“在现代文学、话剧、戏曲、电影、音乐、文艺评论以及文艺事业的组织管理方面，都作出了突出贡献。”在半个世纪的艺术生涯中，他创作了六十三部话剧，二十七部戏曲和两部歌剧，十二部电影，两千余首新诗、歌词、旧体诗和三百余篇文章。

田汉、欧阳予倩和洪深先生都是中国话剧的奠基人。在欧阳予倩等人将“drama”（戏剧）这一欧洲艺术形式移植到中国之后，他和洪深根据其以对话为主的特点，首次将其定名为“话剧”，开创了中国话剧的新纪元。

二十世纪二十年代，他的《获虎之夜》《名优之死》等早期话剧，对我国新兴话剧起到了重要的奠基作用。三四十年代，他聚焦工人运动和抗日救国，创作了《乱钟》《梅雨》《回春之曲》《卢沟桥》《秋声赋》《丽人行》等话剧和《新雁门关》《岳飞》《江汉渔歌》等戏曲，还写出了歌剧《扬子江暴风雨》，成为中国歌剧的奠基之作，丰富了话剧和戏曲表现形式，推进了新民主主义革命时期的戏剧艺术创作。中华人民共和国成立后，他改编了《白蛇传》《谢瑶环》等京剧，创作了《关汉卿》和《文成公主》等优秀话剧，达到了他艺术的高峰。

他是我国新诗最早的开创者之一，他的旧诗更是激扬澎湃，率真坦荡，才气横溢。他创办“南国电影剧社”，和夏衍先生等一起，开创了我国电影事业的先河。他开创和领导了左翼剧联音乐小组，创作了许多优秀歌词，其中《前进歌》《毕业歌》《码头工人歌》《告别南洋》《梅娘曲》《义勇军进行曲》等反映了时代的强烈呼声。

他注重把歌曲、诗与话剧、电影有机结合起来，形成大众化、中国化、高度综合的艺术形式。在他的艺术生涯中，不论是“唯美的残梦，青春的感伤，现实的觉醒，还是集团的吼叫”，都是艺术家的责任担当、时代需求和特定的艺术表现形式所决定的。在他的作品中，既有《回春之曲》那样为鼓舞士气的“速成”品，也有十三年磨一剑的《白蛇传》，还有厚积薄发的《关汉卿》。在他身上，磨光和突击，数量和质量是统一的。

在田汉一生中任何一个阶段，憨直而爱苦干硬干的“湖南牛”精神是突出的写照。他从小就能吃苦，认为一切都要靠奋斗得来，“最美好的果子是在不断的风雨侵凌中长成”。他曾说，“南国社没有钱，但干劲很足。”他拼命养家糊口，在家人支持下苦干穷干创办《南国月刊》、南国艺术学院和南国社，从无到有奋斗八年，屡挫屡战，开创了南国时代。

他参加了周恩来副部长、郭沫若厅长领导的“军委会政治部第三厅”，在党的领导下，苦干硬干组织了十个抗敌演剧队，广泛动员教育民众，带领他们深入抗战前线激励将士。他和欧阳予倩、瞿白音先生等在异常艰苦的环境下，硬是发起举办了抗战中最隆重、最壮观的戏剧盛会“西南剧展”，使桂林成为抗战文化艺术的中心。他经常无米下锅，曾经到了“爷有新诗不济贫”，“千古伤心文化人”的地步，我们的老娭毑还把自己的外套当掉换米维生。他曾经和弟弟田洪一起用小木车推着老母亲翻山越岭，艰难行路。就是靠这种苦干、硬干和穷干精神，他和他的战友们冲破重重阻力，艰苦奋斗，无私奉献，通过戏剧艺术运动形成“交响乐”，形成真善美的载体和民族化、大众化、现代化戏剧文化模式。

我们后人，要把对田汉先生的深切怀念化作继承和发扬田汉精神的动力，融入新时代实现中华民族伟大梦想的洪流。我们的前辈田汉先生，生于乱世，死于浩劫，他的热血与魂魄已化作黄河扬子浪千叠，就像涅槃的凤凰，虽然被烈火烧毁了形骸，但它的精神却又从冷静的灰里走了出来，成为更加灿烂的永生。

谢谢！

研究和继承
田汉同志的思想艺术遗产
繁荣新时代的文化艺术事业

——在纪念田汉诞辰120周年座谈会上的发言

中国田汉研究会副会长兼秘书长　郭超

各位领导、各位同志：

今天田汉研究界和文化界艺术界以及田汉故交后人的代表，怀着崇敬的心情，在庄严的人民大会堂聚会，纪念伟大的人民艺术家田汉先生诞生120周年和逝世50周年，共同缅怀田汉先生的历史功绩，学习和弘扬田汉精神。

田汉是为中华民族解放事业和中国现代革命文艺事业作出过卓越贡献的文化巨人——是中华人民共和国国歌《义勇军进行曲》的词作者、杰出的诗人和歌词大家，是投身民族解放运动的卓越组织家、社会活动家和时代歌手，是中国现代戏剧运动的重要奠基人、领导人、戏曲改革的先驱者和大戏剧家，是早期进步电影和革命音乐事业的直接组织者和领导人，是著名的翻译家、文艺理论家、文艺评论家、艺术教育家、出版家、书法家。田汉为中国的新文艺事业奋斗了半个世纪，创作有话剧、歌剧、戏曲、电影剧本 130 余部，诗词 2000 首，歌曲 200 首，理论、评论文章数百篇，行世作品逾千万言，在国际国内享有极高的声誉，是 1985 年中共中央宣传部批准的可以在全国各地塑像纪念的第一批中国历史文化名人之一。

田汉生于 1898 年，逝世于 1968 年，一生经历了辛亥革命、新文化运动、左翼文化运动、抗日战争和新中国建设等不同历史时期，每每能够站在历史洪流的潮头中前行，敢于与帝国主义、封建主义以及邪恶势力进行斗争，敢于坚持文化探索和创新，敢于追求真理并为之斗争、为之献身。文化巨人郭沫若评价田汉“不仅是戏剧界的先驱者，同时是文化界的先驱者”。在五四运动之前，田汉就在写新体诗歌、写批评、研究文艺思潮、做翻译工作，是我国最早研究俄国革命和俄罗斯文艺思潮的文艺家，是我国最早翻译莎士比亚作品的翻译家之一。五四运动后，田汉的主要精力集中到建设中国新文艺事业上——他旗帜鲜明地反对全盘西化，提出戏曲改革的主张，强调保护传统戏曲中所蕴含的宝贵的民族文化遗产的重要性，成为戏曲改革的先驱者；他是最先提出并且一贯强调文艺是“属于民众的，为民众的，由民众的”人民文艺观的文艺理论家；他是主张“文艺是应该以人民为本位，作家是应该写中国作风和中国气派的东西，要办到老百姓所喜闻乐见”的“以人民为中心”的新文艺的倡导者和建设者；他是中国共产党在全国范围内取得文艺战线意识形态领导权的“左翼文化运动”的代表人物之一和左翼文艺运动（左翼戏剧、左翼电影、左翼革命音乐事业）的直接领导人。

在长达十四年之久的抗日救亡运动和抗日战争时期，田汉不仅创作出数十部抗日题材的戏剧、电影剧本和数百首抗日诗词、歌曲，以及数十篇抗日文章、宣言等，而且还办报、办刊宣传抗战，成功地组织、领导了数十个抗敌演剧队、宣传队和孩子抗敌剧团，以及成功组织了抗日募捐义演、中国舞台协会公演、抗日前线演剧、西南剧展等抗日戏剧宣传活动，成为抗战时期的头号宣传家。田汉作词、聂耳谱曲的《义勇军进行曲》，是中国人民反抗帝国主义侵略奴役的解放号角，是中华民族伟大精神的象征，是世界人民反法西斯阵营的战歌，是中国贡献给世界和平事业的不朽诗章。

中华人民共和国成立后，田汉一直担任中国剧协主席，领导戏曲改革工作和建设人民戏剧事业，他认真贯彻执行“百花齐放，推陈出新”的文艺方针，团结戏曲界的老艺术家并且充分发挥他们“承”“传”祖国戏曲文化遗产的不可或缺的作用；他强调戏剧创作要坚持“现代戏和传统戏两条腿走路”的方针，坚持遵循艺术发展规律，敢于与违背艺术发展规律的极左文艺路线进行斗争，直至以身殉职。

在田汉逝世50年后的今天，全社会已形成共识：必须遵循艺术发展规律，必须切实保护和传承中华民族宝贵的文化遗产并在此基础上不断创新，才能建成符合时代需求的中国新文化。这一客观文化态势的形成，充分彰显出田汉的先驱者精神。

田汉的一生，是“爱国爱民、为国为民、忧国忧民”的一生，他的生命历程和创作历程，客观地记录下他为祖国、为人民、为新文艺事业所建树的历史功绩，给后人留下了宝贵的精神遗产，成为文艺工作者学习的榜样。我们今天纪念田汉、缅怀田汉，就是要研究和继承田汉的思想艺术遗产，学习和弘扬田汉精神所蕴含的以人民为中心的民本精神、以爱国主义为核心的博爱精神、以敢于追求和捍卫真理的斗争精神、以建设中国新文化为己任的创新精神。

研究田汉留下的丰厚的思想艺术遗产和弘扬田汉精神，为建设新时代的中国文化艺术事业而进行学术探索和创新，是田汉研究界的使命。中国田汉研究会成立35年来，在中国文联的领导和支持下，联合有关单位，先后在北京、长沙、上海、厦门等地举办过20余次田汉学术研讨会和纪念活动，邓颖超、王震、李瑞环、李岚清、丁关根等中央领导同志出席了四次纪念大会。特别是为纪念田汉诞辰100周年，中宣部指示文化部、中国文联、广电部三部委，联合组成“田汉诞辰一百周年纪念活动组委会”，丁关根同志代表中共中央在人民大会堂纪念座谈会上高度评价了田汉同志的历史功绩。

35年来，在中国文联和有关单位的支持下，中国田汉研究会陆续编辑出版了《田汉文集》16卷、《田汉全集》20卷、《田汉研究》专辑、《田汉词作歌曲集》《田汉代表作》《田汉画册》，为学术界深入开展田汉研究提供了基础研究文献资料。

35 年来，文学、历史、艺术界的一些中外学者，在诗歌、话剧、戏曲、电影、音乐、艺术教育、史料文献诸领域开展田汉研究，使田汉研究在广度和深度上都有所发展，但学者们也意识到总的研究成果与田汉的历史贡献和历史影响相比，仍显得不足，特别是对过去有过争议的、或尚未涉及的、或重视不够的、或缺乏整体研究的领域，还有待深入开展研究。鉴于田汉是学贯中西、博古通今的文化巨人，鉴于田汉为中国现代文化艺术事业所建树的历史功绩和精神丰碑，鉴于田汉丰富的思想艺术遗产和独特的人格魅力有待深入研究，鉴于建设有中国精神、中国气派、中国作风的中国新文化的时代需求，鉴于追求真理、倡导诚信、褒奖创新的社会发展需求，创立“田汉学”学科，组建高水平的“田汉研究”队伍，开设“田汉研究”教学课程和科研课题，已经提上中国田汉研究会的工作日程。

因此，中国田汉研究会今后工作的主要任务在以下四个方面：

一是将围绕着创立“田汉学”学科这个中心来开展田汉研究工作——将联合有关高校和研究院所，尤其要争取在田汉曾经任教过的大学开设“田汉研究”教学课程和科研课题，以推进“田汉学”研究全面开展，培养出更多的具有开阔视野的创新型学术人才，以繁荣新时代的学术事业和文化艺术事业；将建立“田汉学”研究队伍，申请有关基金资助，以完成更多的科研课题成果。

二是将陆续编辑出版《田汉年谱长编》《田汉日记》《田

汉书信集》《田汉诗词选》《田汉手迹选》以及有关田汉研究的丛书等书籍；将建立“田汉研究史料文献数据库”；将围绕若干专题，定期举办研讨会、座谈会、论坛、学术交流活动；将举办学术年会和定期出版《田汉研究》专辑，以作为“田汉学”学科研究期刊。

三是将继续弘扬田汉的爱国主义精神，组织开展爱国主义宣传教育活动，将结合《国歌法》宣传，继续组织“国歌知识图片巡回展”和“国歌精神宣讲”进校园的活动，将在北京、上海、长沙、桂林、南京、重庆等城市图书馆举办“田汉生平事迹图片巡回展”，为社会发展提供正能量。

四是将继续学习和实践田汉的文艺要“到民间去”“属于民众，为民众，由民众的”文艺思想，组织开展传承祖国文化遗产的戏曲、书法等传统艺术进校园、进社区的公益活动和基层文化馆的戏剧展演活动，以促进新时代中国特色社会主义文化艺术事业的繁荣发展。

田汉研究者应该站在历史的高度研究田汉及其作品，把纪念和研究田汉这位伟大的爱国者和人民艺术家的工作，融入新时代建设中国特色社会主义新文化的伟大事业中去，让“田汉学”成为我们在文化上实践复兴伟大的中华民族的中国梦的一个组成部分！

谢谢大家！

在纪念田汉诞辰120周年座谈会上的发言

中共湖南省长沙县委常委、宣传部部长　杨溢

尊敬的铁凝主席，各位领导、嘉宾：

大家上午好。

我是来自田汉家乡长沙县的代表。十分荣幸今天能够参加纪念田汉诞辰120周年座谈会，非常感谢主办方给予的这次机会。

在田汉先生诞辰120周年之际，我们怀着无比崇敬的心情，在这里深切缅怀田汉先生，怀念先生为中国文化事业特别是革命戏剧事业作出的杰出贡献，怀念先生为中国革命事业和中华民族解放事业的振臂疾呼，怀念先生灿烂辉煌、百折不挠、昂扬向上的一生。先生是一名战士，他生命不息，冲锋不止；先生是一名旗手，风雨如晦中他高歌一曲，激励无数中华儿女义无反顾、视死如归；先生是跨越时空的时代歌

手，他给我们留下的宝贵的精神财富，是家乡人民取之不尽、用之不竭的力量源泉。先生是湖南长沙县人。20 世纪之初从长沙县这片热土中走出，投身光明。我首先代表先生家乡人民，感谢各位领导和嘉宾对田汉先生的怀念、对田汉家乡的厚爱和关心。在此，我作为先生的家乡后学，向座谈会做个汇报，敬请批评指正。

一、心怀敬意，我们倍感自豪

1898 年 3 月 12 日，田汉出生于湖南长沙县东乡一个贫苦农民家庭。先生 1916 年随舅父去日本东京学习；1919 年加入李大钊等组织少年中国学会。1921 年与郭沫若、成仿吾、郁达夫等组织创造社。1920 年开始话剧创作；1930 年加入“左联”。1934 年为《风云儿女》创作主题歌词《义勇军进行曲》，即后来的国歌。中华人民共和国成立后先生为新中国文化事业满腔热忱，焕发青春，不懈奋斗。田汉出身贫民家庭，一生追求理想和光明，引导和影响了一批热血青年奔向反帝反封建的战场；他作词的《义勇军进行曲》成为中华民族伟大复兴的不朽战歌。先生一生矢志于中国戏曲改革，其文化创造精神可以诠释田汉的一生。这种精神与先生的时代革新精神相辅相成，体现了艺术性、党性与人民性的完美结合，标志着三湘首善之地的文风炽盛，是“心忧天下、敢为人先”的长沙精神的最好诠释。爱党的胸怀，爱国的襟怀，爱人民的情怀，是长沙县新时代文化创新和文化创意产业发展的根基。长沙县文化宣传事业正努力按先生的驱引奋力迈进。

二、不忘初心，我们倍感振奋

田汉同志是“忠勇无畏的无产阶级文化战士”，为我国新文艺事业奋斗近半个世纪，在国际国内享有广泛声誉。先生历经沧桑，为国而歌，为人民而歌。先生始终站在时代前列，以戏剧和诗歌为武器，用灵魂在呐喊。在白色恐怖最严重的时刻，田汉毅然决然地向中国共产党递交了入党申请书。他一生高擎战旗，高唱戏曲、高标诗歌，无所畏惧地行进，“把戏场当战场”，呈现了中国传统文化振聋发聩的强大力量。一个先进的政党，总是高擎着文化的旗帜；一个自信的民族，永远焕发着文化的力量。习近平同志强调：“中华文化延续着我们国家和民族的精神血脉，既需要薪火相传、代代守护，也需要与时俱进、推陈出新。”长沙县自古是湘戏、影子戏盛行的地方。今年正值田汉诞辰 120 周年，又是《国歌法》实施一周年，作为田汉先生的家乡人，我们既要讲好田汉故事，讲好长沙故事、湖南故事，更要讲好中国故事。坚定地发展长沙县地方经济和文化事业，为在全国县域经济率先发展、高质量发展争当排头兵。

三、使命光荣，我们倍感责任

田汉先生在长沙县老家度过了他的童年和少年时光。先生 1924 年创作的《获虎之夜》，就是描述先生家乡的实景。先生为之呐喊的自由幸福，玉汝于成！先生的家乡长沙县是全国 18 个改革开放典型地区之一。近年来，我县紧紧围绕“强南富北、民生立县、挺进五强”和建设现代化强县目标，经济社会实现了又好又快发展。2017 年，全县完成地区生产总值 1431.1 亿元、财政总收入 280.1 亿元，全国百强县第六位，连续 10 年获评全国最具幸福感城市（县级）。全县充分发挥公共文化服务功能和社会教育作用，着力打造“田汉大舞台”文化特色品牌。2016 年，我们建成了高标准的全县公共文化服务中心——“星沙文化中心”，包含国家一级的县图书馆、国家一级县文化馆和全民健身中心。全县 18 个镇（街）已建成 20 个综合文化站、280 家农家书屋、197 个村（社区）文体活动室，58 支全县共组建群众文艺团队，文化志愿者近 1000 人，常年参与文化活动的群众已达 10 万人。长沙县 2014 年被评为全国文化先进单位（县），全国农家书屋建设先进集体。县安沙镇文化站、县图书馆分别获评中宣部第五届、第六届基层双服务先进集体，县福临镇文化站为全国十佳优秀文化站。

四、逐梦而行，我们倍感幸福

长沙县不断实施文化惠民工程，深入挖掘县内红色文化资源，传承红色基因。为弘扬田汉文化艺术和爱国主义精神，今年 3 月，我们在家乡隆重举办了纪念田汉诞辰 120 周年系列纪念活动：一是举行了纪念座谈研讨，从挖掘深度上下功夫。二是大力开展宣传活动，从提升广度上使力气。衔接中国田汉研究会出版发行了《田汉画册》；与中新社合作举办“海外华文媒体田汉故里行”大型采访活动，进一步点亮了“田汉”这一张文化名片。三是坚持贴近群众，从推动发展上出实招。先后组织纪念田汉群众文艺晚会、书画展、诗歌朗诵会，邀请国家京剧院送田汉经典剧目到长沙演出，同时鼓励全县干部群众自编自演戏曲晚会。下一步，长沙县将继续以田汉文化为核心，持续开展“田汉小戏骨”培训，大力推进戏曲文化进校园，做优“田汉大舞台”等品牌群众文化活动，协助中国田汉研究会办好“长沙·田汉戏剧周”活动，努力把田汉故里——长沙县果园镇打造成集国歌、戏剧、电影等文化产业于一体的田汉艺术文化小镇。

交流创造价值，共享赢得未来。恳请各位领导、各位嘉宾为先生家乡长沙县的发展多出谋划策、多来实地走走。我们将高举习近平新时代中国特色社会主义思想伟大旗帜，深入领会贯彻习近平总书记在全国宣传思想工作会议上的讲话精神，自觉肩负起“举旗帜、聚民心、育新人、兴文化、展形象”的使命任务，继承发扬田汉等革命先辈的优良传统和作风，不忘初心，开拓进取，努力把田汉先生的家乡建设得更加美好，奋力谱写更新更美的新时代“长沙故事”，为实现伟大的中国梦汇聚湖湘力量。

最后，祝各位领导、各位嘉宾身体健康、万事如意。

谢谢大家！

专题报道一

纪念田汉诞辰 120 周年座谈会在北京人民大会堂举行

2018 年是中国现代革命文艺的先驱、现代戏剧奠基人、国歌词作者田汉诞辰 120 周年。为了深切缅怀、传承、弘扬田汉同志等老一辈文艺家留下的思想艺术遗产，发扬他们忠诚党的事业，热爱祖国和人民的崇高精神，坚持以人民为中心的创作导向，推动新时代中国特色社会主义文艺事业繁荣发展，由中国文联、文化和旅游部主办，中国剧协、文化和旅游部艺术司、中国田汉研究会、田汉基金会联合承办的纪念田汉诞辰 120 周年座谈会，于 9 月 12 日上午在北京人民大会堂新闻发布厅举行，有来自全国政协、中国文联、文化和旅游部、中国人民对外友好协会和文化、戏剧、美术、教育、广电、新闻、出版、田汉研究等界，以及田汉故交后人的代表和田汉家乡湖南省长沙市及长沙县的代表约 220 人出席。

座谈会由中国文联主席、中国作协主席铁凝主持。

中国文联党组书记、副主席李屹在座谈会上讲话。他在讲话中深情追忆了田汉同志的光辉一生，缅怀他对中国新文艺事业所作出的杰出贡献，勉励新时代文艺工作者学习和弘扬田汉崇高的爱国精神、炽热的人民情怀、自觉的时代担当和坚定的艺术追求，做有信仰、有情怀、有担当的文艺工作者，为实现中华民族伟大复兴的中国梦作出新的更大贡献。

文化和旅游部党组成员、副部长李群在讲话中动员广大文艺工作者学习田汉同志孜孜以求、不懈探索的艺术品格，不断推出讴歌党、讴歌祖国、讴歌人民、讴歌英雄的精品力作。

会上，大家深情回顾了田汉同志的艺术成就，缅怀田汉同志的精神风骨，阐述了田汉精神在当代背景下的意义和价值。家属代表、田汉基金会会长田钢介绍田汉事迹，故交后人代表、中国人民对外友好协会原会长陈昊苏，中国田汉研究会副会长兼秘书长、田汉研究专家郭超，田汉家乡代表、中共湖南省长沙县委常委、宣传部部长杨溢，中国文联副主席、中国剧协主席濮存昕先后发言。

田汉是中华人民共和国国歌《义勇军进行曲》词作者，他是杰出的无产阶级文化战士、中国现代革命文艺的先驱之一，他是成就卓著的剧作家、诗人、词作家，是中国话剧运动的重要奠基人、戏曲改革的开拓者，也是我国早期革命音乐和电影事业的优秀组织者和领导人，他在诗歌、戏剧、电影、艺术教育、艺术管理等领域为中国新文艺事业的发展作出了巨大贡献，被党和人民誉为杰出的“时代歌手”和“人民艺术家”。其戏剧代表作有戏曲《白蛇传》《谢瑶环》，话剧《关汉卿》等。

中国田汉研究会据中国文艺网新闻报道整理

学术研讨会发言

总　论

怀念田汉同志

胡　可

中国剧协首任主席，我们敬爱的田汉同志离开我们已经半个世纪。这半个世纪，对他的怀念曾一度成为禁区，而他的追求，他的向往，却一直在引领着我们。在纪念我国话剧100周年、110周年的日子里，他的音容笑貌更时时出现在我的眼前。

我作为一名话剧爱好者，进而成为一名话剧工作者，是从仰慕田汉同志开始的。在家乡上小学的时候看到老师和同学们演出的话剧《南归》和《颤栗》，开始知道编剧田汉的名字；到济南上中学的时候又看到省民教馆演出的话剧《湖上的悲剧》，和省立剧院演出的反映1932年淞沪抗战的多幕话剧《回春之曲》，感动之余对田汉同志益生敬佩。

20世纪30年代，那时人们的思想情感今天的人们已很难体会。屈辱的“九一八”事变以后，面对汹汹而至的强敌，全民族处于危亡之中。中国共产党向全国各界发出停止内战一致对外的号召，表达了全民的心声，但蒋介石却一心“剿共”，一再对日寇退让，而压制人民的抗日要求。那时在东北起而抵抗侵略者的几支义勇军使全民受到鼓舞，此时一首题为《义勇军进行曲》的电影插曲迅速在全国中小学传唱，成为当年“一二 · 九”学生运动中一首战歌。这首战歌后来成为我们的国歌。每当我们唱起国歌的时候，常常感到它的词作者田汉、曲作者聂耳就站在我们身旁。

中华人民共和国成立后，我作为一名在北京工作的戏剧工作者，开始认识田汉同志，虽然接触不多，但我的几个习作都曾得到过他的指教，他那亲切豁达的风格给我留有极深印象。中华人民共和国成立后，田汉同志主持剧协工作的同时，曾主管文化部艺术局的工作，他为我国戏曲界基层从业者的生活状况进行呼吁的文章，给我留有极深印象。中华人民共和国成立后各省市均建立了话剧院团，并创作了演出了自己的剧目。为交流经验，田汉同志曾于 1956 年 3 月组织了全国话剧汇演，通过观摩研讨以推动我国话剧的发展。这次汇演持续了一月之久，为中华人民共和国成立以来唯一的一次。恰在此时，迎来了我党对文学艺术工作的“双百”方针，我国话剧将继续走向兴盛。没有料到的是，时隔不久出现了反右运动的扩大化，“双百”方针竟被搁置。

田汉同志是我国话剧运动的奠基人，对我国话剧走过的曲折道路和取得的经验有很深的体会，因此十分关注我国话剧运动史料的研究总结。记得这次话剧会演过后不久，为纪念我国话剧运动50周年，田汉同志通过剧协进行了搜集展览我国话剧史料的工作，并组织专人编辑出版了我国唯一一部话剧史料集。记得田汉同志为了进一步了解战争年代我军话剧发展的情况，曾邀我到他的住处，由我就自己所知，向田汉同志汇报了红军时期和抗日战争时期各敌后根据地的话剧代表剧目。田汉同志曾认真做了记录。

为了切实贯彻党对文艺工作的“双百”方针，田汉同志遵照周恩来总理的指示，筹备并于1962年2月在广州召开了“中国话剧、歌剧、儿童剧创作座谈会”。这是中华人民共和国成立以来我国第一次专门研究我国戏剧发展问题的盛会，周恩来总理、陈毅副总理和广东省委书记陶铸同志都到会讲了话。周总理专门讲了我国广大知识分子已是我国劳动人民一部分和思想改造的长期性；陈老总对当时文艺领导工作中存在的弊端进行了批评；而田汉同志在开幕式上的讲话，则深刻论述了中华人民共和国成立以来我国戏剧创作、戏剧发展中存在的问题，以及出现这些问题的主客观原因。指出了组织领导方面、评论工作理论指导方面的原因，领导人员本身的原因，并特别论述了怎样表现时代精神，怎样塑造英雄人物，怎样理解戏剧冲突、如何反映人民内部矛盾、如何民族化，以及戏剧技巧等方面的原因，希望把会议开好。他的讲话指引了整个会议的进程，使我至今难忘。这一讲话的论述，今天看来仍然是正确的、符合当年实际的。继他的开幕词之后，许多前辈老戏剧家做了精彩发言，使参加会议的同志们受益一生。

没有料到的是，时隔不久，田汉同志即遭到江青、张春桥等一些人的诬陷，处于厄运之中，一直延续到1966年“文化大革命”。“中国话剧、歌剧、儿童剧创作座谈会”被诬为“广州黑会”，此前出版的《中国话剧运动五十年史料集》已成为禁书。

田汉同志是我国早期戏剧运动的杰出领导人，是我国戏曲改革的先行者，他一生创作之丰富多彩，经历之曲折坎坷，是尽人皆知的。他受到迫害，在七十岁时就离开了我们，直到1979年他的冤案才得以平反昭雪，恢复名誉。茅盾同志在悼词中郑重宣布：田汉同志是忠勇无畏的无产阶级文化战士。

近百年来，由于我国反帝、反封建斗争之紧迫，田汉同志的戏剧创作多属于急就章。以他渊博的学识、深厚的文学修养和对我国历史的熟知，中华人民共和国成立以后在繁忙的工作之余，又创作出话剧《文成公主》和戏曲示范之作《白蛇传》，特别是他晚年创作的话剧《关汉卿》，已成为他的代表作。剧中塑造的我国元代戏剧家关汉卿的形象，演员朱帘秀的形象，已成为我国戏剧史上足以传之后世的光辉典型。

今年是田汉同志120年冥诞，谨以此文表示我由衷的敬仰与怀念。他如地下有知，将为新时代我国戏剧终将走向繁荣兴盛感到欣慰。

二〇一八年六月二十九日

（胡可：97岁，著名戏剧家，曾任中国人民解放军总政治部文化部副部长、解放军艺术学院院长）

回忆五十六年前那次戏剧盛会

胡 可

今年是我国戏剧运动的杰出领导人、我国话剧运动的奠基者田汉同志诞辰120周年，逝世50周年。作为接受过他的指教，对他仰慕终生的一名戏剧工作者，今年对他倍加思念，最难释怀的是1962年2月由他主持召开的那次“话剧歌剧儿童剧创作座谈会”。这是为贯彻党的“双百”方针，由周恩来总理提议召开，由田汉同志亲自主持，在广州召开的一次戏剧盛会。会议期间，周恩来总理、陈毅副总理、广东省委书记陶铸同志都到会讲了话，许多前辈戏剧家做了精彩发言。田汉同志在开幕式上的讲话，则深刻论述了中华人民共和国成立以来我国戏剧创作、戏剧发展中的问题，及其主客观原因。会议使几年来受到错误批判的几部话剧[①]重新受到肯定。

记得会议期间，田汉同志曾写过一首《咏广州会议》的

① 指话剧《洞箫横吹》《同甘共苦》《布谷鸟又叫了》。

诗，全文如下：

> 一时春满越王台，水暖山温聚俊才。
> 书记[①]翩翩攻药石，将军[②]侃侃发惊雷。
> 马多喑哑[③]缘风厉，花不齐开待鼓催。
> 指日乾坤红紫遍，深情莫忘岭头梅。

此诗未见诸报刊。几年以后，田汉同志开始受到迫害。“文革”中，这次在广州召开的戏剧盛会竟被指为“广州黑会”。

今天，这些都已成为遥远的往事。令人欣慰的是，田汉同志渴望的“乾坤红紫遍”，正成为今天的现实。

（胡可：97 岁，著名戏剧家，曾任中国人民解放军总政治部文化部副部长、解放军艺术学院院长）

---

① 指广东省委书记陶铸同志。

② 陈毅副总理讲话中为受到错误批评的话剧“打抱不平”。

③ 源自龚自珍“万马齐喑究可哀”句，指不切实际的批评影响“双百方针”的贯彻。

论田汉的历史贡献与历史地位

——兼谈创立“田汉学”学科的意义与措施

郭　超

田汉是国内家喻户晓的国歌词作者，是学贯中西、博古通今且在文学艺术界建树非凡而颇值得研究的人民艺术家。田汉研究领域多年来呈现着戏剧界研究田汉的戏剧，电影界研究田汉的电影，音乐界研究田汉的歌曲，文学界研究田汉的诗歌等“专门史”研究的状况，很难超越文学艺术的范畴而从整体上研究田汉，进而上升到国家历史和民族精神的层面。其原因有二：一是研究者自身史才与史识的局限；二是研究者没能全面地了解田汉的历史贡献而不能准确地认识田汉的历史地位。中国田汉研究会作为国内专门研究田汉的学术组织，应通过全面论证田汉的历史贡献和历史地位，来推动田汉研究进入创立“田汉学”学科的新阶段。

田汉（1898.3.12—1968.12.10），字寿昌，湖南长沙人。

其生命历程经历了20世纪中国几个不同的发展时期，可分为求索（1912—1922）、创造（1923—1962）、殉道（1963—1968）三个阶段。辛亥革命的童子军、新文化运动的艺术实践者、左翼文艺运动的领袖、抗日民族解放战争的宣传家、世界和平事业的讴歌者、20世纪中国戏曲改革和戏剧事业的领导者等不同身份的转换，无不深深地烙下了时代的印记，1968年在“文革”中遭受重大迫害而殉职。客观地说，田汉的生命历程，蕴含着研究20世纪中国历史所需的重要价值。

田汉靠着极高的天分、特有的敏锐和超常的勤奋，加之报国志向的鞭策，能够广泛地汲取中外进步思想理论之精髓，坚信思想启蒙开启民智是强国的真正法宝，遂在其“求索阶段”就开始了理论与实践的探索，成为新文化运动涌现出的一位最先研究世界文艺理论和探索建设中国新文化且努力实践并作出杰出贡献的文化先驱之一——1917年俄国爆发二月革命，田汉即撰写了《俄国今次之革命与贫富问题》①，引起李大钊的注意；田汉随即又撰写了《俄罗斯文艺思潮之一瞥》②，成为中国最早研究俄罗斯革命与文艺思潮的学人；田汉旧体诗写得蛮好，但却于五四前就写新诗并对新文学进行探索；田汉还向国内系统地介绍西方文艺理论和文艺名家，是我国最早翻译莎士比亚剧作的翻译家。

在其“创造阶段”，田汉是五四运动后主张继承传统戏曲

① 此文为目前已知的中国人研究俄国二月革命的第一篇文章，发表于“神州学会”会刊《神州学丛》创刊号上，于1917年9月出版于日本。

② 此文发表于上海《民铎》杂志第六、七期，1919年5月、12月。

遗产、坚决同全盘否定中国传统戏曲的一些文化名人进行抗争，被公认为是“我国革命戏剧运动的奠基人和戏曲改革运动的先驱者，又是我国早期革命音乐、电影的杰出的组织者和领导人”①，还是成就最高的中国现代音乐文学大师。

田汉的一生，“命为生民立，人为诗剧生”，以诗歌、戏剧名闻天下：诗歌作品二千首（其中被谱成歌曲的有近二百首），话剧、歌剧、戏曲、电影剧本一百三十余部，还有理论、评论、文学、翻译等文章数百篇，创作作品逾千万言。田汉的创作历程大体经历了五个时期：留学日本时期、南国艺术运动时期、左翼文化运动时期、抗日战争时期、新中国时期。

留学日本时期，田汉开始广泛接触并汲取西方文艺复兴以来的“诸子百家”的理论学说，较为系统地进行了文艺理论方面的探索并进行理论创作和外国名剧翻译以及早期话剧创作。代表作品有：若干文艺理论文章和莎士比亚剧作《哈姆雷特》《罗密欧与朱丽叶》的初译稿以及早期话剧作品《咖啡店之一夜》。

南国艺术运动时期，田汉的创作，主要集中在外国戏剧作品翻译、话剧剧本创作和电影剧本创作三个方面。代表作品有：译作欧洲和日本的戏剧作品及戏剧概论、话剧《名优之死》和电影《到民间去》及电影随笔《银色的梦》。

左翼文化运动时期，田汉的创作，在戏剧、电影、歌曲词作三个方面都取得了杰出成就，犹以歌曲词作创作成就最

---

① 茅盾（沈雁冰）：《杰出的无产阶级文化战士——田汉——在田汉追悼大会上的悼词》，《人民日报》1979年4月26日。

高。代表作品有：歌剧《扬子江的暴风雨》，话剧《回春之曲》《复活》，电影《三个摩登女性》《风云儿女》《凯歌》，歌曲词作《义勇军进行曲》《毕业歌》《告别南洋》《梅娘曲》《热血》。

全面抗战时期，田汉的创作，主要在戏曲和歌曲方面，电影次之。代表作品有：京剧《江汉渔歌》《金钵记》，话剧《秋声赋》，歌曲《中国空军歌》《中国学生救国联合会会歌》《洪波曲》《女兵歌》《战时戏剧讲习班班歌》《四维戏剧学校校歌》，电影《胜利进行曲》。

新中国成立时期，田汉的创作，主要成就在戏曲剧本和话剧剧本两方面，分别创作出了可以传世的经典作品，达到其戏剧创作生涯的最高峰——在七年里，创作完成了三部里程碑式的戏剧名作：京剧《白蛇传》（1954 年）、话剧《关汉卿》（1958 年）、京剧《谢瑶环》（1961 年）。

通过分析田汉创作历程中不同时期的作品，可以把握田汉文艺思想的发展脉络及其戏曲改革的理论体系结构：理论探索—兼收并蓄—中西融合—运动实践—遗产传承—改革创新。

田汉做到了在创作中实践和在实践中创作。他能够在汲取中国传统文化遗产之精华并借鉴西方文明之成果的基础上，把思考和探索投入到如何创造出有中国精神、中国气派、中国风格的能够反映出中国新文化性质的文艺作品这一重要历史课题的实践中，并且例行实践了五十年而不辍！之所以能够达到如此高的境界，是因为田汉的民本、博爱、抗争、创新的精神[①]和忠、情、气、壮、正、义、养、格的风骨[②]使然。

田汉的生命历程，始终能与祖国共命运、与人民同呼吸，被誉为“时代歌手”“人民的代言人”。田汉的创作历程，始终反映着祖国的呼唤、人民的呐喊、时代的担当、文化的创新。

我们审视田汉的生命历程和创作历程，发现田汉是一位具有世界意识和心系强国理想而又勇于实践的文化先驱，其历史贡献是独特而伟大的——主要表现在两个大的方面：一是“田汉精神”对中华民族的精神贡献；二是田汉文艺思想与艺术实践运动对建设中国新文艺事业的贡献。

田汉精神，即以人民为中心的民本精神，以爱国主义为核心的博爱精神，以追求真理和公理为社会责任的斗争精神，以探索真知为历史使命的文化创新精神。田汉精神对中华民族的精神贡献集中表现在四个方面：

一是勇于坚持真理和社会公理，敢于与一切侵略、压迫、强权行为进行不屈不挠的英勇无畏的斗争精神，及其对中华民族独立解放事业乃至世界和平事业以及维护公民个人尊严的贡献。辛亥革命虽然推翻了反动、腐朽的清王朝二百多年的专制统治，但却无法根治中国老百姓身上的奴性基因。田汉充分认识到只有每个中国人的尊严得到彰显，中华民族才

① 郭超：《民本 博爱 抗争 创新——论田汉精神》，载《戏剧的巨擘——纪念田汉诞辰115年周年学术研讨会论文集》，文汇出版社2014年版，第147—162页。

② 郭超：《忠情气壮 正义养格——赞田汉风骨》，载《田汉研究》第四辑，中国戏剧出版社2011年版，第79—103页。

不会遭受帝国主义的侵略和压迫。为此，田汉运用文艺启蒙大众，创作了一系列的诗词、戏剧、电影作品，号召每个中国人都要站起来，不要做奴隶，要敢于同帝国主义侵略者和封建专制主义进行斗争。以《义勇军进行曲》为代表的诗词、影剧作品，突出了中华民族对自由和公理的精神追求，尤其是强调了中国人绝不做奴隶和追求自由尊严的意志，成为中华民族的精神象征，为中华民族的解放事业与世界和平事业，为世界文化史谱写了新的篇章。

二是坚信人民是历史创造者的历史发展规律，敢于坚持以人民为中心、为根本、为上、为贵的民本精神，及其在社会生活中弘扬真善美、鞭挞假恶丑，维护公理、伸张正义的贡献。千百年来，历代统治者都惯用愚民术来维持其统治。新文化运动以来，虽然孟子“民贵君轻”的思想得到了社会的提倡，但是仍然受到不同层面的当权者的极力否定，不仅因此制造了大量的冤案，而且还屡有打压“为民请命”的事例出现。田汉一生敢于做“人民的代言人”[①]而“为民请命”[②]。

① 著名历史学家翦伯赞在《贺寿昌五十大庆》一文中，称赞田汉是“人民的代言人”。此文载1947年3月13日上海《大公报》。

② 笔者注：田汉不仅在民国时期是社会公认的“人民的代言人”，而且在中华人民共和国成立后，还有过先后四次“为民请命”的事例——1956年发表《必须切实关心并改善艺人的生活》和《为演员的青春请命》两篇文章，1958年发表话剧剧本《关汉卿》，1961年发表戏曲剧本《谢瑶环》。

田汉主张艺术要“到民间去”[1]，认为戏剧是“属于民众，为民众，由民众的”[2]；戏剧工作者应该以建设人民戏剧为己任，应该创作反映人民心声的戏剧。田汉的戏剧代表作《关汉卿》和《谢瑶环》，就是彰显民本精神的戏剧，为广大人民群众所喜爱、所传诵，成为中国戏剧史上的经典作品。

三是以爱国主义为核心的爱祖国、爱人民、爱自然、爱遗产、爱知识、爱人才、爱事业、爱实践的博爱精神，及其对华夏青年人的感染、鼓舞、影响、教育、指引的贡献。20世纪初，尤其是五四前后，一大批华夏赤子、志士仁人为实现强国理想而总结中国历史经验、引进西方文明成果、以多种形式进行改造社会的实践活动。田汉就是其中的一员，从13岁参加辛亥革命学生军起，爱国主义就成为田汉言行的指南，特别是在九一八事变爆发后，田汉几乎是全身心地投入到抗日救亡和抗日战争的爱国主义宣传中，创作出一系列鼓舞全国军民爱国斗志的文艺作品——代表作有歌颂爱国华侨归国投身抗日救亡运动的话剧《回春之曲》，有讴歌义勇军英勇抗日的电影《风云儿女》，有号召军民奋起抗战的话剧《卢沟桥》，有反抗异族侵略的京剧《江汉渔歌》，有数十首为全国军民广为传唱的抗日爱国歌曲等。《义勇军进行曲》就是爱

---

① 笔者注：“到民间去”是田汉文艺思想的一个重要组成部分和数十年艺术实践的目标之一。早在日本留学期间，田汉就受到了日本明治时代诗人石川啄木诗作中所谈到的19世纪60年代俄国初期民粹主义所提倡的“到民间去”运动的影响，回国后于1926年组织南国电影剧社，投拍电影《到民间去》，因资金不足而未能拍完，成为田汉的一个“未完成的银色的梦”。因此，在1958年订创作规划时，田汉又把《到民间去》列入规划中，以求实践之。

② 田汉：《关于戏剧运动的几个信念》，《新民报》1935年10月10日。

国主义的杰作，她一问世就成为全国人民最喜爱的、最能代表中华民族精神形象的爱国主义之歌，在成为中华人民共和国国歌之前就已被国际社会公认为是代表中国的歌曲。

四是以继承中华传统文化遗产兼与西方文明成果相融合的、数十年不懈地进行理论和实践探索，且不唯书、不唯上的文化创新精神，及其对20世纪中国新文化建设和对文艺新军产生广泛影响的历史贡献。汲取人类一切文明成果来探索建设中国新文艺事业的道路，是田汉的历史使命——在文学革命方面，田汉是于五四前开始写新体诗的诗人；在介绍西方文艺理论与经典作品方面，田汉是最早的翻译家之一；在创办进步文学刊物和早期文艺团体方面，田汉属于第一批文化人士；在继承与改革传统戏曲遗产方面，田汉走在了最前面，成为戏曲改革的先驱者；话剧引入中国不久即发展成为影响社会的一个主要剧种，田汉为三个重要奠基人之一；在中国早期电影的技术与内容方面，田汉有革新的主张和作品；中国现代音乐史上具有革命性质的救亡歌咏运动，田汉是卓越的组织者和领导人。

田汉文艺思想，即文艺源于民众，须服务于民众的民本思想；文艺的繁荣发展，须做到继承与创新的辩证统一思想；理论探索与实践紧密结合的“知行合一”思想，对建设中国新文艺事业的创新贡献主要表现在六个方面：

一是田汉文艺思想的核心“人民性”是对建设中国新文艺事业的一个根本性贡献。田汉认为文艺源于人民，文艺作品应该“到民间去”为人民服务并接受人民的检验；提出文艺是“属于民众，为民众，由民众的”“人民文艺观”。在 1949 年即将开展的戏曲改革运动之前，在“禁戏”问题上，田汉主张要极为慎重，“以为‘禁’或‘准’暂时不必做硬性规定”[①]并提出戏曲改革的明确原则应该是“新民主主义民族的，科学的，民主的（人民大众的）内容，民族歌舞剧的形式”[②]。提出了“人民性”和“人民文艺观”作为衡量传统戏曲的“好”与“坏”的标准，保护了一大批传统剧种、剧目和老艺人，为建设人民戏剧事业进行了为历史所验证的极为有益的探索。

二是田汉戏曲改革思想与实践运动对传承中国传统戏曲文化遗产的贡献。五四运动后，一批新文化运动的主将如胡适、周作人、钱玄同、刘半农、宋春舫等人，多对传统戏曲持否定态度：或认为旧戏已不是改革的对象，而是“废除”[③]的对象；或主张把旧戏“全数扫除，尽情推翻”[④]；或主张让旧戏“进博物馆”[⑤]；或主张让旧戏“自生自灭”[⑥]。而田汉则旗帜

---

① 田汉：《怎样做戏改工作——给周扬同志的十封信之第一封信》，此信写于 1948 年 11 月河北省平山县李家庄，收《田汉全集》第 17 卷，花山文艺出版社 2000 年版，第 98—99 页。

② 田汉：《怎样做戏改工作——给周扬同志的十封信之第一封信》。

③ 周作人：《论中国旧戏之应废》，转引自田汉《接受“五四”的精神和经验，创造社会主义新戏剧》，载《戏剧研究》1959 年第 2 期，收《田汉文集》第 16 卷，中国戏剧出版社 1986 年版，第 329 页。

④ 钱玄同：《关于废除旧戏的主张》，转引自田汉《接受“五四”的精神和经验，创造社会主义新戏剧》，载《戏剧研究》1959 年第 2 期，收《田汉文集》第 16 卷，中国戏剧出版社 1986 年版，第 329 页。

⑤ 刘半农：《我之文学改良观》，转引自田汉《接受“五四”的精神和经验，创造社会主义新戏剧》，载《戏剧研究》1959 年第 2 期，收《田汉文集》第 16 卷，中国戏剧出版社 1986 年版，第 329 页。

⑥ 宋春舫：《改良中国戏剧》，转引自田汉《接受“五四”的精神和经验，创造社会主义新戏剧》，载《戏剧研究》1959 年第 2 期，收《田汉文集》第 16 卷，中国戏剧出版社 1986 年版，第 329 页。

鲜明地提出自己的主张：接受西方戏剧，不应该排斥中国传统戏曲；因为中国传统戏曲蕴含着丰富的民族文化遗产，应该得到肯定；旧戏通过改革可以与新戏并存。当时，田汉能够清醒地认识到中国传统戏曲中所蕴含的丰富的非物质文化遗产，坚决与废除“旧戏”的一些文化名人进行抗争，明确主张改革传统戏曲，并在戏曲改革中将改革地方戏作为重点，提出“全国各地乡土艺术中还埋藏着中国民族丰富的生活象征和无限天才与智慧”①，“因而深入发掘地方戏及民间戏里更丰富的人民的成分，和比较生动朴素的表现形式对于发展戏剧教育，推进剧艺改革是十分必要的”②。田汉不只是口头说说而已，而是言行一致、知行合一，三十年如一日地积极投身于“戏曲改革”的实践运动中，从做文章、写戏本、培训和改造戏曲艺人，到保护地方戏剧种、剧目、老艺人，直至创办全国戏曲艺术教育最高学府。

三是田汉领导救亡歌咏运动，以新音乐的艺术形式启蒙大众，激发起全国人民的爱国情感，对取得抗日战争的胜利，做出了中国乃至世界文艺宣传史上正面的、广泛的、空前的贡献。20世纪20年代后期和30年代初期，尤其是在“九一八”事变后，中国社会进入了救亡图存的历史阶段，在中国现代音乐发展史上，歌曲的发展很快，所产生的影响巨大。其中，由带有靡靡之音性质的浪漫的通俗歌曲，到具有反映人民心

---

① 田汉：《为爱国主义的人民新戏曲而奋斗——一九五〇年十二月一日在全国戏曲工作会议上的报告》，载《人民戏剧》第2卷第6期，1951年3月出版，收《田汉全集》第17卷，花山文艺出版社2000年版，第188页。

② 同上书，第189页。

声的革命歌曲的转变，其领路人就是田汉。田汉在“左翼剧联”下成立了“电影小组”和“音乐小组”，带领聂耳、冼星海、张曙、任光、吕骥、贺绿汀、安娥等音乐家、诗人，发动、领导了“救亡歌咏运动”，谱写了中国音乐史上极为光辉灿烂的篇章。

四是田汉对中国早期进步电影进行技术革新、内容革新、人才革新的贡献。电影传入中国是在 1905 年，田汉在日本留学时就痴迷于电影艺术，田汉在他的“银色的梦”中，开始了他的一系列关于电影艺术的实践活动——1925 年开始创作电影剧本，一生创作电影剧本达 33 部之多；撰写“银色的梦”专栏文章，阐述他的电影思想；在无声电影向有声电影过渡阶段，提出了技术革新主张；成为介绍苏联故事片及其在华首映的组织者；最早发起和倡导“左翼”电影，革新电影内容；发现和培养了金焰等数十名一流的电影艺术家。

五是田汉对建设中国新文艺事业的内涵、内容、形式的贡献。他主张中国新文艺的内涵要包含中国精神、中国气派、中国风格，内容要继承中国传统文化遗产和兼有世界文化因素，形式要为人民大众所喜闻乐见。田汉是一位学贯中西、博古通今的大家，其文艺作品，彰显着中国精神、中国气派、中国风格；既不是单纯地对传统文艺作品的继承和诠释，也不是照抄照搬西方文艺作品的创作模式，而是一种旨在符合时代需求、反映民族心理、揭示民族精神的原创的新文艺作品。以《义勇军进行曲》《关汉卿》《谢瑶环》等经典诗、剧作品为代表。

六是田汉创作的经典文艺作品对中国诗歌史、中国戏曲史、中国话剧史、中国电影史、中国音乐史的贡献。田汉一生创作的作品逾千万言，其中的经典作品如《义勇军进行曲》《白蛇传》《谢瑶环》《关汉卿》《风云儿女》《毕业歌》等，在中国诗歌史、戏曲史、话剧史、电影史、音乐史上均占有重要的不可或缺的历史地位。

田汉文艺思想最为突出的特点是“知行合一”。田汉身上有一种极其宝贵的东西，就是思想与实践合一。田汉既是一个理想主义者，善于思想；又是一个现实主义者，善于结合实际进行实践活动；很少只想不做和单纯务虚。田汉一生的成功履历，似乎是对王阳明“知行合一”学说的诠释。为了把理想付诸实践，田汉敢于和勇于实践，常常是白手起家，往往取得意想不到的成果，进而产生积极的社会影响。从日本归国仅仅一年，田汉就与妻子易漱瑜，以二人的微薄之力，创办了影响20世纪中国文艺史的《南国半月刊》，开创了被徐志摩赞誉为“是国内当代唯一有生命的一种运动”[①] 的南国艺术运动。从创办《南国》文艺刊物，到组织“南国电影剧社”；从改组“南国社”，到创办“南国艺术学院”，再到扩大“南国社”及其巡回演出话剧等一系列艺术实践活动；使南国艺术运动，为中国戏剧、电影、音乐、美术等艺术界，培养出数十名一流艺术人才。南国艺术运动，是田汉文艺思想形成与发展的第一阶段，也是田汉戏剧改革思想得以确立的一次实

① 徐志摩：《南国的精神》，《上海画报》1929年第492期。

践过程。

由于“南国运动”主张文艺要“到民间去”为大众服务，在社会上产生了广泛影响，也使田汉成为当时的风云人物和最能为民众接受的戏剧界的领军人物。1930年，左翼作家联盟成立于上海，田汉作为发起人被选为七位常委之一。左翼文艺运动，是中国共产党占领文艺阵地领导权的“奠基之作”。田汉也是在加入“左联”的同时，开始“转向”的——从以前无政府主义思潮主导的独立艺术运动，转向以无产阶级思想主导的、为人民大众的新文艺运动。这一“转向”，使田汉进入了他的文艺思想的第二个发展与实践的阶段——左翼运动时期。1931年1月“中国左翼戏剧家联盟”（以下简称“剧联”）在上海成立，田汉当选为“剧联”总盟执行委员会书记；1932年春田汉加入中国共产党，担任“剧联”党团书记。田汉领导的全国左翼戏剧运动充分彰显出戏剧艺术的“时代性”和“人民性”。

1937年7月7日“卢沟桥事变”爆发，田汉在南京创作出话剧《卢沟桥》并公演；8月赴上海前线慰问采访；11月回到长沙，创办了《抗战日报》，自任社长兼总编辑；1938年2月，应周恩来的召唤，田汉劝说郭沫若以国家为重，并与郭沫若一起到武汉，参加国民政府军委会政治部第三厅的抗日文艺宣传工作，田汉任三厅文艺处处长，组织了十个抗敌演剧队和四个抗敌宣传队，奔赴各战区前线宣传抗日；1939年春在南岳衡山参加国共合作的抗日游击干部训练班并担任讲师；1937年8月至1944年11月，田汉亲赴上海、台儿庄、鄂北、赣北、昆仑关、桂北等抗日前线采访；创作出多部宣传抗日必胜的戏曲、电影、诗词作品和爱国歌曲；与欧阳予倩、瞿白音等人发起、组织了规模空前的、长达三个月之久的“西南剧展”；进行戏曲改革实践，特别是对湘剧和桂剧的改革比较成功。此为田汉文艺思想的第三个发展与实践的阶段。

1949年至1964年，是田汉文艺思想的第四个发展与实践的阶段。在这十六年里，田汉作为中国剧协主席，领导了新中国人民戏剧事业的建设工作——结合时代特点对传统戏曲进行了改革，坚持文艺的“双百”方针和戏曲改革的“三改”[①]方针，有效地保护了地方戏剧种、剧目和艺人的文化遗产传承；创办了《人民戏剧》等多种戏剧戏曲刊物和戏剧出版机构；聘请王瑶卿、萧长华等十多位梨园耆宿，创办了国家级戏曲艺术教育最高学府；有效地坚持了戏曲创作“三并举”[②]的方针，创作出《白蛇传》《谢瑶环》等经典戏剧作品。

正是由于田汉在五四后的三十年里对建设中国新文艺事业所作出的杰出贡献，奠定了他文艺界“老大”的地位——他因戏曲改革和话剧运动的先驱者，而成为戏剧界、戏曲界公认的“盟主”，进而众望所归地成为中华全国戏剧工作者协会和中国戏剧家协会的一、二届主席；他因发起、组织、领导救亡歌咏运动和二百余首诗词被谱写成歌曲，而成为现代音乐文学界公推的“第一歌词大家”，被誉为“中国革命音乐的

① “三改”，即“改人，改戏，改制”。

② “三并举”，即现代剧、传统剧、新编历史剧三者并举。又称“两条腿”，即现代戏与传统戏并举。

保姆”；他以诗、剧为武器，启蒙人民大众觉醒并与帝国主义和封建主义进行斗争，而成为“争与吾民共死生”的“时代歌手”和“人民的代言人”；他以绝伦逸群的精神风骨和人格魅力，成为几代青年人敬仰和爱戴的对象；他以不朽诗词和戏剧作品，成为载入世界文化史册的中国历史文化名人之一，成为“我们中国人应该夸耀的一个存在”[①]。

田汉一生虽没有做过高官，但他为中华民族的解放事业和建设中国新文艺事业作出了杰出贡献，作为国歌《义勇军进行曲》的词作者，成为载入世界文化史册的20世纪中国的文化名人。田汉所获得的崇高的历史地位，是因其杰出贡献和广泛影响而历史形成的。我们今天纪念和缅怀田汉的历史贡献，学习和继承田汉“知行合一”的文艺思想，传承和弘扬田汉精神，首先应该站在历史的高度来研究田汉，应该将田汉及其作品放入大的历史发展背景中去研究，即动态地研究其文艺思想及其作品对新文艺建设和社会发展的积极意义，而不是静止地就作品研究作品。因为研究20世纪中国戏剧史、戏曲史、电影史、诗歌史、音乐史、戏曲艺术教育史、戏剧出版史，都离不开田汉。

然而，近几十年来，田汉研究成果与田汉的历史贡献和历史地位很不相称。原因有二：一是客观上受某些因素的制约而扭曲甚至贬低田汉的历史贡献和历史地位；二是主观上因研究者自身学术功底所限而无法驾驭和理清田汉丰富的人生

① 郭沫若：《先驱者田汉》，《文汇报》1947年3月13日。

经历和田汉文艺思想多元归一的复杂性所致，多是单一地研究其作品，或研究诗词，或研究某部剧作，而很少能从整体和历史的高度来研究田汉！由此，对田汉的巨大成就、历史贡献、历史地位的认同，反而还不及民国时期！在1949年第一届全国文代会全体代表的大合影中，田汉与郭沫若、茅盾、周扬四人，位于第一排中间位置；在1953年第二届中国文学艺术界联合会全国代表大会数百位代表与毛、刘、朱、周等中共领袖的大合影中，田汉位列第一排毛泽东主席左侧第八位，可知田汉这位剧坛盟主在文艺界的“老大”地位！而在当今文艺界和有关宣传中，却一而再再而三地把田汉的排名往后移！更有甚者，模糊了甚至掩盖了20世纪20年代至40年代社会各界公认的田汉是中国戏剧界乃至文艺界领袖的历史真相!

我们今天应该如何认定田汉的历史地位？不是因其官衔，也不是因某机构在某时间段给其的评价来认定田汉的历史地位，而应该通过研究大历史的客观史实和研究田汉的生命历程及其文艺思想、文艺实践活动和文艺作品对国家、民族、社会发展的历史贡献，据此实事求是地对田汉的历史地位作出客观地评价——田汉不仅是大诗人、大戏剧家，还是中国新文艺事业的先驱者和杰出的人民艺术家，更是为中华民族解放事业做出卓越贡献的民族英雄和为后世留下宝贵精神遗产和风骨独具的可以名垂青史的文化伟人。

研究田汉这样一位民族英雄和文化伟人，只有创立“田汉学”学科才能与之相称。研究鲁迅有“鲁学”，研究郭沫若有“郭学”，研究陶行知有“陶学”……研究田汉应该有“田学”。创立“田汉学”学科，不仅有着独特的研究理由，而且还有着重要的学术意义和现实意义——

一、研究理由

回眸 20 世纪的中国历史，特别是文艺史，我们不难发现：能够洞悉事物的本质、把握事务的发展规律、以浪漫的诗人情怀畅想和预见未来的发展，能够始终做到爱国爱民、为国为民、忧国忧民、以民为本和为民请命，能够真正坚持“百花齐放，百家争鸣”的文艺方针和“两条腿走路”的戏改方针，能够在多次政治运动中为坚持真理而不断谏言和发声，能够在“文革”爆发至其生命的最后一刻保持独立的人格尊严，能够在多个方面为后人留下宝贵精神遗产和文人风骨的文化巨匠，惟有田汉。因此，我们有理由深入地研究田汉，探寻其成为民族英雄和文化伟人的内在因素。

纵观田汉生命历程的三个阶段和创作历程的五个时期，我们发现田汉最突出的特点就在于：始终能够把文艺创作与时代需求、人民需求、民族需求相结合；始终能够把文艺创作融入社会、融入文艺运动、融入新文艺体系；始终能够让文艺创作体现出中国精神、中国气派、中国风格；始终坚持文艺创作要弘扬人的尊严、人民的尊严、民族的尊严；始终坚持文艺创作要体现真善美而鞭挞假恶丑；始终坚持文艺创作要为人民代言的民本思想。因此，我们有理由系统地研究田汉，充分挖掘田汉文艺思想在当代应该发扬的巨大价值。

深入地、系统地研究田汉，不仅要研究他及其作品的历史价值和当代价值，而且应该把他及其作品放入中国历史和世界历史的大时空中去研究，才能体现出其历史贡献与精神价值。中国历史上有过三次文化上的“百家争鸣”时期，一次是春秋战国时期，一次是魏晋时期，一次是20世纪新文化运动时期。田汉就是新文化运动时期涌现出的一位杰出的诗人和戏剧家、一位旗帜性的文艺领袖。深入地系统地研究田汉这位民族英雄和文化伟人，可以探寻20世纪中国历史发展的脉络和思考历史发展的规律。

二、学术意义

回顾20世纪的中国历史，特别是文艺史，我们发现：田汉是研究20世纪中国诗歌史、文艺批评史、留学生史、早期文艺社团史、文艺期刊史、电影史、话剧史、戏曲改革史、戏剧运动史、艺术教育史、新文化运动史、左翼文化运动史、救亡歌咏运动史、抗日战争史、统一战线史、新中国文艺事业管理史、对外文化艺术交流史、文革史等专门史所无法回避的历史人物，因此，创立“田汉学”学科，对于开展和推进上述专门史研究，有着重要的学术意义。

三、现实意义

审视田汉的生命历程和创作历程，我们不难发现：能够在诗歌、戏剧、电影、音乐等艺术运动和艺术教育、文艺理论、文艺管理等方面都有堪称里程碑意义的建树的人，能够洞悉事物的本质、把握事物的发展规律、以浪漫的诗人情怀畅想和预见未来的发展，能够始终做到爱国爱民、为国为民、忧国忧民、以民为本和为民请命，能够真正坚持“百花齐放，百家争鸣”的文艺方针和“改人、改戏、改制”的戏改方针，以及“两条腿走路”的戏曲创作方针，能够在万马齐喑的政治氛围中为坚持真理而不断谏言和发声，能够在现代造神运动中保持独立的人格尊严的文化先驱，能够在多个方面为后人留下宝贵精神遗产和文人风骨的文化巨匠，惟有田汉。因此，创立“田汉学”学科，研究田汉、探寻田汉成为民族英雄和文化伟人的内在因素，具有重要的现实意义。

为创立“田汉学”学科，中国田汉研究会将推出八项具体措施：

一、在有关高校和科研院所开设“田汉研究”教学课程，培养“研究田汉”的研究生，为“田汉研究”队伍储蓄后备力量。

二、组建高水平的“田汉研究”队伍，承担“田汉研究”国家级和省部级的科研课题。

三、编辑出版《田汉年谱长编》《田汉日记》《田汉书信集》《田汉手迹选》以及有关田汉研究的丛书等书籍，为开展“田汉研究”提供第一手史料。

四、建立“田汉研究史料文献数据库”总库和专题分库，为所有研究田汉的人士提供资料数据。

五、每年出版《田汉研究》专辑，以作为“田汉学”学科研究期刊。

六、每年召开学术年会和围绕若干专题，举办一至两次（研讨会、座谈会、论坛、交流）学术活动。

七、建立“田汉研究”微信平台，及时发布“田汉研究”的信息和研究成果。

八、建立“田汉研究基地”，吸收理事单位，承办研讨会等学术活动。

我们相信：全国田汉研究界通过几年甚至十几年不懈地努力，通过田汉研究队伍的不断壮大，通过国内外学术同仁不断地进行理论和方法的探索，创立“田汉学”学科的条件必将完全成熟，一门新的人文学科“田汉学”必将生根、开花并结出丰硕的果实。

我们相信：“田汉学”学科的创立，必将使国内人文学科更加丰富，必将出现更多的人文学科重要研究成果，必将从某种意义上提升国内文艺作品的创作水平和批评水平，必将推动国内文化艺术事业的繁荣发展，必将为实现中华民族的伟大复兴的中国梦贡献一份力量。

（郭超：中国田汉研究会副会长兼秘书长、研究员）

民族与个体命运冲突中的美学力量

杨晓华

2018年是田汉诞辰120周年，同时是他含冤去世50周年，生之郁勃和死之悲切集中于同一个年份，让人平添颇多感慨。田汉的一生是把个体价值融入民族价值的一生，这种融入一方面奠定了他作为民族戏剧奠基人的坚实基础；另一方面也带来了他人生的深刻悲剧。在20世纪中华民族争取民族解放的艰难行进中，来自民族命运与个体命运的文化冲突，构成了民族心灵史的沉重一页。今天，在整个民族重新振奋文化自信的氛围中，我们可以尝试探求新的解释维度，以寻求更好化解这种冲突。作为《义勇军进行曲》这一民族核心文化符号创立者的艺术家，田汉当然可以作为这种分析的恰当案例。

群体与个体价值的冲突是近代以来哲学和社会学的根本命题。这一冲突的根源是个性和共性存在对立和统一两方面的矛盾。在文艺复兴之前，东方文化和西方文化，解决这种矛盾，无论是在世俗社会秩序中，还是在宗教和道统秩序中，采取的策略都是，个性服从于共性，个体服从于群体，事实上，是用矛盾的统一方面，阻遏和掩盖了对立的方面。文艺复兴导致人和世界的发现，这通常被视为是人的丰富个性得以解放的先声。事实上，文艺复兴把个性和共性拓展的可能，同时置于更大的政治和文化秩序中。如果说人的权利的觉醒，是个性的历史性前进，那么民族国家显示的就是联合起来的个性觉醒。所以作为政治共同体的民族解放，天然地包含着个体解放，在德国古典哲学的集大成者黑格尔那里，国家就成为一个代表自由理性的神圣物。但是，个体和群体始终存在对立的一面，当群体命运没有得到较好地解决之前，个体总是以各种宏大叙事和崇高概念被整合进对群体的牺牲中。在这种条件下，当个体的自觉程度在某些方面，超越了群体的平均意识和阶段性使命时，就容易导致一个时代悲剧的出现。也就是说，一个个体越是在更高层面上归属于和服务于群体，就有可能在较低一级的层面上，呈现出和群体命运的冲突性。

五四以来，这一文化冲突的深刻悲剧性，集中体现在中国知识分子的身上，其原因在于，他们由于在思想上具有更多的清醒，从而更容易感受这种冲突的不可避免。这其中文艺家群体，由于他们有更多职业性的生命敏感和直觉，其社会体验和生命活动就更加单纯而强烈，这种冲突在他们的个体生活中呈现得更剧烈。田汉的一生正是这一冲突的典型表现。

田汉的一生，主要是从事艺术事业的一生，其主要活动可以大致分为四个时期：从1898年出生到1922年从日本回国为田汉的青少年和海外留学时期，是他成长和积累期；1922年回国到1930年南国社被查封，是田汉作为艺术家进行全面艺术实践，并初步奠定自己艺术地位的时期；南国社被封，一直到1949年中华人民共和国成立，是田汉作为无产阶级文艺战士，在抗日战争和解放战争的严酷条件下，创造性执行革命文艺政策的时期；从1949年到1968年被迫害去世，是田汉作为党的文艺工作的领导者，推进社会主义文艺建设的新时期。

田汉出生于湖南乡下，从青少年时期开始，他就在辛亥革命、十月革命、五四运动的氛围中和进步人士，特别是在其舅父易象的影响下，田汉就在个性主义的少年壮志和家国情怀的群体主义价值支配下不断成长，并体现出对戏剧艺术的热爱。这从他十三岁参加拯救湖北新军起义的湖南学生军，从他接受徐特立、李大钊等人的影响，从他参加戏曲活动可以清楚地看出来。

六年的留学生活，对田汉来说是人生成长的关键阶段。在这一阶段，有两个社会活动，影响田汉终身。一个是参与创建少年中国学会东京分会；另一个是参与发起创造社。但事实上无论是少年中国学会，还是创造社，都是群体主义和个体主义交织的产物。少年中国学会的两条宗旨，“一是振作少年精神，二是转移末世风气”。田汉在东京参加第一次东京分会的集会时，发言说，第一条属于个人的，第二条属于社会的，所以发展的目标就是“个人的——图个性之完成”和“社会的——图社会之改造”，以建设“灵肉一致”的第三世界。① 在田汉当时的认知中，“灵肉一致”，是源自古希腊精神的宝贵思想，意味着个性和社会性的统一。在会刊《少年中国》第 1 卷第 1 期，田汉热情洋溢地发表了对《平民诗人惠特曼的百年祭》，高呼“惠特曼万岁！”他认为，老年中国因为灵肉不调和应亡故了，少年中国“一方面要从灵中救肉，一方面要从肉中救灵”，惠特曼就是主张灵肉调和的“平民诗人”。那个时候，田汉显然对于二者的矛盾和冲突并没有明确的体验。

田汉和郭沫若、成仿吾、郁达夫等是创造社的主要发起人。创造社，向来被视为是反对封建复古文化、崇尚天才、主张遵循内心要求、专注自我表现、倡扬个性解放的文艺团体。但是，创造社根植于留日学生的群体中，这个群体中，摆脱民族屈辱的动机和渴念是普遍的底色。1915 年 7 月 5 日，后来成为创造社核心成员的郭沫若从日本致弟弟郭开运的信中附了一篇《我之自爱说》，其中言道：“今我华夏已成大一统之业，而五族共和矣。则我五族人士，自当各存一‘我即国家’思想而后可。何者？吾华合五族而共和，则我于五族中，固是吾华之一体也。夫我既国家之一体，又我即国家矣，则我宁不自爱耶！我不自爱则不是，不爱我国家，我国家复何贵有我存者？”他的个体主义的观念和群体主义的国家观念完

① 张向华：《田汉年谱》，中国戏剧出版社 1992 年版，第 32 页。

全重合。田汉同样如此，他偶尔翻到一本旧杂志，看到世界大战第一年，中国人拿着日本旗欢迎日本军队占领青岛，内心十分难受，他在《三叶集》的通信中反问道："怎么能谈到建设真正的中华民国呢？""我今后不专做读书的工夫，我要做做人的工夫了。我要把从前的静的生活，改成动的生活。"① 动的生活就是拯救国民的文艺运动，就是通过对构成中华民国的国民的改造，最终实现国家的更生。1921 年 9 月 29 日，《时事新报》刊登了《纯文学季刊〈创造〉出版预告》宣称："自文化运动发轫后，我国新文艺为一二偶像所垄断，以至艺术之新兴气运，澌灭将尽。创造社同人奋然兴起打破社会因袭，主张艺术独立，愿与天下之无名作家共兴起而造成中国未来之国民文学。创造社同人田汉、成仿吾、郁达夫、郭沫若、张资平、郑伯奇、穆木天。"

在日本留学期间，田汉很快确定了投身文艺，唤醒国民的人生抱负，因此自许为"未来中国之易卜生"。但在文艺思想上，对田汉影响最大的当属席勒。田汉对席勒的接受，也存在两个不同的维度，一个是个体主义的反抗压迫的自由精神，另外一个是群体主义的国家民族精神。这两者之间具有价值的统一性。"对于他们为自己争取到的外在的自由，大众在内心中尚不能胜任。倘若他们内心尚不自由，他们又如何能替自己建立一种外在的自由？"② 因此，通过艺术所呼唤和

① 郭沫若、田汉、宗白华：《三叶集》，转引自刘平《戏剧魂——田汉评传》，中央文献出版社 1998 年版，第 67 页。

② 〔德〕吕迪格尔·萨弗兰斯基：《席勒传》，卫茂平译，人民文学出版社 2010 年版，第 373 页。

塑造的自由国民与国家的解放之间是高度一致的。正是因为这种一致性，田汉对于艺术的酷爱和追求，就不是简单的个体主义的价值观。他在对郭沫若的信中也说："一时有非常强烈的艺术至上主义的倾向。"他在《苏州夜话》中的刘树康、《名优之死》中的老生刘振声、《湖上的悲剧》中的诗人杨梦梅等人物的身上寄托了非常浓郁的艺术至上的情感和思想。也正因为如此，他对于刘仁静和邓中夏在《中国青年》上大骂泰戈尔的唯美主义思想，很不以为然。他说："我对于他们的社会运动很有同情，独此举甚不谓然。我觉得泰戈尔的艺术有他自己的价值，不能因为他不革命而反对他，而且觉得他们对于他也是太不理解了。"正是因为这种价值理解上的一致性，田汉回国后，创办《南国》半月刊、南国电影剧社、南国社就具有坚实的思想依据和行动逻辑。事实上他描述自己创办南国半月刊的心态说："这时，我对于社会运动与艺术运动持着两元的见解。即在社会运动方面很愿意为第四阶级而战，在艺术运动方面确仍保持着多量的艺术至上主义。"①

1922年田汉归国后，将自己的奋斗目标确定为"为新剧之建设与旧剧战斗"。从自办《南国半月刊》开始，8年时间里，先后历经《南国特刊》、南国电影剧社、南国艺术学院、《南国月刊》《南国周刊》、南国社等几个阶段，在中国戏剧史上留下光辉一页。这一时期的田汉其个性和才华也得到了最为汪洋恣肆的表现与释放。"二十年代的田汉是徜徉在'南国

① 田汉：《我们的自己批判》，转引自《中国当代文学研究资料：田汉专辑》，江苏人民出版社1984年版，第28页。

浪漫’中的田汉。”田本相先生评价说，“‘南国的田汉’，是最能张扬个性、艺术上最具有创造力；是生命力最旺盛、生活最富于诗意色彩的；是以自己的实践，从创作、理论、演出多方面使中国现代戏剧运动与‘文明戏’衰败后再度走向高潮，为一种全新的戏剧样式奠基。”① 事实上，田汉的活动，绝不仅仅在戏剧，“它是由文学运动而电影运动，而艺术教育运动而戏剧运动”。② 诗人徐志摩评价说：“南国是国内当代唯一有生命的一种运动，我们要祝颂它。南国的浪漫精神的表现——人的创作冲动为本体，争自由的奋发，青年的精灵在时代的衰朽中求解放的象征。”③ 田汉个性最为张扬的一个细节表现是，1929年在国民党党部招待会上的发言：《南国社的事业及其政治态度》。他针对国民党对南国戏剧演出的弹压，直言不讳地说；“国民党要发展，当把总理看成希腊的半神，而不可当他是全智全能的基督。”④

但是，田汉的豪迈不羁，是和他的艺术主张，时代担当相辅相成的。尽管这一段，田汉赡养家人，经历家庭变故，个人经济上几乎一直处于拮据状态，他本人的日渐高涨的进步活动也时常受到国民党的打压和破坏，但是南国戏剧事业

---

① 《田汉百年纪念文集：田汉研究》第二辑，中国电影出版社2001年版，第47页。

② 《我们的自己批判》，转引自《中国当代文学研究资料：田汉专辑》，江苏人民出版社1984年版，第96页。

③ 《田汉百年纪念文集：田汉研究》第二辑，中国电影出版社2001年版，第46页。

④ 《南国社的事业及其政治态度》，载《田汉全集》第15卷，花山文艺出版社1999年版，第44页。

却一直是他心目中的头等大事。他在“自己出钱印刷，自己校对，自己折叠，自己发行”的《南国半月刊》的创刊号宣言中指出：“欲打破文坛的惰眠状态，鼓动一种新鲜芳烈的空气。”[①] 作为整个南国艺术运动的领袖和灵魂人物，田汉有着较为明确的艺术主张，这些主张都牢牢系于他对国家和人民的责任担当。他认为，戏剧是民众创造与享乐的机关，本来由民间创造，但是却一步步落入特权阶级手中。“现在民众演主角的时候到了。前日取笑他们的，现在成为他们取笑的目标了。”[②] 他印证罗曼·罗兰的话，认为幸福的自由民众已经没有戏剧之必要，因为“生活本身成为光荣的观赏物”，但是因为中国人“还没有那样的幸福，那样的自由，可使我们不借想象的世界做避难所”，因此要在中国“廓清剧界的旧势力，建设坚实的新艺术”。[③]

1930年，田汉在著名的《我们的自己批判》的结论中就表明：“真正的优秀的作家们还得以卓识热情领导时代向光明的路上去。但过去的南国热情多于卓识，浪漫的倾向强于理性，想从地底下放出新兴阶级的光明而被小资产阶级感伤的颓废的雾笼罩得太深了。”[④] 一个感伤的有着唯美主义主张的

---

① 田汉:《我们自己的批判》,转引自《中国当代文学研究资料：田汉专辑》，江苏人民出版社1984年版，第28页。

② 《我们今日的戏剧运动》，载《田汉全集》第15卷，花山文艺出版社1999年版，第17页。

③ 《上海戏剧运动宣言》，载《田汉全集》第15卷，花山文艺出版社1999年版，第5—7页。

④ 《中国当代文学研究资料：田汉专辑》，江苏人民出版社1984年版，第97页。

艺术家，一个文艺界的著名人士，公开发表这样的自我批判，在文化界引起巨大震动，左派认为是动员参加革命戏剧的号召书，右派认为是受人怂恿，被人利用。

1959年，相隔20多年，田汉回忆说："祖国澎湃的革命现实，使一个带着若干小资产阶级感伤情绪的剧作家终于投入火热的革命斗争，逐步深刻了自己的认识，也多少锻炼了表现能力，这也正是当时革命文艺青年共同的发展道路。"①田汉的话是发自肺腑的，在当时的时代背景下，国民党不断制造白色恐怖，艺术剧社、南国社先后被查封，"左联"五烈士被杀害，大量的进步文艺家被通缉、追捕、绞杀，田汉本人也遭到通缉。田汉自觉地认识到，在反动政治的恐怖氛围中，一个艺术家的救世梦想是何等艰难和脆弱，内在的思考和外在的逼迫，一同促成了他一生中的重大转变。1932年，在瞿秋白监誓下，田汉和丁玲、叶以群等同志一同加入中国共产党。

从1931年到1949年，田汉先后担任中国左翼戏剧家联盟（简称"剧联"）总盟的执委会书记和"剧联"党团书记，是中国共产党领导下的左翼文艺战线的杰出组织者和活动家，同时也是国民党当局眼中的红色戏剧家、危险的宣传家。在从事"剧联"领导期间，田汉以饱满的热情，根据《中国左翼戏剧家联盟最近行动纲领》，提出的"到工人群众中去""深入都市无产阶级群众"的精神，开展工人戏剧运动，组建"蓝

① 《我怎样走上党的文学道路》，载《田汉全集》第16卷，花山文艺出版社1999年版，第419页。

衫剧团”，还广泛支持学校戏剧运动，推动“五月花”“春秋剧社”等革命文艺团体。在创作方面，田汉一方面撰写理论文章，探索戏剧运动中的实践问题，另一方面以阶级分析方法积极创作了十多部革命剧作。正是在此期间的1935年，田汉在被国民党逮捕前，创作了后来成为中华人民共和国国歌的《义勇军进行曲》。[①]“七七事变”爆发后，田汉用五天时间，完成四幕话剧《卢沟桥》，擂响了中国戏剧舞台全面抗战的战鼓。田汉随后应周恩来邀请，出任国共合作的军委会政治部三厅第六处处长，主管艺术宣传。他以长沙、重庆、昆明、桂林等地为主要据点，举办培训班、创办抗战报纸、主持座谈会、组建抗战文艺组织、开展声势浩大的抗战宣传活动。抗战时期，也成为田汉戏剧影视创作最为旺盛的时期，他的创作和火热的现实斗争结合，发挥了很好的动员民众的作用。学者蔡定国总结说：“他在中国抗战戏剧运动中堪称楷模，他在中国抗战戏剧创作中树起了一块丰碑，他在中国抗战戏剧理论上飘扬起一面火红的战旗。”[②]这种革命精神一直延续到新中国的诞生。

田汉曾认为：“艺术同政治有时是朋友，有时是敌人。贤明的政治势力能助它滋长，像Perikles（伯利克里）时代的希腊艺术之隆盛。但政治时常是维持现状的，而艺术时常是对

① 刘平：《戏剧魂——田汉评传》，中央文献出版社1998年版，第291、292页。田汉于1935年2月19日被捕。

② 《试论田汉在中国抗战戏剧中的地位》，载《田汉百年纪念文集：田汉研究》第二辑，中国电影出版社2001年版，第293—298页。

于将要停滞、将要固定的现状之冲破力。”[①] 面对类似于白色恐怖、民族危亡、反动统治这样的民族命运猛浪若奔，且经常急转直下的危急时刻，田汉在艺术上主张和党的正确的领导不断发生着强烈的共鸣共振，产生出惊人的合力。这一时段，国统区文艺的巨大成就的取得，田汉功不可没，同时田汉的艺术人生、人生价值和国家命运也妙和无垠地结合在一起，田汉在党的文艺领域，作为杰出戏剧家、社会活动家的地位和形象也得以牢固地树立。田汉对党的事业的忠诚坦白，得到和他共事了数十年的阳翰笙先生回忆的佐证：“他能正确对待同志的意见，勇于批评和自我批评；对党组织的意见绝对尊重，并且坚决在行动上改正。我比他小四岁，赵铭彝同志是他的学生，保罗同志是他的学生也是他的后辈，但只要我们是代表党组织发表意见，他就虚心听取，认真付之实行，这是他的党性所在，也是他取得事业成就的保证。”[②] 田汉个人的心曲，则通过比如抗战剧《秋声赋》中徐子羽的角色生动地表现了出来。徐子羽性格开朗、感情丰富、富有正义感，在个人小我的幸福和国家民族利益冲突的时候，选择放弃舒适的生活，他认为“谁能始终给大众以幸福的，谁一定能给我以幸福。”[③] 在这里，田汉个人的情感生活和价值体系和民族大义完全结合在了一起，产生了巨大的情感感染力。但是

---

① 《南国社的事业及其政治态度》，载《田汉全集》第15卷第43、44页，花山文艺出版社1999年版。

② 阳翰笙：《田汉同志所走过的道路》，载《回忆田汉专辑》，文史资料出版社1985年版，第13页。

③ 刘平：《戏剧魂——田汉评传》，中央文献出版社1998年版，第506页。

《秋声赋》的产生也同时表明，在田汉的心灵深处，一个艺术家的细腻的对大时代的独立思考和反思，始终没有停歇过，在他看似坚定和豪爽的革命言行的背后，依然存在丰富而宽阔的精神之海。

中华人民共和国成立后，田汉以突出的文艺贡献，受到党和国家的高度信任。他是新政治协商会议筹备会拟定国旗国歌国徽方案的第六小组的成员，他的《义勇军进行曲》被定为国歌；他实至名归被选为全国文联常委、中华全国戏剧工作者协会主席等；他被任命为中央文化部戏曲改进局局长负责领导戏曲改革工作，后担任艺术事业管理局局长；他是《人民戏剧》《剧本月刊》的首任主编，是《戏剧报》的社长，是中国戏剧出版社社长。他是中国戏剧界事实上的最高领导人，二十多年一直“在野”苦干、穷干的“湖南牛”，终于可以大刀阔斧地设计和推进中国的戏剧文化建设了。田汉在戏曲改革方面，对于古代戏曲遗产的批判继承、地方剧种的鉴别、人民戏剧的建设、演员生活的关怀与剧本建设等方面的贡献有目共睹，他主持举办的全国第一届戏曲观摩演出大会影响深远。田汉领导了对民主革命阶段戏剧经验的总结。他以深厚的理论功底发表了大量的理论文章，为人民戏剧理论体系的树立，作出了开拓性的贡献，他大胆倡导“中国话剧民族化”，富有真知灼见和引领性。在繁忙的工作之余，田汉还创作了大量戏剧，五部戏曲、三部话剧，其中包括了作为他一生创作高峰的话剧《关汉卿》。①

然而毋庸讳言的是，在全社会急切地期盼社会主义快速建成的时代氛围中，由于“左”的教条主义在党内愈演愈烈，特别是随着反右扩大化和“文化大革命”的山雨欲来，艺术领域内的矛盾和斗争日益复杂起来。习惯了毫无保留地站在党的立场上，思考和处理问题的田汉，逐步陷入苦恼和矛盾之中。在此过程中，他的鲜明的个性再次顽强地展现出来。1956 年，他在《戏剧报》发表《必须切实关心并改善艺人的生活》《为演员的青春请命》。他直言道：“在解放后，不见得还有人当真压迫一个剧团，但由于党和政府在人民中有极高的威信，我们注意什么，什么就得到提倡；我们不注意什么，什么就得不到改善和发展，这常常在客观上形成一种‘压迫’。”② 针对青年演员被闲置的问题，他痛心地说：“浪费了国家的一寸丝，一尺布，一口铁钉，一块木头，我们还知道计较。浪费了广大演员的宝贵的、不可再来的青春我们却十分大方，气也不叹，心也不动。”③ 1963 年 4 月在“新侨饭店会议”上，田汉和“大写十三年”的错误论调论争。1964 年 1 月，在上海举行的华东现代题材话剧汇演中，他不顾柯庆施、张春桥、姚文元的干扰和破坏，热情宣传中央的正确政策主张。这一

---

① 《伟大的人民艺术家》，载《田汉百年纪念文集：田汉研究》第二辑，中国电影出版社 2001 年版，第 68—71 页。

② 田汉：《必须切实关心并改善艺人的生活》，转引自刘平著《戏剧魂——田汉评传》，中央文献出版社 1998 年版，第 608 页。

③ 《中国当代文学研究资料：田汉专辑》，江苏人民出版社 1984 年版，第 175 页。

切都为实行极左路线的急先锋所仇视，并一步步遭到他们的排挤和打击，最终在“文化大革命”爆发的1966年寒冬，田汉被捕入狱，并在1968年12月10日病死狱中。

田汉在1949年后个人命运的昂扬和挫败的交织，与国家命运的特殊阶段的艰难曲折互为表里。正像他含冤殉职11年之后茅盾同志在追悼会上评价的那样：“田汉同志是我党优秀党员，是忠勇无畏的无产阶级文化战士，是我国革命戏剧运动的奠基人和戏曲改革运动的先驱。”[①] 然而，田汉同志的现实的人生确是以悲剧结束。以往对田汉人生和艺术道路的阐述主要遵循阶级话语和革命叙事，将其视为个体价值向群体价值，个体命运向民族命运的认同和融入。这一叙事的困难在于，无法很好解释这位忠于民族解放事业的人，何以成为一个悲剧的存在。仅仅从剖析“左”倾教条的荒谬逻辑并不能得到完全自洽的解释，仅仅从田汉个人性格角度，解释他的人生悲剧更容易陷入庸俗的社会哲学。我们认为，造成这一悲剧的原因是深刻的，其实质在于国家命运和个体命运，群体价值和个体价值在不同历史阶段中的不同遇合、转化，在特殊历史境遇中的不可协调的冲突造成的。也就是说，其本质是一个以艺术追求为人生旨归的艺术家的人生观、价值观和国家特定阶段历史主题的价值内涵产生了一定程度的背离——比如田汉积极从事抗战文艺创作，完全服从了民族政治的大局，同时牺牲了他在文艺上的更精湛更全面的对艺术

① 《田汉年谱》，中国戏剧出版社1992年版，第569页。

法则的遵循——但是在民族危亡的特殊时刻，这种背离仍然在更高历史运动的层级上具有合理性，然而一旦类似的背离，被扭曲的政治生态所损害和放大的时候，个体人生的悲剧就在所难免。

今天，整个国家和民族的历史主题进行到了一个新的阶段，文化艺术工作的重要性得到空前的尊崇和定义，我们可以从更超越的维度和视角，理解和辨析这种典型的时代悲剧的发生。马克思主义认为，全部共产主义运动的目标可以用一句话来概括，就是建立自由人的联合体。在这一宏大历史目标之下，我们实现的政治解放和经济解放，最终是要过渡到文化的解放中去的，因为，只有作为具有价值内核的物质和精神综合体的文化，才是人类解放的最终也是最现实的体现，在文化的结构中，艺术生产是最为典型最为精粹的人类实现自我解放的方式。这一个基本认识，在今天的马克思主义哲学界已经毫不奇怪了。

法国马克思主义哲学家马克库赛，在批判当代资本主义的基础上，提出了克服工业化和现代化导致的对人的自身存在价值的遗忘和对物欲的无限追求，实现人的全面自由的“解放美学”思想，他主张审美的解放是人走向自由王国的重要途径，是为拯救世界和推动历史前进的决定力量。另一位马克思主义哲学家朗西埃，则通过社会可感物体的不同分配体制，建立了艺术和政治的平等对话机制，美学和政治相互联系但是确实不同的人类解放的道路。这倒是让人想起田汉1929 年 7 月，田汉在南京对朋友们所讲过的话：“艺术常常是推进社会的原动力，社会尚未进化到某一个阶段时，艺术便早告诉出什么是Should be的了，它是暗示着将来的社会的。”[①]今天在汲取类似思想启发的基础上，一些学者提出了中国马克思主义的解放美学概念，认为美学解放是比政治和经济解放更彻底的解放，照此逻辑来理解，一个忠于民族解放目标的艺术家，所从事的是远比政治和经济的当下目标，更根本和长远的美学解放事业。这种事业的价值在当今时代可以得到更真切的认知。比如，《义勇军进行曲》对民族精神建构的价值正在民族文化复兴的实践中得到广泛证明。以田汉先生为代表的一大批美学解放的先驱者的历史贡献，在新时代将更加彰显，而他们的人生悲剧，则是历史在不断实现自觉但尚未完全自觉情况下的一种偶然性和必然性作用的结果。

（杨晓华:《中国文化报》周刊中心主任）

① 载1929年7月7日《中央日报》戏剧专号《南国特刊》二号。

论田汉的创造精神

陆　炜

在研究和学习田汉时，“田汉精神”是一个极为重要的论题。本文欲探讨田汉的创造精神，因为笔者认为，田汉的创造精神是为中华民族伟大复兴而进行艺术创造，这种创造精神就是“田汉精神”的核心与本质。

田汉那些未完成的计划

要说田汉的创造精神体现在哪里，通常我们都是列举田汉艺术创造的业绩：六十多部话剧、二十多部戏曲、二十多部电影、大量的艺术理论与评论，还有翻译、小说、散文，数以千计的诗歌，一大批脍炙人口的歌词，其中还包括我们的国歌……真是成就巨大，著作等身。但我认为，要描画田汉创造精神之强，要感受田汉创造规模之大，最好的体现是他那些未完成的计划。

1919 年，他在《少年中国》杂志发表了长篇论文《平民诗人惠特曼的百年祭》，接着就在该杂志上宣布了介绍十位平民艺术家的丛书出版计划，但接下来却只介绍了一个波特莱尔，还有八个没了下文。

他在日本时宣布了剧本创作计划的目录，但只写出了《梵峨林与蔷薇》《灵光》和《咖啡店之一夜》，其他没有实现。

20 年代回国后田汉宣布他的创作计划，要写“三黄”史剧（《黄花岗》《黄鹤楼》《黄浦潮》），只在 1925 年写出了五幕剧《黄花岗》的前两幕，后面就没有了。

1928 年，由话剧改成京剧的《潘金莲》在上海天蟾舞台上演，田汉写了《新国剧运动第一声》一文，宣布“新国剧运动”开始了，同时发布了即将推出的十个剧目。但观众始终没等到该运动第二部戏的上演。剧本创作呢，田汉在 1929 年又写了京剧《林冲》《雪与血》两部，计划中的后面七部就不写了。

1930 年，田汉发表了转向的长文《我们的自己批判》，副标题是“我们的艺术运动之理论与实际”（上篇），但下篇就没有了。

1944 年，田汉在桂林，这是抗战后期，鼓动抗战的创作形势已经过去了，田汉就写了四部与抗战无关的戏：《情探》《金钵记》《武松》《武则天》。这是在做扎扎实实的戏曲改革工作呢。因为《情探》是新写南戏的王魁、敫桂英的题材；《金钵记》是写白蛇故事，新写中国代表性的一个神话题材。而

《武松》和《武则天》则进了一步，是要在戏曲中写复杂的发展的人物性格。但《武则天》上、下部，上部还差一场没写完就搁下了。《武松》计划是上、中、下三部，写武松从积极上进到破罐子破摔，最后看破红尘大彻大悟的性格发展，要从阳谷县做督头开始，写到醉打蒋门神、血溅鸳鸯楼、落草二龙山，一直写到征方腊以后在六和塔出家，但只把原来写的《武松与潘金莲》改成《武松》的上部，中部、下部就没有了。

抗战胜利后的40年代后期，田汉计划写“甲午战争三部曲”，因为要总结中日战争，需要从甲午战争说起。结果是只写了一部《朝鲜风云》，后面又没有下文了。

1950年戏改，田汉发表了洋洋洒洒的长篇文章《怎样做戏改工作——给周扬的十封信》，但你怎么找资料，也只有三封信，后面七封就没有写……

纵观田汉一生可以发现：永远雄心勃勃，计划一个接一个，计划都公开宣布了，也干出了部分突出的成绩，但只有开头没有完成，这已经成了固定的套路。

这种情况怎么解释？是田汉喜欢狗熊掰棒子吗？是田汉偷懒吗？是田汉好大喜功志大才疏吗？都不是。实际上，上述例子那样多，却从未有人责备田汉虎头蛇尾。这是因为田汉的创作计划非常宏伟，又总是疾步前行，前面的计划来不及完成就又奔新目标去了。结果，我们正是在这一个又一个未完成的计划中，看见了田汉引领戏剧运动前进的脚步和他艺术创造的理想、雄心、想象力和宏大规模！

田汉作品中那些艺术家的精神

田汉艺术创造的规模如此宏伟，他的精神状态、境界、理念是什么呢？要回答这个问题，我们通常是寻找田汉的理论阐述，分析他的生平事迹。但我觉得还有一个更直接、有效的途径，就是看看田汉在自己作品中所写的艺术家形象。田汉写艺术家形象特别多，这些形象又多是他的自况，是他精神的投射。把田汉笔下的艺术家形象浏览一遍，我们会感到震撼！因为他们的精神表现真是太鲜明太强烈了。

看看田汉笔下的那些艺术家形象，我们可以概括出一些田汉艺术创造的精神或理念。

第一，中国艺术的创造要吸收外国的文化，要有世界性的视野。1921年的《梵峨嶙与蔷薇》，其中的男主人公要做“少年中国开国的大音乐家”，计划就是到巴黎去学习，结局是男女主人公一起去法国留学。1927年写的《苏州夜话》，主人公老画家是在外国留学多年回来的。1928年写的《湖上的悲剧》，男主人公杨梦梅是国外漂泊多年回来的文学家。——这一条理念很好理解。田汉就是留学回来的，20世纪初年以下代表性的艺术家都是留过学的。

第二，艺术家要关注中华民族的命运。《苏州夜话》中的老画家回忆当年军阀战争毁了他的画室，他呕心沥血的一幅大画被破坏了。这幅画画的什么？万里长城。电影《风云儿女》中的男主人公辛白华是个诗人，正在创作一部长诗，长诗名为《万里长城》。为什么总是万里长城？理念很清楚。

第三，艺术的价值高于生命。《梵峨嶙与蔷薇》中，女主人公发现自己的恋人要做“少年中国开国的大音乐家”，但要去法国没有钱。怎么办，女孩子决定把自己卖了，给资本家做小老婆，卖的钱就供男朋友去法国。《湖上的悲剧》的结局是杨梦梅发现自己的小说稿子刚刚被人改动了，改的人只能是自己的恋人，于是赶紧找她在哪儿，后台一声枪响，恋人自杀，把她抱到台前，问：“就要重逢了你为什么自杀呀？”女孩说：“重逢了你会把生活看成喜剧，所以我用自己的死给你的小说提供一个完美的结局。”1933年的电影剧本《色》，最后一个镜头是画家在“一·二八”的战火中死于街头，临死前一抬头，发现自己画的宣传画上人物的嘴唇不够红，于是蘸着自己的血抹了一笔，满意地死了。艺术的价值高于生命，这一条理念，田汉的描写特别突出。

第四，环境再黑暗，个人命运再悲凉，艺术家也要坚持创造下去。这一条理念，田汉的描写也是特别强烈。1921年的《咖啡店之一夜》，一般认为这个戏是宣扬女性自强，谴责男主人公喜新厌旧的，这个理解不对。这个戏写的是通过这一夜，女主人公白秋英明白了自己的环境是什么，自己的命运是什么。剧中的核心台词是“人生的悲哀呀，艺术家的行路难啊！”这句话什么时候说的？是白秋英听见了隔壁旅馆飘过来的吉他声音。而弹吉他的，是一个走遍世界寻找人生和艺术真谛的俄国盲诗人。这个盲诗人，是该剧中的精神形象，也是田汉要树立的在恶劣环境中永不停息地追寻的艺术家形象。白秋英从他身上悟到了自己的处境和命运。所以该剧最后一句台词是白秋英说的："寂寞！我还是不得不奋斗下去么？"《苏州夜话》中，妻离子散、心境苍凉的老画师倾吐着美的东西"不断地被破坏，不断地再创造"的信念。1927年的《名优之死》，表现环境黑暗和艺术家的坚持，就十分明白了。主人公名优杨振声用艺术对抗黑暗势力，最后死在了台上。而表现这条理念最鲜明的，是1929年写的《南归》。一个诗人飘然南归，唱着歌，向着远方流浪。写的什么意思？艺术创造者没有地方停下来休养你心灵的伤痕，永远追寻、流浪，是你的宿命。你要做一个艺术创造者，就要认这个命。这就是《南归》的意思。最初读《南归》，我觉得这只是诗化的表现而已。后来发现不是，因为田汉一生就是这样的，他的哪一部戏是安安静静在家里写出来的？《湖上的悲剧》是在游西湖的时候坐在茶馆里写出来的。《秋声赋》中的作家徐子羽在旅馆房间赶写一篇稿子……这就是田汉的写作场景的形象。田汉是艺术的追求者、痴迷者、建设者、殉道者，他的人生，他的写作，永远在路上。

第五，做人民的艺术家，为人民代言。这一条，在话剧《关汉卿》中得到最集中最强烈的表现。

第六，反对为艺术而艺术，艺术要走出"象牙之塔"为现实斗争服务。这个思想，田汉在早年的论文《诗人与劳动问题》中就说得很清楚了。他的第一部话剧《梵峨嶙与蔷薇》，唱大鼓的柳翠一出场，就是工人向他献花，感谢她的艺术为劳动人民服务。《灵光》中的主人公决心回国，把艺术创作贡献给祖国人民。田汉的早期作品中，艺术家都有为人民服务的强烈信念，而进入30年代后，他笔下的艺术家则是直接体现走出象牙之塔，投身现实斗争的过程。电影《母性之光》中的艺术家为矿工拉小提琴。电影《色》中的画家原来坚持画人体画才是艺术，后来转变态度，画起了街头宣传画。电影《风云儿女》中的辛白华走出了艺术的小圈子，离开女人的怀抱，投身于抗日前线。1947年的电影《梨园英烈》，主人公外号二百五，痴迷戏曲，抛弃学业做了戏曲演员，他后来牺牲在民族斗争的战场。

田汉笔下的艺术家形象身上这些精神、理念，就是田汉的精神，田汉的生活无不是这些精神的印证。

田汉的创造精神与中华民族的伟大复兴

要问田汉为什么有如此强烈的创造精神，应该说不仅因为田汉是天才，精力过人，根本是因为田汉有着巨大的历史责任感，他是为中华民族伟大复兴而进行文化创造。

“中华民族的伟大复兴”是一个伟大的口号，是当今最响亮的口号。但我们在这里绝不是把时髦的口号贴到田汉身上。因为田汉那一代人正是在中华民族的命运处于最低谷的时候，“中华民族到了最危险的时候”想着民族复兴，并为此而奋斗的人。

田汉本名田寿昌，田汉这个名字就是辛亥革命的时候要参加学生军才起的。留学日本的时候，田汉参加了当时最有影响的学会“少年中国学会”，这个学会的宗旨就是梁启超《少年中国说》中提出的中华民族要抛弃“老大帝国”，建设一个“少年中国”的思想。《梵峨林与蔷薇》中说要做“少年中国开国的大音乐家”，就表达了少年中国需要重新建设自己的文化艺术的思想。田汉对此有自觉的意识。他二十来岁时表示要做“中国的易卜生”，以中国的席勒自命，到了1958年他六十岁的时候还在自我评价说郭沫若比歌德“已经不遑多让”，而自己比席勒还有差距，表明他把自己定位于中华民族新文化的创造者的自觉意识终身不变。

田汉一生从事艺术创造的业绩，用才华高、创造力旺盛不足以解释，必须用为民族复兴而创造才能够解释。

例如南国社时期，田汉从1924年到1929年经历了七次失败。第一次失败，妻子都死掉了。第六次、第七次失败，都是聚集起来的南国社人马跑光，田汉成了光杆司令了。这两次失败，前一次是1929年1月到广东去演出，支持欧阳予倩的广东戏剧研究所开张，但演完以后，全班人马基本都留在广州了，因为在欧阳予倩那儿干戏剧有经费有剧场有职位有薪水，而跟着田汉，除了有精神，什么物质保障都没有。但田汉回到上海，马上聚集一帮人又干起来了。没过多久，在共产党策动下，陈白尘等人把人马拉出去成立了一个摩登社，架空了田汉，逼他向左翼转向，田汉跑到杭州想了两天，毅然转向，马上又把人马聚集起来了。所以1929年田汉写了《谈谈南国的哲学》一文，说道：“失败了再干，这就是南国的哲学。”[①]“失败了再干”，说起来容易做起来难，田汉怎么就能

① 田汉：《谈谈南国的哲学》，《上海画报》1929年7月总第492期。

一次次失败而脚步不停，情绪不受影响呢？因为他是为民族复兴而创造的。在这个伟大目标之下，一次次具体失败就算不了什么了。

再比如1947年，郭沫若为田汉祝寿而写了《先驱者田汉》一文。文中指出：

> 寿昌，不仅是戏剧界的先驱者，同时也是文化界的先驱者。
>
> ……
>
> 他的认识和行为，时常是跑在我们前头。……
>
> 他有时跑得很快，快的要经过十年或二十年之后，我们才能跟得上来。例如拿改良旧剧来说，他在十八年前，不仅在尽力提倡，而且在尽力实干了。但在十八年前，我们的态度是怎样呢？我们是笑他，哪来那股傻劲！①

郭沫若这里说的十八年前改良旧剧已经“在尽力实干了”，指的就是1928年田汉以《潘金莲》演出为开始，宣布要推出十个戏的“新国剧运动”。这件事当时的确没有得到什么理解和响应。直到十八年之后的1946年，在田汉召集下，京剧界的代表人物梅兰芳、周信芳等人在上海举行了“平剧②改革座谈会”，戏曲改革要着手进行才成为大家意识到的事情

① 郭沫若：《先驱者田汉》，《文汇报》1947年3月13日。

② 平剧为京剧的旧称。——编著者。

了。但问题在于，田汉为什么总是走在前头，领先那么多呢？原因就在于他是为中华民族复兴而进行文化创造的，他的种种计划都不是当作个人的写作计划的，他的眼光永远是在看着中国戏剧建设、文化建设需要做什么事情的。

在四幕话剧《黄金时代》里，田汉写下了这样一句核心台词：

> 我们每个中国青年都准备拿自己的黄金时代来换取中国的黄金时代！①

这就是田汉的精神境界和历史责任感。

由此，我们方能够理解田汉为1947年戏剧界集体创作，表现中国剧人艰难历程的话剧《清流万里》所写的插曲《创造歌》为什么表现为如许文字：

> ……
>
> 朋友，
>
> 胜利是属于创造者的。
>
> 我们长城般创造，运河般创造，
>
> 孔老般创造
>
> 李杜般创造
>
> ……②

① 田汉：《黄金时代》（四幕剧），《文学创作》1942年第1卷第3—6期。

② 田汉：《创造歌》，载《田汉全集》第12卷，花山文艺出版社2000年版，第32—33页。

这是因为田汉把自己以及一代戏剧人的艺术创造，看作是为中华民族创造新文化的宏伟事业！再造长城，再造运河，再创孔老、李杜的辉煌业绩，这不就是中华民族的伟大的文化复兴吗？这是具有伟大气魄和历史使命感的文化创造。《创造歌》的这种表述，是田汉思想和胸襟的抒发，也是对一代戏剧人的奋斗的评价，更是对自己的艺术活动的性质与历史地位的认定。笔者认为，唯有用为中华民族伟大复兴而创造，才能解释田汉行为、风采的全部表现。这种伟大的文化创造精神就是田汉精神的实质！

（陆炜：南京大学文学院教授、中国田汉研究会副会长）

新时代语境下如何认知田汉研究的价值与意义

——再论构建田汉研究的新格局

郭翠君

田汉先生生于中国20世纪的世纪之交，在这个风云际会的历史时期，他和同时期的许多历史名人一样，为中华民族的复兴作出了卓越的贡献。他以自己学贯中西的渊博知识和永不停息的创造精神，推进了中国新文化运动——特别是中国现代戏剧的发展进程，对中国社会的历史、文化进程产生过重大影响；田汉先生陨于“文革”的至暗时期，这个怀着一颗赤子之心，把全部身家性命都交付于革命文艺事业的伟大人物，却被一场冠以“文化”“革命”名义的运动百般凌辱、折磨，最后冤死狱中。纵观田汉的一生，无论其创作还是人生，都卷裹着一个时代的激情与复杂，在田汉身上，我们可以感受到蕴藏其中的丰富的民族印记与沉甸甸的历史内容。

对田汉的研究，可以追溯到20世纪20年代，本文在一定范围内梳理了前人的研究成果及这些研究在这一领域内的贡献。但是，历史走到了今天，站在新时代的高度，我们究竟该如何看待田汉的价值？我们今天研究田汉是在研究什么？应该看到，与研究对象本身——田汉的实际价值相比，我们在研究的深度、视角、领域以及研究平台等方面，还有相当大的拓展空间。可以说，今天我们研究田汉，是在研究中国现代戏剧发展的历史，是在研究中国百年来新文化进程的风云变幻；研究田汉是研究中国一代有良知的知识分子的心路历程；研究田汉是对一个民族的集体反思……因此，在历史进入新时代的今天，在社会环境、学术背景、科技条件都发生重大变化的当下，应全方位地推进田汉研究的进程，并进一步在整体上构建起田汉研究的新格局。

一、早期研究成果为我们走近田汉缩短了距离

如果从1926年尹浮撰写的《评田汉君的莎译〈罗密欧与朱丽叶〉》算起，对田汉及其作品的研究已走过了八十几个年头。虽然早期的研究较多是以感悟、剧评等方式呈现的，如《教训与感伤》（向培良）、《我看〈丽人行〉》（石曼）等。但其中也不乏《南国社的昨日于今日》（王平陵）、《关于南国的戏剧》（钱杏邨）以及剖析田汉的创作理论与创作实践相矛盾（马彦祥）的一些具有一定理论深度的研究文章。这些文章不仅涉及田汉20年代的戏剧创作和戏剧活动，也为之后的研究在一定程度上提供了研究视角、研究范畴和某些理论框架。

20 世纪 50 年代末至 60 年代初，田汉的四部戏曲《白蛇传》《金鳞记》《西厢记》和《谢瑶环》相继问世，成功演出。话剧《关汉卿》更是引起强烈反响。这些堪称经典的作品在将田汉的艺术创作推向高峰的同时，也促进了对田汉及其作品的研究在研究规模和理论建设上向纵深发展。其间，大量的评论文章见诸报端，研究专著也相继问世（如陈瘦竹的《论田汉的话剧创作》，从对田汉创作时期的划分，到对田汉话剧作品艺术特点及其形成因素都作了全面详细的论述，是田汉话剧研究的第一部专著）。这些文章和专著不同程度地体现了这一时期对田汉的话剧、戏曲和总体研究方面的重要成果。当然，由于受到当时意识形态的影响和政治话语的制约，一些观点和文字对田汉的艺术创作与戏剧活动的评价难免有偏颇之处。但这正是那个时代的产物，从这个意义上说，它为我们日后研究田汉和田汉所处的那个时代留下了历史拓片。

进入 20 世纪 80 年代（包括 1979 年“拨乱反正”后）以来，田汉研究在整体上发生了重大变化，最突出的表现就是学术话语的回归和对田汉先生“人”的关注。

随着“思想解放”和人为设置的樊篱被打破，一些艺术研究院、所和高校的专家、学者以更开阔的视野和更具学理性的研究态势活跃在田汉研究的领域里：陈白尘、董健、葛一虹、田本相、丁罗男、王永德、刘平、邹平、邓兴器、陈世雄、陆炜、朱寿桐、宋宝珍等许多著名的专家、教授和当时的青年学者都出版或发表了大量有分量、有见地的研究成果——《田汉与外国戏剧》《田汉与现代戏曲》《田汉和二十世纪中国戏剧》《田汉年谱》《田汉论》《田汉剧作论》《田汉早期创作中的唯美倾向》《田汉与现代派问题》《论田汉对话剧民族化的贡献》《论田汉体戏剧的波希米亚风格》《试论田汉的戏剧理想》……这些研究成果为我们了解田汉、理解田汉的作品缩短了距离。

本时期另一个研究亮点是以人学的视角对田汉先生的一生给以关注。董健的《田汉传》、田本相（合著）的《田汉评传》、刘平的《田汉评传》、邹平的《 田汉：中国话剧的奠基人》等都以不同的笔法，在评价田汉的戏剧活动，分析田汉的艺术作品的同时，深刻而生动地解读田汉丰富而复杂的人生。这些著作为后来者走近田汉，了解田汉，读懂田汉作出了重要贡献。

不同见解的碰撞、学术上的相互探讨也是这一时期的学术研究回归到正常的研究状态的一个表征。在一些研讨会上，争论较多的是田汉戏剧创作的基本风格问题；间或也有对于“戏改”的潜在争论，即在对田汉先生关于戏曲改革理论（包括工作构想）和创作成就普遍给以高度评价的前提下，一些学者提出，田汉所倡导并身体力行的戏曲改革与某些官方意志的“戏改”具有本质上的不同。

在这里，还有一件必须提及的事情：那就是作为田汉研究中的一个特殊现象——坚持了三十三届的、具有全国性影响的民间奖项“田汉戏剧奖”的创立。

相信从20世纪80年代走过来的戏剧人对“戏剧危机”这个概念不会陌生。20世纪中后期，中国戏剧界经受了一次

“戏剧危机”的震荡：一些剧场关闭了，一些期刊停办了，一些戏剧从业人员选择了逃离。在这种情形下，1987 年，由华东六省一市的戏剧期刊（浙江的《戏文》、江苏的《剧影月报》、安徽的《新戏剧》、山东的《戏剧丛刊》、福建的《福建戏剧》、江西的《影剧新作》、上海的《上海戏剧》）率先发起，此后陆续又有黑龙江的《剧作家》、吉林的《戏剧文学》、河南的《东方艺术》、河北的《大舞台》、湖南的《艺海》、陕西的《当代戏剧》、四川的《四川戏剧》、上海戏剧学院的《戏剧艺术》、上海艺术研究所的《上海艺术评论》、广东的《广东艺术》等十几家期刊加盟的“田汉戏剧奖”。三十多年来，“田汉戏剧奖”已经在事实上成为具有全国性影响的奖项。其间，当时的中国田汉基金会和中国田汉研究会曾多次给予这个奖项以支持。当初创办者之所以选择了以田汉先生的名字来命名这个奖项，正是因为“田汉先生不仅为后人留下了彪炳史册的精品力作，而且留下了千古流芳的思想精神和知识分子的浩然正气”。当年这些戏剧期刊的坚守者也正是秉承了田汉精神，在戏剧不景气、许多戏剧艺术期刊被迫停办的艰难背景下，以一种“艺术慕道者”“穷干”“苦干”“硬干”的执着，一路坚持下来，不仅为戏剧创作与理论研究保留了一块园地，为戏剧舞台留住有限的创作人才，也为田汉研究拓展了研究平台。“田汉戏剧奖”既是田汉精神结出的果实，又为弘扬、传承田汉精神、推动田汉研究起到了不可替代的作用。因此，如何将其延续下去并发挥更大的作用，也是我们今天应该思考的议题之一。①

二、田汉研究的当下意义

毋庸置疑，以往的研究成果对于田汉研究有着重要的意义。那么在今天，我们为什么要研究田汉？我们今天研究田汉是在研究什么？前面说过，田汉先生和同时期的许多历史名人一样，为中华民族的复兴作出了卓越的贡献，对中国社会的历史、文化进程产生过重大影响。然而，田汉又是这其中特殊的一位，这不仅因为他为后世留下了涉及诸多艺术领域的大量著述：话剧63部、戏曲27部、歌剧2部、电影12部、新旧体诗词2000余首……诚然，仅他所留下的这些丰厚艺术遗产也足以构成一个规模庞大的研究领域；在精神层面，他的创造精神、他“为民请命”的担当精神、他刚直不阿的“响当当的铜豌豆”精神都为我们今天的社会提供了最为重要的精神营养；同时，他的人生历程也与中华民族的兴衰荣辱紧紧地卷裹在一起。从20世纪20年代的反帝反封建、对自由民主和审美现代性的追求，到20世纪30年代的左翼文艺运动，到全面抗战的烽火硝烟……可以说，自五四以来，中华民族的每一个重要历史时期都留下了田汉先生“苦干”“硬干”筚路蓝缕的身影——纵观田汉先生的创作与人生，我们可以看到，在田汉身上，几乎映照着中国时代变迁的每一个重要轨迹。因此我们说，研究田汉是在研究中国现代戏剧发展的历

① 郭翠君：《继往开来的事业 伟大精神的传承》，《戏剧文学》2005年第7期。

史，是在研究中国百年来新文化进程的风云变幻。

在田汉的一生中，无论何时何地，他都把国运与民心看得比个人的荣辱得失重要。当年为了支持进步戏剧团体的发展，他不仅花光了所有的稿费收入，甚至几次典当了老母亲的首饰和衣物！周巍峙说："田汉干了一辈子革命，也受了一辈子的攻击和委屈……不改初衷，虽九死而不悔。"① 就是这样一个把全部身家性命都交付给革命文艺事业的田汉，却成了"文化大革命"的对象，在狱中被折磨致死。更令人心痛不已的是，即使在监狱中，他都自始至终怀着一份赤子之心："就算最终被冤枉了，但为了党和国家的大局，个人做出牺牲也是值得的。"② 每每看到这里，内心都会产生一种久久难以平复的痛……在田汉身上，体现了中国一代知识分子的单纯与善良，这是田汉们的悲哀，更是这个国家和民族的悲哀！之所以说研究田汉是对一个民族的集体反思，正是因为在田汉身上，蕴藏着丰富的民族印记与沉甸甸的历史内容。

三、在新时代语境下构建田汉研究的新格局

应该说，经过几代人的努力，田汉研究取得了不可小觑的成果。然而，与研究对象本身的实际价值相比，与当下的社会发展相比，我们的研究工作还有一些领域尚待开拓，还有一些缺失亟待填补，特别是在整体建构上还有不足。

---

① 周巍峙：《在纪念田汉同志诞辰100周年座谈会上的讲话》，中国电影出版社2001年版。

② 董健：《田汉传》，十月文艺出版社1996年版。

（一）现状与瓶颈

1. 首先是研究平台的缺失。目前我国共有学术期刊5756种，但作为具有八十多年研究历史的“田汉研究”，到目前为止还没有一本为研究田汉而存在的专门的学术性期刊。中国田汉研究会曾经用以书代刊的方式，不定期的出版过《田汉研究》。而在全国，仅研究现代文学家的研究期刊就有许多本，比如《郭沫若研究》《鲁迅》《曹禺研究》《丁玲》等。由于没有专门的研究田汉的连续出版物（也就是我们常说的期刊杂志）大量的研究文章都发表在各类综合性文学、艺术期刊中，如《文学评论》《文艺研究》以及大学的校报、各省的地方性社科杂志和戏剧类期刊。由于这些刊物受办刊宗旨和有限版面的制约，不可能大量的、连续性地发表这一类文章，这对研究者来说显然是一种不利因素；从传播的角度讲，对于关注田汉研究的读者来说，因为“散见各刊”，也很难及时获得最新研究信息；另外，由于刊物的非“专业性”（非田汉研究专业），有些本应进行争鸣或批评的文章，却无法要求在该杂志上发表争鸣文章，由此形成“单边”的影响。

2. 缺少长项的、专门的课题研究。与某些中国现代文学作家、戏剧家相比，“田汉研究”多是放在现当代文学、中国话剧史等研究框架内。这样就形不成专门的研究队伍，有可能造成对研究领域各“点”之间的关联缺少观照，在研究整体上缺少宏观把握。同时，对研究成果的积累、队伍的凝聚和后续人才的培养都会形成一种潜在的危机。

3. 研究手段的单一化。进入21世纪以来，新的研究方法的引进、现代科技平台的运用，都为田汉研究提供了新的发展契机，而在这方面，田汉研究尚显薄弱。

这些都是制约田汉研究向纵深发展的瓶颈，而解决这些问题不是单靠哪一方面力量就能奏效的，应当动员全社会的力量——政府、高校、科研院所、民间力量，在整体上建构起田汉研究新的格局。

（二）建构田汉研究新格局的几点想法

1. 申办《田汉研究》专业期刊。以中国田汉研究会为依托，申办《田汉研究》专业期刊。经过几十年几代人的努力，田汉研究在积累了大量研究成果的同时，也凝聚了一大批田汉研究领域的专家学者，作为作者队伍，他们完全有能力、有实力保障刊物的学术水准和影响力；在这些研究人员中，也有既有理论研究基础，又具备成熟办刊经验的编辑人员，雄厚的编辑力量可以保证期刊在编辑和运营上的专业化标准；资金问题在以往的概念里似乎是一件棘手的事情，但在今天，政府、教育界、社会对文化的支持已是有目共睹，特别是对于田汉研究这样一件利国利民、功在千秋的事情定能够达成共识。当然，《田汉研究》专业期刊最终能否问世，还要取决于领导和有关部门的支持。

2. 建立“田汉研究网”。在网络平台及其发达的今天，“田汉研究网”的建立一是补充纸质媒体发表园地的不足。二是可以利用网络传播迅速、便捷的特点，加强研究者之间的沟通、联络和信息交流。

3. 加强社会资源的共享和利用。笔者去广东阳江时，听阳江田汉研究学会的同志介绍说，他们那里的研究也很活跃。举一反三，认为，应将民间的田汉研究活动和资料搜集纳入视野，扩大田汉的影响，扩大资料（包括口述史）的来源。

4. 建立长项的学术研究课题，对一些议题展开经常性的探讨和研究，而不止于“逢五逢十”的纪念活动。

5. 尝试“田汉学”的学科建立，培养田汉研究的专门研究者及后续人才。

今天，我们的社会正朝着有利于文化发展、有利于学术建设的方向发展，特别是与几十年前相比，社会环境、经济状况、学术背景、科技手段都发生了巨大的变化，并且在研究队伍中，有一批新力量正在生成，相信在进入新时代的今天，只要大家携手共进，一定会建构起田汉研究的新格局。

（郭翠君：《艺术评论》执行总监、中国田汉研究会副会长）

为民请命　光照千秋

——纪念田汉一百二十周年诞辰感言

杨景辉

田汉先生，是我所崇拜的一位伟大的戏剧大师。在纪念他 120 周年诞辰之际，引起我对他深深的思念。当我重温了他于 1961 年创作的《谢瑶环》以后，心情更是难以平静。

1961 年，我从武汉大学中文系毕业，被分配到中国戏剧家协会工作。同时被分到剧协工作的，共有八位毕业生，除武汉大学的我和袁盛辉外，其他六位分别来自复旦大学、山东大学和中山大学。当时，田汉是中国剧协主席。在他的领导下工作，感到十分荣幸，也非常开心。上班后，田老（当时，剧协的同志都叫他“田老”）接见了我们。他和蔼可亲，侃侃而谈，热情，诚恳，平易近人。田老乡音未改，我听来格外亲切。从此以后，我同他就有了一些接触。

几十年来，有一件“小事”一直扎根在我的记忆中：

20世纪六七十年代，我住在王府大街64号文联大楼后面一个小院（大鹁鸽胡同9号）。1966年“文革”初，田汉已进“牛棚”，和其他“走资派”“牛鬼蛇神”一起，被关押在文联大楼地下室。一天早晨，我去文联食堂吃早点，正好排在田汉的后面。我见他买了粥、馒头、咸菜。然后，他从衣服兜里掏出一把饭票放在窗口，让卖饭者从中挑选。他竟然分不清什么是面票，什么是米票，什么是粗粮票，什么是钱票。卖饭者有点不耐烦。于是我上前告诉他米、面、粗粮、钱票的区别。好不容易才如数交清了。他就是一个这么“糊涂”的人。万万没有想到，这是我和他最后的一面。

这样的“小事”，在他的一生中，还有许多。譬如：当年7月，他和文化部、文联系统的那些被“打倒”或将被“打倒”的人集中到社会主义学院接受“教育”和批判，进入时，要填“登记表”。据说，当他填到“级别”一栏时，把他难住了。他根本不知道自己是什么级别。他看到前面有一位他熟悉的干部填的是“12级”，心想：我的级别肯定比他要高，就填了个“18级”。不但不知道自己的级别，连级别的顺序都不明白，这恐怕是“史无前例”的奇闻了。

随着岁月的流逝和我对他的用心研读，对他的这种“糊涂”的认识也就一步一步地深入了。田汉的一生是异常丰富和复杂的。“忧国、忧民，为国、为民，为艺”这十个字，几乎填满了他整个人生的生命空间，对自己的什么工资、地位早就置之度外了。田汉的二“忧”三“为”，中心是他的民本思想，在他的心目中平民百姓的利益高于一切，因此，“为民请命”的内容，贯穿在他的许多剧作中，“为民请命”的思想，似乎成了他政治生活中的“潜意识”。他认为：“在封建社会，‘为民请命’还是有进步意义的。”“就在今天，也不能否定‘为民请命’。当然性质不同。”

1929年，他根据《五人义》改编的七幕京剧《雪与血》，表现五位义士和百姓一起为救被陷害的为民请命的清官与官府进行斗争的故事，颂扬了“为民请命”精神。从此，这一精神在他的戏剧创作中和有关文论中喷涌出来了，直到20世纪五六十年代创作的《关汉卿》（1958年）和《谢瑶环》（1961年），始终闪耀着灿烂的光彩。

中华人民共和国成立后，“为民请命”，更是他在戏剧事业中的一项重要的作为。

1950年4月，给周扬写了三万余言的信，中心内容就是为中国戏曲艺术请命。

最引人注目的是，1956年在他主持的中国戏剧家协会机关刊物《戏剧报》上发表的两篇文章——《必须切实关心并改善艺人的生活》（载《戏剧报》1956年第7期）、《为演员的青春请命》（载《戏剧报》1956年第11期）。

在《必须切实关心并改善艺人的生活》中写道：

北京的情况是要好一些，但是我们也还不时要接触一些求救的呼声。上海的老艺人如赵如泉卖掉住房，寄食诸子，算比较还过得去的，陈翔云（欧阳予倩同志的老师）和某几位老先生就听说常常断炊。他们都是“戏包袱”，他们身上留有许多优秀的遗产和丰富的经验、掌故。三年前在上海曾请老先生们来开过会，请上海文化方面领导同志给他们尽可能的照顾，并找人去记录他们的艺术经验，这工作据说后来因干部不足和预算限制，还没有认真做。

内地的老艺人就更困难了。这次我们以人民代表大会的任务南下视察，到了长沙和桂林，在许多前所未有的新的气象中也听到一些使人无限黯然的故事，看到一些不能不代为呼吁的情景。

彭凤蛟老先生和名净罗元德都是硕果仅存的前辈，这次却看不到他们了。彭先生（此次到北京演出的名旦郑福秋的师父）七十多岁了，年老家贫，还有一位老妻，无以为生，曾在街头卖过两年蚊烟草纸，日子过不下去，一度自杀未遂。文化局知道了，津贴了他一些钱，但不解决问题。他又不愿多向人求告，终于自杀了。

他们的居住条件是很差的。曾参观过樊西巷益昌里湘剧二团宿舍，上下两层楼房住了一百四十个人。楼下大厅住了十几家人家。隔一层帐子便是一家。单身艺人两个人一铺。也有青年女演员住在两对夫妻的当中间的。人既拥挤，地也潮湿，身体和精神的健康都不能保证。

这同样的情况桂林也严重。我逐一参观了几乎所有桂林剧艺人的宿舍。一处低湿的大统间住了九对夫妇（原是十对，后来搬走了一家）。楼上也是好几家一间房，而且每家一个灶，万一失火，那真是不堪设想。

在《为演员的青春请命》中说：

在上海一次演员座谈会上，我听到好些女演员像孩子似的痛哭。……问题在于今天她们的才能应该得到更好的，却因为领导上缺乏对演员的更细致亲切的关怀，把她们搁置在那儿好些年没有适当的使用，每天的宝贵光阴消耗在按时上班看书，看报，聊闲天，开没有完的无谓的会，干业务以外的一般琐碎工作。古人说“拳不离手，曲不离口”，五六年脱离实践，好演员也变成外行了。……

这样的不应该流的眼泪今天在这里那里还是有人在流着，在电影界，话剧界，在广大戏曲界，甚至在历史比较浅的新歌剧界，不止女演员在流，男演员也在流。……

这两篇关于“为民请命”的文章，表现了田汉对党、对艺术、对艺人的无限忠诚。然而，在“左”风吹来之时，1957 年差点被打成“右派”。据说是周恩来保了他，才躲过这一灾难。

紧接着，到了 1958 年，他借“大跃进”的“东风”，放射出他戏剧创作的一颗大“卫星”——《关汉卿》横空出世了！讴歌元代伟大戏剧家关汉卿的“为民请命”精神。3月13日，他和北京大学历史学家翦伯赞交谈关汉卿创作《窦娥冤》时说：“没有强烈的正义感，没有‘为民请命’的精神，关汉卿能写出这样的为一个弱女子鸣冤叫屈、报仇雪恨的血泪之词吗？我觉得关汉卿的伟大之处就在这些地方。”

到了60年代初，全国出现了“三年困难时期”。田汉曾深入基层访贫问苦，所见所闻，无不使他忧心忡忡，难以抑止。他出于对共产党的忠心、对下层遭受苦难的群众的关爱，加上当时学术界、戏剧界出现的“海瑞热”对他的深刻影响，“为民请命”的“潜意识”又在《谢瑶环》的创作中，强烈地喷发出来了。他通过剧中人武则天呼喊出：“为民请命，何罪之有？”

至此，《谢瑶环》的问世，为田汉的戏剧创作生涯画上了一个圆满的句号。

（杨景辉：中国戏剧出版社原副总编辑、编审）

“田汉精神”与音乐、戏剧出版

樊国宾

田汉不仅仅是一位大戏剧家，同时还是一位大音乐家、大出版家。本文以中国唱片集团、中国戏剧出版社为例，阐述田汉对中国近现代音乐及戏剧出版的重要贡献与影响。

一、田汉及《义勇军进行曲》与中唱的渊源

中国唱片集团（CRC）建立于 1949 年 5 月，在中华人民共和国成立前大中华唱片、百代唱片、胜利唱片等旧中国唱片工业基础上不断发展壮大，是中国规模最大、历史最悠久、资源最丰沛的国家音乐文化机构，总部设在北京。同时位于上海、广州、成都、深圳、大连等地的下属公司，以及中国戏剧出版社、《戏剧与影视评论》杂志社等十几家全资子公司或者控股公司，范围涵盖音像出版、图书出版、影视节目制作、演出演艺、黑胶与光盘生产、数字音乐、文创产业园区

等多个领域。100年来先后为1000多家文艺团体、5000多位艺术家和演员，录制了节目，总销量高达10亿多张。中唱保存并积累了13万面金属模板、5万条磁记录胶带，10多万部作品，基本上囊括了20世纪我国音乐、戏曲和曲艺等艺术领域创作、表演的优秀作品和珍品，其中有的已属旷世孤品，成为极具历史价值的音像档案和珍贵的国家文化资源。中唱已经组织了十届“中国金唱片奖”评奖颁奖活动，这是中宣部批准的、该领域唯一冠以“中国”字头的最高荣誉。

上海徐家汇公园内的“小红楼”始建于20世纪20年代，是中唱上海公司的办公地，也是中国唱片业的诞生地，中国的第一间录音室就建立在“小红楼”。20世纪20至30年代，它一直是中国乃至亚洲最好的录音室，见证了一大批中国戏曲、音乐，包括抗日救亡歌曲，时代歌曲和电影歌曲的诞生。它的历史就是一部中国近现代音乐史。中国现代音乐、戏曲史上几乎所有的重量级人物都曾在这幢小楼里留下了自己的记忆和声音（光是戏曲就有谭鑫培、马连良、梅兰芳、程砚秋、尚小云、荀慧生等等），在这里工作过的“左翼”音乐家有任光、聂耳、冼星海特别是田汉后来的夫人作家安娥等。众所周知，他们在抗战的音乐战线上发挥了重要力量，1931年到1937年间百代公司录制了一大批抗日救亡歌曲的唱片，如《从军歌》《渔光曲》《大路歌》《开路先锋》《自由神》《救亡之歌》《热血》《抗敌歌》《旗正飘飘》《十九路军》《父母子女》等等。抗战歌曲在当时社会中广泛传播，引起巨大的反响，激励着中华儿女奔赴前线，英勇作战。这些充满时代特色的音乐作品在今天仍然具有强烈的感染力和教育意义。当年的田汉也曾经常出入“小红楼”，特别是1935年，由田汉作词、聂耳为影片《风云儿女》谱曲的《义勇军进行曲》就是在“小红楼”灌制成唱片，从此激昂的曲调传遍全国。因此，“小红楼”已经被看作国歌的诞生地。如果到中唱上海公司参观，可以看到大量这类档案、书信、版权合同的原件，特别是《义勇军进行曲》的第一张母版。睹物思往，令人更加敬仰当年田汉的热血与良知。

中唱在30年代还邀请了一大批作曲家、词作家、歌星、影星灌制唱片。作曲家有：赵元任、黄自、任光、聂耳、冼星海、黎锦晖、黎锦光、陈歌辛、贺绿汀、严华、严折西等。词作家有：田汉、安娥、潘孑农、关露等。这里还是一个造就歌星的梦工厂，像周璇《四季歌》《天涯歌女》，赵丹《春天里》，金焰《开路先锋》，王人美《铁蹄下的歌女》《渔光曲》，周小燕《长城谣》，等等。

田汉在上海时期的活动，与中唱息息相关，希望下一步对田汉的研究与学术探讨中，中唱能整理发掘出更多20世纪的档案资料，为田汉创作《义勇军进行曲》前后的活动踪迹以及心理轨迹增加更多的论据材料。

二、田汉对音乐艺术贡献的启示

在古代，音乐是秩序的构造者。在周朝，乐官居于九卿之首，以乐理匡定政事。乐官有记史的权力，是群臣议事的最后一个环节，是发出秩序的人。不听乐官的话，是要上史书的。田汉作为左翼音乐运动的创始人，在民族存亡的关头，还推动了“新音乐运动”“国防音乐”和“抗日救亡歌咏运动”等，对当时及后来中国新音乐的文化秩序建设都产生了深远的影响。如《码头工人歌》《大路歌》《义勇军进行曲》《牺牲已到最后关头》《打回老家去》《大刀进行曲》《保卫国土》《游击队歌》等，作为五四运动之后发展起来的中国专业音乐创作队伍创作的反映现实生活的第一批作品，促进了民众思想的觉醒，唤醒了每一个中国人的民族意识和爱国情感，为抗战积蓄了力量。音乐的力量是无形的，但它对于战争所必需的凝聚力和号召力却是难以估量的，它构造了新的人心秩序，这是田汉的重要贡献。

田汉音乐的第二重贡献是提升了音乐感时忧国、关怀天下的境界。在我国古代，音乐就是大国之重器。唐太宗之前，乐器都是庙堂重器，行了音乐典礼，军队才能出征；皇帝出殡时不奏乐，仪仗队抬着乐器默默前行。孔子教导弟子说有一天如果没听到琴声，那一定是出大事了。田汉的音乐作品与人民的命运、国家的命运紧紧相连，他的作品推动了中国的文艺现代化乃至现代民族国家的建构。田老的话剧作品和音乐作品，无论价值观、精神内涵，还是舞台人物形象体系和生态构成，亟亟以谋的都是要把中国变成现代国家，那种对于中国传统的反抗与叛逆，对于中国社会和国家政治的激进批评，对于个人忧国伤怀的情志的主观抒发，都显示了中国现实题材戏剧和音乐这一时期的“现代”性质，那种以个人自由解放来象征和想象民族国家成长的艺术叙事，其中蕴纳着的是国家的焦虑。

田汉的音乐还体现出其作品中有德，有理想，因此对民众是最重要的滋养。好的音乐不取悦他人，甚至不取悦自己，神交天地，气渺王侯，从容开阔，格局庄严。这就是习近平同志说的中国传统文化的独特价值。所以在古代能化育出宋襄公这样的君王、子路这样的君子和豫让这样的民间侠客；在风云激荡的20世纪，田汉的作品那种鲜明的时代感、对现实的敏锐观察、对理想的热烈追求，以及主观色彩的浓烈大气、丰富的想象力、瑰丽的传奇色彩，统一为沉郁、豪壮、奔放的独特艺术风格，都成了后来者从事创作的养分，还使得一批文艺青年获得艺术的新生。田汉创造的新的艺术思维模式，成功地沟通了政治与艺术、时代美学主潮与创作主体审美优势之间的关系，对20世纪我国音乐生态产生了极其重要的影响。

三、音乐产业现状与中唱集团的使命

2017年，流媒体在中国的市场份额已达96%，实体唱片是4%；而实体唱片在德国是52%，在日本是78%。不得不说这个趋势反映出音乐消费品质某种程度的退行，以及仪式感的退行。而数字传播平台愈演愈烈的崇拜口味迎合、推广热度标准的价值观，反映出短期财务利益对艺术理想肆无忌惮的侵犯。现在回头再看田汉当年的音乐理想及其作品，相形之下，我们应该适当警惕音乐市场乱象背后国民性的退行。

我们希望音乐在未来会像田汉努力提倡的那样强调美学

的现代性；希望音乐重拾秩序、重器与王道的意义；希望音乐重新定义文明与价值观的内涵，重新教化世道人心。礼乐煌美的国家，才是有希望的、人道主义的、自由的、伟大的共同体国家。

特别值得一提的是，田汉还是中国戏剧出版社的创始人、首任社长。1957 年戏剧出版社鼎立之初，经济效益并不好，但类似陆定一同志当年抓“网格本”系列的战略思路，田汉有步骤地出版了诸如《中国古典戏曲论著集成》《中国地方戏曲集成》《孤本元明杂剧》等等大批戏剧经典专业著作。田汉当年在上海办南国社是在野干艺术，在野干教育，我经常开玩笑说有点像李贽办芝佛院，是一种“私学”精神。他只要认为对的事情，就很任性，不顾一切地去做。他把这种精神带到中华人民共和国成立后干出版，如今回头看，实属难能可贵，这是真正的大出版家。戏剧出版社对田汉精神的继承，集中体现在专业经典产品的功夫方面。以汤显祖为例，在继田汉当年出版的侯外庐先生《论汤显祖剧作四种》之后，后来者连续出版了黄芝冈《汤显祖编年评传》、校注本《临川四梦》、《汤显祖传》等 60 多种相关著作。做事不容易，把事情做对更不容易。

2017 年建社 60 周年之际，戏剧出版社塑立了一尊田汉雕像，以鼓舞全体员工见贤思齐。我在塑像揭幕仪式上说：一个人有了名位，识见修为却未到，此即少林寺扫地僧所谓的“武学障”与“知见障”。但田汉先生绝不是，无论在中国剧协主席，还是中国戏剧出版社社长位置上，他都是这个行业的泰山北斗。我们塑他的像，包括在他诞辰120周年时出版他的画册，其实是要为我们自己塑一个心灵盟誓。我常常想起他说过的三句话：

在话剧《晚会》结尾的时候，借助主人公陶丽之口，他说："假使我明天就得死，我也绝不悲观，我也要把最后、最好的力量用在最有益的地方！"1968年即将被迫害致死时，他说"艺术家不妨生得丑，但不可以死得不美！"还有就是"起来，不愿做奴隶的人们，把我们的血肉，筑成我们新的长城！"

我愿意把这三句话概括为三种精神：不畏困难的乐观精神！不激不随的风骨精神！志存高远的家国精神！此即田汉精神，也是戏剧出版社、中唱集团、中国音乐、中国戏剧、中国文艺、中国人未来应该永远秉持的精神。

中唱的价值观和使命，就是要不断提高产品品质，从供给侧意义上作专业贡献；中唱作为国家队，要放眼全国，为各区域文化均衡进步作出贡献；要把文运、国运作为精神自律在行业内带头担当起来，要带头倡导品位、格调和责任；要在产业扩张中统合好商业规律与文化逻辑两条轨道；要像国歌警示我们的那样时刻居安思危；要像田汉先生那样，把自己的艺术化为民众的心声，用灵魂和爱去创造生命和自由更多的可能性，以更加澎湃的热情和激情去实现庄严的人文理想。

（樊国宾：中国唱片集团总经理、中国戏剧出版社社长）

对南国艺术运动的几点认识

欧阳维

南国艺术运动，是指田汉与他的朋友们，在1924年1月至1930年9月之间，历时6年多，以独特的精神面貌和创新精神，在以戏剧为主，包括电影、美术、戏曲等多个艺术领域进行先锋式探索，产生重大社会影响，培养一代文化领军人物的社会文化艺术运动。其主要内容，包括创办《南国》半月刊；主办《南国特刊》；创建南国电影剧社；上海艺术大学教学实践；举办“艺术鱼龙会”；更名“南国社”后创办南国艺术学院[①]等艺术活动，也包括通过艺术创作和艺术教育产生的艺术成果和艺术人才。

南国艺术运动主要发生在上海及邻近地区，有着独特的社会政治、经济、文化历史背景和地域特征。它发生在民族国家进入社会革命和重大变化的过程中，处于中西文化交汇

① 当时为西爱咸斯路，现为上海市永嘉路371—381号。

的历史时期和地域环境。加强对南国艺术运动的研究，对深入理解中国近现代文化艺术发展脉络，促进国家文化艺术历史传承，继承发扬南国艺术运动的优良传统具有重要意义。归结起来，南国艺术运动主要体现了以下几个特点：

第一，南国艺术运动体现了独立自主的创业精神和浓厚的家国情怀。田汉 1922 年从日本回国之后，并不满足于在中华书局当编辑过小日子的生活。他痛恨帝国主义和军阀弄权，从“少年中国”和“创造社”退出后，选择了独立门户，在艺术世界“扎硬寨，打死仗”，希望继续他在日本时对真善美的追求，支持孙中山的国民革命。1924 年 1 月，他和易漱瑜开始办《南国》半月刊，自己印、自己校、自己发行，艰苦创业。办刊的目的，正如田汉在发刊辞中所说：“凡我血气之伦，安忍坐视中国之不救？盍联手以偕来，为正义而奋斗！”① 在南国时期的代表作《名优之死》首演时，为了省钱，他们在周信芳先生的九亩地梨园公所的二楼大厅上演。由于那里没有舞台，硬是由田洪带着一些年轻人连夜搭起来一个舞台。爱祖国、爱艺术，是田汉所代表的南国人的人生观、价值观的核心。田汉在南国特刊上发表介绍席勒的《奥尔良的少女》和《威廉·退尔》，就是为了宣扬爱国主义。田汉发起的南国运动，就是为了“在沉闷的中国新文坛鼓动一种清新芳烈的艺术空气。”②

第二，南国艺术运动吸引和培养了一批精英大师级的艺

① 《田汉文集》第 12 卷，中国戏剧出版社 1983 年版，第 60 页。

② 《田汉文集》第 14 卷，中国戏剧出版社 1983 年版，第 246 页。

术人才。1926年1月，田汉和好友欧阳予倩以主席名义联合发起了“消寒会”，交流切磋艺术理念和实践，成为日后南国社艺术沙龙的雏形。“消寒会”的发起人，包括郭沫若、黎锦晖、唐槐秋、郑振铎、俞振飞、史东山、卜万苍等十七位文化艺术界名人。第二年召开的“梅花会”，聚焦的是美术绘画人才，其中包括画苑新秀，后来的美术大师徐悲鸿。在举办南国电影剧社、探索电影之路的过程中，田汉和卜万苍、唐槐秋、万籁天、顾梦鹤、宗白华、黎锦晖、唐叔明、王素等合作，共圆“银色之梦”。1928年，田汉、欧阳予倩、徐悲鸿等人在对“在野艺术运动”高度共识的基础上，共创南国社所属的南国艺术学院，并由他们三人分别担任文学、戏剧和绘画三科的主任，还得到辛汉文（化妆大师）、孙师毅、周信芳、高百岁这些老友兼艺术家的大力支持。

有了“不问学历，但取天才”的招生原则和强烈的爱国、艺术、包容、平等的氛围，南国社吸引了一批有理想、有追求的宝贵艺术人才，日后成为各个艺术领域的领军人物。南国艺术运动之所以能够聚拢这样一批优秀人才，在于他们有着不知路向的苦闷和彷徨，受着灵肉冲突的焦灼和困顿；他们有对价值观的认同，对自由和光明的渴望，对艺术的热爱和大致相同的生活境遇。如文学科学生陈凝秋（塞克）、陈征鸿（陈白尘）、左明、唐叔明、陈明中等；戏剧科的郑君里等；绘画科学生吴之寿（吴作人）、吕霞光、刘菊庵（刘汝醴）、周存宪、黄若英、金德麟（金焰）等；音乐科的学生张恩袭（张曙）、王素等。他们才华横溢，触类旁通，许多人能够跨界发挥，如王素虽然在绘画科，但也是当时十分难得的女演员。这些天才的学生，正是当之无愧的南国之宝。

第三，南国艺术运动体现了强烈的先锋意识和创新精神。南国艺术运动在艺术创作思想上是解放的，它的艺术探索扎根于民族艺术基础之上，是有深厚民族文化底蕴的先锋式探索和创新。“南国”的戏剧，“以挣扎苦斗之精神，求新艺术之建设，因以促成全中国剧坛之革命”。徐志摩说，南国有着“生命，无穷尽的生命，在时代的黑暗中迸裂，迸裂成火，迸裂生花……”[①]。南国艺术运动强烈的先锋意识和创新精神，来源于“人的创作冲动为本体，争自由的奋发，青年的精灵在时代的衰朽中求解放的征象。”以此为驱动，“南国人”建立了自己的电影公司，开创了艺术家自编自导自演的先河；在戏剧创新上，南国艺术运动突出现实与艺术矛盾冲突的感染力，摆脱了对外国戏剧的模仿和文明戏的束缚，“开创了中国话剧诗化现实主义的历史”[②]；在艺术发展模式上，“南国人”在田汉等人的领导下，依靠独立精神和顽强意志，强调不靠官方、不靠财阀，开创了一条在野戏剧运动的前进之路；“南国人”在艺术作品上表现出五四运动后兴起的民主和自由思想，在“力与美”“灵与肉”“社会与艺术”等范畴都有浓墨重彩的表现，显示出很高的艺术成就，确立了在中国戏剧史中不可撼动的地位。正如当时的《民国日报》所称，“中国之有新戏剧，

---

① 《新发现的徐志摩佚文（南国的精神）》，《中国现代文学研究丛刊》1986年第3期。

② 宋宝珍：《关于南国戏剧的再思考》，载《田汉研究·第二辑》，中国电影出版社2001年版，第283页。

当自南国始”;《民生报》则说,“有了南国的戏,新剧才恢复了生命”。南国戏剧运动较彻底地摆脱了对外国戏剧的模仿并挣脱了旧时代文明戏的束缚,在中国话剧史上起着承前启后的重大作用。

第四,南国艺术运动开创了中国艺术教育的新模式。要达成南国艺术运动“培植能与时代共痛痒而又有定见实学的艺术运动人才”① 的目的,必有一套适合自身的独特的教育模式。

在教学组织管理上,“南国运动”始终坚持理论与实践相结合和教学相长的教学理念。“南国”的领导层都是由德才兼备的艺术家构成:田汉、欧阳予倩、徐悲鸿分别担任文学、戏剧和绘画科主任;徐志摩、万籁天、唐槐秋、辛汉文、孙师毅、周信芳、高百岁等许多著名文艺界人士都曾在南国艺术学院任教。他们学贯东西,赞同在艺术上兼收东西方文化精华,拥护创新却不否定传统。

在教学方法上,“南国人”以独特的启发式教学为著称。田汉以他渊博的学识和艺术感染力为基础,在上课时“不带课本、讲义,也不点名。他可以从文学的起源开始,牵连到历史和哲学,又从莎士比亚转到易卜生。”上海艺术大学的学生,不论是学中文的,还是学绘画和音乐的,都喜欢上他的课,在其中各取所需。这种教学方法被陈白尘称为“十八扯”

① 《田汉文集》第14卷,中国戏剧出版社1983年版,第302页。

模式[①]。“南国式”艺术教育十分强调艺术实践，在演出《莎乐美》时首次采用的“写实布景”，就是由学生吴作人设计的，在戏剧界是始作俑者；《莎乐美》剧中的“七重面纱之舞”的配乐，用的是贝多芬的小步舞曲，也是由冼星海和吴作人用钢琴和小提琴一起演奏的。

另外，“鱼龙会”式的文艺沙龙和“公演”等艺术活动，使得艺术教育“有火辣辣的实感”，从而防止学习只是“求之于想象”的片面，在“南国”时期艺术教育中起到了重要而独特的作用，也为日后形成“戏剧运动”创造了基础。这里的“鱼”就是学生，“龙”就是老师和艺术家、著名演员。以平等而无拘束的研讨会、座谈会和沙龙等形式，让“鱼”和“龙”混在一起，由“龙”和“鱼”教学相长，从而帮助“鱼”跃龙门，成为未来的艺术大家。在每周一次或隔周一次的艺术沙龙里，田汉邀请欧阳予倩、周信芳、高百岁、唐怀秋、顾梦鹤等著名演员和艺术家，与学生一道对艺术理论进行研讨，同台演出。这种独特的既有理论探讨、又有艺术实践的教学方式，为培养艺术人才发挥了重要作用。如陈白尘所说：“对于坐在四周旁听的我们这些学生来说，则觉得字字珠玑、受益匪浅了！”。“南国”时期还组织了多次话剧公演活动，在很大程度上提高了艺术教育质量，产生了广泛深远的社会影响。

第五，南国艺术运动时期创造了一批很有影响力的优秀

① 陈白尘：《少年行》，生活•读书•新知三联书店1988年3月版，第140页。

作品。这个时期，是以田汉为代表的艺术家们最有活力、最有创造力、最能突破旧框框束缚的一个阶段。从戏剧作品看，田汉的创作，给中国戏剧界带来了“一种清新芳烈的艺术空气”。

历史剧有“三黄史剧”中的第一部《黄花岗》《孙中山之死》《林冲》《雪和血》等。抒情剧有《湖上的悲剧》《古潭里的声音》《南归》和《苏州夜话》等。现实题材剧有《名优之死》《火之跳舞》《江村小景》《第五号病室》等；翻译改编剧有《莎乐美》《卡门》等；观念性戏剧有《生之意志》《颤栗》《一致》和《垃圾桶》等；电影剧本有《翠艳亲王》《到民间去》《南京》《断笛余音》等。这些作品，贯穿了田汉特有的诗意感伤与浪漫漂泊的特色和对诗化戏剧的追求，体现了“从艺术慰藉人的灵魂出发的艺术创造精神。”

南国时期，其他艺术大家创作的作品和演出也十分突出。如洪深的《少奶奶的扇子》，获得了演出的成功；欧阳予倩的《潘金莲》、孙师毅翻译的《未完成的杰作》和曹靖华翻译的《白茶》等，都显示出别具一格的艺术特色。其中欧阳予倩创作的京剧《潘金莲》在“南国”时期非常引人注目。剧中的女主人公已经不是小说中的旧貌，而是一个“崇拜力与美的女性”，田汉认为这是“新国剧运动的第一声”；徐悲鸿称此剧：“翻数百年之陈案，揭美人之隐衷；入情入理，壮快淋漓；不愧杰作。”①总的看，“南国”时期的作品，表现了浓郁的抒

① 《田汉文集》第14卷，中国戏剧出版社1983年版，第283页。

情性和鲜明的思想性，有着现实主义的浪漫色彩，显示出丰富的戏剧性和传奇性。这些作品体现了对灵肉一致人生境界的探索，表现出对自由与爱的讴歌，追求生命个体的自由意志和存在价值，体现美与力的高贵，压倒了世俗的偏见，成为中国艺术史独树一帜的里程碑。

（欧阳维：田汉之孙、国防大学教授）

田汉和他的《我们的自己批判》

陈　珂

一、艺术与政治的关系

究竟是政治大于艺术，还是艺术超越政治？这是中国知识分子，尤其是文艺知识青年近百年来难以摆脱的悖论。这些文艺青年身上都有一个基本规律，早期都是艺术至上论者，有锐利的充满青春朝气的艺术至上倾向，唯美主义非常普遍。无论是20世纪初时“80后”的欧阳予倩、陈大悲、李叔同等，还是“90后”的洪深、田汉、郭沫若等。从他们的早期作品中可以感到充满了艺术至上、唯美主义的气息，非常罗曼蒂克。但是在中、后期都成为政治的工具，对自己前期艺术至上的唯美主义充满批判色彩，羞于谈“美”，惧于谈“美”。

田汉和他的《我们的自己批判》就是这个群像、这个特色的典型代表。文章开篇就开宗明义指出这是一份对于观念一致友人的表态，是一份对于敌人的答辩和宣战书，为的是阐述产生一切新事物之母的“必要”，以亲身经历告诉世人这种“必要”是什么。“新的意识”缺乏的人，如何进行“自己批判”，进而运用手中的笔进行斗争。文中有着各种各样的“分子”和“主义”，每个人或多或少被定义了标签。到底批判的是什么，是艺术思想还是艺术本身？在田汉这篇文章里，艺术是政治工具。

《我们的自己批判》是一个重要转折，是中国知识分子整体的转折。在1930年至1931年的时间节点，中国文艺变得政治化，知识分子的自戕开始。到后来的五六十年代，经历战火战乱后的中国知识分子大多走向自我思想灵魂的自戕状态。

从田汉的身上，可以清晰地看到这样一条脉络贯穿了他的一生。“少年中国学社”的创立到夭亡，“创造社”的《南国》半月刊，《南国特刊》停止后投身电影剧社，再到南国艺术学院和南国社时期，政治在青年时代的田汉身上日益明显。《我们的自己批判》中谈到早期的经历时，田汉的注意力更多倾注在了对艺术效果追求上。从在南京总政治部开始到后期，田汉创作的来源点都有一个明显的政治意味浓烈的目的性，所有的艺术均要服务于政治。如对欧阳予倩，田汉对他的为人是恭维的，对于他的脚本却不苟同。在说到《潘金莲》之后的作品，田汉的观点是“对于客观的环境分析不清，又世故太深，容易和环境妥协”。艺术与政治的关系，田汉在这个过程中逐渐作出了他的选择，政治第一、艺术第二，到后来唯有政治没有艺术。

这个问题也成为中国文艺数十年的主流趋向。特别是近现代以来，由于中国处于世界发展潮流的另一端，社会长期处在大一统集权思想的笼罩下，传统文化根基深厚，使得中国知识分子尤其是文艺青年在上述前提和自身现当代知识构成不够完善的基础上，容易被政治带偏，容易被根深蒂固的大一统思想带走方向，成为政治化的文艺青年。田汉的这篇《我们的自己批判》就是文艺青年逐步政治化的一篇非常典型的代表作。即使有新的思想诞生，中国的文艺青年在新的革命思想外表下依然还是传统的，是旧知识分子大一统思想的灌注者、执行者。

二、知识构成单一的文艺青年

文艺青年知识构成本身就有很大缺陷，知识构成单一，较为老旧。现当代时期有很多新思想诞生，但在文艺青年接收这些思想的过程中，因自身知识未构成体系或者存在体系不牢固的问题，缺失了哲学、人类学、民俗学、社会学、政治学等其他领域知识的包围，充满了政治化倾向。

把政治作为艺术的统帅，政治第一、艺术第二甚至唯有政治没有艺术。这些思想为中国多数文艺青年和文艺类知识分子的最后归宿。当年“捉住一个概念，就写一出戏”的创作方法，不但没有衰减的迹象，且在“文革”发展到极致，到今天演变为各种各样文艺作品的基本创作方法，导致现当代的一百年，从19世纪末20世纪初成长起来的文艺青年的思维观念、思维方法、行为模式都有较大的幼稚病，创作思想与意识带有过多政治任务式的目的性，缺乏个人主观意识和特点，无法平衡好两者的比重。甚至是过度夸张，创作出许多盲目的缺乏客观事实性的“超强自信”——抗日神剧、“手撕鬼子”等文艺作品诞生和这些因素不无关系。

这个问题是知识分子尤其是文艺青年必须要面对的问题。要解决这个问题不能仅靠认识解决，而是要有真正可以支撑现代知识构成的知识体系，才能让新一代的青年人天然具备现代思想和认知。艺术与政治的关系在今天仍是陈词滥调，这是可悲的陈词滥调。若不产生思维模式的变化，在今天，我们依然还要面临被很多现代文艺青年称为陈词滥调的问题，中国新文艺难以发扬光大。

三、新的知识构成才可塑造新时代的人

20世纪开始，社会科技的发展带动了人类知识的融合。这些知识已经超越了国界，超越了民族，超越了社会阶级，成为人类共有宝库。在这样的知识体系构成中，中国也跟着这样的知识构成的改变而改变。这种改变才能够真正塑造出符合新时代的知识人，这些新的人才才能构成新的社会、新的民族、新的时代，引领国家民族的进步。

这是我们所期许的，也是田汉先生在当年所期许的“我们的自己批判”。《我们的自己批判》的出发点就是想要塑造自己，改造自己为新的人。只是在那个时代，知识分子受到知识构成的局限，受到当时中国战火纷飞、国难当头的时代限制。这些知识构成、知识更新没有完成，新的知识体系并没有深入每一个中国知识分子尤其是中国文艺青年的知识构

成当中。这些缺陷致使他们不知不觉变成了传统旧思想、旧时代的政治化文人代表。

从这个层面上讲，艺术教育，尤其是戏剧教育不仅仅是戏剧专业的教育，而是真正的大戏剧广博知识体系、知识构成的教育。这些知识体系和知识构成在戏剧教育中尤为显示出它的重要性。只有这样，才能够真正地造就新一代知识体系构成的人。只有这样一批新人才可能用新的思想和新的视野去看待他们所处时代的社会和生活，在时代的基础上真正有所超越，尤其是戏剧影视作品。

四、三种文艺家

当今世界文艺的发展，文艺家的发展以及文艺界的状况不容乐观。伟大的时代要出伟大作品的梦想，在当今社会大局中很难实现。人类的文艺在上述大环境影响下走到今天，出现了三种文艺家。

极端个人的文艺家。纯粹的自恋会变成一个抑郁的呓语者，就如现今我们所看到的很多现代派文艺家，他们不少是抑郁的呓语者，自说自话。比如某些把个人最肮脏的潘多拉盒子打开的所谓先锋派，所谓的后现代主义。

社会的文艺家。这样的文艺家非常容易成为工具式的文艺家，极左或者极右。有极多的看似时髦的陈词滥调让他们的作品抛离了艺术。还有一种社会文艺家既不在社会层面，也不是完全翻转个人的阴影，生理的官能的，抛弃传统常态的艺术家。

自诩是启蒙者的艺术家。这些艺术家非常容易被看到可悲的弱点。以启蒙者自居，把自己看作是某些阶级的领袖人物，这样的状态也是另一种陈词滥调。我们现今处在一个混沌的、人为的、自以为是的巴别塔时代，替代了enlightment。真正把光带给人的不是人，而是超人的力量，古人说以自然为师，而不是自以为是。把人无限放大的结果，就是马丁·路德反对教皇的那种状态，把自己当作了神。

这三种状态，根本问题是违背了苏格拉底所说，诗人不是你在说话，而是神附在你身上，神通过诗人来说话的深意。这种弊端，恰恰是诗人把自己当作了神在说话。无论是第一种以自我的，官能的，非理性地把自己的潘多拉盒打开放魔鬼出来；还是第二种作为一个社会人，是政治工具的文艺家；还是第三种将自己标榜为一个时代领袖、阶级领袖的文艺家，认为自己是可以给别人带来光明的文艺家，反对陈词滥调的艺术家。他们都将自己当成了神。

五、现状的思考与自我批判

前文所提到的三类文艺家，都让世人感到不适和害怕。

第一种文艺家，让人觉得肮脏不洁。比如某些后现代主义作品中反复咀嚼性倒错、性虐待、吸毒快感等等。无论是读小说还是在现场看剧，都会引起人生理上的不适反应，就像看到粪便，一个人在人前掏出生殖器，不洁、肮脏、不适。那是生活的真实，但却是非艺术的真实。这种东西至少不是主流的，没有哪个正常人或夫妻或家庭愿意让这样的东西进入自己的生活或视野里——就如我们当众放屁一样，至少这是尴尬事，虽然它很真实。

第二种文艺家是社会势力的代表，让人退缩。他们笔下咄咄逼人口号式的作品，让人恐惧。他们往往以社会革命者的面貌自居。就像当年田汉的自己批判所透露出来的政治压倒一切的状态。洪深有一篇文章写自己当年和一批文艺工作者到了陕北改造秧歌，其中一段话大意是：把秧歌中骚情的东西彻底删除掉。稍有一点儿民俗学、人类学常识就知道所谓骚情的东西，就是《诗经》中的关关雎鸠，桃之夭夭，所谓伊人……这些东西，在社会改革者的文艺家眼里，都是骚情的、糟粕的。但它们恰恰是人类，是社会民间关于男女行为的正常描述，甚至是民间最重要的性教育基础。当这些东西被砍掉，作品成了所谓超现实之后，这样的作品和作家，已经是偏离人民甚远了。

第三种文艺家往往以神自居，认为自己是“普罗米修斯”，是人类救星。他们比以上两种，是更让人感到不安的文艺家。他们所代表的作品，有宏大叙事，以救世主方式君临天下、不可一世。其实今天世界的Facebook、优酷，以及抖音、段子、火山等等，都是人民对自不量力的、超人式的文艺作品和文艺家的反抗。

上述三种艺术家或文艺家的作品，都是非常态的，异化的。这些作品缺失了文艺本身的价值、力量和良知。用欧阳予倩的话说：文艺的最高标准，就是人情事理。人情事理，就是回到常态，不是变态的人情事理，不是扭曲的人情事理，是健康的、正常的、符合人的本性和天性的人情事理。用一句最陈词滥调的话说，就是回到以人为本、以自然为师的人情事理。

数百年来，中外文艺家在这样的三种状态里吃尽了苦头。因此，一个时代的反思，或者反思的反思，才能让我们达到否定之否定的新状态，去审视我们自己和我们的前辈。我们曾经那么热爱，那么佩服的前辈，纪念他们，其实也是为了真正继承他们的遗志，让中国，让世界，让人类的美好回到人的正常状态。

我们缺失这样的反思，缺失这样的警惕。很长时间以来，《我们的自己批判》在我所读过的田汉文章中，一直让我耿耿于怀。文艺家要有政治立场，要知道政治，甚至要去很深刻地理解政治，但文艺意识要强。政治首要解决是非问题；文艺要解决慈悲问题。这是两个概念。政治为什么要解决是非？因为它需要立竿见影，区分谁对谁错，这是政治的天然属性。但是文艺要解决善恶，解决美，善恶的最终目的是美。真、善是为了至美——到这个境界已经对是非忽视了。一个杀人犯就不能去了解他的人性了吗？他就没有人性了吗？如果仅仅看到他杀人的道德善恶问题，他该杀。但从更高的审美角度来说，他该被怜悯——你要充满慈悲。这样去做文艺是并不是违背政治和道德的，而是补充和协调。文艺家要坚守艺术规律，恰恰是道德和政治的最好扶翼。

（陈珂：中央戏剧学院教授）

一颗璀璨夺目的爱国星座

——纪念田汉先生 120 周年华诞

谢柏梁

在田汉先生 120 年华诞之际，家乡父老在湖南、国戏师生在北京、文化部和中国文联从国家层面上，都先后在缅怀先贤、论评贡献、吟唱国歌，演出其京剧代表作。

大家不能忘怀田汉的根本原因，就在于他是一颗璀璨夺目的爱国星座。从屈原到田汉，中国的爱国主义诗人就像星汉灿烂一般，始终在熠熠闪光，不绝于缕。只要中国在，田汉先生以其撰写国歌、创作国剧和领导国戏的三大业绩，永远辉映在国人的心中，从而使得中华民族屹然矗立世界民族之林中，永远充满着自信和希望。

其一，抒写庄严悲壮、慷慨激昂的国歌。

世界上的强国，大都有其国歌。老牌列强之首英国的国歌《天佑国（女）王》产生于 18 世纪 40 年代，旨在从天命所系上证明女王统治毋庸置疑的正确性与合法性。我国近些年诸如“天佑中华”等表述，其实都是从香港转口过来的英国国歌衍生品。1931 年颁布的美国国歌，讴歌战火中飘扬的星条旗。俄罗斯 2000 年在苏联国歌的曲调上重新填词，讴歌其“神圣的国家，可爱的家园，顽强的意志，辉煌的荣耀”，颇有战斗民族之风貌。

晚清宣统三年（1911）起，由严复作词、溥侗谱曲的第一首国歌，在“帝国苍穹保”的祝词中仍然体现出不够自信的隐忧。袁世凯称帝时，由荫昌作词的第二首“国歌”变成了其挽歌。民国政府在 1920 年，认定汪荣宝、萧友梅的《卿云歌》为史上第三首国歌。

1935 年，由田汉编剧的抗战电影《风云儿女》中，在一头一尾处出现的慷慨激昂的《义勇军进行曲》，很快就不胫而走，中外传唱。美国歌王保罗·罗伯逊用英语四处歌唱，并在莫斯科纪念普希金 150 年诞辰大会上，用汉语演唱该曲，接下来他还取名《起来！》，用汉语灌制唱片。美国国务院也提议，在反法西斯战争胜利之日，选定《义勇军进行曲》作为战胜国之一中国的出场音乐。反法西斯同盟的各国电台，也将这首歌曲定为中国的主题曲。新中国成立之后，该曲又被选定为国歌，尽管曾经有过几次改词的反复，但最终又回归本体。

田汉创作的《义勇军进行曲》诗章，经由聂耳谱曲之后，最终成为东西方共同认可的我国国歌，其根本原因就在于其爱国主义精神的鼓舞、激励与高扬。在古老的中华民族历经列强打击，又遭到日本侵略之积贫积弱、危亡在即的关键时刻，在决不做亡国奴的国格底线之上，冒着敌人的炮火，把全民族的血肉之躯筑成新的长城，代表着中华脊梁的高高崛起，标志着民族精魂的浴火重生。从此往后，在中国人民获得抗战胜利的狂欢日，在新中国成立之后的多次重大历史关口，在我国奥运健儿获得金牌的时刻，人们只要听到国歌的旋律，就会热泪盈盈，为这个古老民族置之死地而后生、万紫千红总是春的勃勃生机而无比感动，特别振奋。田汉在狱中的血泪之作，如诗如画，如歌如泣，雷霆万钧，催人奋进，血肉长城的意向那么生动而又图腾化，这在世界各国的国歌当中，也属于弘扬爱国主义精神但又饱含诗情画意的杰出之作。

其二，创作抗日救亡、返本出新的话剧与国剧。

作为革命文艺工作者，田汉在 1930 年 3 月发起参加了中国左翼作家联盟。作为中共上海中央局文化工作委员会委员，他的话剧《梅雨》《乱钟》《暴风雨中的七个女性》《回春之曲》回旋着时代精神；电影《三个摩登的女性》《青年进行曲》《风云儿女》等倡导了新时代的追求。在《毕业歌》与《义勇军进行曲》的弦歌声中，田汉等人创立了中国舞台协会。该会在南京主持了 18 天的公演，其中就田汉的《回春之曲》《械斗》(与马彦祥合作)、《黎明之前》《洪水》等多部作品。“七七”事变之后的 5 幕戏剧《卢沟桥》，就是鼓舞抗日将士的好戏。组织成立中华全国戏剧界抗敌协会，编辑出版《抗战戏剧》半月刊和《抗战日报》，与洪深等人组建了 10 个抗敌演剧队、

4个抗敌宣传队和一个孩子剧团，都是田汉戏剧抗日的坚定举措。

田汉认为戏曲是最具备群众基础的艺术样式，所以他先后创作了《新雁门关》《江汉渔歌》《岳飞》等抗日题材戏曲。《江汉渔歌》以保卫大武汉为背景，演绎了南宋时金兵攻打汉川，汉阳太守曹彦约对投降说嗤之以鼻，他与秀才赵观、洞庭湖杨幺旧部党仲升精诚团结，并与渔民阮复成和广大江汉渔户结成广泛的统一战线，大家合力抗金，终解围难。以古喻今，提倡团结抗日，这就是田汉戏曲始终高扬着的主旋律精神。

国剧，原本为中国之戏曲的简称。但随着京剧的强大和时光的推移，就像清代的花雅之争，独尊昆曲为雅部一样，后来京剧与地方戏有了审美气质上的诸多分野，海峡两岸便习称京剧为“国剧”。田汉先生在20世纪30年代以来京剧逐步强大的过程中，注入了与时俱进的爱国主义精神，推出了返本出新的艺术经典，这就使得京剧与救亡图存的宏大史诗相关，又与精妙绝伦的审美高峰相遇，他是较少能够把时代精神与艺术精品糅合成绝美双璧的现代诗人与剧作家。

中华人民共和国成立之后，田汉作为文化部戏曲改进局局长和艺术局局长，作为中国剧协主席，他的话剧《关汉卿》，为这位元代剧作家作为世界文化名人进行了生动的演绎。他所返本出新，重新改编的京剧《白蛇传》和《谢瑶环》，从唱词的优美到意境的渲染，从人物的心理挖掘到冲突的激越与丰富，诸如“你忍心将我伤，端阳佳节劝雄黄。你忍心将我诓，才对双星盟誓愿，又随法海入禅堂。你忍心叫我断肠，平日的恩情且不讲，怎不念我腹中怀有小儿郎。你忍心见我败亡，可怜我与神将刀对枪，只杀得筋疲力尽，头晕目眩，腹痛不可当，你袖手旁观在山岗。手摸胸膛你想一想，有何面目来见妻房”的抒情性与戏剧感，都使之成为难以超越的现代京剧经典剧目，邂逅了京剧所以可以称之为国剧的艺术高峰。

其三，创办新型国家级戏剧院校“国戏”。

大家都知道，中国戏曲学院来源于中国戏曲学校，是中国唯一一所独立建制的国家级戏戏曲院校，而田汉先生就是该校的第一位校长。但是中国戏曲学院的前身，就是诞生于烽火连天的抗日戏校“四维戏校”。爱国救亡，与国家民族同甘苦共命运，这就是该校与生俱来的精神风貌。

1942 年 4 月，在田汉、欧阳予倩的支持下，在冯玉昆校长的主持下，京剧界同仁们在柳州创办了“四维儿童训练班”。在抗日救国的艰难时世，从《论语》出发的四维平剧团提倡“礼义廉耻、国之四维；四维不张，国乃灭亡”。次年，“小四维”的孩子们经由田汉的得意门生李紫贵精心导演，在桂林的“西南剧展”上演出了《江汉渔歌》，引起了极大的轰动。该剧集萃了生、旦、净、丑等不同行当，融汇了优美而富于个性的唱腔板式，展现战争场面的武打难度高，技巧好，这一批小演员的集体亮相，显示出专业演员的较高水平，这就使之成为西南剧展上的火爆文化景观。中华人民共和国成立之后的京剧名家如李鸣岩、王荣增、钱浩梁、刘秀荣、张春孝、朱秉谦、袁国林、李宗义、李和曾先生等人，也都先后学演此戏，蔚为大观。

1945 年 3 月底，由田汉作为名誉校长的“四维儿童戏剧学校”在昆明正式成立，除了《江汉渔歌》之外，还先后上演了田汉的《新儿女英雄传》《江汉渔歌》《南明双忠记》《新雁门关》《葛嫩娘》《武松与潘金莲》《情探》等新编戏和传统戏。8 月 15 日，该校正在云南曲靖“金城大戏院”演出《新儿女英雄传》，田汉先生跳上台来，兴高采烈地宣布了日本投降了的特大喜讯，该校的师生即刻参加了全城欢庆胜利的大游行。在抗日的烽火中建校，在抗日的捷报中欢庆，这就是该校与时代同步的爱国精神之具体践行。

从四维戏校到中国戏校，田汉校长力促传统的戏曲班社教育，朝着现代化艺术教育的方向转型。一是重视文化素质的养成，由田汉夫人安娥担任文化课教师；二是聘请一流师资进行专业教学，刘喜奎、郝寿臣、萧长华、王瑶卿、侯喜瑞、雷喜福、姜妙香、于连泉、茹富兰、雪艳琴等十大头牌艺术家，成为该校专职教授；三是废除旧戏班烧香磕头与体罚等陋习；四是坚决不演坏戏、粉戏，学生不陪酒侍唱；五是始终与时代同行，体现出爱国主义的校魂与灵光。凡此种种，都使得国戏逐步转型，成为赓续传统文化、发扬戏曲艺术的国家级一流艺术院校。

从创作国歌、新编国剧到创办国戏，田汉先生始终将时代精神、传统文化、精湛艺术与人才培养紧密地结合在一起，这使之矗立起爱国主义诗人与剧作家的伟岸塑像。郭沫若和田汉，早年便以中国的歌德和席勒自励，但是田汉先生的总体成就远超席勒，他不仅是时代精神的传声筒，更是剧情精采、艺术精湛、审美精致、意境精到的爱国主义诗剧的缔造者。从此意义上言，他属于中国杜鹃啼血、浴火重生的伟大的时代，更是世界文坛灿烂星空中，一颗璀璨夺目的东土神州之爱国星座，一位伟大的诗人与一流的剧作家。

（谢柏梁：中国戏曲学院戏文系主任，四川师大、湖北师大、南昌大学、武汉大学讲座教授与研究员）

话剧研究

田汉戏剧批评的诗性智慧

宋宝珍

田汉（1898—1966），是中国现代戏剧的奠基者、重要的剧作家，同时他也是著名诗人。早在20年代，田汉与他所领导的“在野的”艺术团体——南国社，就给当时沉寂的中国剧坛带来了一股清新的艺术空气，为文明戏衰退后的中国剧坛开拓了新的进路；抗战时期和1949年后，他致力于传统戏曲艺术的革故鼎新，整理和创作了多部优秀戏曲作品。田汉是中国诗化现实主义戏剧的先驱，是一位真正意义上的戏剧诗人，其戏剧作品，往往洋溢着真情熔铸的浪漫诗情，表达着他富于个性的坦诚诗心，显现着他对至真、至美的艺术境界的强烈追求。

田汉思维敏捷，才华横溢，笔耕不辍，著述颇丰。在创作了大量的戏剧、戏曲的同时，也发表过不少探讨文艺问题和戏剧理论问题的文章，如《俄罗斯文艺思潮一瞥》（1919年

5月)、《平民诗人惠特曼百年祭》(1919年7月)、《说尼采的〈悲剧之发生〉》(1919年9月)、《三叶集》(1920年)中的田汉书信、《诗人与劳动问题》(1920年2—3月)、《新罗曼主义及其他》(1920年6月)、《恶魔诗人波特莱尔百年祭》(1921年10—11月)、《我们的自己批判》(1930)以及《田汉戏曲集》中的系列自序和中华人民共和国成立后所写的多篇戏剧评论文字,这些皆是田汉式的戏剧批评思想的重要印证。也许,田汉的戏剧批评的成绩,并不在于对特定历史时期具体的文艺作品的价值,作出了系统、客观的评判和标定,而在于他那从自我的创作实际出发,浸润着主观情绪色彩,透视着内心体验的批评方式本身,呈现了与中国传统的感悟式批评模式相沟通的态势,在对情致、韵味、境界、品位的探寻、求证中,显现着他个性化的审美倾向和民族化的诗性智慧。

一、源于新浪漫主义的现代戏剧观

1916年至1922年,田汉在日本度过了为时不短的留学生涯。

当时的日本,正处在打开门户,广泛吸纳西方先进思潮的历史时期,在戏剧方面,则有“新剧”的崛起和发展。1906年,莎士比亚研究家平内逍遥在早稻田大学组织文艺协会,探讨与日本传统的歌舞伎和木偶净琉璃迥然有别的西方演剧方式;1909年,日本剧作家和戏剧研究家小山内熏自欧洲归来,组成实验性的剧团——自由剧场,上演了许多西方名剧。至1913年前后遂一度形成日本新剧创作和演出的高潮。

此后，由岛村抱月、松井须磨子组成的艺术座的新剧演出，武者小路实笃、菊池宽等人的新剧创作，岸田国士为增强新剧的文学性而提倡的“纯粹戏剧”观念，促使日本新剧的发展形成蔚然之势，构筑了日本现代戏剧的基础。

应当说此时的日本戏剧，是处在一个向现代化迈进的历史时期，其戏剧思想的活跃，在艺术上博采众长、求新图变的态势，无疑对正值青春年少，对外部世界充满好奇心和想象力的田汉具有强大的吸引力。

在日本，田汉对第一次世界大战后兴起的各种学说、主义均表示了浓厚的兴趣。他既热心研究尼采、王尔德、爱伦·坡、波特莱尔等人带有现代主义特点的思想，也十分关注果戈理、托尔斯泰等俄罗斯文学巨匠的现实主义戏剧。但是，最令他心仪的，却是“新浪漫主义”。这不仅使他尝到了思想发现的快乐，而且使他萌生了沿着这条新浪漫主义的道理走下去，做中国的艺术家和批评家的心意，在给郭沫若的信中，他说：

> 我此后的生涯，或者属于多方面，但不出文艺批评家、剧曲家、画家、诗人几方面，我自小时来就有做画家的手腕，可是此调久不弹了，恐怕只能应用向文艺的描写方面去。我除热心做文艺批评家外，第一热心做 Dramatist（戏剧家）。我尝自署为 A Budding Ibsen in China（中国未来的易卜生）可就晓得我如何妄僭了……现在腹稿中的脚本第一是

> 《歌女与琴师》。这剧是一篇鼓吹 Democratic（平民的艺术）的 Neo-Romantic（新浪漫主义）的剧曲。地方是上海。时代是民国某年。题材是描写一歌女与他的琴师的恋爱，Heroine（女主人公）的 model（模特儿，性质上的）就是现在上海唱梨花大鼓的某年郎（刘翠仙），可是上海的社会和某女郎都没有这么高尚优美，所以此剧是通过了 Realistic（现实主义的）熔炉的 Neo-Romantic（新浪漫主义）剧啊。①

新浪漫主义发微于 19 世纪末，本来是指英国的斯蒂文森、奥地利的霍夫曼斯泰尔等人的创作倾向，他们从反抗现实主义的动机出发，主张恢复浪漫主义的传统，但要赋予它新的内涵。他们在否定资本主义社会的美学价值时，却把读者带回遥远的过去，或者带往未被现代文明污染和玷污的充满异国情调的世界。第一次世界大战之后，新浪漫主义方兴未艾，在戏剧方面，经由王尔德、霍普特曼、梅特林克、约翰 · 沁孤、格雷戈里夫人等人的推动，形成了一股现代主义戏剧思潮。厨川白村认为，在资本主义世界，"物质和理智都已到了尽头"，遂有以"灵的觉醒"② 为特征的新浪漫主义的产生。茅盾认为，新浪漫主义是"似乎凡是世纪末"的东西，"都可以放进去"的"现在我们总称为'现代派'的半打多的主义"③。

---

① 田汉：《给郭沫若的信》，载《三叶集》，亚东图书馆 1920 年版。

② 〔日〕厨川白村：《出了象牙塔》，载《鲁迅全集》13 卷，人民文学出版社 1973 年版。

③ 郑振铎、傅东华：《文学百题》，生活书店 1936 年版，第 106 页。

田汉对新浪漫主义的接受，是从在日本阅读霍普特曼的《沉钟》开始的，从那时起，罗登·罗兰、海因里希的印象就活泼泼地留在了他的记忆深处。田汉认为："新罗曼主义在表现人生方面具有更新、更深入的特征："新罗曼主义，是以罗曼主义为母，自然主义为父所产生的宁馨儿"，"从眼睛看得到物的世界，去窥破眼睛看不到的灵的世界，由感觉所接触的世界，去探知未来的世界"①。因此，他要"孜孜要求那片Neo-Romantic（新浪漫主义）的乐土"②。

田汉对新浪漫主义的热衷，体现了他对现代艺术所寄予的厚望。五四时期，中国剧坛曾经一度掀起引进西方现代主义思潮的浪潮，这与中国人取法西方，振兴中国的愿望是一致的。在当时，西方现代主义非如后来那样，被看成是病态、反动的东西，而是被看成剔除中国封建文化的病变，疗救文艺思想的积弱的良方，中国新文艺跨越写实阶段，直接进入新浪漫主义阶段，在当时的研究者看来，不是"反动"而是"进步"。

新浪漫主义究竟给田汉的戏剧思想带来哪些有益的养料呢？

第一，新浪漫主义不受客观约束，在并不理想的现实中"寻出诗的美的新领域"的审美趋向，使得田汉的戏剧创作思想中出现了"唯美主义"的成分。受王尔德唯美主义戏剧的影响，田汉强调艺术的美，以对抗现实的丑。众所周知，王

① 田汉：《新罗曼主义及其它》，《少年中国》1920年6月1卷12期。
② 田汉：《梅雨》，《少年中国》1919年8月1卷2期。

尔德提倡艺术的享乐主义，然而他的享乐主义并不是单讲观能的享乐，而是对一切幻想的享乐，即醉心于艺术的美。从这个方面来讲，王尔德是一个极端的浪漫主义的例子，因为他反对死的、无味的、机械的现代社会，强烈地主张把人生美化，艺术化。受这种唯美思想的影响下，田汉主张戏剧应当表现“美与力”，以“美与力”的追求升华现实的苦难。因此，在《获虎之夜》中，黄大傻虽然欲爱不能，愤然自杀，但他的死却因为维护了心中的爱，而显出一种非现实、非功利的美。《古潭的声音》并非展现一个歌女在现实中的自杀，而是表现那抓牢人们呼吸的一种极致的美。同样，《南归》表现漂泊的感伤的美，《湖上的悲剧》表现一种跨越生死的对艺术美的求索，《莎乐美》则表现一种诡异的超绝的甚至可怖的性情之美。

第二，新浪漫主义重主观、重抒情的特点，暗合了田汉早期的诗意胸怀，因此，与他对艺术美的追求相伴生的，则是他对戏剧所蕴含的诗的韵味的倚重。在田汉的早期戏剧中，主观情绪色彩比较明显，诗意的抒情氛围相当浓重，戏剧语言也出现了诗化的特点。应当指出，田汉对戏剧文学的诗意追求，从客观上来讲，是对此前一度不设剧本、表演粗糙，渐至走向堕落的文明戏的反拨。当文明戏在发展末期不能沟通与愉悦大众，肩起救亡与启蒙的重任，却走向了愚弄和欺骗大众的末路的时候，田汉对戏剧的诗意追求，无疑起到了重振艺术精神、重现艺术尊严的作用，而这样做的结果，则是使得现代戏剧的文学性得到明显加强。正如洪深所言，“在那个年代，戏剧在中国还没有被一般人视为文学的一部门。自从由田、郭（指田汉、郭沫若）等写出了他们底（的）那样富有诗意的词句美丽的戏剧，即不在舞台上演出，也可供人们当作小说、诗歌一样捧在书房里诵读，而后戏剧在文学上的地位，才算是固定建立了。”①

第三，新浪漫主义的艺术影响，使田汉的戏剧创作扣准了“爱”的主题，显现了一种现代的人文观念。田汉力图通过“爱”的主题，展现现实对艺术的侵蚀，展现生命在压抑状态下，对美的超验性的追求。《梵峨嶙与蔷薇》《咖啡店之一夜》《获虎之夜》《名优之死》《湖上的悲剧》，都是立足于新的时代，考察现实人生爱的失败、情的无奈、生的苦恼的剧作。在感伤的诗意中，表现着人们对爱的理想追求所遭遇的来自现实的种种压力。这样的主题，一方面顺应着五四以来新文化运动所倡导的个性解放的呼声；另一方面也显示着田汉戏剧中的诗意在多数情况下，并不是空灵、超绝的，而是一种现实苦闷的抒发，一种自我生命意识的表白。

田汉对新浪漫主义的理解和融汇，极具代表性地反映了特定历史时期作为接受主体的中国人，一个具有诗人气质的人，对西方现代艺术潮流的选择、借鉴和吸纳。一方面，旧民主主义革命的浪潮正在古老的神州大地上涌动，历史的情势和氛围，使田汉比较容易与西方的浪漫主义那种直抒胸臆、放胆想象、打破成规、汪洋恣肆的文艺风格产生共鸣；另一

---

① 洪深：《中国文学大系·戏剧集导言》，上海良友图书公司1936年版。

方面，中国社会的落后、颓败，激发了田汉意欲拯救它的英雄血气，传统的文以载道思想，使田汉对新浪漫主义的接受，带上了立足现实、关注人生的特点，表现在文艺观点上，则是强调这种新的文艺思潮的社会作用。

田汉倡导新浪漫主义，其出发点，绝不仅仅是为了标榜一种纯艺术的方法，而恰恰在于他看重作为一种思想方法的西方现代思潮，对中国社会现实的积极影响，以及对于当时的国度所具有的救亡与启蒙的作用。这样的出发点，为田汉后来转向现实主义的文艺思想埋下了伏笔，也使他的艺术风格中所呈现的既浪漫又现实的双重特点露出了端倪。

二、凝结着东方艺术精神的戏剧美学——境界

田汉对新浪漫主义的认识，是与他自身的人文主义、人道主义，甚至初步的社会主义思想相联系的，这也是他充满诗性智慧的文艺观的现实基础。其显著表现就是，从为人生的观念出发，追求超人生的美的境界。田汉说：

> 艺术的起源，起源于人类有一种艺术的冲动（Art-impulse），艺术的冲动中，有一种为经济学上所谓在内目的（Interior Object）的，便是“游戏冲动”（Pay impulse）；有一种在外目的（Ulterior Object）的，便是“实用冲动”（Plactise-impulse）。游戏冲动表现于艺术的是“为艺术的艺术”（Art for Art’s Sake），意义与价值（Meaning and Value）在快乐，

或可谓“乐在艺术之中”；实用冲动表现于艺术的是“为人生的艺术”（Art for Lives' Sake），其意义与价值在实用，或可谓“乐在艺术之外”……美学者的话，说艺术的本质在快乐的意义与价值，同实用的意义与价值调和，所以一切艺术，在于快乐中认出实用，实用中觉出快乐！！①

在中国现代文学史上，就参与艺术创作的人们的心态而言，基本上可分为“为人生”与“为艺术”两大派别，但田汉却是个例外，从他踏上文坛的最初阶段，他就抱着将两者融合，试图在“快乐”——艺术的审美享受中，发挥其对于人生的积极作用；在“实用”——对现实发生影响的过程中，显示艺术的美学精神。

因此，在田汉心目中，艺术家“一方面应当把人生的黑暗面暴露出来，排斥世间一切虚伪，立定人生的基本。一方面更当引人入于一种艺术的境界，使生活艺术化 Artification（艺术化）。即把人生美化 Beautify（美化），使人家忘记现实生活的苦痛，而入于一种陶醉法悦浑然一致之境，才算能尽其能事。”②

如果说，田汉申明艺术对于“人生的黑暗面”的暴露作用，在创作方法上接近着西方现实主义，在创作思想上融会着传统的“经世致用”文艺理念的话，那么，田汉所强调的艺术对于“人生美化”的作用，则显现了他对艺术品所能达

① 田汉：《诗人与劳动问题》，《少年中国》1920年1卷8—9期。
② 田汉：《给郭沫若的信》，载《三叶集》，亚东图书馆1920年版。

到的“境界”的追求。然而，还应当指出，田汉对“境界”的追求，不是从审美个体的主观情趣出发，依据于个人观感上的好恶的，而是着眼于艺术品的接受者，他们在艺术欣赏中所得到的超乎现实感受之上的快慰和愉悦。

田汉的文艺思想是异常活跃的，而其内涵则是丰富的，在对新浪漫主义进行艺术探讨的时候，田汉式的以我为主、我行我素的性格，以及他深厚的中国传统诗歌的修养，使他将新浪漫主义的美学追求，不自觉地与中国传统诗歌所强调的“境界”“意境”等巧妙地熔为一炉。这种不经意的“误读”，使他大胆尝试新浪漫主义的戏剧创作，并把自己的第一部充满了中国式的人情味的剧作，标上了“新浪漫主义的标签”，结果后来发现“根本不是那么回事”。

如果我们仔细探究田汉境界说的来源，大致包括如下几个方面：

一是中外诗词的影响。田汉“自幼酷爱诗歌”，“在古体诗词上打下了深厚的根基”①，留学日本期间，在田汉所接触到的各类艺术体裁中，最为他所醉心的是来自异邦的优美的诗篇，在《诗人与劳动问题》中，经他称道的诗人有很多，如古希腊的荷马，中世纪的但丁，文艺复兴时期的莎士比亚，近现代欧美的歌德、华兹华斯、雪莱、济慈、丁尼生、惠辙、爱默生、勃朗宁等等，在这一时期田汉所创作的戏剧当中，如《乡愁》《灵光》等，与其说他在写剧，毋宁说他在写诗，是

---

① 田海男：《父亲的诗》，《当代》1979年第2期。

诗的韵味而不是剧的构思在主宰着他的创作。而此时的田汉，也确乎愿意把诗与剧看成是同一回事，而两者的共同点，则都在于追求艺术化人生的某种“境界”。

二是尼采悲剧观的影响。尼采赋予艺术一种形而上学的意义。他认为艺术的诞生是为了肯定世界和人生。艺术精神是由日神精神和酒神精神共同构成的。日神是光明之神，具有“美化力量”，给人“梦”的感觉，给世界以美的外观和幻觉。而酒神则是迷狂之神，具有安慰功能，给人“醉”的感觉，让人浑然忘我。因此，他否认艺术对现实的摹仿，认为艺术是对人生的形而上的补充。田汉赋予艺术境界的超乎现实的意义，显然与此种学说有着某种精神联系。

三是东方佛学的影响。田汉在描绘他所追求的“境界”时，曾经运用过“法悦”“禅悦”等佛家术语，意指超凡脱俗、知法通禅所达到的智慧的圆通、性灵的升华，而非官能的满足和愉悦。田汉认为，一个人若不为艺术家则已，若为，则必为“大乘艺术家”，博采他人之长，而又不为他人见解所囿，此为“不落小乘”。他甚至将自己对于艺术境界的追求，也抹上了一层宗教般的超悲喜的韵味。他说：“世间尽有悲极而喜，喜极而悲的。可见悲喜诚如 Chesterton（恰斯特吞）所言，不过一物之两面。悲喜分的明白的便是 Realism（现实主义）的精神。悲、喜，都使他变其本形成一种超悲喜的永劫的美境，这便是 Neo-Romantic（新浪漫主义）的本领。”① 这种超悲喜的

① 田汉：《诗人与劳动问题》，《少年中国》1920 年 1 卷 8—9 期。

境界的憧憬，可谓融以东方式的宗教情怀，通了尼采式的西方的艺术精神。

四是表现主义艺术思想的影响。厨川白村、松浦一以“生之苦恼”为美之源泉的艺术观点，对田汉深有启迪。五四时候的青年大抵是心灵苦闷而情感抑郁的，这与他们梦醒了之后无路可走的现实际遇有关。在日本期间，田汉个人的情感也曾饱受重创，先有他与未婚妻的情感波折，后有他视之为父的舅父易梅园的遇害，而他的报国之志却遭遇着沉寂的现实，这一切都让田汉痛切地感到“人生行路难”。与此相对应的，则是他在艺术境界中寻求美、寻求超越的努力。因此，在他的早期剧作中，他并不去再现现实的苦难，而是按照自己的主观意愿，将现实中的悲苦做必要的升华，以使之能够表现他所追求的艺术的美。于是，经过过滤的现实，被田汉赋予了强烈的主观色彩和抒情诗的韵味。

田汉对艺术境界的追求，显现了他对艺术美的感悟，这其中的内涵，已然与西方的文艺批评范畴迥然不同，显现着鲜明的东方美学色彩。

在田汉早期的戏剧创作中，其审美视角往往较多地停留在人的精神层面的内在矛盾上，即便是关联着社会的现实内容，那么这些现实的存在物也是通过作用于人物的内心而显现出来，通过一种倾注了主观色彩的物象表现出一种超然的韵味，以达到提升现实的感受以寻求某种精神的境界的目的。田汉说：

其实艺术家的生命全在“人天相接处”，如箭发于弦而未达的，蛙投于井而未闻声，即一种极紧张、极空灵的世界也[①]。

不仅《古潭的声音》体现了田汉关于“境界”的美学追求，而且在《湖上的悲剧》《南归》等一系列作品中，都显示着这种追求的痕迹，田汉早期剧作中的诗化色彩是如此厚重，以至于诗人徐志摩在评价南国社的戏剧艺术时，带着赞赏的口吻说，南国的情调是“诗的情调”，南国的音容是“诗的音容”。

但是，也应当指出，田汉对艺术的推崇和对美的境界的求索，是与五四落潮期低靡沉郁的社会气氛和他自身失意感伤的主观情怀分不开的，这使他的社会热情无以寄托，只能将一腔郁闷潜藏于心底，在诗意的憧憬中聊发自矜的感慨。其实，田汉式的美，并非来自超现实的乌托邦，而是来自对现实不满的精神补偿。

三、重认知、重体验的艺术批评观念

在田汉给郭沫若的信当中，曾经流露出要做中国文艺家、批评家的意图，也许今天的人们要问，文艺家与批评家的区别是如此明显，文艺家所坚持的感性原则与批评家所坚持的理性原则，简直判然有别，田汉缘何要混为一谈？难道是田汉太贪心，强要同时占领这文艺上的两块阵地？

---

① 田汉：《恶魔诗人波特莱尔百年祭》，《少年中国》1921年10—11月3卷4—5期。

其实，只要我们悉心考察田汉此时期对于文艺的看法，我们就会发现，在田汉眼里，两者原本就没什么差异。田汉说："诗歌与小说、批评同属文学，文学与演戏、舞蹈、绘画、音乐、雕刻、建筑、装饰，同属艺术（Art）。"①

在田汉的批评观念里，批评不是对于作为客体的艺术品本身所作的纯客观的描述或评判，而是浸染着批评家主观情绪色彩，表达着他内心感悟，抒发着其心理内涵的文字。批评家对艺术的批评，简直就是在艺术品当中找寻自我心灵的对应物的过程，因此，在田汉看来，这也是带有一定创造性的艺术行为，与诗歌、小说一样，同属文学的范畴。

五四时期，田汉曾经收集了大量的现代戏剧的剧本，在广泛的阅读与理解中，强化着自己对现代戏剧的感悟能力。他甚至打算把美国批评家赫斯特所著的《文学批评的一些原则》翻成中文，以便将一种新的批评观念引到国内来。对于当时日本批评家的文艺批评文章，田汉发生了阅读兴趣，其中藤井真澄、林癸末夫等人对菊池宽剧作的评论，给田汉留下了深刻印象，以至在田汉所写的《菊池宽剧选・序》中，他不惜篇幅地大量引述了他们二人的评论。

基于现代的批评观念，田汉强调艺术批评的认知效果，他曾经引用过王阳明的话："知是行之始，行是知之成"，又引用孙中山的话："行之匪艰，知之维艰"，在社会领域，他强调对外部世界的"知"，而在艺术领域，他则强调对人的内心世

① 田汉：《诗人与劳动问题》，《少年中国》1920年1卷8—9期。

界的“知”。

我们从田汉所作的一些戏剧批评中，大致可了解他立足于现代社会，重感知、重体验的特点。在中国话剧创史之初，宋春舫对西方新剧的介绍和评价，在中国剧坛上占有很重的分量，他所编的《泰西名剧百种》也成为当时人们了解西方戏剧的一个窗口。他曾经介绍过与霍普特曼同时代的德国剧作家苏德尔曼，但是田汉对宋春舫所作的有关苏德尔曼剧作的评价，却表示了异议。田汉说：“现在中国研究 Modern Drama（现代戏剧）的光景还居少数。就中如北大教授（剧曲）宋春舫先生总算今日中国研究新剧的大家，听说他身通四文（？）以家里很阔，购书绝富……可是我从前看过他译的 Sudermann（苏德曼）推霞剧的序言，非常武断，不类深能了解 Modern Spirit（现代精神）之人”①。

田汉之所以批评宋春舫对苏德尔曼戏剧的介绍是“武断”的，就在于宋春舫式的从社会伦理观念出发的评判式批评，与田汉个人从形象本身的内涵出发的体验式批评，在方法论上存在着龃龉之势，故二者对具体的艺术品所作的结论也迥然不同。宋春舫在介绍苏德尔曼的剧作《荣誉》（1889）和《故乡》（1893）时，评价剧中的女主人公阿尔玛和马格达时，用了“卑鄙凶淫不足道的”的词句，这使田汉极为不满，他说“我看 Magda（马格达雷那）不见得那么‘卑鄙凶淫不足道’，只觉她是一个个性很强的 Human being（人），不甚一五一十

---

① 田汉：《给郭沫若的信》，载《三叶集》，亚东图书馆 1920 年版。

地顺从男子的意旨的妇人，有是一个时代道德的牺牲，暗澹的 Milieu（环境）的产物罢！若真不足道，Sudermann（苏德曼）既不得污他的彩笔，东西各国名优也不得争先恐后的扮演了。不能了解 Magda（马格达雷那）这样的个性，不能了解 heimat（《故乡》）在出戏的用心，我于是对宋先生的批评眼不能不怀疑了。”①

由此可知，田汉对艺术品进行分析时，是强调主题思想的时代性，并注重剧中人物的个性以及剧作家的创作心理的。田汉不满宋春舫对苏德尔曼剧作的批评，却对岛村抱月有关苏德尔曼戏剧的批评甚为推崇，他转引岛村抱月的一段话：“此剧含了许多思想问题，可以加以各种各样的解释，而大体讲来，其中心问题不外表示一个 Schwartze 的世界（灵的世界？），一个 Magda 的世界（肉的世界？），一个调和于两世界之间的牧师 Heffter Dinght（黑夫特尔·丁特）的世界（灵肉调和的世界），与三样的思想道德不能统一而终于一场悲剧”②。田汉对岛村氏的批评很看重，认为“我们一定要有这样的了解力和批评眼才能谈新剧，才能谈一切学问！我们对于一种艺术品，若既不能 understand（理解），又不能 appreciate（欣赏），就辜负艺术品了。现在的人大都心气薄弱，看见稍微露骨一点子的深刻一点子的东西，都掩面却走，破口大骂，不肯 take thing as it is（面对事情的真相）。”③

---

① 田汉：《给郭沫若的信》，载《三叶集》，亚东图书馆1920年版。

② 同上。

③ 同上。

田汉对岛村氏将《故乡》一剧中的悲剧意义概括为“灵—肉冲突”的做法，持赞赏态度，认为这才是触及了事情的真相。此后，在戏剧创作当中表现灵—肉冲突，在思想意识中追求灵——肉调和，成为田汉文艺思想的重要特征，并由此形成了以“灵—肉冲突”论为中心的戏剧观念。

基于这种观念，田汉十分欣赏梅特林克把不可思议的人生真相概括为死与恋的做法，在田汉看来，如果“恋”代表了现实存在——“肉”的成分，那么“死”显然就代表了超现实的存在——“灵”的成分，“由这两种力的错综纠纷，便演成了人生舞台上各种光怪陆离的喜剧、悲剧和悲喜剧！而近代关于两性问题的剧曲多半是这种悲剧。”①

若干年后，当已经号称“转变”了的田汉，对于王尔德的剧作《莎乐美》进行评价时，其批评思维仍不自觉地沿用着灵肉观念的分析模式：

这被爱的约翰又是何等“择善而固执之”啊，假如莎乐美代表他的爱，肉的爱，他便代表天的爱，灵的爱！他始终以确信的、决定的口吻在王宫里绝叫他的预言，像他在沙漠里绝叫一样。他不爱听希律王的女儿，犹太的公主，莎乐美的使人灵魂震荡的、银铃似的声音。他所要的只是我主上帝的声音。他不要看她那一见便要使人爱她的巴比伦的女儿，

① 田汉：《诗人与劳动问题》，《少年中国》1920年1卷8—9期。

> 他只要去见上帝。他终于战胜了人 给他的非常的诱惑，终于见了上帝了。
>
> 叙利亚少年、莎乐美、约翰，这三个人，虽然一个爱莎乐美，一个爱约翰，一个爱上帝，但他们的精神是一样的，就是目无旁视，耳无旁听，以全生命求其所爱，殉其所爱。①

在这样的批评文字里，我们几乎看不到把批评对象当作客体时的冷静、从容的解析态度，也没有自上而下的论证、判断，田汉对《莎乐美》的批评，显现了一种以主观心灵对艺术整体及其内涵所作的赏析、感悟式评价，从艺术美的角度出发，他揣度形象的心理，品评其中的韵味，阐释戏剧的旨意，并从中显示出批评家个性化的审美倾向。这样的批评文字本身就是形象化的产物，是诗意化的结晶。

田汉对灵肉观念的接受，从某种程度上说，也是一种从自我诗意情怀出发的自觉选择。在南国时期田汉所创作的戏剧中，大多表现着爱的主题，田汉热衷于描写在黑暗现实下，个体生命所遭受的灵肉冲突的痛苦：

> 不知道是生于永久的好还是生于刹那的好，还是向灵的好，还是向肉的好……灵——肉，肉——灵……周期性的状态，一刻子也不能安宁。

---

① 田汉：《我们的自己批判》，《南国》月刊1930年2卷1期。

——《咖啡店之一夜》

我以为我的心在这一个世界，而身不妨在那一个世界的身子和心互相推诿，互相欺骗，我以为这是调和，谁知道却是分裂。

——《湖是的悲剧》

灵魂好像随时随刻望着那山外的山，水外的水，世界外的世界。

——《古潭的声音》

应当指出，首先，作为一种艺术审美意识的灵肉观念，是田汉式的唯美戏剧观的体现。在南国社时期，田汉以他的戏剧实践，通过“灵肉冲突”的戏剧表现，触发着人性之真，艺术之美，不仅体现了五四落潮期带有普遍性的感伤郁闷的社会心理，而且使他在戏剧当中自觉地追求一种浪漫的诗化的艺术韵味。使他的艺术追求带有超越现实的悲苦，入于艺术的美境的企图，并使他的戏剧风格呈现了唯美主义的特点。因此，这一时期，田汉吟咏着爱与死的悲哀，倾诉着天涯漂泊的无奈，排遣着暗夜中孤独者的情怀，通过艺术的形式，追求着“灵肉调和，心物统一”的人生境界。这样的艺术趣味，与中国诗歌传统中对性灵美的追求一脉相承。

其次，作为社会意识的灵肉观念，是田汉从现实人生出发，改变社会颓势的思想观点。早在五四时期，田汉就“本自然解放之旨，发大胆无敌之言”[①]：

> 储君，要知道过重灵魂而轻蔑肉体的，莫不否定现实，认这个世界为万恶。我们只有遁出这浊世，别寻所谓天国。既重灵魂，又重肉体的，他便始终到底要肯定现实，觉得我们所能求的天国不在过去，也不在将来，却在现在。哪怕这个世界无一毫价值我们凭着努力可以使他有价值。哪怕这个世界无一毫意义，我们评着努力可以使他有意义。[②]

我们“老年的中国”因为灵肉不调和的缘故已经亡了。我们“少年的中国”的少年，一方面要从灵中救肉，一方面要从肉中救灵[③]。

我们人类最大的职务在为世界创造一种健全的文明。健全的文明一定在灵肉一致的圣域[④]。

再者，灵肉观念，也在一定程度上显示着田汉对艺术与人生的反思与求索，艺术的审美需求和现实功利的掣肘，高蹈的艺术精神与沉实的社会改良者姿态的龃龉，对现实的理智考评与对人生的情绪感悟之间的犹疑，集中地表现着他创作心理的矛盾。

如果我们仔细分析田汉的思想状态，我们不难发现，在他身上，儒、道、释的传统意识均显示了或浓或重的影响痕

① 田汉：《平民诗人惠特曼百年祭》，载《田汉文集》14 卷，中国戏剧出版社 1983 年版。

② 同上。

③ 同上。

④ 田汉：《诗人与劳动问题》，《少年中国》1920 年 1 卷 8—9 期。

迹，儒家所谓“达则兼济天下，穷则独善其身”的处世之道，道家所谓“天人合一”“齐生死”的哲学观点，释家对禅悟的讲究、对空灵的追求，皆融汇、整合于田汉的意识之中，形成了他艺术观的复杂性。应当看到，田汉受新浪漫主义影响所提出的灵肉观念，在不同的时代、不同的情绪氛围中，其内涵是不尽相同的，在五四高潮期，田汉的灵肉观念，往往比较倾向于一种社会意识，显出“兼济天下”的旨意；而在五四落潮期，田汉的灵肉观念，则更多地表现为一种诗化的、感伤情绪和唯美的艺术趣味。在田汉文艺观中，他所持有的现实与艺术的二元观点，并不是处在对立平衡状态的，有很多时候它是倾斜的，或倾向于向艺术，或倾向于现实。

田汉在 1959 年写的一篇文章中曾说：“理论批评是指导和推动戏剧发展的重要力量。要有好剧本、好演出，不能不期待好的批评文字。”① 好的批评文字，应当闪烁着理性思维的光芒，而不必充当狂热情绪的载体；它当是艺术的试金石，而不是简单的指挥棒；它当具有它独立的思想价值，而不应在时过境迁之后，仅为人们留下失意的叹息。

（宋宝珍：中国艺术研究院话剧研究所所长、研究员）

① 田汉：《快马加鞭发展话剧》，《人民日报》1959 年 3 月 19 日。

田汉三四十年代话剧创作的美学追求

刘　平

田汉的创作思想是比较复杂的，这不仅与他的个性、成长经历和思想发展有关，也与所接受的中、外戏剧家的影响有关。高尔基说："在伟大的艺术家们的身上，现实主义和浪漫主义时常好像是结合在一起的。"① 田汉也是如此。他的创作风格不是一个名词或一种倾向可以概括的，也不是一成不变的。在他的作品中，现实主义、浪漫主义、唯美主义、象征主义都有不同程度的体现，只是这些文学流派在他的作品中并不是孤零零地存在，而是互相影响、互相渗透，尤其是与中国文学传统相融合时，就产生了一种独特的艺术情趣与艺术风格。田汉正是在这种中外文学流派相交流、相碰撞中开始了他的艺术探索。

① 〔俄〕高尔基：《我怎样学习写作》，戈宝权译，生活·读书·新知三联书店1949年版，第12页。

田汉的戏剧创作，按时间可划分为早（1922—1929年）、中（1930—1948年）、晚（1949年以后）三个阶段。其中早期作品的创作风格最为丰富多彩，也最能体现田汉的创作个性。这是他戏剧创作的发轫期，也是他创作思想及创作风格的形成期。这一时期，他的作品虽然也有一些现实主义的优秀之作，但总的倾向却是以浪漫主义为主。田汉中期的作品不如早期复杂，他是在寻找革命与艺术完美统一的过程中逐步走向了成熟，创作方法也从早期单纯的现实主义或浪漫主义走向了二者的结合运用。晚期，田汉是在追求史与剧完美统一过程中使他的话剧创作进入高峰期，其艺术手法——现实主义与浪漫主义相结合的手法——也越来越成熟。

在此，我谨就田汉三四十年代（即抗战时期）的创作思想和话剧艺术追求，谈一些自己的研究体会。

一

30年代（即20世纪30年代）初，田汉的思想和艺术风格都发生了转变。其原因，一是革命形势的发展，左翼文学运动的兴起，促使他对以前的戏剧运动“不明确的”思想意识进行反省，使他增强了搞“民众戏剧”的信心与自觉性；二是强烈的使命感使田汉认识到了时代对戏剧的要求。当时，他自以为得意的作品（如《南归》《古潭的声音》《湖上的悲剧》等）受到了批评，给他思想上以很大震动。他认识到，那种“热情多于卓识，浪漫的倾向强于理性”的作品，是不可能“领导时代向光明的路上去”的①。因此，他准备以“粗壮而壮烈的啼声报告东方的晓色”②。他写长文进行“自我批判”，表示思想“转向”，作品的风格也随之发生了变化。

但是，能不能说田汉在创作上从此就从浪漫主义转向了现实主义呢？回答是否定的。田汉“转向”后创作上最大的变化是创作观念的转变，即从对“灵的世界”的关注转向对“物的世界”的关注，从抒发“心底的诗情”转向表现“身外的现实”。但是，就田汉“转向”以后的作品而言，他不是摈弃了浪漫主义，而是在从事现实主义的创作中，逐渐深化了浪漫主义的精神，他的作品也在现实主义与浪漫主义相合的过程中，脱去了20年代的幼稚，而逐步走向了成熟。

与20年代不同的是，田汉“转向”后的创作美学追求是以寻找政治与艺术相结合的道路为主的，这就意味着他必须摈弃此前创作上的那种一味以抒发小知识分子感伤与苦闷的浪漫情调，代之以工农大众的思想感情。这对于长期生活在知识分子圈子里，又以描写自己身边的人和事为主的田汉来说，无疑是一种新的挑战。为此，田汉在创作上经过很长一段时间的摸索与寻找。

当时的田汉，思想上虽然积极进步，但艺术上的准备却是不足的。不熟悉工农大众的生活，这是摆在他面前的一个很现实的问题。为此，他难免不产生苦闷与失落，就如他二十年代提倡搞“民众戏剧”，可一到实践中又不免“手忙脚

① 田汉：《我们的自己批判》，《南国月刊》1930年第2卷第1期。

② 见《〈田汉戏曲集〉第4集·自序》，上海现代书局1931年版。

乱”一样，当时他思想上确实经历了一个困惑时期，创作上也经历了一个艰难的探索过程。可是，时代的需要不允许他从头学起，具有“湖南牛”性格的他又不甘心人后，只好仓促上阵，创作上也常常不得不来“急就章”。这一时期，田汉创作的《洪水》《姊姊》《乱种》《扫射》《暴风雨中的七个女性》《战友》等作品，就是这种创作思想的具体体现。这些戏内容上积极地配合现实斗争，语言铿锵有力，现实感很强，演出时效果也很好。尤其是《乱种》《扫射》，在上海“一·二八”时演出，曾引起很大轰动，很多青年学生看戏后都勇敢地走向抗日战场，投入革命洪流中去。以后，全国有很多学生剧团为了宣传抗日而演出此剧。但艺术上比较粗糙，政治说教严重，对于人物的性格也缺乏深入的开掘和生动的表现，作品中常常是以描写革命者的群像为主，表达的也是一种政治气氛和整体意识。创作风格与20年代那些富有浪漫情调的作品截然不同。

对于田汉创作风格的转变，当时就有人表示不满，认为他“转向”以后的作品没有以前的有味。对此，田汉却不以为然。他在作品中及时地做了回答。在《暴风雨中的七个女性》中有这样一段对话：

李心南：不过，蔷，让我说一句不客气的话，你的作品还是以前的那些够味。你最近作风变了，大家都说简直不像你自己的了。甚至于有人说你的作品变坏了。

黄　蔷：不管是好是坏，我应该告诉大家，写从前那些作品是我，写现在这些作品的也是我，不，更加是我，因为我开始真正认识自己该走的道路。

李心南：不过，我以为我们有义务保存最好的自己，也就是说：保存自己最强烈的，最有特征的个性。

黄　蔷：心南，别忘了人们的个性是发展的。你不能要求一个女人永远是少女时代。……当祖国正需要我们的时候，何苦死在一个情人的怀抱里呢？

田汉在这篇作品的《自序》中说，作品中代表作者自己意见的是黄蔷的演说[①]。田汉在这里借谈恋爱观阐释了自己的人生观与艺术观。这一点既说明了田汉思想的坚定，也显示了他艺术追求的执着，他已走出了“转向”后的那种失落的困惑，坚定了自己的创作方向。

为克服创作上的简单化、概念化的倾向，努力把政治内容与艺术创作结合起来，田汉有意识地去接近工人、农民，了解他们的工作和生活，努力在作品中塑造他们的形象。话剧《月光曲》(原名《一九三二年的月光曲》)《梅雨》就是这种努力的结果。如前所述，田汉早期的创作都不太注重叙述

① 见《〈田汉戏曲集〉第2集·自序》，上海现代书局1933年版。

故事，描写情节，也不注重人物形象的塑造。而《月光曲》和《梅雨》在这方面却有了明显的进步。《月光曲》以电车工人罢工斗争为题材，比较真实地塑造了王茂林、林德润、张国良等工人形象。尤其是描写林德润思想上从糊涂到觉醒、提高认识后积极参加罢工斗争的转变过程，更为真实可信。这里没有标语、口号，语言也是工人自己的，完全没有小知识分子的腔调。《梅雨》也是现实性很强的戏，描写产业工人在工厂主的盘剥、高利贷的威胁以及二房东的压迫下的悲惨命运，真实地塑造了潘顺华、阿巧、文阿毛等人物形象。尤其是潘顺华和阿巧的形象比较成功。潘顺华是一个老实本分的工人，失业后贫病交加，生活困苦。但是，他却不赞成文阿毛以诈骗的手段去“弄钱”的办法，而沉重的经济压迫使他看不到生活的前途，只怨自己“命苦”，在走投无路之时举刀自杀。与潘顺华形成鲜明对照的是他的女儿阿巧，她既不满意父亲的逆来顺受，也不赞成文阿毛的蛮干。她积极参加工厂里工人们的活动，努力寻找着生活之路。在张先生的教导下，她懂得了“人要跟命运争”的道理。她说：“命运像是一块压在我们身上的石头”，不过，要掀翻这块石头“一个两个人的气力”是不行的，“得靠大伙儿的力量”。这些朴实的语言比起《火之跳舞》中阿二的话来更具有了实际内容。茅盾在评《梅雨》时说：“田汉先生驱使这复杂的题材，又简洁，又明快！”“如果说田汉的戏曲有一个缺点是抽象的教训太多，那么，这篇《梅雨》是没有这缺点的！”并说此剧除了“‘革命的浪漫主义’而外，还相当的配合着‘社会主义的写实主义'。"[①] 与田汉20年代写的社会问题剧相比,《月光曲》和《梅雨》不论在内容上和艺术上都有了明显的进步,但创作手法还不能说如鱼得水,仍存在着拘谨、沉闷的问题。但是,这两部作品的出现却体现了田汉创作上的进步。真正能够体现他的创作风格,即运用现实主义与浪漫主义手法去结构作品、塑造人物的作品,是从《回春之曲》开始的。

《回春之曲》是田汉在探讨政治与艺术相结合过程中创作的一个比较成功的作品。这篇作品不论思想性,还是艺术性,都有较大的进步与提高,可谓田汉"转向"后艺术创作的新起点。其一,该剧克服了此前(即"转向"之初)作品中的政治说教,完全是以艺术的描写表达了主题。剧中描写青年学生回国参加抗战的坚定信念与勇敢的行动,同时也表现他们在爱情方面的矛盾与纠葛,但是,它既没有《姊姊》等剧中的那种生硬感,也没有《南归》《湖上的悲剧》的苦闷与感伤,而是通过人物的行动及内心的活动体现了作者的创作意图。其二,作品比较成功地塑造了高维汉、梅娘、黄碧如、洪思训等人物形象。他们已不再是某种观念的化身,而是现实生活中有血有肉的人。其中梅娘的形象最动人。她是一个热情美丽的南洋姑娘,深深地爱着高维汉。在祖国遭受危难之际,她把对恋人的爱与对祖国的爱统一起来,表现出一种坚贞不渝的奉献精神。高维汉在抗击日寇的战斗中,因头部受重伤失去记忆,梅娘瞒着爹娘从南洋赶来,辛辛苦苦地看

① 茅盾:《读了田汉的戏曲》,载《茅盾散文集》,上海天马书店1933年版。

护着高维汉。陈三水想当“顺民”，劝梅娘不要守着一个“活尸”。梅娘气恨至极，泪痕满面地回答他：“痴子也罢，‘活尸’也罢，我敬他，我爱他，我守他一辈子！”她的爱不仅“唤醒”了高维汉的“记忆”，而且也鼓舞了同志们的抗战决心。其三，田汉在创作时充分发挥他善于写抒情剧的优势，在作品中追求一种诗意化境界，用诗一般的语言表现出人物的喜、怒、哀、乐。剧中人物悲愤时之呼号，激越时之高亢，前进时之奋励，成功时之鼓舞，全通过那雄浑壮丽、缠绵悱恻的语言表达出来了。其四，运用歌曲烘托剧本的主题，表达人物的情感，增加全剧的艺术魅力。这种手法自《南归》初试，至《回春之曲》已大放光彩。其中的《告别南洋》既表达了主人公高维汉告别南洋、远离恋人的难舍之情，也唱出了为“要去争取这一线光明的希望”而共赴国难的决心。《春回来了》唱出了祖国山河的秀丽，表达了对侵略者践踏美好家园的愤怒——“中华民族再不怒吼将如何！”第三幕的《梅娘曲》是梅娘听了陈三水侮辱高维汉的话后含着眼泪唱的：

哥哥，你别忘了我呀，
我是你亲爱的梅娘。
我为你违背了我的爹娘，
离开了那遥远的南洋，
我预备用我的眼泪，
搽好你的创伤，
……

歌声情真意切，如泣如诉。梅娘把对恋人的爱、对流氓的恨交织在一起，痛苦中充满着祈盼，泪水里蕴藏着信念，令人下泪，却不使人感伤。这些歌曲不仅表达了人物的心境，突出了全剧的主题，而且也使全剧充满了诗意，增添了艺术感染力。徐悲鸿说：《回春之曲》是“情文并茂的好诗”①。洪深认为《回春之曲》是近几年来唯一“能够概括地反映最近四五年中国政治经济社会的情形，并且始终不曾失去‘反封建和反帝国主义是中华民族的唯一出路’那个‘自信’的”作品②。《回春之曲》确实是田汉运用现实主义与浪漫主义相结合的手法写出的一出好戏。剧中既有现实主义的描写，如高维汉等进步青年们积极投身到祖国的抗战中去；也有浪漫主义的想象和传奇手法的运用，如高维汉在战斗中头部受伤失去记忆三年，突然在一阵鞭炮声中恢复了记忆。当陈三水又来勾引梅娘、辱骂高维汉时，高维汉突然从床上站起与陈三水格斗起来。这些艺术手法的运用，不仅增加了全剧的趣味性，而且也突出了抗战救国的主题。此剧的成功，标志着田汉艺术创作上的一个发展。它不仅继承和发展了20年代戏剧作品中的诗意化、音乐美、传奇性的艺术风格，而且丰富了这种诗意化风格的内容并确立了其在创作中的地位，使这种艺术风格与政治内容达到了完美的统一。

---

① 徐悲鸿：《中国舞台协会之成功》，《中央日报》1935年11月8日。

② 洪深：《〈回春之曲〉序》，载田汉《回春之曲》，普通书店1935年版。

二

尽管《回春之曲》使田汉的戏剧创作达到了一个新的水平，但是，他此后创作的作品如《洪水》《暗转》《械斗》《号角》《晚会》《复活》《卢沟桥》《阿Q正传》《秋声赋》《丽人行》等作品，艺术水平仍是参差不齐的。其中既有“急就章”式的宣传鼓动剧如《号角》《械斗》《梦归》《卢沟桥》等；也有说教气很重的《女记者》《初雪之夜》《黎明之前》等。《洪水》与四年前的《洪水》相比，思想性、艺术性都有了进步；《晚会》中塑造的知识女性陶丽的形象较有光彩，但其他人物却显得概念化。真正能体现《回春之曲》开创的艺术风格的是田汉四十年代创作的话剧《秋声赋》和《丽人行》。

《秋声赋》是田汉在抗日战争时期创作的一部优秀之作。在《秋声赋》中，现实主义的描写，浪漫主义的想象，传奇性的情节，诗意化的语言，优美动听的歌曲，都有充分的体现，而且是那样地天衣无缝、浑然一体。

田汉创作《秋声赋》是有明确用意的。他是为了在“皖南事变”后的政治低潮中，回答知识分子应该走什么道路的问题，以此回击那些“亡国论”者。在表现这样的主题时，作者不是以政治说教去“教训”观众，而是以动人的故事和鲜明的人物形象去揭示主题，启发人们去思考。剧中着重塑造了徐子羽、秦淑瑾、胡蓼红等人物形象。徐子羽是一个“坚苦卓绝，可也带些神经质的”文化工作者和诗人。他性格开朗、感情丰富、有正义感，助人好施，很受同仁的尊敬。在工作上，他具有极大的勇气和极强的忍耐力，始终坚持着韧性的战斗。可是，因为在爱情上与妻子秦淑瑾和情人胡蓼红发生纠纷，使他感情上非常苦恼。尽管如此，他并没有被家庭的琐事缠住手脚，始终以民族大众的利益为重。他对妻子和情人说："谁能始终给大众以幸福的，谁一定能给我以幸福。""我还有许多事要做，中国革命的道路是很艰难，也是很复杂的，我们个人要尽其在我。"在他的影响下，胡蓼红抛弃了"恋爱至上主义"的情感，重新回到哺育她成长的民众中，去战事紧张的地方招收难童。秦淑瑾也从狭隘的思想和懈怠的生活中解放出来，与徐母一起到敌后收容难童。剧作通过人物的情感变化，使观众看到了每个人对抗战、对民族所肩负的责任。昭示人们，只要团结一心，各尽其力，那么，任何困难都是可以克服的。作者很巧妙地把一个家庭的情感矛盾与民族矛盾联系起来，通过这些复杂情感的交锋，批判了那种自私自利的行为，给人们以精神鼓舞。

《秋声赋》的创意是田汉受到欧阳修的《秋声赋》的启发而产生的 。但二者却有本质的不同。欧阳修的《秋声赋》是从各种繁杂的声音中，状出了秋的悲凉凄清以及动人哀感的一面；而田汉的《秋声赋》则是从悲凉凄清的哀感中蜕化出来，使人领略到秋的健壮雄伟、足资奋发的一面。正如《主题歌》所唱的：

我们不用伤感，更不用惊怪，
用铁一般的坚定从风雨中、浪涛中屹立起来，
这正是我们民族翻身的时代。

这是田汉在风雨如晦之时发出的“新声”，也是他从心底里呕出来的一首献给祖国人民的抒情诗。

为了突出这样的主题，作者一方面以现实主义的手法，真实地写出了“皖南事变”以后，桂林文化被笼罩在一片在阴森恐怖的气氛中的艰难处境，也写出了以徐子羽为首的文化人在这种恶劣的政治环境中艰苦奋斗、坚韧不拔的斗争精神。另一方面，为丰富作品的主题、揭示时代的本质特征，作者还根据剧情发展的需要，运用浪漫主义的方法进行大胆的想象，增强作品的趣味性。如胡蓼红与秦淑瑾这一对爱情的“对头”在湖南乡下的“联床夜话”，就是作者依据现实生活发展的逻辑和时代的需要想象出来的。这一情节既表达了作者内心的祈盼，也体现了时代精神。他希望每个人在抗战救国的重要关头，克服一切情感障碍，清除一切私心杂念，紧密地团结起来，积极地投入到神圣的民族抗战中去。为了实现自己的创作美学追求，作者在创作时还学习借鉴传统戏曲的表现手法，努力探讨话剧民族化的道路。

其一，小中见大，一叶知秋，是作者揭示该剧主题的重要的表现手法。作品表面上描写的是新文化人徐子羽一家的生活，实际上反映的却是那个时代及整个文化界。在该剧的第二幕，徐子羽与黄志强有这样一段对话：

徐子羽：伟大作品的产生有他的条件，眼前还不具备那条件。

黄志强：但是伟大的作家是不大受条件的限制的。

徐子羽：伟大作家也是人啊，人不能不受环境的影响。

黄志强：但是人也能支配环境，伟大作家的成功时常是在最艰苦的环境里面。

徐子羽：你是就特殊的个人说，我是就整个文化运动说。你真不懂今天现实主义的困难，作家好难写出他想要写出的东西。结果只能在现实的边沿上打转，没法接触现实的核心。

作品中还以桂林秋天的天气隐喻桂林文化界的情景和文化人的心态。政治气氛的恶劣，使桂林的文化界越来越寂寞寥落，而连绵不断的秋雨，“阴沉得连每个人的心上都发霉”。文化人们“愈是寂寞愈加不肯出门，路上见了面吧，大家连天气好都也懒得说。”还有那每天都为之发愁的生计问题，更给每个人增添了无尽的烦恼。其实，何止桂林如此，重庆、上海等地不也是一样吗?

其二，运用抒情、写意的手法，深入开掘人物的内心情感。如第一幕中，徐子羽雨夜回家与秦淑瑾发生口角，在一片风雨声和船夫号子声中，他读起了欧阳修的《秋声赋》，然后写下了《新形势下中国文艺工作者的任务》这样的题目。此时的情景，不仅交代了时代特点，而且也衬托了人物内心的复杂情感。第三幕中写胡蓼红的思想转变，也是通过细腻的感情变化和环境渲染来实现的。胡蓼红要徐子羽的孩子大纯喊她“妈妈”，遭到拒绝后内心非常痛苦。可是，当她听到大街上的孩子唱的《擦皮鞋歌》，她立刻想起了那些失去母亲的难童，思想感情顿时发生了变化。“我为什么要带着一个怪可怜的、怪难为情的感情，求着去做一个有爷有娘的孩子的妈妈呢？我为什么不更慈爱地、勇敢地，去做那广大的失了家乡、失了爷娘的孩子的妈妈？”在秋风、落叶的情景里，她触景生情、情不自禁地唱起了《落叶之歌》：

草木无情为什么落了丹枫？
象飘零的儿女，萧萧地随着秋风，
……
落叶儿归根，
野草儿朝宗，
从大众中生长的，应回到大众之中，
他们在等待着我，
那广大没有妈妈的儿童。

从此，她决心去战地做收容难童的工作。在该剧的结尾，徐子羽看到漓江对岸人潮如涌、鞭炮锣鼓齐鸣，人们手举灯笼火把，高呼“打倒日本帝国主义”，“庆祝第二次湘北大捷”，“中华民族万岁”的口号，内心无比激动，“这也是秋声。可是这样的秋声不会让我悲伤，只会让我更加兴奋，更积极。”

其三，运用传奇手法，增加全剧的趣味性。如第四幕的结尾，胡蓼红和秦淑瑾与两个日本兵搏斗。胡打死一个日本兵，手枪被另一个日本兵踢飞，日本兵抱住胡并用枪威胁她。就在这千钧一发之际，秦淑瑾持斧从背后劈日本兵，日本兵发枪，“枪响斧下，但闻惨叫声”。戏至此戛然而止，留下一个惊险的悬念。直到第五幕才由徐子羽的朋友黄志强讲述这件事情时，用“暗转”的方式把这场搏斗完成。这样描写不仅第四幕吸引人，也使得第五幕不至于枯燥平淡，产生了强烈的艺术效果。这与《获虎之夜》中魏福生讲述打虎的故事和《湖上的悲剧》中白薇小姐的“假死”情节具有同样的艺术魅力。

其四，追求语言的精练、优美，增强诗意情趣。

注意从现实生活中提炼语言，是田汉在创作上实现其美学追求的重要手段之一。他常常把生活中的语言经过加工、提炼，使其更精练、生动、优美，具有一种诗意的魅力。既能够准确地表达主题，又能增强全剧的意蕴与趣味性。如“谁都以为自己是玫瑰，拿去别人手里，就成了刺”。“有些人自以为是天使，其实是他的性格中倒含着恶魔的成分”。这种既有诗意又蕴含着深刻哲理的语言，很值得人们咀嚼与回味。剧中还用生动、幽默的语言刻画人物性格。如“一出门就只顾看人家的脚，好像这个世界上就只有无数无数的脚，穿着各种各样的鞋似的。”用这样的语言描写擦皮鞋的难童，既细腻又生动。胡蓼红在给大纯剥柚子时说：“这是日本鬼侵略我们，我们杀他的头”。徐子羽说，有一个时候他在爱情生活上“成了一个很可怜的存在。不，简直成了一个皮球，让她们踢过来，踢过去。”这些语言既幽默又有个性，对突出人物性格都起到了很大作用。

在艺术创作上，田汉从未停止自己的探索与追求。不断地探索，不断地追求，可谓田汉艺术创作生涯的写照。在抗日战争时期，为了适应时代发展的需要，田汉曾明确提出“话剧民族化”的问题，并以《戏剧春秋》社名义多次召开座谈会。他说：“我们的话剧或歌剧（即戏曲——引者注）现在都在追求着一种形式，这种形式必须回答两个问题：一，在革命的实践上能组织鼓动更广泛的民主；二，在创作方法上能配合日益波澜浩阔的生活内容，这一种形式我们叫它民族形式。”①创作于 1947 年的话剧《丽人行》，就是田汉在探索话剧民族化过程中一次成功的尝试。

《丽人行》的成功，一是剧本所具有的深远的现实意义；二是该剧新颖的艺术形式，而这一点似乎更重要一些。田汉创作《丽人行》是直接受到发生在北平的“沈崇案”和上海的“摊贩案”的触动。剧作通过生活在日本强盗统治下的上海的三个女性——纱厂女工刘金妹、知识妇女梁若英、革命女性李新群——悲欢离合的故事，展现了抗战胜利前夕，沦陷区的民众所受到的苦难和在苦难中挣扎、奋斗的事实。这是一首富有激情的诗篇，是充满着“先天下之忧而忧”的情操；内心深藏着“忧国之泪”的苦痛，眼睛里闪射着愤怒火焰的激情，也是田汉这样的时代歌手在那黑暗的年代“喊”出的正义之声。

---

① 茅盾、田汉：《戏剧的民族形式问题》，白虹书店 1943 年版。

然而，要表现剧中丰富的生活内容和三个女性的不同命运，用传统的艺术形式显然是难以承载的。为适应内容的需要，田汉借鉴戏曲的艺术表现手法，突破话剧艺术“幕”的局限，把全剧分为二十一场，使表演具有更自由、广阔的空间。在中国戏剧史上，这样一种形式的多场话剧还未曾出现过。田汉的创造是一个大胆的革新，也是一个勇敢地突破。全剧以开阔多变的场景和宏伟自由的结构，层次分明地展现了由刘金妹、梁若英、李新群三个女性的不同命运所展开的三条情节线，并运用过场戏的形式（即报告员的报告）把这三条既相互关联，又各自独立的线索串联起来，形成一个整体，概括了相当复杂、丰富的社会生活，使每个人物都得到了充分展现的机会，既深化了主题又塑造了人物。戏的最后一场写刘金妹被从水中救起，李新群和梁若英与她在江边有这样一段对话：

刘金妹：李小姐，真的中国快天亮了吗？

李新群：真的快天亮了。

刘金妹：只要中国胜利了，鬼子和外国人就不敢再欺负我们中国女人了吗？

李新群：对，就不敢了。

这里的一句“中国快天亮了”，在当时不知道说出了多少穷苦人心中的祈盼，更不知鼓舞了多少在苦难中挣扎的人们的勇气与信心。30 年代，田汉曾写出电影《三个摩登女性》

和话剧《暴风雨中的七个女性》等以知识女性为题材的作品。有人把《丽人行》作为《三个摩登女性》的续集。但是，生活向前发展了作者的思想也在提高。在《丽人行》中，不仅作者的创作意图和作品的立意发展、进步了，而且在人物塑造上，作者也没有停留在《三个摩登女性》的水平上，而是从现实生活的新特点和革命斗争的迫切要求出发，塑造出三个新的女性形象。纱厂女工刘金妹写得最完整，革命女性李新群写得最动人，知识女性梁若英的转变写得很真实。特别是刘金妹这个人物，作者并没有从概念出发去人为地拔高她，而是以生活事实为基础去揭示她的内在心态，重点表现她的苦难命运及其根源，使人们不仅看到了在帝国主义、反动派压迫下，在封建社会统治下的妇女的悲惨生活，同时，人们也从她的觉醒中看到了信心与出路。而李新群这一形象则让人们看到了正义与力量。她不屈不挠的斗争精神，对革命事业的坚定信念，关心他人乐于助人的优秀品质，都给人以信心与鼓舞。为充分表现这三个女性的不同命运，作者在表现手法上根据剧情的需要灵活地变换场景像电影那样不受时空限制，创造了许多新的场面。有在电影院门口，有在江边，有在监狱，有在小巷中的工人住宅，有在公共汽车站，有在咖啡馆……场景多变，却多而不散。过场戏有话则长，无话则短，重在承上启下、画龙点睛。有时话分两头，形成强烈对比之势。如第十二、十三场的戏发生在同一天的深夜，展现的是工人之家的艰难和汉奸家庭生活的荒淫的不同场面。有时上下相接，场分戏不断。如第二场工人友生的一句话“我饶不了鬼子”，引出第三场抗日斗士章玉良的出现。这种多场景、开放式的结构，随物赋形、散而不乱的情节安排，如行云流水，舒卷自如，它与抒情性的语言相配合，使全剧呈现出一种流动的美感。

《丽人行》的创作，既是田汉创造性地吸收传统戏曲艺术手法的结果，也是他的中国话剧民族化的一大贡献。《丽人行》演出后，评论界给予很高评价。有人说：“《丽人行》场面之流动而简单，大家都看得出这是一种新的风格，配上导演的匠心。我以为这不只是剧作者对于民族形式的有把握的采用，而且也是此时此日中国生活之多动性的舞台体现。”① 还有人说：“看了《丽人行》之后，所给予我的，不只是新鲜、惊奇、欣喜，更使我好像看到，从《丽人行》做出发，中国的新演剧有着一条新的路”，它是“往新形式的路上走去的一个绝大的成功。”② 同时，这也是田汉在寻求革命与艺术相结合的过程中，在话剧创作上所取得的一个巨大成功。

（刘平：中国社会科学院文学研究所研究员、
中国田汉研究会副会长）

① 夏康农：《路是人走出来的——〈丽人行〉的第一印象》，《新闻报》1947年5月1日。

② 石曼：《我看〈丽人行〉——一个新形式的创作》，《大公报》1947年3月27日。

城市的漫游者和梦幻者：

田汉与城市空间中的“波希米亚风”

胡志毅

田汉是一个城市空间的漫游者。田汉早在日本留学时期就撰写了《恶魔诗人波陀雷尔的百年祭》。波德莱尔被本雅明称之为“资本主义时代的抒情诗人”。本雅明在《资本主义时代的抒情诗人》中提出了“都市漫游者”这一概念。本雅明发现了一个非常重要的现象，就是在19世纪大街上发现了晃晃悠悠的闲逛者。现代的城市是一个迷宫，有人说，真正理解城市迷宫的人不是建筑学家，也不是收藏家，而是闲逛者。正是这些闲逛者经过拱廊街的迷宫世界，正是他们通过城市迷宫，通过城市的“最新迷宫”——大众，寻找一条道路。本雅明引用马克思的话说，“浪荡游民”的“生活无序可循，惟一具有定性的就是葡萄酒商的那些小酒馆——他们经常歇脚的见面场所，他们结识的人必然是各种飘忽不定的人，这就是他们被列入了巴黎人所说的那种浪荡游民之列。”① 田汉不一定是属于“浪荡游民之列”，但却是典型的“漫游者”。

史蒂夫·皮尔（Steve Pile）将本雅明观点和弗洛伊德联系起来，皮尔指出，“弗洛伊德的确把城市用作隐喻来描写精神生活”，他认为，“这将使我们对城市的梦的性质和梦的城市性质进行阐释。因此有可能推进本雅明的研究，揭示城市的秘密话语和城市梦境中隐藏的欲望和恐惧”。他用弗洛伊德的一个在城市漫步的故事来说明这种欲望和恐惧，“城市成了他的欲望、恐惧的‘展示地点’。城市不仅仅是表现精神生活之兴衰的舞台，而且还（以精神和身体）建构经验。”皮尔进一步分析道，“对弗洛伊德来说，梦主要是（尽管不仅仅是）通过使用形象来工作的，‘梦把这些形象建构成一个环境，它们代表一个实际发生的事件……它们把一个观念‘戏剧化’”。② 田汉就是城市的梦幻者。

田汉作为城市的漫游者，早期表现为“波希米亚”风，但这种“波希米亚”风是将浪漫主义和唯美主义结合而成的审美现代性的宁馨儿，体现为梦幻者。田汉在二十世纪二三十年代从浪漫主义转向现实主义，甚至左翼，但是这种左翼也是一种浪漫主义式的左翼，是莎乐美、卡门的混合物。究其一生，田汉是一个戏剧活动家，他的活动基本是在城市

① ［德］瓦尔特·本雅明：《发达资本主义时代的抒情诗人》，王才勇译，江苏人民出版社 2005 年版，第 5—6 页。

② 史蒂夫·皮尔：《现代城市里的梦游者：梦境中的瓦尔特·本雅明与西格蒙特·弗洛伊德》，载汪明安、陈永国、马海良主编《城市文化读本》，北京大学出版社 2008 年。

中展开。从最初的长沙，到日本东京，回国后，大都是在上海及其周边地区。这是田汉生命力旺盛的表现，这种生命力不仅表现在他的情感上，也表现在他的创作上。

一、从东京到上海："波希米亚"风

中国话剧的先驱者，喜欢艺术，喜欢戏剧，漫游的精神正是"真文人最独特的精神"。在玛丽·格拉克看来，漫游者学者艺术家的一面不易融入有关漫游者的传统模式，因为学者艺术家的形象暗示着现代性中带反对性的不可调和的因素。作为都市象征的漫游者是公开的、匿名的、民主的；而作为文人的漫游者是私人的、个体化的、伟大的。[①]

田汉在早期是属于"真文人最独特的精神"的"文人漫游者"。1916 年，田汉坐船到日本东京，考取了东京师范大学，入文科第三部学习英文。田汉东渡日本求学可以说是展示了中国话剧的第二次从日本学习新剧的过程。

在日本期间，田汉说自己是"浪漫主义多于现实主义"，其实他更是新浪漫主义者。田汉特别倾心于新浪漫主义，他说，新浪漫主义是直接由旧罗曼主义的母胎产下来的。指出"新浪漫主义'求真理'的着眼点，不在天国，而在地上，不在梦乡，而在现实，不在空想界，而在理想界"。在这里，田汉指出了新浪漫主义和浪漫主义的区别，他不愿意一味沉醉在浪漫主义的"天国"和"梦乡"，而力求执着于"地上"，

---

① 〔美〕玛丽·格拉克：《流行的波希米亚——十九世纪巴黎的现代主义与都市文化》，罗靓译，安徽出版集团、安徽教育出版社 2009 年，第 98、99 页。

执着于“现实”，去追求新浪漫主义的“理想界”。[1] 田汉是从浪漫主义去理解新浪漫主义的。

田汉是从乡村进入城市的，但是，他的乡村是在湖南长沙的郊外，对此他的感受是复杂的。他在芥川龙之介自杀后，与郁达夫一起喝酒，在街上看到一群“野鸡”而写了一首诗：

> 问你个纤长的影儿，
> 是人肉市场的零星；
> 还是这罪恶的大都会中，
> 一个受难的灵魂？
> 啊，受难的路旁的灵魂啊！
> 不必那十字路中间，
> 不见那十字路中间，
> 那一盏血也似的红灯。[2]

田汉表现出和郁达夫类似的颓废，而这种颓废也正是都市的一种精神，和都市的漫游者和梦幻者的气质是一致的。

田汉说：“我们中间本有不少自称‘波希米亚人’的一种无政府主义的颓废的倾向，他们也喜欢我的味道，我也为着使戏剧容易实现得真切，每每好写他们的个性，所以我们中间自自然然地酿成一种特殊的风格。好处就是我们的生活马上便是我们的戏剧，我们的戏剧也无处不反映着我们的生

---

① 田汉：《新罗曼主义及其它》，《少年中国》1卷12期。

② 《田汉文集》第14卷，中国戏剧出版社1983年版，第129—130页。

活。”[1] 在这里，田汉将他们的生活和戏剧的关系，理解成一种“波希米亚人”的无政府主义的颓废的倾向。

田汉回国后创办的南国艺术学院和南国社，与法国文化有着天然的亲缘关系，这不仅因为南国艺术学院和南国社坐落在上海的法租界，主要还是因为他们是一群类似“波希米亚风”的“都市漫游者”。

在中国20世纪20年代的上海，田汉的南国社的“波希米亚风”，是被20世纪30年代的左翼戏剧所取代，和巴黎不同，上海的“都市大环境的消解”，一直要到20世纪40年代末。

20世纪20年代，田汉组织领导了“南国”戏剧运动，同时他创作了大量的剧本，如《咖啡店之一夜》《获虎之夜》《苏州夜话》《湖上的悲剧》《名优之死》《南归》。

上海艺术大学在经过一次事件之后，田汉就任校长，他开始拍摄电影《断笛余音》，带着学生们来到了苏州，这时上海艺术大学音乐科的主任黎锦晖率领一个歌舞团来苏州演出，节目不够，要田汉一行演一幕话剧，好凑足三个小时。代价便是供他们来回车票和旅馆费。这时青年会剧场里演的歌舞剧早已拉开大幕了，田汉临时来了灵感，就让学生排戏，这就是《苏州夜话》。“十年前我和睡在酒坛旁边一样是完全沉醉在艺术里面的；我觉得艺术高于一切，……我学着古人画‘长江万里图’的意思，想竭大半生精力画一幅叫‘万里长

---

① 《田汉文集》第14卷，中国戏剧出版社1983年版，第329—330页。

城'"。① 这个剧发生在苏州某饭店邻接小厅之一室。

> 到街上去，/到夜的苏州去，/夜的苏州多美啊！/你可以看见罗马似的城头的月，/你可以看见威尼斯似的街头的水，/你可以看见弓驼拉 似的船，/你可以看见那船上卡尔曼似的女儿。/啊，采着船上女如花，/千古风流说馆娃。/何必新亭挥涕泪？/观前街上品清茶。

田汉让唐槐秋扮演老画家，唐淑明扮演卖花女，从询问身世到父女相认，抱头痛哭，剧终。当唐淑明在后台用苏白叫起卖花声，"栀子花，茉莉花！……栀子花，茉莉花！"台下苏州观众哄然骚动了，他们感到亲切。

1927年12月17日至23日在上海艺术大学举办了田汉命名的"艺术鱼龙会"，有"鱼龙漫衍之戏"之意。"艺术鱼龙会"是在上海艺术大学的楼下有个至多可以坐五六十人的大客厅，摆设上桌椅，这就是"艺术鱼龙会"的剧场了。和客厅相邻的是一间较小的饭厅，堵着饭厅的门搭了一尺多高的平台，饭厅的门框便形成一个小小的他们戏称为"窗户式"的镜框式的台口，整个平台面积大概不超过十五平方米，有人说，这恐怕是世界上最小的舞台了。

演出的主要剧目就是欧阳予倩作的《潘金莲》、菊池宽的《父归》和《未完成之杰作》以及田汉的独幕剧《苏州夜话》

---

① 田汉：《〈田汉戏曲集〉第四集自序》，载《田汉专集》，江苏人民出版社1984年。

《古潭的声音》《名优之死》《生之意志》《江村小景》和《画家与其妹妹》《到何处去》等。连续轮换演出了一个星期。

玛丽·格拉克指出，创造典型并对其进行社会类型分类表现了一种现代的人类学，其目的是提供当代人文性的完整图景。① 巴黎的拉丁区是艺术家聚居的地方，那里有许多咖啡馆。而波希米亚人，是指爱好艺术的小布尔乔亚（Bohemian）。他们想象欧美的艺术家，“波希米亚”风最典型的作品就是普契尼的歌剧《波希米亚》。

上海的法租界像巴黎的拉丁区一样，是“人文性的完整图景”。

田汉创办的上海艺术大学和南国艺术学院，上海艺术大学 1927 年 9 月招生，1928 年 1 月迁到上海西爱咸斯路（今永嘉路）371 号，因为经济困境和财产纠纷，另立南国艺术剧院，因为学院坐落在上海的法租界，被他们称为巴黎的“拉丁区”，他们自称“波希米亚人”，这和他们当时观看过的美国电影《波希米亚人》（《情天血泪》）也有关。陈白尘说，这部片子更影响了“南国”同学的生活作风，他们从此都以波希米亚穷艺术家自况，并且自称学院所在的西爱咸斯路为上海的拉丁区。1928 年春夏之交，果然有这么几十位身穿破旧西装，打大领花，蓄长头发，袋中无钱，但却高视阔步，空谈其艺

① 〔美〕玛丽·格拉克：《流行的波希米亚——十九世纪巴黎的现代主义与都市文化》，罗靓译，安徽出版集团、安徽教育出版社 2009 年，第 116 页。

术与革命的青年，在西爱咸斯路上徜徉了。[①] 南国艺术学院的青年就成了城市的漫游者和梦幻者。

西爱咸斯路上房屋不多，路的南侧还有农民的茅舍和菜地，甚至还有坟墓。唐叔明回忆道：

> 可别小看了这块贵人们掩鼻而过的地方，确实爸爸凝秋、大哥左明、二哥征鸿、画家吴作人、小弟弟郑君里们每天必去的地方。我常跟着他们到那里去散步，几个人坐在坟头，一把花生米，吃吃谈谈，真有意思。有时他们不出声看着远方的天，有时他们还掉下泪？我虽小，可我也明白，他们都憎恨那个黑暗时代，看不惯那套腐化生活！[②]

同时，这种波希米亚风和20年代上海的先锋性和现代性有着一种内在关系。在菲利普·丹尼思·凯特（Philip Dennis Cate）看来，世纪末波希米亚的活动标志着20世纪先锋美学本质方面的成型。[③]

---

① 陈白尘：《从鱼龙会到南国艺术学院》，载《中国话剧运动五十年史料集》第二辑，中国戏剧出版社1985年版，第17页。据陈白尘回忆，《情天血泪》是一部悲剧。女主角是由20世纪20年代的红明星丽琳·甘许所扮演。丽琳·甘许身材不高，是所谓“娇小玲珑”型的，富有东方的病态美。丽琳·甘许演一个纱厂女工，她爱上那群波希米亚穷艺术家中的一个剧作家，她为他的成名而牺牲自己。当这位剧作家的剧本上演，朋友们为他祝贺时，她已生命垂危。她从工厂赶到，刚欲拉门铃时，却猝然倒地。

② 唐叔明：《回忆南国社》，载《中国话剧运动五十年史料集》第1辑，中国戏剧出版社1985年版，第137页。

③ 〔美〕玛丽·格拉克：《流行的波希米亚——十九世纪巴黎的现代主义与都市文化》，罗靓译，安徽出版集团、安徽教育出版社2009年，第146页。

1928年4月11日，以田汉为首的一批“南国艺术学院”青年艺术家从上海来到杭州“西征”。为了有特别标志，男同学们个个都打上了大黑绸领带，女同学每人围条黄绸巾。他们住在湖畔的李公祠。他们看中了湖滨公共体育场的演讲厅。接着便热热闹闹地准备了起来，取布景、装台面、发请帖、排新戏，准备在西子湖畔拉开帷幕。根据事先的决定，自19日起连演出四夜，第一夜招待杭州文艺界，其余三夜公演，到了19日那天，万事俱备，只欠东风，就等夜晚到来开幕上演了，却不料正午时，突然接到公安局的电话，禁止他们上演。多亏田汉和孙师毅几次奔走，总算“危机始去，安然开演”①了。他们演出了《父归》《未完成之杰作》《苏州夜话》和《湖上的悲剧》等，他们又加演了俄罗斯剧作家班柯的《白茶》。

他们回到上海后不久，南国艺术学院因为遇到危机，办不下去，就解散了。田汉转为演出和研究的“南国社”，组织了三期公演。②

第一期第一次公演主要包括1928年12月16日到17日的上海公演，借着上海九庙地梨园公所举行。洪深加入，扮演《名优之死》中的刘振声。

第二次公演是1929年1月16日到22日在南京的公演，借了南京大中桥半边街南京通俗教育馆的会堂演出。在南京

---

① 田汉：《南国社史略》，载《中国话剧运动五十年史料集》第一辑，中国戏剧出版社1985年版，第127页。

② 田本相、吴卫民、宋宝珍：《田汉传》，上海古籍出版社2013年版。另说有四次公演。

公演期间受著名教育家陶行知的邀请前往晓庄演出，演出剧目主要有《古潭的声音》《苏州夜话》《生之意志》《湖上的悲剧》《名优之死》等。这期公演以南京公演为盛，其时南国社成了整个南京媒体界的焦点。

第二期公演前，南国社应欧阳予倩之邀，1929 年 3 月 7—12 日赴广州演出了《生之意志》《古潭的声音》《颤栗》《苏州夜话》《名优之死》以及欧阳予倩的《车夫之家》《人面桃花》《刺虎》等。厉庵樵在《民国日报》上说："田先生的戏在感情方面似乎很热烈；但在情节、性格、思想各方面细细研究起来，我觉得他的戏离现实人生不很近，仿佛是超而又超的东西。在现代的中国果否需要这样的戏剧？"①

第二期公演的第一次是 1929 年 7 月 7 日至 12 日的南京公演，第二次是 1929 年 7 月 16、17 日的无锡公演，第三次公演是 7 月 29 日至 8 月 5 日的上海公演。这期演出的剧目主要有《古潭的声音》《南归》《第五号病室》《火之跳舞》《孙中山之死》《莎乐美》等。到无锡的公演包括《垃圾桶》《太湖的黄昏》《一致》等。

葛飞指出，"在向左转之前，'波希米亚人'的生存状态可以说是漂泊和'悬浮'，他们拒绝置身于任何社会结构之中。田汉的《南归》表现了波西尼亚人失去精神故乡，永远不停地四处流浪的生存状态。"② 田汉的《一致》，受德国表现主义

① 田汉：《我们自己的批判》，《南国》月刊第 2 卷第 1 期，1930 年出版。

② 葛飞：《戏剧、革命与都市漩涡——1930 年代左翼剧运、剧人在上海》，北京大学出版社 2008 年版，第 55 页。

画家荷德勒的启发，表现金钱之王马蒙施行暴力凌辱一个正在热恋中的少女，少年闻讯赶来相救，民众们都为之义愤填膺，纷纷起来反抗金钱之王的统治。一个自称“地之子”的领袖振臂疾呼：“世界快翻转来了，暴君快要倒了！”他领导民众推倒了以“天之子”自称的马蒙，剧本最后点出了“一致”的主题：“被压迫的人们集合起来，一致打倒我们的敌人，一致建设新的理想，新的光明，光明是从地底下来的！”“国王是否认爱情是‘人生最珍贵的东西’大可疑问，此剧却反映了‘个体的爱’对于‘波希米亚人’的重要程度，有了它就可以傲视王侯。”①

“南国社”的最后一期公演是在上海。在这次公演前，“南国社”开始走向分裂，一些激进青年不满“南国社”不够激烈的做法，希望直接以戏剧作为政治斗争的武器，因此脱离了南国社。田汉为这次公演草拟的若干剧目均未能实现，最后只上演了改编剧《卡门》，然而也因为“内容过激”被禁止，剧中的主角也被逮捕，在狱中被折磨致死。

1930 年 9 月，南国社因政治色彩愈来愈浓被国民党当局查封，一些骨干也被逮捕。田汉虽然逃脱，轰轰烈烈的南国戏剧运动却由此结束了。

玛丽·格拉克说，从更深层次上而言，波希米亚在 1885 年的没落标志着比早期事件更为激进的断裂和错位。正如《圣经》洪水的隐喻所揭示的，它不仅暗示着维持艺术家创造性

① 葛飞：《戏剧、革命与都市漩涡——1930 年代左翼剧运、剧人在上海》，北京大学出版社 2008 年版，第 55 页。

和身份的独特文化空间的消解，也暗示着为其活动提供象征语境的都市文化大环境的消解。①

二、田汉早期戏剧创作与城市空间

伊丽莎白·威尔逊说道，只要波希米亚人出现在都市的舞台上，就会拥有大批如饥似渴的观众，他们喜欢肮脏污秽但充满魅力的人，天才而古怪的男人和女人的故事，因为他们的生活充满激情，敢于挑战传统。在演出中表现了波希米亚生活方式的变化无常，放纵无度，胜利和失败，不合时宜的冷酷赫然严肃气氛等等，所有这些都在舞台上得到了很好的表现。②

田汉的剧作除了少数剧作，如《伏虎之夜》是以农村——长沙东乡仙姑岭边一山村为背景，《江村小景》是龙潭江边一小村，《南归》是农家门前之外，基本上表现的是城市。《环珴璘与蔷薇》是北京“新世界”京津杂耍场；《灵光》是顾梅俪的寝室；《咖啡店之一夜》是某都会精致的小咖啡馆；《薛亚罗之鬼》是长沙的蒋公馆内书室；《落花时节》是上海某图书公司楼下编辑室之一角；《黄花岗》是福建闽县后街林觉民家；《苏州夜话》是苏州某饭店邻接小厅之一室；《名优之死》第一幕是大京班之后台；《湖上的悲剧》是西湖王庄的一卧室；《古潭的声音》是幽静朴素的卧室；《颤栗》是上海一富家之

① 〔美〕玛丽·格拉克：《流行的波希米亚——十九世纪巴黎的现代主义与都市文化》，罗靓译，安徽出版集团、安徽教育出版社2009年版，第196页。

② 〔美〕伊丽莎白·威尔逊：《波希米亚迷人的放逐》，凤凰出版传媒集团、译林出版社2009年版，第5页。

卧室;《孙中山》是前舞台——露台、中舞台——会客室、后舞台——病室;《火之跳舞》第一幕是茅屋内,第二幕是前有露台之富丽客厅,第三幕是火场烧红了的犹立断垣;《第五号病室》是某医院第五号病室;《卡门》第一幕是在工厂大门前;《年夜饭》是上海弄堂房子的二楼;《梅雨》是靠近上海华界的贫民窟;《顾正红之死》是设在数层台阶上的事务室。

田汉不像曹禺的剧作基本是在北京、天津等少数几个大都市,而是在日本东京、北京、长沙、福建、苏州、杭州、广州、上海等,显示出他的剧作的“多地性”,当然主要还是发生在上海。① 他也不像曹禺的剧作基本是客厅剧,而是既有公共空间,如杂耍场、咖啡馆、编辑室、病室、工厂大门前、事务室等,也有私人空间,如寝室、书室、客厅以及卧室,而且寝室或者说卧室居多。

田汉最初的处女作是《梵峨嶙与蔷薇》,开始命名为《歌女与琴师》。田汉说:“现在腹稿中的脚本第一是《歌女与琴师》。这是一篇鼓吹 Democratic art(平民艺术)的 Neo-Romantik(新浪漫主义)的剧曲。地方是上海。时代是民国某年。题材是描写一歌女与她的琴师的恋爱。Heroine(女主人公)的 model(模特儿)(性质上的)就是现在上海唱黎花大鼓的某女郎(刘翠仙),可是上海的社会和某女郎都没有这么高尚优美,所以此剧是通过 Realistic(现实主义的)熔炉的

① Liang Luo,*The Avant-Garde and the Popular in Modern China-Tian Han and Intersection of Performance and politcs*, Published in the United States of America by the University of Michigan Press ,pp63-71.

Neo-Romantic（新浪漫主义）剧啊。"[1] 这个剧的故事背景是发生在北京。1923年上海美术学校上演了此剧。

田汉创作了《咖啡店之一夜》《获虎之夜》《苏州夜话》《一致》《湖上的悲剧》《古潭的声音》《名优之死》《南归》等剧。《伏虎之夜》是表现湖南农村的传说，《苏州夜话》表现的是苏州的画家。

田汉的《生之意志》是受柏格森的"生命哲学"的影响。剧中的老学究，将不孝的子女逐出门外，尤其是他女儿居然怀抱着婴儿归来，这简直是大逆不道。然而，当婴儿啼哭时，老人被这"新的生命力"所吸引，终于破颜而笑。在这里，婴儿的啼哭声不仅是戏剧冲突的转机，而且也是生命力的象征。

《湖上的悲剧》是田汉临时写成的独幕新作，这是发生在西子湖畔的一幕悲剧。杨梦梅来到西湖边上的一个庄园。他的恋人白薇受不了父亲的压迫，又得不到杨梦梅的消息，气愤不过，就由家里逃到钱塘江边去投水，又不幸被一个渔夫救了。而最后当白薇发现杨梦梅已经有了妻子，她又用枪结束了自己的生命。这个剧由顾梦鹤演杨梦梅，唐淑明演杨的弟弟，王素演白薇，左明演看庄老头。唐淑明是女扮男装的，她的"活泼"和王素的"哀艳"被田汉称为"有非常的舞台效果"。

《古潭的声音》一剧，是根据日本古俳人"蛙跃古池中"

① 田汉：《给郭沫若的信》，转引自《田汉论创作》，上海文艺出版社1983年版，第389—390页。

意，“写一诗人从物的诱惑中救出一舞女，让她住在寂寞的高楼上，及至归来，则此女郎又受灵的诱惑，跃入楼下古潭。诗人为复仇欲将古潭捶碎，但诗人之声与古潭之声俱远矣”。由万籁天演诗人。诗人见舞女留下的高跟丝履，取一只来玩，“你看她还穿这双鞋！这要算她过去快乐生活的唯一的纪念了。……啊，鞋，和踏在你上面的脚和腿是怎样的一朵罪恶的花，啊！怎样把人引诱向地狱里去啊！……为什么一双人工做的小小高跟鞋，一上了她的脚就会变成一对把人引诱向地狱里去的魔鬼！”在这里，诗人对于鞋的迷恋，以致可以引诱诗人和她一样跳入深潭是令人深思的。如果说，“鞋”是一种引诱，那么“潭”则是一种回归。剧中的古潭，象征着生命的归宿，是“漂泊者的母胎”，“漂泊者的坟墓”，而最神秘的是舞女愿意投身于古潭去听那里面“发出的一种声音”。最后诗人自己也挡不住“古潭的诱惑”，纵身跳入了古潭。

田汉回忆道，《名优之死》首演不是在上海善钟路艺术大学举行的“鱼龙会”上，而是在九亩梨园公所二楼，那不是什么剧场，而是旧公所的一个大厅临时改成的。①《名优之死》是以倒在舞台上的名优刘鸿生做“模特儿”的，但主要是体会到一个忠于艺术的演员怎样不得不与当时的邪恶势力作斗争，表现在杨大爷身上的这种邪恶势力，非把一切美好的东西腐蚀完不止，这是“刘老板”所决不能容忍的，他在舞台上倒下以前的无限愤懑，代表了当时人民被压抑的感情，因

① 田汉:《关于〈名优之死〉——答北京人民艺术剧院》，载《田汉专集》，江苏人民出版社 1984 年版。

此这出戏在当时起过一定作用。①

《名优之死》是表现舞台上名优的。而只有《咖啡店之一夜》才是真正意义上的都市剧。田汉早期是在上海、南京等地活动，其剧作主要体现在《咖啡店之一夜》等。在日本东京留学期间，田汉曾经和郁达夫去过咖啡馆，和李初梨去过小石头川的百合咖啡馆，因此写过一首诗："流清的瞳 / 樱红的口 / 墨黑的发 / 雪白的手 / 白手殷勤斟绿酒 / 青红黑白能几时？绿酒盈杯君莫辞！"② 后来郭沫若到东京拜访田汉，他们向往"东京咖啡馆的情调"，把咖啡馆当作都市的"仙境"。但是这次居然因为囊中羞涩没有去成。田汉和郭沫若、成仿吾、李初梨等创办了创造社，他创作了《咖啡馆之一夜》，郭沫若在剧本中看到了咖啡馆。

董健在《田汉传》中评述道：

> 这年十月，田汉读报得知，一位俄国姑娘远道来日本寻她昔日恋人（一日本军官），被安排在一家咖啡馆当女招待。这事也激发了田汉的剧情设计——白秋英不就是进城寻她昔日恋而暂时服务于咖啡店吗？③

① 田汉：《关于〈名优之死〉——答北京人民艺术剧院》，载《田汉专集》，江苏人民出版社 1984 年版。

② 《田汉文集》第 12 卷，中国戏剧出版社 1983 年版，第 42 页。

③ 董健：《田汉传》，北京十月文艺出版社 1996 年版，第 187 页。

《咖啡店之一夜》是“以咖啡情调为背景，写由颓废向奋斗之曙光”，[1] 此剧表现某都会的一个精致的小咖啡店中发生的爱情故事。

> 布景是一个精致的小咖啡店，正面有置饮器的橱子，中嵌大镜。稍前有柜台，上置咖啡、牛乳等暖罐及杯盘等。台左并有大花瓶。正面置物台的右方通厨房及内室，障以布帘。室前方于三分之一的地方，以屏风纵断为二，其比例为左二右一。右方置一圆桌，上置热带植物的盆栽。桌子对屏风那面，置小沙发一，余则置一二腕椅。室中于适当地方陈列菊花，瓦斯灯下黄白争艳。两壁上挂油画及广告画。壁涂以绿色。左前方开一推掩自在的门。

一开场就是白秋英正替一饮客斟酒。她是农村秀才的女儿，父亲去世以后，到城里来做咖啡店的侍女，遇到一位老乡告诉她，她自幼相爱的商人的儿子李乾卿从南华毕业后来到这个城里读大学。这时一个大学生林泽奇来到咖啡店，一边喝酒一边和她谈他的理想和苦闷，她劝大学生少喝酒，她不明白。恰好李乾卿带着女朋友陈小姐看了戏来咖啡店，遇到白秋英。李乾卿告诉陈小姐，他只是认识白秋英，过后他送走陈小姐后，他来找白秋英，说自己已经和陈小姐订婚，

---

① 田汉：《在戏剧上我的过去、现在及未来》，载《田汉文集》第1卷，中国戏剧出版社1983年版，第436页。

他是不能和咖啡店的女堂倌结婚的。他要用钱来买他的信和照片，白秋英将钱扔到火炉中烧掉，将信和照片撕碎。等到李乾卿走后，她也痛苦地要喝酒，林泽奇劝她不要喝，“眼泪是不解决任何问题的”。

富有意味的是，演出这个戏的学生，有些连咖啡都没喝过，但是却将这个《咖啡店之一夜》演完了。演出以后，或者继续座谈，对演出加以品评；或者由学生陪同来宾跳舞，直至深夜。袁牧之说道：“辛酉剧社的成员们深受这些作品的感染，以致于自己也变得颓废忧郁起来。剧社的一个成员袁伦人（译音）便是一个典型的例子，他在复旦大学（上海）演出的《咖啡店之一夜》时忧伤的神情和表演，取得了异乎寻常的成功。……与此同时，四川北路一家‘上海咖啡馆’正好开张营业，一伙作家艺术家以及辛酉剧社的大部分成员经常聚集在那儿，人人感到愁闷，戏剧活动也随之停顿下来了。”① 康斯坦丁·董认为，田汉“为幻象破灭了的寂寞的青年‘波希米亚人’预示着一种新的方式”，指出《咖啡店之一夜》“展现出一幅中国青年知识分子的波希米亚式生活的缩影”。②

田汉和他们三位常是曾朴办的真美善出版社的法国沙龙的座上客，这个沙龙是在法租界的中心，马斯南路115号。张若谷喜欢在霞飞路一带的咖啡店喝咖啡，为此专门写了一本散文集《咖啡座谈》。田汉后来甚至为“南国剧社”登广告

---

① 袁牧之：《辛酉社的爱美剧团》，《矛盾》1934年第2期，第165页。

② 康斯坦丁·董（Constantine Dung）：《孤独地探索未知：田汉1920—1930年的早期剧作》，载《田汉专集》，江苏人民出版社1984年版。

时，说里面有一家咖啡馆，“女侍者的文学素养好，可以让顾客在喝咖啡的时候领略好的文学作品，享受交谈的快乐”。[①]田汉确实迷恋咖啡店，却是一种想象的迷恋，他对电影《到民间去》描画着一种剧曲的场面，即在小小的咖啡店中，有一班意气如云的青年相聚痛论社会改造大业。“金樽绿酒之旁则有女侍者圆睁其大而黑的眼睛贪听他们的议论。听后举酒预祝他们的成功。”[②]田汉的剧作《咖啡店之一夜》就是上海城市空间中的咖啡店的见证。

田汉作为城市的漫游者、梦幻者，体现出了他在上海这个大都市的“波希米亚风”的精神本色，他的剧作也和上海这个城市空间，有着密切的关系，在中国话剧史上是一道亮丽的风景。

（胡志毅：浙江大学文学院教授、中国话剧理论历史研究会会长）

---

① 参见〔美〕李欧梵《上海摩登：一种新都市文化在中国》，毛尖译，生活·读书·新知三联书店 2001 年版，第 24—28 页。

② 田汉：《南国社史略》，载《中国话剧运动五十年史料集》第 1 辑，中国戏剧出版社 1985 年版，第 116 页。

“缪斯”与社会的艰难调和

——试析田汉话剧艺术的探索之路

曾慧林

“缪斯”与社会，即艺术与社会的关系一直为古今中外文艺创作者、研究者所关注。过去相当长一段时间里，因受制于社会政治意识形态，艺术沦为了从属于社会的附属品，不具备独立的审美价值和自身存在的合理性，随着社会分工的明晰和深化，艺术才得以脱离社会结构，确立其自律性和自足性。然而，艺术与社会在隶属关系上的解脱以及艺术独立品格的取得，并不意味着两者间的发展就此平行无关。事实上，现实社会生活不仅是文艺创作的源泉和基础，每个时代的艺术也都烙有那个时代的印记，反映着一个时代本身的生活内容、思想水平与政治风貌。作为两个“单独的实体存在”，艺术与社会，阿诺德·豪泽儿认为，“处于一种连锁反应般的相互依赖的关系之中，这不仅表示它们总是相互影响着，而且意味着一方的任何变化都与另一方的变化相互关联着，并向自己提出进一步变化的要求。”① 鉴于艺术与社会这种各自独立又相互关联、影响与互动的关系，阿诺德·豪泽儿进一步指出：“真正的、成熟的艺术家总是置身于社会环境之中，既为己言又为人言，总是关心着如何去解决生活中带有普遍性的问题。”② 可见，能否创作出具有艺术价值与社会价值的文艺作品是衡量艺术家创作水平成熟与否的重要指标。

中国现代戏剧运动的先驱者田汉虽毕生都以创作出兼具艺术与社会双重价值的戏剧作品为最高任务，他本人却不认同将艺术生硬地划分为“为人生的艺术”和“为艺术的艺术”两类③。浪漫与诗性气质令田汉推崇艺术的自足性、审美性，以及艺术对内在精神、情感的真实展现。他曾表示，政治对于艺术的支配力“并不甚大”，艺术家无论在何种政治势力下从事艺术创作工作，他的自由与尊严总是可以得到某一种程度的保存。④ 同时，负有改变国家命运、人民生活的深厚社会责任感和积极入世思想的使命感又令田汉亦非常重视艺术的社会价值与现实功用。正如他所言：“但我毕竟是一个贫苦农民家庭出身的、有良心的中国孩子，在封建主义和帝国主义双重压迫下的祖国人民深重的苦难和民族危机前面，我不

① 豪泽儿：《艺术社会学》，居延安译，学林出版社 1987 年版，第 37 页。

② 同上，第 64 页。

③ 他在《艺术与社会》中说：“何况今日所谓‘为人生的艺术’‘为艺术的艺术’之争，还不过各展旌旗，并没有可据的堡垒呢？”详见田汉《艺术与社会》，载《田汉全集》第 14 卷，花山文艺出版社 2000 年版，第 241 页。

④ 田汉：《我们的自己批判》，载《田汉文集》第 15 卷，花山文艺出版社 2000 年版，第 105 页。

可能不有所醒觉，有所振奋。”①

田汉是一面孜孜以求艺术的审美性，一面又企盼自己能够为国家、为民众，为打破社会的黑暗而战。然而，艺术性与功利性、情感与理想间的某种抵牾，以及社会发展与艺术探索之间的极度不平衡和尖锐矛盾致使文艺创作界呈现出斑驳陆离的面相，却让他深陷艺术创作之窘境。为了将艺术与社会联系起来并试图通过协调熔融二者以创作出有生命有灵魂的作品重建剧坛和文坛新面貌，他孜孜不倦，在困惑中寻找，在矛盾中选择，为之付出了艰辛的努力。“艺术救世”就是他早期文艺探索路上之所获。

湖湘自古有“诗心”以从政，以文救世以实现浪漫幻想与理想激情的“美政”传统。在“以刺世事”与“凭心而言”熔铸而成的审美倾向和湖湘“美政”思想的熏染下，将悲剧现实转化为喜剧结局成为田汉早期剧本创作的常用之法。早在1919年6月29日少年中国学会东京部会员第一次谈话会上田汉就已表明自己创造“少年中国”的理想，强调本会发展的出发点就在“图个性之完成”“图社会之改造”两方面，以“少年诗心”来疗救社会的热忱与勇气初步彰显。1920年《致郭沫若的信》中，田汉进一步发展出既“暴露”人生的黑暗面，又“美化”人生的“艺术救世”主张。需要强调的是，田汉持有的“艺术救世”即艺术担负着拯救世道人心之责任的理念，其重点非为表现社会的黑暗、生活的惨痛，而在于

① 田汉：《前记》，载《田汉选集》，中国人民文学出版社1959年版，第2页。

展现理想、光明与希望，引导人们在艺术美的感染下，获得心灵的慰藉与净化，从而化解人间的纷争与仇恨，促成美好生活的到来。于是，我们看到田汉在《梵峨嶙与蔷薇》中，运用情节的“突转”，为实现自己的艺术、爱情与政治相调和的理想而设定了“爱与艺术的保护神”李简斋；《灵光》中，在剧末设置耶稣像头上发出的“灵光”，以求宣扬自救与救人的基本精神拯救民众于水火。

出于对人道主义精神的提倡和对生命之美的歌唱，在这些作品中，田汉往往会注入自己的主体意识，使之沾染浓厚的主观色彩。譬如在剧情构思上，通过对生活的偶然性进行主观的想象与创造，表现出浪漫传奇性；在艺术表现中，借助强烈的主观抒情和饱满的情感给人以美感，对诗优美意蕴的追求胜过对人生图景的真实描摹等。抒发对屈辱的现实生活的愤懑——“暴露”和对美好社会的憧憬——“美化”，虽然表现出作者祈求变革现实的“良知”和对理想社会的追求，是对五四时期精神的呼应；然而，在社会变革，尤其是阶级斗争、民族矛盾渐趋激剧的年代里，这些过于理想的解决方案或问题化解方式，就显得虚幻和缥缈，田汉“艺术救世”的文学实践也就势必遭遇困难与尴尬。在旧势力、旧意识的高压以及动荡混乱的时代浪潮冲击下，对使命艰巨性的认识不足以及思想、艺术上的欠成熟，田汉仅“凭着青年的热情和正义感写作”① 的创作实践，令艺术之于救国救民的力量羸弱，

① 田汉：《后记》，载《田汉剧作选》，人民文学出版社 1955 年版，第 501 页。

收效甚微。

经过不断地自省与调整，田汉开始由主观意绪较为浓厚的善意幻想向“现实的觉醒”的创作策略趋近。虽然在此之后他仍创作了一些饱受黑暗势力摧残和压迫的人物抒发感伤情绪的作品，如《咖啡店之一夜》《苏州夜话》《湖上的悲剧》《古潭的声音》等，但同时也创作出诸如《获虎之夜》《名优之死》等与社会现实生活更为贴近，现实主义精神较为突出，具有鲜明的时代风雨标志的作品。而田汉于1929年先后发表的《艺术与艺术家的态度》和《艺术与时代及政治之关系》①，则预示着他创作“转向”的到来。前一篇文中，田汉特意强调了1929年南国社对《莎乐美》的搬演是基于对剧中“反抗既成社会的态度最明显”②因素的看重；后一篇文章里，田汉提出“艺术的指示，比政治快，艺术是政治的先驱”③的观点。不难看出，田汉已明确赋予艺术以“政治先驱”的作用，艺术成了知识分子反抗“既成道德”的载体。到了二十、三十年代之交，田汉加入左翼文艺创作阵营，由民主主义者发展成为革命知识分子。

田汉创作思想发生变化的原因是多元而复杂的，大致上可被划分为外界的社会机制和自身的内在机制两方面。

---

① 《艺术与艺术家的态度》和《艺术与时代及政治之关系》分别初载于上海《中央日报》《南国特刊》第2号（1929年7月7日）和第3号（1929年7月12日）。

② 田汉：《艺术与艺术家的态度》，载《田汉全集》第15卷，花山文艺出版社2000年版，第21页。

③ 田汉：《艺术与时代及政治之关系》，载《田汉全集》第15卷，花山文艺出版社2000年版，第29页。

20年代中期开始，随着北伐战争、“五卅”惨案、“四·一二”和“七·一五”反革命政变等一连串重大政治事变接踵而至，中国大地陷入血雨腥风之中。与此同时，早期共产党人邓中夏、蒋光慈等人开始有意引导新文学的发展方向，宣传马克思主义文学理论，主张“以文学为工具”，把五四的文学革命推向革命文学阶段。动荡的社会格局和频繁的政治冲突进一步拉大时代发展与艺术探索步调的断层与错位。身处民族危机与阶级斗争的疾风暴雨，心系民族命运，具有深厚历史责任感的田汉开始告别自我宣泄的时代，追随时代号角与革命浪潮，将视野投向更为广阔的社会人生，文艺观及其创作实践也随之发生转变。田汉1930年发表的《我们的自己批判》可谓为他创作倾向发生转移的宣言。在这篇长文中，田汉清算了南国运动过去的得失，检讨过去的南国社“热情多于卓识，浪漫的倾向强于理性，小资产阶级的感伤的颓废使戏剧运动受到阻碍，甚至陷入歧道”，决定以后“将以一定的意识目的从事艺术之创作与传播”①。认清“艺术是斗争，以后的运动得充分使它深刻化、尖锐化”的田汉，正如他作别《湖上的悲剧》时所说：“少陪了吧，那留恋在湖波上的残阳啊，拂掠这那柳丝的轻风啊，照着游魂似的黄昏的月啊；少陪了吧，我们准备粗野而壮烈的啼声报告东方的晓色”②，他开始舍弃自己长期来持有的唯美姿态，告别感伤的、

① 田汉：《我们的自己批判》，载《田汉全集》第15卷，花山文艺出版社2000年版，第185、186页。

② 田汉《〈田汉戏曲集〉第四集自序》，载《田汉文集》第1卷，中国戏剧出版社1983年版，第442页。

怀疑的、彷徨的创作时代，转而投入“完全自觉我们对于时代的使命”左翼文学的怀抱。

从自身的内在机制来看，田汉的关注视野从未离开人生的大舞台，他始终将自己的艺术与时代和人民紧紧相连。对中国人来说，与20世纪到来的步履相伴随的不是历史前行的福音，而是灾难深重的开始。在战争频仍、国家政治大厦倾颓的内外交困，在新、旧旋涡和大时代变革的无从自处中，一大批怀抱着梦想与希望的知识分子深感历史的黑暗、国家的苦难，经受着深深的迷惘与失望。在近世“湖南人底精神”①，亦即湖湘士人以天下为己任的责任感、使命感、报效祖国的政治激情和大无畏的革命精神的感召下，田汉更为痛彻、敏锐地感受到时代重压下的人生苦痛与现实丑恶。厨川白村曾说：“……遇到了生活的根本底改造的难问题的时候，他们究竟用怎样的态度呢？离开诗美之乡，出了‘象牙之塔’的美的世界，和众愚，和俗众，去携手乱舞的事，是他们所断然不欲为，也所不忍为的。于是他们所取的态度，就是向着超越逃避了俗众的超然的高蹈底生活去；否则，便向了俗众和社会，取那激烈的挑战底态度：只有这两途而已。”②在“高蹈底生活”与“向了俗众和社会，取那激烈的挑战底态度”之间，田汉毫不犹豫地选择了后者。他自觉主动地将文学活动与阶

① 五四时期，陈独秀曾在《欢迎湖南人底精神》一文中评价说：“湖南人底精神是什么？‘若道中华国果亡，除非湖南人尽死’。”见陈独秀《陈独秀文章选编》上，生活·读书·新知三联书店1984年版，第480页。

② 〔日〕厨川白村：《苦闷的象征 出了象牙之塔》，鲁迅译，人民文学出版社1988年版，第248页。

级斗争、社会革命和新的时代要求相结合，积极投身时代大潮，由感伤意绪逐步向革命、反抗激情转化。

创作精神的转变，势必带来文艺创作的变化。田汉创作上的变化首先体现在反映生活视野的扩大上：他不再流连于个人内心世界的狭小天地，而是放眼整个社会与时代。因此，他剧作中的个人色彩淡薄了，社会内容则相应增加。田汉公开“转向”后的第一部剧作是据法国同名小说改编的《卡门》。此剧中，田汉虽没改变原著的情节与人物性格，却赋予了卡门的行为动机以新的内容：她成为为团体、为阶级争得自由而奋斗的新形象。话剧《卡门》由此成为田汉“从20年代表现个性解放转变到30年代表现阶级斗争的标志性作品”[①]。及至抗日战争全面爆发前，田汉还创作了一系列反映工人生活、运动的剧作，如《年夜饭》（1931年创作）、《梅雨》（1931）、《顾正红之死》（1931）、《月光曲》（1932）等，以及紧随历史事件的发生，及时发出中国人民抗敌吼声的抗日救亡剧作，如《乱种》（1931）、《姊姊》（1931）、《扫射》（1932）、《暴风雨中的七个女性》（1932）、《战友》（1932）等。

创作视野与内容的变化，又会令作家情感的抒写方式和重心发生相应的改变。田汉在剧作中开始由偏重抒发主观情感、渲染某种心情意绪转而重视对客观现实生活的反映。因此，创作中情感和诗化语言的比重减少，现实内容和时效感得以加强。

① 陆炜：《田汉剧作论》，南京大学出版社1995年版，第95页。

田汉于转向初期创作的不少剧作，虽然生活容量和社会功用增加了，却因审美意识被现实战斗意识过高凌驾，思想形态被过多强调，剧情缺少必要的提炼，戏剧意境与审美品质欠缺必要的设计和考量，以及人物思想的变化和性格的发展缺少应有的铺垫和逻辑，致使作品的主题、情节与人物三者间没能得到较好地熔铸。这些剧作与他 20 年代的那些虽在艺术技巧、叙述手法尚不完善，却极具浪漫情致与个人美感力量的作品风格已相去甚远。幸而，他没有在流于粗疏与模式化的戏剧创作上走得太远，多年怀抱着的对艺术的理想与热忱让他意识到自己创作中的问题。为了克服创作上的简单化、概念化倾向，田汉开始了对政治与艺术较好融合的努力。《回春之曲》，就是田汉为调和政治宣传与审美价值所作出的有益尝试。该剧的主题是唤起民众抗敌救国的意识和精神。对于这一情绪激昂的政治主题，作者选择以自己擅长的爱情故事来表现。通过极富传奇浪漫色彩的爱情故事和对人物的行动其及内心活动的深入挖掘，该剧相当程度上规避了转向之初众多抗战题材剧中存在的情节简单、意思直露的问题，主人公高维汉与梅娘也从观念的化身中抽脱而被塑造成较为鲜活的现实人物。最后，在新年鞭炮声中，高维汉健康恢复，他与梅娘的爱情回归，更为重要的是，不少趋于麻木的抗日意识也在高维汉的呼唤声中复苏。借助构思巧妙的情节和动人的情感，《回春之曲》在感人肺腑的爱情和热烈激昂的爱国情怀中，完成了呼唤抗日精神的主题。不同于同时期“理胜于情”的抗战剧作，该剧给人以精神鼓舞的同时还带来了审美愉悦。可以说，田汉擅长情绪与情感表达的剧作风格在发展中获得了部分的复归。

随着卢沟桥抗日枪声的打响，民族救亡积聚已久的情绪找到了爆破口。全国上下，沸腾着激越的爱国热情与民族意识。保家卫国、一致抗日成为战时观众与读者共同的审美期待，文学的教化功能与文学功利观被空前强化。《抗战戏剧》创刊词提出，“戏剧在一切的文化领域中、在一切的宣传教育的方法上，是动员民众最有效最适合的方法”，在民族抗战中，戏剧运动的特殊任务就是“动员全民族”。① 是否围绕民族救亡的现实而创作甚至一度成为评判文艺工作者称职与否的重要指标。老舍就表示：“当社会需要知识与激励，而文艺力避功利，是怠职。抗战文艺的注重宣传与教育，是为尽职，并非迁就。”② 在民族生死攸关的关键时刻以及文学功利强化的审美心理和创作风气影响下，田汉深沉的爱国精神得到极大鼓舞，“我们应该把握这一千载难逢的机会，使戏剧艺术对神圣的民族战争尽她伟大的任务，同时在这长期的艺术作战的过程中完成她自己的改造。”③ 他自觉或下意识地对创作进行新的调整，以创作出适应和满足战时观众、读者的审美需求的作品，并号召全民，奋勇抗日。

对群体和力的体现成为田汉抗日前期宣传剧作的突出特

---

① 《创刊词》，《抗战戏剧》1937 年第 1 期。

② 老舍：《三年来的文艺运动》，载《老舍全集》第 16 卷，人民文学出版社 1999 年版，第 683 页。

③ 田汉：《抗战与戏剧》，载《田汉全集》第 15 卷，花山文艺出版社 2000 年版，第 313 页 .

点。“一个人的生命是容易毁灭的，群体的生命就会永生。把自己的生命寄托在群体的生命上，换句话说，把个人的生命连系在全民族（再进一步则是人类）的生命上面，民族一日存在，个人也不会灭亡。”① 在此严峻时刻，为了团结能够团结的一切力量以抵抗凶险的敌人，田汉视民族、群体利益高于一切，在剧作中表达了对国家和民族命运的深挚关注。田汉于 1937 年 8 月创作的四幕话剧《卢沟桥》，从正面反映了“七七”卢沟桥事变这一震惊中外大事件，真实再现了我国军民的义愤与驻守官兵的英勇抗战；表现军民合作抗日的《最后的胜利》（1937）则奏响了团结一心奋勇抗敌的亿万同胞，以高扬的格调、奋进的情绪发出的震天动地的呐喊：“我们没有踌躇，我们没有彷徨，前进便是胜利，后退便是灭亡。……我们不分男女老少，都要拿起我们的刀枪，……争取伟大的胜利，在那神圣的民族战场。”②

然而，战场上的接连失利与国内政治的腐败令国人乐观、兴奋的情绪很快被悲愤、沮丧的心情取代。之于田汉，政治现实的残酷，受众与时代的期待视野与审美要求的变化为创作实践带来的矛盾与困惑，则驱使着他进一步总结抗战文艺的得失，从而更加深入地反观自己自转向以来的创作路径。

这次总结与反思为田汉的后续创作带来了积极影响和持续动力。从未停止探寻脚步，在实践中不断摸索的田汉此时

---

① 巴金：《一点感想》，载《呐喊》1937 年第 1 期。

② 田汉：《卢沟桥》，载《田汉文集》第 5 卷，中国戏剧出版社 1983 版年，第 171 页。

在创作上取得了新的进步。虽然他紧跟瞬息万变的战局信息，密切配合现实斗争，于40年代也创作了一些“急就章”式的宣传鼓动剧，但他自《回春之曲》开创的艺术与政治宣传有效结合的艺术探索逐步走向自觉：通过对剧中人物灵魂搏斗的刻画和独特人生感受的开掘以传达某一政治意图，从而完成文学的宣传与教化功能成为田汉剧作的一大特点。抗战中期创作的《秋声赋》（1941）就是他在这一阶段的重要收获。“皖南事变”之后来到桂林的田汉，真切地感到处于政治逆流下桂林城文化的寥落与消沉。摇落的秋叶应和了压抑的环境和消沉的人心。田汉由此创作《秋声赋》，意在驱散人们心中的“秋意”，鼓起新的生气，为桂林文化城“预约一个前途”[①]。在回答知识分子该如何投入到持久的抗日事业中这一时代性的命题时，田汉选择从革命知识分子的家庭、爱情问题入手，借助题旨诗的蕴藉与妙用，在浪漫、传奇的情节中写实而深刻地展现人物内心，表现了中国知识分子献身民族解放战争事业的毅力与恒心，以及只有拥有博大的胸襟与昂扬乐观的精神风貌才能战胜各种艰难与纷扰的主旨。剧中渲染、营造的“秋声”意象与主人公挣脱政治的“秋声”和爱情的“秋意”交相应和，所产生的深远意境，赋予了这部极具现实主义精神的抗战剧作以细腻深沉的情感力量和浓郁悠长的诗性气质。

于1947年春完成创作的《丽人行》，是田汉创作历程中的一部“里程碑式”的作品，也是他三四十年代“思想、艺

① 田汉：《关于〈秋声赋〉》，载《田汉论创作》，上海文艺出版社1983年版，第147页。

术的总结”[1]，标志着“田汉在整个民主革命时期戏剧创作的最高峰”[2]。该剧首先给人以“火辣辣的实感”[3]，即强烈的现实感。时值抗日战争取得胜利后不久，由于国家的发展远景未被勾画，现实问题也没能解决，政治局势变得更为严峻：“国内依然不团结，不民主，人民过着比抗战时期更加黑暗更加惨淡的生活”[4]。到处横行的美军在北京制造了强奸女大学生的“沈崇案”，上海接着又发生国民党当局迫害贫民的“摊贩案”，深受触动的田汉将这两起案件结合一起，创作了《丽人行》。由于身处国统区专制，田汉将背景改成了日寇占领上海的末期——明为批日，实为揭露美帝国主义的罪行与国民党的反动统治。相较于《秋声赋》，《丽人行》由于借鉴了戏曲的流动转场等艺术表现手法，场景宏博多变，结构自由开放，对社会生活的表现也更为丰富和广阔。全剧通过三位出身不同，气质各异的女性的不同遭际，全景式构思，从多个角度和层面反映了抗战胜利前夕，上海沦陷区民众经受的煎熬以及与邪恶、苦难抗争的事实，表达了人民在黎明到来前对光明和正义的渴望，也传递出作者对抗战胜利之后民族未来、人民生活的忧虑和对邪恶势力的愤恨。该剧从三位女性的不同经历展开、推进，最后又以她们“在夕阳中紧紧抱在一起，迎

---

① 陆炜：《田汉剧作论》，南京大学出版社1995年版，第149页。

② 宋宝珍：《田汉对中国话剧的杰出贡献》，《邵阳学院学报》（社会科学版）2007年第6卷第6期，第107页。

③ 田汉：《关于〈名优之死〉——答北京人民艺术剧院》，载《田汉论创作》，上海文艺出版社1983年版，第157页。

④ 《陪都文艺界致政治协商会议各会员书》，《文艺生活》(光复版)1946年第2期，第46页。.

接新的斗争生活”收束，“风雨飘摇丽人行”意象贯穿始终，浑然一体，于写实笔触中透出盎然诗意，无怪乎该剧被视为“强烈的现实性和高超的艺术性统一的体现”①。

1958年诞生的《关汉卿》，是田汉自中华人民共和国成立后创作的第一部剧作，为田汉话剧的压卷之作。该剧“总结了田汉一生的思想和艺术，使他找到了自我，达到了艺术的高峰”②，同时，它还可被视为田汉剧作中艺术价值与社会价值契合与交融的最高代表。该剧在艺术与社会上的高度调和主要表现为田汉以谐美统一的“诗”与“剧”的方式来反映民族的生活现实。植根于中华民族的现实生活土壤，在时代洪流中反映我国人民在不同历史阶段的情绪、心理，始终是田汉创作的重要内容。民族的精神需要民族的形式来呈现。具有浪漫气质，偏向抒情与写意的田汉选择了将我国古代诗歌的诗性传统引入话剧，以“诗”入“剧”，“运用诗化思维方式，以诗性来统率话剧各要素之间关系的组合”③，通过诗性的韵味在剧中诠释我国丰厚的民族精神、民族意识。虽然此种尝试田汉早于20年代就已经开始，却在经历了三四十年代的不断调适、修整后，才于《关汉卿》中得以完美呈现。

剧中以“诗”“剧”的化合反映社会现实表现在多方面，诸如诗意的辞藻，诗化的意境，浪漫的情调等，其中，对人

① 陆炜：《田汉剧作论》，南京大学出版社1995年版，第150页。

② 董健：《田汉评传》，南京大学出版社2012年版，第570页。

③ 杨经建：《田汉的“剧诗”及其艺术审美价值》，《中国文学研究》1995年第4期，第85页。

物塑造的诗化思维体现尤为显著。田汉笔下的关汉卿亲近下层贫苦人民，深知民间疾苦，了解人民的愿望与要求，为了人民的利益，他不畏权贵，不怕牺牲，是一位充满同情心与正义感的“一管笔在手，敢搦吴孙兵斗”的愤怒诗人与戏曲战士。同时，关汉卿也是位有情重情之人。他与烟花粉黛往来频繁，同情她们的遭遇，帮助她们的生活，与同样有胆有识的朱帘秀情投意合、互爱互敬，二人的情感圣洁而厚重。“铜豌豆”的铮铮铁骨与侠骨柔肠刚柔并济的气质特性，赋予豪气冲天、才华横溢的关汉卿以喷薄激情创作出民伸张正义、抨击不公社会的《窦娥冤》，也赋予他真挚而深沉的情感一气呵成为回音袅袅、绵长隽永的真情独白《双飞蝶》。志是大志，情为狭情，两种气质特点既有反差，又彼此相融，互为补充。现实精神与诗情诗意融化于关汉卿的生命活动中，他本人由此被塑造成了一个渴望与追求民主、自由，反对压迫，反对专制，同时也充满浪漫与诗情的丰富而饱满的灵魂。夏衍评价该剧时说：“七百年前，关汉卿以‘酌奇而不失其真’的浪漫主义精神写下了‘窦娥冤’，七百年后，田汉同志同样地以‘玩华而不坠其实’的浪漫主义精神写下了‘关汉卿’。”① “诗”与“剧”的化合，不仅为话剧民族化找到了合适的审美归宿，也为艺术与政治的统一，社会性与个人性的和谐找到了极为恰当的路径。

“人生的艺术与艺术的艺术并不构成实质性的对抗，而只

① 夏衍：《读“关汉卿”杂谈历史剧》，《剧本》1958年第6期，第6页。

是他们意识中社会启蒙责任感与个人审美私好之间的一种矛盾。”① 纵观田汉的整个艺术观念与创作实践，他其实从未视艺术价值与社会价值为文艺作品的对立两面，是那个新旧交替的历史大背景与内焦外困的动荡年代，造成了他在如何平衡个人喜好、禀赋与现实功利性上出现了纠缠与反复。但无论是二十年代反映反封建和追求人的主体性解放的“艺术救世”，三四十年代反映阶级斗争、民族战争中高扬的爱国主义精神，还是中华人民共和国成立以后的为人民求民主、争幸福，田汉的剧作在与时代的接合点上从未真正动摇过。他始终紧跟时代风云，现实主义的精神也始终如一，有时他甚至还会为配合战时局势，加大政治宣传力度而一度偏离固有的美学立场，放松对艺术审美价值的追求。但是，这种调适又有其历史的合理性和必然性，它是特殊历史环境下，对已超出艺术欣赏常规的观众审美接受的适应，是对祖国、人民怀有真切使命感与责任心的中国文人的选择，更是近世以来以经世致用为精神内核的湖湘文化濡化下的湖湘士人的必经之路。我们不能武断地否定为了民族的前途、国家的命运，冒着生命危险创作的革命宣传剧所产生的推动力量和积极作用，譬如田汉的抗日宣传剧，于全民抗日呼声日高之际就“在全国各地大受欢迎”②，更毋提，他从未在单行道上一意孤行，对艺术始终抱有理想主义热意的他头脑醒觉。可以说，一生

① 肖同庆：《世纪末思潮与中国现代文学》，安徽教育出版社 2004 年版，第 122 页。

② 董健：《田汉评传》，南京大学出版社 2012 年版，第 305 页。.

都在审视、调整自己创作策略与艺术手段的田汉，在不断寻找艺术与社会的完美统一中逐步走向成熟并最终攀上创作之巅峰。

（曾慧林：湖南工业大学教师）

抗战时期桂林文化城的经典之作

——论田汉话剧《秋声赋》[①]

黄伟林

2014年5月，广西师范大学将田汉70多年前的话剧《秋声赋》重新搬上了舞台，该剧在广西师范大学、桂林和南宁数轮演出，都引起了轰动效应，并成为第四届中国校园戏剧节入选剧目。

《秋声赋》是左翼剧作家田汉1941年创作的作品。这一年，田汉43岁，人到中年，进入了他人生的多事之秋。

1937年上海沦陷，田汉不得已离开中国现代话剧的摇篮

① 本文为国家社科基金重大招标项目“桂学研究”（12 & ZD164）、广西第三批特聘专家“广西师范大学广西抗战文化暨桂林文化城研究”岗位（编号2014B014）、广西人文社会科学发展研究中心哲学社会科学服务地方经济社会发展特色基地桂林抗战文化研究与教育实践基地、广西人文社会科学发展研究中心“桂学研究团队”阶段性成果。

上海，到武汉和长沙从事戏剧运动。1940年5月，他应陈诚之召，到重庆继续第三厅的工作。重庆期间，他与妻子林维中、女儿玛琍、儿子海云有一段“黄金时代”的生活。秋末冬初，前女友安娥也来到重庆从事文化抗敌工作，还带来了她与田汉的儿子大畏。安娥在重庆期间写作了长篇报告文学《五月榴花照眼明》，交给田汉指正，两人旧情重燃。田汉陷入家庭危机。

1941年发生了皖南事变，大敌当前之际，兄弟阋墙，同室操戈的悲剧煎熬着每一个明智的中国人。左翼人士纷纷离开重庆。政治环境的变化，加上安娥的存在，田汉与妻子林唯中的矛盾日趋激烈，到了无法生活在同一屋檐下的境地。3月，田汉离开重庆到湖南。他希望这个离开能够带给他转机，帮助他打开民族风云和个人风月的新局面。

正当田汉隐居南岳菩提园的时候，5月，杜宣风尘仆仆从桂林来访。杜宣此一南岳之行，是要说服田汉加盟李文钊创办的新中国剧社。

桂林文化人苦斗的精神重新点燃了田汉的激情，他欣然同意加盟新中国剧社。8月，为支持新中国剧社的创建，田汉举家迁到桂林。

1939年4月20日，田汉曾经带领平剧宣传队抵达桂林，住在桂林榕湖路五美园一座小楼，从事他的新戏剧运动。此次重返桂林，田汉在东灵街花桥附近住，后来又搬到龙隐岩边的施家园。安娥也来到桂林，与田汉重聚。田汉一方面与安娥志趣相投，另一方面与林维中剪不断，理还乱，再加上皖南事变之后桂林文艺界相对萧条，家庭的秋天、国家的秋天以及桂林自然界的秋天，激发了田汉的创作冲动。1941 年秋冬之际，田汉完成了话剧《秋声赋》。

一天，戏剧家熊佛西携夫人叶子访问田汉，田汉朗诵刚写完的《秋声赋》，熊佛西深受感动，口占一绝相赠：名满天下田寿昌，箪食瓢饮写文章，秋风秋雨秋声赋，从古奇才属楚湘。

秋天的桂林，田汉倾力支持的新中国剧社屡遇挫折，演出票房不好，后台老板撤资，以至于创办者李文钊忍痛辞职。田汉凭着他各种人脉关系支撑着新中国剧社的运营。正是在这种极度艰难的境遇中，10 月，田汉创作了话剧《秋声赋》。1941 年 12 月 28 日，由瞿白音导演的《秋声赋》在桂林国民大戏院上演，连演 8 场，终于帮助新中国剧社走出困境。数年后田汉回忆："《秋声赋》因接触了当时沉闷空气，也描写了一些本地风光，却从 1941 年 12 月 28 日在国民大戏院上演起，演到第二年 1 月 3 日。这也就稳住了'新中国'（指新中国剧社）的经济基础，给了大家再接再厉的勇气。"①

话剧《秋声赋》不仅写于桂林，而且剧情大都写的也是桂林。

抗战时期桂林的秋天，秋风萧瑟，秋意伤感。

昔日情人胡蓼红的到来让在桂林从事文化救亡运动的诗人徐子羽既兴奋又忧虑。他的兴奋是因为他与胡蓼红曾经志

---

① 田汉：《新中国剧社的苦斗与西南剧运》，载桂林市政协文史资料委员会编《驼铃声声——新中国剧社战斗历程》，漓江出版社 1991 年版。

同道合，心心相印；他的忧虑是担心婚外的情感无法得到妻子的谅解。

妻子秦淑瑾对徐子羽的婚外恋情充满怨恨，她希望丈夫和自己一起去南洋生活，保证家庭的安宁与和谐。

徐母深明大义，支持儿子的文化救亡事业，但对儿子的情感生活也不满意。因为不愿意看到儿子与媳妇整天争吵，她与媳妇秦淑瑾一起从桂林回长沙。

胡蓼红有与徐子羽生活在一起的愿望，想带着徐子羽到马尼拉。但徐子羽并不同意她的主张，并对她的变化感到不理解。为与徐子羽远走高飞，胡蓼红想赢得徐子羽女儿大纯的支持。她引导年幼的大纯叫她妈妈。大纯明确表示自己有妈妈。此举让胡蓼红既伤心又醒悟，她意识到自己没有必要做一个有母亲的孩子的妈妈，而应该去做那些没有母亲的孩子——战争中的难童的母亲。

胡蓼红带着难童到了长沙。夜晚，她去看望徐母淑瑾婆媳。此时，日军已经兵临城下。大敌当前，秦淑瑾和胡蓼红这一对情敌终于和解，明白只有团结起来共同抗敌才是正确的选择。两个日本兵闯进了徐子羽长沙的家，胡蓼红和秦淑瑾合作杀死了来犯的敌人。

在桂林，徐子羽和大纯听到了漓江边《义勇军进行曲》的歌声和庆祝湘北大捷的欢呼声。这样的秋声使徐子羽不再伤感，重新变得朝气蓬勃，奋发图强。

熟悉田汉生活的人看了《秋声赋》，都有会心之笑。因为，《秋声赋》称得上是田汉的自传之作、桂林之作和抗战之作。

所谓自传之作，说的是《秋声赋》的剧情几乎与田汉个人生活形影相随。1942年，田汉在一封给阳翰笙的信中称："《秋声赋》原来的写作计划仅想表现桂林文化界由萧条而活跃的抒情的过程，但在写作过程中，把计划又大大地改变了。大体以湘北第二次会战前后在长沙、桂林两地引起的波动为背景，主要故事系写一文化工作者不肯以恋爱纠纷影响其报国工作，同时在报国工作中，统一了他们的矛盾。假使吾兄看了此剧，必引起若干的实感与会心的微笑的，虽然我已经把其中的人物穿上理想的外衣了。"① 剧中主人公徐子羽是一位诗人，作者称他为"一个艰苦卓绝，可也带些神经质的工作者"。剧作写了徐子羽一家，他的妻子秦淑瑾、恋人胡蓼红、母亲徐母和女儿大纯。正如田汉所说，对于了解田汉个人生活的人，这样的人物关系"必引起若干的实感与会心的微笑"，因为它几乎完全对应了田汉本人与他的妻子林唯中、当时的恋人、后来的妻子安娥、田汉的母亲以及田汉的女儿这样的人物关系。当时的田汉与林唯中的矛盾已经进入白热化状态，与安娥的恋情则日趋成熟。更进一步，不仅剧中人物关系对应了田汉现实生活中的人物关系，而且剧中人物的品格才能也对应了相应人物的品格才能，如徐母的深明大义，林唯中的呵护家庭以及女诗人安娥与田汉的志同道合。相隔70多年，当我们把这个话剧重新搬上舞台，我们发现，这样一种极易庸俗化、娱乐化的一男二女之间的爱情婚姻纠葛，在剧作家

① 《戏剧春秋》1942年4月第1卷第6期，转引自董健《田汉评传》，南京大学出版社2012年版，第428—429页。

笔下，自有一种殊为可贵的气质。那个时代的进步文人艺术家，他们的纯正与担当，令人敬佩。

所谓桂林之作，可以理解为《秋声赋》是田汉在桂林、写桂林的剧作。用田汉自己的话说就是《秋声赋》“接触了当时沉闷空气，也描写了一些本地风光”。这里的沉闷空气，指的是“皖南事变”之后桂林文化城的文化氛围；本地风光，指的是桂林的自然风光。就文化氛围而言，桂林是抗战时期中国的抗战文化中心，著名的文化城。对此，田汉专门借剧中人物黄志强之口说了他对桂林的印象：“好得很。不要说桂林的山水了，我一到市区就看见许多新的戏剧上演的美丽的广告。一到书店，新出版的书报也是美不胜收。桂林文化界的活动真是蓬蓬勃勃的，不愧是西南文化的中心。”当然，桂林的政治气候也会瞬息万变，所谓“四时皆是夏，一雨便成秋”。然而，作者终究还是乐观的，他相信“只要天地四时的运行不变。去了的春天依然会回来的。”就本地风光而言，原剧五幕，除第四幕故事发生在长沙，其余四幕都发生在桂林。其中两幕发生在漓江边徐子羽的家，实际上也就是当年田汉居住的龙隐岩边施家园，剧中秦淑瑾在家里指着窗外给客人黄志强介绍：“这一带竹子长得不坏吧。你看那边，那是象鼻山，底下就是漓江，到了夏天我们常常到江里去游泳的。”言语间洋溢着对山水之美的欣赏。黄志强也认为“人家说桂林山水甲天下，你们这儿又是桂林山水最好的地方，这已经是算你们桂林山水最好的地方”。另外两幕分别发生在环湖路某旅馆和七星岩前一茶座。这两个地方也是桂林名胜，属于游客必游之地。

所谓抗战之作，说的是《秋声赋》的抗战题材与抗战主题。《秋声赋》写的是文人抗战、文化抗战，徐子羽他们所做的事情，不是喋血沙场，马革裹尸，而是通过文学作品唤醒国民的爱国意识，肃清国民的民族缺陷，激励国民的抗敌勇气。田汉 1941 年 10 月创作《秋声赋》，故事的时间背景与当时的时间背景完全一致。1941 年 9 月，日军为实施其“南进策略”，出兵 10 万，大举进犯湘北，企图在汨罗江以南长沙以北消灭第九战区的中国军队。第二次长沙战役正是《秋声赋》一剧的背景，剧中的故事情节和人物心理与此战役息息相关。全剧最后结束于第二次湘北大捷，漓江岸边百姓“庆祝第二次湘北大捷”的欢呼之声成为改变徐子羽忧郁心情的“秋之声”。同样，剧中女主人公胡蓼红，虽然一度为情所困，沉溺于对徐子羽的感情中不能自拔，但面对战争中的难童，她终于觉醒，勉励自己：“国家在和敌人奋斗，我们也和我们心里的敌人奋斗吧。”而徐子羽的妻子秦淑瑾，在历经丈夫移情别恋的情感创痛之后，也意识到自己的懒惰和自私，并自信自己还有飞翔的本能，希望通过教育难童使自己能够对国家民族有用。还有徐母，为支持儿子的抗战文化事业，不惜卖掉了自己的首饰。还有大纯，徐子羽的女儿，纯真美丽的少女，也开始排戏，加入了抗战文化事业。

1941 年 12 月，田汉的《秋声赋》为新中国剧社带来了转机，也帮助田汉本人从低迷苦闷的心境中走了出来。巧合的是，也正是这个 12 月 7 日，日本联合舰队不宣而战，袭击美国太平洋舰队珍珠港，太平洋战争爆发。第二天，美国对日本宣战，中国国民党中央常务委员会决定对日、德、意宣战，中国抗日战争汇入世界反法西斯战争洪流，中华民族的命运也开始发生了新的转机。在这个意义上，我们可以把话剧《秋声赋》看作是民族命运转机的预言。

欧阳子方夜读书，忽闻有声自西南来，
初淅沥以潇飒，忽奔腾而澎湃，
似山雨将至而风雨楼台，
不，似太平洋的洪涛触巨浪、触崖边而散开。
啊，此秋声也，胡为乎来哉！
但是我们不要伤感，更不用惊怪，
用铁一般的坚定从风雨中、浪涛中屹立起来，
这正是我们民族翻身的时代。

这是话剧《秋声赋》的开幕词。70 年过去，已经翻身的中华民族有了更宏伟的梦想，那就是中华民族的伟大复兴。

显而易见，田汉话剧《秋声赋》的名字来自欧阳修的辞赋作品《秋声赋》。

在辞赋《秋声赋》中，欧阳修描摹的“秋声”，有风声、雨声、草木声、波涛声、秋虫声、金属相击声和兵马行军声。通过对这些“秋天的声音”的描写，欧阳修表现了秋天的肃杀与凋零，传达了人生的悲凉和伤感。那么，田汉的话剧《秋声赋》中，“秋声”是什么？作者又想传达什么呢？

正如欧阳修的辞赋《秋声赋》，田汉在他的话剧《秋声赋》中，也写到了各种各样的“秋声”。

比如，主人公徐子羽女儿大纯朗诵欧阳修《秋声赋》的片段，是穿插剧中重要的“秋声”。900年前欧阳修的辞赋，成为剧中核心的音响。大纯朗诵《秋声赋》的声音，该剧主题歌对《秋声赋》语句的袭用，都在提醒观众，作者田汉也进入了他人生的多事之秋，欧阳修的秋士之感，同样被剧中人传承。

当然，欧阳修的辞赋《秋声赋》，只是田汉话剧《秋声赋》中的一个隐喻。对于田汉而言，他在话剧《秋声赋》中，呈现了许多欧阳修辞赋《秋声赋》所没有涉及的“秋声”。

比如《漓江船夫曲》：

撑噢，嗾嗾！撑噢，嗾嗾！嗾嗾！
肩头铁板一样的硬呐嗾嗾！
篙儿弓一样的弯呐嗾嗾！
拼着我们的血和汗嗾嗾！
哪怕他三千六百个阎王滩呐嗾嗾！
撑上去了万事平安，
撑不上去流到那鬼门关，
海龙王请你吃早饭呐嗾嗾！

徐子羽家住漓江边，一家人终日听到的漓江险滩上的号叫声。秋天，漓江进入了枯水季节，行船难度变大，船户不得不使出更大的劲去挪移行船。这种既压抑又凄厉的船工号子成为秋声之一种，让终日听着这秋声的徐子羽妻子秦淑瑾发出如此评论：“听那些船户们簰篙子的时候，高声的号叫，那声音发着抖，就像哭着似的，使人家心里怪难过的……”

如果说船工号子主要来自自然的造就，那么，民族战争、政党矛盾的风云变幻，更是剧中人物心中挥之不去的“秋声”。

“找差事比找老婆难，找房子又比找差事难。”这是战时的写照，也是人们经常挂在嘴上的“秋声”。

听剧中人的对话：

> 不要说桂林的山水了，我一到市内就看见许多新的戏剧上演的美丽的广告。一到书店，新出版的快报也是美不胜收。桂林文化界的活动真是蓬蓬勃勃的，不愧是西南文化的中心。
>
> 桂林文化界的荣枯也跟桂林的天气一样，“四时皆是夏，一雨便成秋”。现在已经有些秋意了，你看见的那些都早最盛期的陈迹，就好比落花满地未尝不好看，其实春天已经过去了。

这段对话说的是当年桂林文化城的实况，当抗战初期同仇敌忾的激情过去，进入相持阶段，国共矛盾导致了桂林的文化萧条，正如剧中人黄志强所说：“抗战到了现阶段，中国民族的缺点暴露得更利害。”敏锐的文化人自然听到了“四时皆是夏，一雨便成秋”的“秋声”。

如果说辞赋《秋声赋》的“秋声”主要来自欧阳修的想像与虚拟，那么，话剧《秋声赋》的“秋声”，则来自田汉感同身受的具象。上述船户的号叫声，战时的冲突声，可以理解为话剧《秋声赋》所讲述时代、所描绘城市的“合声”，除此之外，田汉更注意营造的，是剧中人物内心的“秋声”。

对于主人公徐子羽而言，他内心的“秋声”是战时文化界的萧条之声，是妻子秦淑瑾沉溺于个体小家的庸常之声，是恋人胡蓼红“居然变成恋爱至上主义者”的变化之声。国事，家事，天下事；风声、雨声、读书声。国家风云，个人风月，“秋声”云集，让徐子羽不堪重负。

对于十多年来矢志不移追求徐子羽的胡蓼红而言，她内心的“秋声”是她对徐子羽的私语：

> 这么些年头我从不曾对你说过私人的话，从不曾替我自己的幸福打算过，现在我觉得我有权利主张我的幸福了。

她买了一把枪，对徐子羽说：

> 你别以为我会拿这个来威胁你。我虽然也知道那不会使我真正得到我所要的，但是我既然拼着一切爱你，当我得不到我所要的时候，我可以干脆地线束我自己。

这真是近于绝望的“秋声”了。

对于徐子羽的妻子秦淑瑾而言，她内心的“秋声”反映在她与客人的交谈中：

> 你再别提共过患难的话了，提起来真叫我伤心，跟了他那么多年，哪一样对不起他？他十年前入狱的时候，我还替他送过饭，又替他生男育女，临到这个时候他还要这样的害我，恨起来我真要……

患难与共的结果，却被丈夫认为“不足以言”，被丈夫认为是“后顾之忧”，秦淑瑾确实有理由怨恨、伤心。

欧阳修对“秋声”的理解经历了一个由焦灼到超脱的过程，田汉则让他笔下的每一个人物，实现了其内心“秋声”的逆转和升华。

在胡蓼红，逆转发生在当她让大纯叫她妈妈受到拒绝，而她曾经求助过的难童却叫她妈妈的时候。她反思：

> 我为什么要带着一个怪可怜的、怪难为情的感情，求着去做一个有爷有娘的孩子的妈妈呢？我为什么不更慈爱地、勇敢地、去做那广大的失了家乡、失了爷娘的孩子的妈妈？

她对那些失去了父母的战争孤儿们说：

> 国家在和敌人奋斗，我们也和我们心里的敌人奋斗吧。我一定要不愧做你们的妈妈。

剧中插曲《落叶之歌》传达的正是胡蓼红内心“秋声”的变迁：

> 草木无情，为什么落了丹枫？
> 像飘零的儿女，萧萧地随着秋风。
> 相思河畔，为什么又有漓江？
> 挟着两行情泪，脉脉地流向湘东。
> 啊！秋风送爽，为什么吹皱了眉峰？
> 青春尚在，为什么灰褪了唇红？
> 趁着眉青，趁着唇红，
> 辞了丹枫，冒着秋风，
> 别了漓水，走向湘东。
> 落叶儿归根，野水儿朝宗，
> 从大众中生长的应回到大众之中，
> 他们在等待着我，
> 那广大没有妈妈的儿童。

在秦淑瑾，逆转发生在兵临城下的长沙，她终于对胡蓼红说：

> 至少在现在我们是朋友不是敌人。用你的话说，

咱们都是中国人，都是女人，咱们得自卫。

这是生死存亡之际，民族大义面前唯一的选择。人们或许不理解秦淑瑾为什么与胡蓼红放弃前嫌。然而，如果我们设身处地为之着想，在那样的战争环境，在风声鹤唳，大敌当前，死亡瞬间即至的时刻，秦淑瑾与胡蓼红和解，是绝大多数人都必然会做出的选择。

燕赵孤鸿飘然来到南方，
为着借南方丰富的阳光，
温暖她的愁肠；
但南方啊，你也给她一个样儿的惆怅。
看过漓江的秋色，
怎禁得今宵又云暗潇湘，
猛然地泪般的秋雨，
凄清地敲着纱窗。
十几年来，
酸的苦的辣的甜的一桩桩涌上了我们的心房，
也难得今宵风雨联床，
让咱们谈吧，谈吧！
拥着衾儿直到东方发亮。

这首《潇湘夜雨》是胡蓼红与秦淑瑾合奏的“秋声”，其中有感伤，更有感悟；有惆怅，更有希望。

在徐子羽，这位信仰“谁能始终给大众以幸福的，谁一定能给我幸福”的艰苦卓绝的工作者，他的“秋声”的逆转建立在妻子、恋人和解的基础上，建立在中国抗战曙光初露的形势变化上，话剧结尾，他与女儿大纯听到了漓江对岸街市《义勇军进行曲》的歌声，“庆祝第二次湘北大捷”的欢呼声，他意识到：“这也是秋声。可是这样的秋声不会让我悲伤，只会让我更加兴奋，更积极。不会让我们有迟暮之感，只会让我们向前努力，不知老之将至。”

值得一提的是，当年朱琳刚满18岁就主演《秋声赋》女主角胡寥红，编剧田汉问朱琳：“这个剧本的演出可能遭到当局的麻烦，要担一定风险的，你怕不怕？”

朱琳脱口而出：“您敢写，我就敢演！”

田汉哈哈大笑。十多年后，田汉在为北京人艺写《关汉卿》剧本时，把他与朱琳的这句话写进关汉卿与朱帘秀的对话中。①

今天，重演重温田汉话剧《秋声赋》，该剧的内容以及田汉后来的命运确实令人感慨万千。当然，仅就话剧《秋声赋》的内容而言，最令我们感动的，仍然是国难当头中国文化人的担当，是他们自觉将个人命运融入国家民族命运的精神。我们认为，只要有这种精神，只要有这种担当，中华民族的伟大复兴，就不会仅仅是梦想，而会成为21世纪美丽新世界的风光。

（黄伟林：广西师范大学文学院教授、广西桂学研究会副会长、广西文艺评论家协会副主席）

① 朱琳：《刻骨铭心记忆深》，载桂林市政协文史资料委员会编《驼铃声声——新中国剧社战斗历程》，漓江出版社1991年版。

论田汉与北京人艺的互动关系

陈　军

北京人民艺术剧院从建院起就高度重视剧院与作家的合作与互动，戏剧家的成功创作与剧院剧场的完美表演共同谱写了当代中国戏剧史。于是之、王宏韬、田本相在《论北京人艺演剧学派》一书中就指出："北京人艺得天独厚之处，是中国一些著名的剧作家为其提供剧作，如郭沫若、老舍、曹禺、田汉等，从某种角度说，北京人艺的演剧理论及其风格，是在上演这些剧作家的剧目中形成的，并创造出本学派的舞台精品。"① 笔者在《戏剧文学与剧院剧场》一书中曾以郭沫若、老舍、曹禺与北京人民艺术剧院的互动关系为例，来探究戏剧艺术中文学与剧场的辩证关系，旨在为当今戏剧创作与演出提供新的理论指向和实践范式。但因为研究对象所限，

① 于是之、王宏韬、田本相：《论北京人艺演剧学派》，北京出版社1995年版，第2页。

此书没有将田汉与北京人艺的关系纳入考察范围。事实上，田汉对北京人艺剧目建设及其演剧风格的形成也起到了重要的作用，同时北京人艺艺术家们亦对田汉戏剧创作提供良好的写作建议，对其剧本的修改和完善功不可没，其超越时空的舞台演出也使田汉戏剧获得不朽的艺术生命，二者客观上存在着互动关系。

一、田汉对北京人艺剧目建设的贡献

北京人艺一直重视剧目建设，把它看作剧院建设与发展的生命，院长曹禺曾指出“一个名副其实的剧院应该有自己的一批保留剧目。”[①] 他还提出过“剧院首先是文学院”“人艺只能上演第一流的作品”[②] 的艺术主张。由于曹禺的特殊身份与影响，人艺除了把五四以来很多中国现代话剧的优秀剧目搬上舞台外，还延请了一批当时健在的现当代戏剧名家为剧院写戏，例如郭沫若、老舍、夏衍、吴祖光、丁西林等，田汉作为文联主席自然也包括在内。1959 年，北京人民艺术剧院就上演了田汉创作的《关汉卿》，曹禺曾评价说：“这是田汉同志最好的剧本之一。这虽然是个历史剧，但其中表现了作者对人民的热爱和刚正不阿的精神。关汉卿在他的笔下是一位光彩夺目的大戏剧家，为穷苦人说话，热爱人民，不畏元皇朝的赃官暴吏的压迫，最后与他所爱的演员朱帘秀被迫去南方。我感到这个剧本凝聚了田汉同志一生的经验与感情，

---

① 转引自周瑞祥《远志·奋进·戒骄》，《中国戏剧》1997 年第 5 期。

② 转引自梁秉堃《在曹禺身边》，中国戏剧出版社 1999 年版，第 87 页。

田汉同志当然写了许多好剧本，但《关汉卿》是他众多好剧本中的瑰宝”[①]。田汉能把《关汉卿》交给北京人艺演，与他对剧院的信任，以及与曹禺、焦菊隐等深厚友谊密不可分。他是北京人艺的常客，经常为剧本创作、演出排练出谋划策。至今剧院还保留着1959年田汉为《蔡文姬》演出而作的《贺圣朝》一诗的手稿。为此，作为院长的曹禺曾满怀感激地说："我们很幸运，有中国许多杰出的戏剧前辈在支持、帮助我们，他们把不朽的剧作交给我们上演。郭沫若、老舍、田汉、夏衍、丁西林的剧作，使我们剧院不断出现灿烂辉煌的演出。"[②]

可以不夸大地说，北京人艺是中国剧院（团）中保留经典剧目最多的剧院。从《龙须沟》开始，人艺就实行保留剧目演出制度，即把一些好的成功的能够代表剧院风格和成就的剧目保存下来，轮换上演。这其中田汉就贡献了两部：一部是《名优之死》，该剧旨在揭示艺术理想和社会现实的冲突，通过艺术家的不幸遭遇，暴露半殖民地半封建中国社会的黑暗，反映艺术的社会命运问题。该剧是20世纪二十年代田汉最出色的作品之一，作为北京人艺保留剧目，其演出情况如下：1957年为第一次演出，编剧（田汉）导演（夏淳）设计（陈永祥、方堃林）表演（左宝奎：于是之；萧郁兰：秦在平、金雅琴；后台经理：张兴山；阿蓉：黄宗洛；刘振声：童超）；1958年第二次重演：编剧（田汉）导演（夏淳）设计（辛纯、陈永祥、

① 曹禺：《戏剧工作者的良师益友——怀念田汉同志》，载《人民戏剧》1979年第4期。

② 转引自王宏韬、杨景辉编《演员于是之》，十月文艺出版社1997年版，第339页。

方堃林）；1979年第三次演出：编剧（田汉）导演（夏淳）设计（陈永祥、方堃林），2019年第四次演出：编剧（田汉）导演（任鸣、闫锐）。总体来说，前三次演出都是由夏淳导演，多为复排，变化不大，且以严谨的现实主义风格见长，第四场演出由任鸣、闫锐导演，注意现实主义与浪漫主义的结合。除了现代经典剧目《名优之死》外，田汉还在“十七年”时期创作了《关汉卿》，因其思想和艺术上的巨大成就，该剧在当时就产生了极大的反响，北京人艺先后在1958年和1963年演出，1958年演出情况如下：编剧（田汉）导演（焦菊隐、欧阳山尊）设计（辛纯、宋垠、鄢修民）表演（朱小兰：李滨；婆婆：吕恩、孟健；刘大娘：黎频、林婧；二妞：刘华、宋凤仪；关汉卿：刁光覃、于是之）；1963年演出情况如下：编剧（田汉）导演（焦菊隐）设计（王文冲，韩西宇，方堃林），洪子城在《中国当代文学史》中曾指出：“从后来的事实看，五六十年代的剧作，很少能成为剧院的‘保留剧目’。作为北京、上海等大城市专业剧院（如北京人艺、上海人艺、中国青年艺术剧院、中央实验话剧院等）的‘剧院艺术’标志的，主要是西方古典和我国三四十年代的话剧创作。”[①] 具体如《威尼斯商人》《一仆二主》《玩偶之家》《万尼亚舅舅》《雷雨》《日出》《北京人》《家》《上海屋檐下》《风雪夜归人》等。“十七年”时期的戏剧，只有《茶馆》《关汉卿》等少数作品，以后仍能经常上演。田汉的《关汉卿》被认为是中华人民共和国成立后田汉话剧

① 洪子城：《中国当代文学史》，北京大学出版社1999年版，第164页。

创作的最高成就，也是中华人民共和国成立后我国最优秀的话剧之一。2017年，作为中国话剧诞辰110周年的献礼之作，北京人艺推出了重头戏——由唐烨导演、王斑主演的田汉名作《关汉卿》(其他演员有：仇晓光、夏立言等)，这是《关汉卿》在北京人艺的第三次公演。值得指出的是，此次演出不是复排，而是重新演绎，属于新排剧目。

笔者浏览了北京人艺1952—2014年的演出剧目，统计出北京人艺有关现当代剧作家的保留剧目(指演出2次以上)，大致情况是：曹禺有5部，分别是《雷雨》《日出》《原野》《北京人》《家》；老舍有4部，分别是《龙须沟》《茶馆》《骆驼祥子》《女店员》；郭沫若有2部，分别是《蔡文姬》《虎符》；田汉有2部，分别是《名优之死》《关汉卿》；郭启宏也是2部，分别是《李白》《天之骄子》(2个)，剩下的都是1部，大致有丁西林的《三块钱国币》、李龙云的《小井胡同》，刘锦云的《狗儿爷涅槃》、何冀平的《天下第一楼》、过士行的《鸟人》、孟冰的《白鹿原》、胡玥的《第一次的亲密接触》、刘川的《烈火红心》、林兆华等集体创作的《爆破之前》等。如果以演出3次以上的标准来衡量，则保留剧目更少，分别是《雷雨》(7次)、《茶馆》(5次)、《日出》(5次)、《蔡文姬》(5次)、《北京人》(4次)、《骆驼祥子》(4次)、《名优之死》(3次)、《关汉卿》(3次)、《小井胡同》(3次)、《李白》(3次)。我个人认为，随着时间的推移，有的保留剧目可能不会被保留，如刘川的《烈火红心》、老舍的《女店员》，而田汉的《名优之死》《关汉卿》则不会被淘汰，因为这两部作品具有“经典性”特征，可以传承下来。按照刘象愚在勒内·韦勒克、奥斯汀·沃沦的《文学理论》序言中对“经典性”的总结和归纳：“首先，经典应该具有内涵的丰富性”“其次，经典应该具有实质的创造性”“再次，经典应该具有时空的跨越性”“最后，经典应该具有可读的无限性”。[①]《名优之死》《关汉卿》具有内涵的丰富性，除了社会现实的批判主题外，也有对艺人/艺术命运与时代关系的反思（例如《名优之死》：“这年头就容不下好东西”），艺人的人生观（生活方式）、世界观、价值观与其艺术成长道路的思考（例如《名优之死》：“京剧就是我们的玩意儿，不管你长的有多漂亮，不管有多少人捧你，玩意儿没有了什么都没有了”），对苦难人生中美好人性的揭示，艺术家的情怀和艺术为人民代言的问题，以及关于艺术、爱情与现实等多重关系的探索与解剖。这些内涵都具有超越时空的意义和价值，是可以不断被诠释的。其作品具有古今相通的思想意蕴和情感的普遍诉求，能满足不同时代观众的审美愉悦。就审美的创造性而言，田汉的《名优之死》《关汉卿》等剧尝试多元创作方法的结合、蕴含丰富的情韵特征、在人物形象塑造、语言运用方面都自成特色，尤其是其融合戏曲美学和话剧美学的独特的艺术创造，诞生了一批可以称为“田汉体”的话剧作品，使其呈现出迥然不同的风格和魅力，给观众带来独特的审美享受，并最终成为超越时空反复上演的艺术经典。

---

① 刘象愚：《文学理论·总序二》，载〔美〕勒内·韦勒克、奥斯汀·沃沦《文学理论》，刘象愚、邢培明等译，江苏教育出版社2005年版，第6页。

二、田汉戏剧对北京人艺演剧风格的影响

关于北京人艺演剧风格，中共中央办公厅调研室曾有过权威归纳："人艺的风格是在50年代排演老舍、曹禺、郭沫若、田汉等杰出作家的剧作中形成的，已故的导演艺术家焦菊隐等为其创立做出了不可磨灭的贡献，这就是坚持现实主义道路，追求话剧的民族化，强调演出的整体性，塑造鲜明深刻的舞台形象。"[①] 后来学界把它约定俗成为：现实主义、民族化及整体性，这其中，田汉戏剧对其风格形成做出了贡献和影响。

（一）现实主义的拓展与深化。北京人艺现实主义风格的形成一般认为是在演出老舍《龙须沟》、曹禺《雷雨》等作品中形成的，其实田汉戏剧也功不可没。田汉戏剧十分注意典型环境中的典型人物的塑造，除了时代气氛的渲染营造外，尤其注重人物形象和心理的刻画，这突出表现在它为北京人艺的人物画廊增加了艺术家形象系列，《名优之死》的主人公刘振声性格正直刚强，洁身自好，艺德高尚，认定"玩意儿就是性命"，当看到女弟子刘凤仙成名后经受不住诱惑，十分痛心，最后以死殉艺，其作为一个艺人的敬业精神和人格操守令人钦佩。《关汉卿》中的关汉卿则敢于"为民请命"，以笔为旗，反对贪官污吏，展现他为艺术不屈不挠的斗争形象。这两部作品都是以艺术家为主人公，反映了田汉对此问题和

---

① 中共中央办公厅调研室：《构筑国家级艺术殿堂的成功之路——关于北京人民艺术剧院的调查》，《光明日报》1992年1月6日头版。

领域的一贯关注和探索，二者有着深刻的精神联系。其他艺人形象也栩栩如生，如《名优之死》中左宝奎（演丑角）的幽默风趣、萧郁兰（演花旦）的直爽泼辣、刘凤仙（演老生）的虚荣自私以及《关汉卿》中叶和甫的卑躬屈膝都给观众留下深刻而鲜明的形象。著名导演夏淳曾指出："导演帮助演员有大量工作要做，包括帮助演员体验人物，帮助他生活于角色之中，寻找准确的动作来表现他的性格，适当处理他的激情等等。这些都是不可缺少的。这些步骤之间有着紧密的联系，都是为一个目的服务，即帮助演员在舞台上塑造出鲜明具体、生动感人的人物形象。"①

田汉的两部剧作是由导演夏淳（《名优之死》）和欧阳山尊（《关汉卿》）执导的，二者都以严谨、细腻的现实主义导演风格见长，十分注意用斯氏的现实主义演剧理论来分析剧本、指导演员，而田汉的两部作品则给他们提供发挥才华的舞台。《名优之死》根据当时一位叫刘振声的名演员被气死在舞台上，吐血而亡的一个真实事件写成。董健在《中国现代戏剧史稿》中指出："如果说《梵峨嶙与蔷薇》还是站在主观的'艺术天国'里看社会，带着艺术家天真幼稚的空想，那么《名优之死》却是站在客观的'现实地域'里看艺术，表现了作者严峻的现实主义精神。"②而《关汉卿》则是现实主义与浪漫主义的结合，在创作方法上达到了历史真实与艺术

---

① 夏淳：《导演要帮助演员塑造鲜明的形象》，载朱以中编《北京人民艺术剧院艺术家丛书•夏淳》，十月文艺出版社1995年版，第116—122页。

② 陈白尘、董健：《中国现代戏剧史稿》，中国戏剧出版社2008年版，第156页。

真实的统一。夏衍说："七百年前，关汉卿以'酌奇而不失其真'的浪漫主义精神写下了《窦娥冤》，七百年后，田汉同志同样以'玩华而不坠其实'的浪漫主义精神写下了《关汉卿》。"①可见田汉两部作品都有现实主义的存在基础，展现作者对社会、人生的思考。在排演时，夏淳、欧阳山尊都十分注重舞台典型环境的渲染，要求演员深入生活，理解人物，由于是艺人演艺人，北京人艺演员在表演时也有真情实感，演出给人以生活真实感，表演既真实又动人。这里有一个花絮，因为演出过于细腻严谨，田汉在 1958 年 6 月 15 日观看以后说："演得不错，可惜严肃了些，我希望这出戏演得更热情奔放。"②也即是田汉希望在现实主义的基础上增加浪漫主义的成分，以实现现实主义的拓展和深化。在新近的《名优之死》（导演任鸣、闫锐）演出中有了不同程度地改观，胡薇在《呼应新时代戏剧人对于戏剧本质的反思——评北京人艺新版话剧〈名优之死〉》中说："舞台形式上则于整体创作理念中融会话剧和戏曲，将话剧和戏曲的艺术表现手段和表达方式有机结合，大量采用戏曲元素，虚实结合，将写实与写意的表现方式互为转换，并以诗化的舞台表达来表现原作极为写实的内容，不仅是一次有益的话剧民族化探索，也开掘出了《名优之死》独特的艺术价值和创作意义。"③

---

① 夏衍：《读〈关汉卿〉杂谈历史剧》，《剧本》1958 年第 6 期。

② 黎之彦：《话剧〈关汉卿〉创作侧记》，四川文艺出版社 1994 年版，第 95 页。

③ 胡薇：《呼应新时代戏剧人对于戏剧本质的反思——评北京人艺新版话剧〈名优之死〉》，《文艺报》2019 年 5 月 10 日 3 版。

（二）民族化的探索。焦菊隐的民族化探索是从《虎符》开始的，并不成功，只是戏曲外在表现形态的简单模仿，较为机械僵化。到了《茶馆》和《蔡文姬》的出现，才真正达到借鉴戏曲的美学原则和审美精神的地步，表现在舞台调度上的节奏和韵律、演员表演上突出人的表现，讲究虚实结合、场面的冷热相济以及对诗化意境的追求等。到了《关汉卿》，“《关汉卿》的实践，使焦菊隐的话剧民族化探索进入更新更高的境界。他运用‘戏曲构成法’进行话剧舞台艺术的创造。”①

所谓“戏曲构成法”，按照焦菊隐《重排〈关汉卿〉提示散记》的说法，“戏曲构成法，是戏曲处理题材的基本方法。……它主要表现在剧情的安排上。而剧情的根本任务是揭示人物的内心世界。戏曲从来就是集中力量刻画人物思想的、性格的，所以，它十分重视剧情的结构。从导演构思的角度看，戏曲构成法的核心是强调戏剧发展的连贯性和舞台艺术形象的直观性。”② 在我看来，戏曲构成法在剧情安排上是指突出人物的感情线索，强调人物内心世界的描摹和外化。田汉的《关汉卿》在艺术构思和情节安排中是十分注意揭示关汉卿创作《窦娥冤》的动机、心理以及因为遇到种种艰难困苦而展现的情感和心理世界。对于话剧来说，如何把这一精神世界直观表现出来是一个极大地挑战，在《关汉卿》中

① 杨景辉：《继承、发展焦菊隐的话剧民族化理论体系》，《中国现代文学论丛》2011 年第 7 卷第 1 期。

② 焦菊隐：《重排〈关汉卿〉提示散记》，载《焦菊隐文集》第 4 卷，文化艺术出版社 1988 年版，第 313 页。

焦菊隐特别强调通过客观来表现主观，力求以形传神。例如《关汉卿》中有一段刘大娘讲述朱小兰冤屈故事的戏，向关汉卿叙说朱小兰的身世、遭遇以及她为何含冤招供的戏。从表面看，刘大娘的台词很多，有好几段，完全像是刘大娘的戏，焦菊隐却明确指出："这是关汉卿的戏。"，通过灯光聚焦来突出关汉卿的心理活动，一束强光照在关汉卿的脸上，刘大娘在暗处，观众只听到刘大娘的声音，看到的却是关汉卿的特写。随着刘大娘的讲述，关汉卿时而心情激愤，时而克制自己，关没有台词，只用"喔""嗯""啊""怎么样"这些简单的惊叹来表现他的心情。伴随情绪反应，还有形体上的为之一震。最后促使他要写《窦娥冤》，以笔为旗。焦菊隐说："主观为客观世界的反映。在戏曲表演中主要是突出主观，表演的重点放在表现客观对于主观的作用上。强调关汉卿在听刘大娘讲话时的心理活动。不能只表现他在真实地听，更重要的是表现他听的时候的内心活动，这样才能使表演有鲜明的色彩。"①

此外在《关汉卿》中，焦菊隐也有意识地采用戏曲所谓的"以少胜多""以多胜少"手法。这些都是中国传统戏曲描写人物的方法，其要旨在突出人物、刻意写情，切合中国传统戏曲的抒情本体。所谓"以多胜少"也指与刻画人物有关者，要细，不放过任何一点细微的矛盾冲突，且要有浓郁的情感、细致的过程。譬如人物的思想感情变化，在生活中是瞬间的事，而舞台上却渲染很长，演出时间大于实际生活时

① 焦菊隐：《重排〈关汉卿〉提示散记》，载《焦菊隐文集》第4卷，文化艺术出版社1988年版，第319页。

间。反之，“以少胜多”则指与刻画人物思想、内心冲突无关者，该简就简，演出时间小于实际生活时间。焦菊隐说：“从突出人物讲，传统戏曲是非常注重揭示人物的内心世界的。它主要是通过许多细节和行为来展现人物的思想活动。它善于用粗线条的动作勾画人物性格的轮廓，用细线条的动作描绘人物的思想活动。”①《关汉卿》第四场写关汉卿的创作过程，突出他创作的苦恼、写作的艰难，这在话剧中是很短暂的事情，属于独角戏，没有对话，难以细致表现关汉卿的内心状态（话剧主要运用独白，而戏曲中独白、旁白的运用不是主要的）。但就全剧来说又很重要，因为全剧是围绕关汉卿创作《窦娥冤》的过程来刻画人物，反映人物的思想高度和精神境界，这一场戏不但不能省而且要浓墨重彩地渲染，属于戏曲中的“重头戏”。这里，焦菊隐借鉴戏曲的以多胜少、有戏则长的写法就处理得很有章法，在表演上要求既有热情奔放的大笔涂抹，又有思想情感上的精雕细刻，既有诗意，又有生活气氛，要演员放开演，不拘形骸，甚至可以手舞足蹈。具体来说，关汉卿写不出来时，就读文天祥的《正气歌》，激起他克服困难的决心，精神上也备受鼓舞，然后，他感到困了，就舞剑，在舞剑时，出现第一次朱小兰被害、《正气歌》词句和卖药的幻影，增加他替朱小兰申冤的勇气，写出朱小兰的抗争，于是就写了窦娥临死时的三桩誓愿，当老仆关忠劝关汉卿休息时，他却推关忠下去睡觉，自己仍沉浸在创作中，直至天

---

① 焦菊隐：《略论话剧的民族形式和民族风格》，载《焦菊隐文集》第3卷，文化艺术出版社1988年版，第485页。

方泛白……这就把关汉卿创作时的心路历程形象地展示在读者面前，显得错落有致，也揭示出关汉卿创作的精神力量与资源。《关汉卿》和《蔡文姬》《茶馆》等作品一道被认为是人艺民族化探索的成熟的标志，代表着人艺民族化的最高成就和水平。

必须指出，焦菊隐能进行"戏曲构成法"探索与《关汉卿》剧作本身风格特色有关。焦菊隐就说过："如果是郭沫若同志的剧本，或者是田汉和阳翰笙同志的某些剧本，更多地运用一些戏曲形式，也许更能体现作者和作品的风格；如果是夏衍、曹禺和陈白尘等同志的剧本，更多地发挥话剧自己的特点，也许更能符合于作者和作品特性的要求。"①《关汉卿》结构上采取戏曲的线性结构，时间、场景变换自由，张弛有度，开阔宏伟，具有自然流畅之美。田汉研究专家陆炜曾敏锐地指出："该剧流传中还值得注意的是，有不少戏曲剧种上演它，但原是话剧剧本却不需要调整结构，不用另写文本，只需把原来一些抒情性台词段落改成唱词，就当戏曲剧本使用。这种罕见的现象，正是话剧《关汉卿》在美学上中西融合，具有充分的戏曲因素的证明。"②

三、北京人艺对田汉戏剧创作 / 演出的作用

田汉戏剧创作活动有一个特点，就是喜欢反复修改、不断打磨、精益求精。杜埃在《田汉创作侧记》的序言中就指

---

① 焦菊隐：《略论话剧的民族形式和民族风格》，载《焦菊隐文集》第 3 卷，文化艺术出版社 1988 年版，第 466 页。

② 参见董健、胡星亮主编《中国当代话剧史稿》，中国戏剧出版社 2008 年版，第 81 页。

出："他那十年、二十年磨一剑的艺术执着精神，是非常可贵的。他的戏剧创作从主题、构思、创作初稿到完成，都反复多次修改，像他磨了二十年的京剧《白蛇传》，直至受到不公正的批判，在逆境中仍作了最后的修改。"① 北京人艺是参与《关汉卿》创作的修改，为其进一步完善提供了宝贵建议。据黎之彦的《话剧〈关汉卿〉创作侧记》中记载，1958 年 4 月 6 日，上午九点，按照事先安排，田汉约请北京人艺的导演和演员焦菊隐、欧阳山尊、刁光覃、舒绣文、夏淳以及戏剧学院、《戏剧报》的同志来长安寺听读《关汉卿》第二稿，"田老请舒绣文朗读，第一场戏中戏把大家逗乐了。第二场朱小兰被拉去行刑，全场鸦雀无声。第三场读到关汉卿写戏，朱帘秀表示'你敢写''我敢演'时，大家都很敬佩朱帘秀。第四场，王和卿的出现，由于他性格的乐观，言谈的诙谐，引起阵阵笑声。当读到第十场赠《蝶双飞》时，舒绣文已是热泪两行，语不成声了。田老要她休息，请岳慎和欧阳山尊解读。读完后，大家热烈鼓掌，称赞田老多年不写话剧，一写就一鸣惊人，写得太感人了。"② 田汉希望大家多谈不足，"在他的恳求之下，大家提了两点意见：一是关汉卿和朱帘秀两人相比，朱帘秀更感人，对关的政治写多了，作为艺术家的活动写少了；二是第一场戏中戏手法新颖，但和后面的戏似乎不太协调。

---

① 杜埃：《田汉创作侧记·序》，四川文艺出版社 1994 年版，第 1—2 页。

② 黎之彦：《话剧〈关汉卿〉创作侧记》，四川文艺出版社 1994 年版，第 86 页。

田老说，这两点意见提得好。”①

以今天眼光来看，这两条都是难得的建设性意见，可谓一语中的，反映了北京人艺艺术家敏锐的眼光和独到的艺术见解。这两条意见在田汉其后的修改中都被采纳了。例如第二条意见中的“戏中戏”。情况是这样的：原先戏的开场是现代的北京某昆曲团在演《窦娥冤》，舞台一端是“观众”看戏，边看边评论戏和关汉卿，有位“观众”说这出戏是大悲剧，写历史的，但事件颇像元代。另一位说“既是写汉代东海孝妇的故事，怎么能扯到元代的现代戏呢？”第三位说：“你们都说得不全面，虽然是历史戏，但关汉卿写这出戏的矛头，是对着元代的反动统治者的。”接着他们又争论戏的结尾，该用喜剧结尾好，还是悲剧结尾好？在争论正酣时，有一位老先生出来劝说：“诸位请别争论，后头的戏就要回答你们的问题。”……这个“戏中戏”相当于戏的“楔子”，起一个序幕作用，主要想通过观众对演《窦娥冤》的议论，

提出关汉卿写历史剧的现实意义问题。但仍给人一种突兀穿越的感觉。在北京人艺艺术家的建议下，田汉干脆把第一场中的戏中戏舍弃了。

而第一条意见在当时的精神气候下是尖锐而大胆的，也确实切中要害。因为受制于特殊的政治文化语境，田汉在塑造关汉卿时有意突出其勇士和斗士形象，一再强化阶级对立和冲突，揭示关汉卿作为被压迫阶级与统治阶级之间的矛盾

① 黎之彦：《话剧〈关汉卿〉创作侧记》，四川文艺出版社 1994 年版，第 86 页。

斗争，阿合马在剧中是元代压迫阶级的化身，剧中揭示了他的专横、残暴和荒淫无耻，关汉卿则是站在平民的立场上为民请愿，与统治阶级进行不屈的斗争，全剧突出了关汉卿和同时代反抗压迫的人民群众的精神联系，集中强化了由冤到恨直到反抗的动作线[①]。田汉在1958年6月28日纪念关汉卿大会上所作的报告就是《伟大的元代戏剧战士关汉卿》，田汉认为："在他留下的许多杂剧中……几乎无例外地可以听到他和当时黑暗势力兵铁相击的声音。他是蒙古奴隶主贵族统治辛辣的批评者、揭发者、反抗者！"后来《关汉卿》在日本演出，"曾引起他们对美帝国主义者和它的走狗岸信介进一步迫害日本革命人民的愤怒"[②]。而田汉后来采纳周总理的意见[③]，由原来的蝶双飞的结尾改为蝶分飞的结尾，显然是为了加强剧本的战斗性（在单行本中，田汉又不无矛盾地表示，两种结尾可以并存。"我觉得喜剧的结尾也不妨同时存在"，可以

① 必须指出，这种政治化在焦菊隐1963年重排《关汉卿》时虽不无注意，但仍有影响，时代政治的使然使焦菊隐也难超脱和避免。例如焦菊隐在《守格·破格·创格》中说："我正在重新导演田汉同志的话剧《关汉卿》。在这出戏里，作者使关汉卿在复杂而尖锐的民族矛盾与阶级矛盾中，站在人民方面，坚持真理，斗争到底，宁死不屈。这出戏是通过民族矛盾来反映阶级矛盾的，因此，我建议演员们，对人物进行阶级分析，首先把剧中人物，划分成为两大阵营：人民的阵营，和反动的封建统治阶级阵营。"（《焦菊隐文集》第4卷，文化艺术出版社1988年版，第191页）

② 田汉：《〈关汉卿〉自序》，《田汉文集》第7卷，中国戏剧出版社1983年版，第378页。

③ 田汉说："我是非常善良的，总是想让他们双双飞走。但还是总理说得对，因为从历史上看，从压迫者对待被压迫人民看，后者只能以悲剧结束了。"参见黎之彦《话剧<关汉卿>创作侧记》，载《田汉创作侧记》，四川文艺出版社1994年版，第100页。

"让人民选择"[①])。但正如人艺艺术家所谏言的，过于突出关汉卿的政治，人物就不够丰满感人，关汉卿首先是一个艺术家而不是政治家，不要忘记了他的艺术家的身份，他还是一个医生，有他职业特点，他也有自己作为普通人的情感世界，这样才能反映出人物形象的多个侧面。在北京人艺艺术家的建议下，田汉也对原作做了大胆的修改，该删的删，如第一场戏中戏；该增的增，例如对关汉卿形象进行丰富和补充，在第三稿中，田汉就增加了关汉卿的西山看病、拯救二妞，第四场关汉卿秉烛写作，突显创作过程和写作激情，后来在第四稿中把修改的重点放在关汉卿作为杂剧班头，和艺人合作谈戏写戏的描写上面（如关汉卿与书会朋友、演员、乐师研究曲牌、剧词和音乐结构等），第八场还增加关汉卿斥责白和甫劝降的情节，以略显文人的分化和对照，表现出关汉卿文人的气节和风骨。应该说，这样的修改是切合关汉卿"驱梨园领袖、总编修师首，捻杂剧班头"的身份和特点的，也使得《关汉卿》一剧来得更加丰满成熟，事实上，田汉最后在《剧本》杂志公开发表的版本就是第三稿，北京人民艺术剧院也是按照第三稿排练演出。

值得指出的是，北京人艺不但为《关汉卿》的创作修改提供良好的建议，作为保留剧目，北京人艺60多年来不断的复排、新排《名优之死》和《关汉卿》，则使得田汉的戏剧获得了历久弥新的当代价值。以2017版《关汉卿》为例，与

① 田汉：《〈关汉卿〉访朝》，《田汉文集》第7卷，中国戏剧出版社1983年版，第370页。

1958 年、1963 年的版本比，它既有传承的一面，比如都致力于话剧向传统戏曲的学习和借鉴，加强话剧的民族化。由于剧中涉及很多元曲杂剧的历史，表现元代戏班子的演出境况，所以 2017 版要求演员能够最大限度地去掌握戏曲的知识和技法。剧组不仅从北方昆曲剧院邀请老师进行专题讲座，还请来专业的戏曲老师坐镇指导，向京剧和昆曲来学习念白、唱腔。与此同时，演员们更是每天抽出半天时间，进行形体训练，学习戏曲身段。当然，在具体运用时，导演要求不要在全剧运用戏曲化的表演，不拘泥于程式化的形式而是采用了戏曲元素，比如借鉴了京剧和昆曲的一些念白。同时，新版更致力于创新，在主题开拓、人物刻画、情节处理上有不少改动，力求适合现代观众的欣赏习惯，用现代人的眼光去看关汉卿。从主题来说，1958 年、1963 年版因为特殊的政治文化语境，更加突出阶级对立和人民对黑暗统治的反抗斗争，新版则展示以关汉卿为代表的一批文人对于元曲杂剧的探索和追求，演绎关汉卿创作《窦娥冤》的过程，表现其坚韧的艺术探索和坚守精神，以此向戏剧前辈致敬。人物塑造上，一改旧版把关汉卿塑造成勇士和斗士形象，更加突出人性的一面，力求多侧面展示人物性格，王斑演绎下的关汉卿凸显了对艺术的痴心和沉迷，对于朱帘秀则饱含深情厚谊，富有温情，很多细节甚至有些俏皮的意味，突出关的风趣幽默，单纯可爱一面，让这些历史人物颇有些现代精神。主演王斑表示自己与关汉卿有心灵相通之处：“我跟关汉卿是同行，他是因为爱戏才写戏，我是因为真爱话剧才来演戏。”“由于创作的历史年代局限，原版中的关汉卿更像一个斗士、勇士，但其实他也有风趣幽默的一面，我想在舞台上演一个活生生的人。因此我们说这次《关汉卿》是新排剧目，不是复排剧目。关汉卿与我同是戏剧人，我感到跟他是有很多共鸣的。很多时候我对他的困顿、迷惑感同身受。”[①] 导演唐烨则称：“此番演绎将着力于对关汉卿的人性化塑造，展示以关汉卿为代表的一批文人对于元曲杂剧的探索和追求。”[②] 他还表示：“虽然作品诞生了五十多年，但是这一点也不会成为现代观众观看的障碍，因为我们用现代人的眼光去看关汉卿，理解他，在情感上就很有共鸣。”[③] 情节处理上则突破了旧版的阶级对立的结构模式，把剧中原本占有相当篇幅的刘大娘女儿二妞这条线索去掉了，只留下了刘大娘这个角色。剧本从原来的 12 场戏减删成了 8 场，情节更加集中紧凑，节奏感明显增强。同时导演手法上也吸收了后现代剧场的一些手法，如“定格”和戏拟，演出质量和效果得到了专家与观众的认可，也极大地展示了田汉戏剧经典不朽的艺术魅力，推动了田汉戏剧在当下的传播和接受。

（陈军：上海戏剧学院戏剧文学系教授）

① 《北京人艺全新演绎〈关汉卿〉》，《中国青年网》2017 年 8 月 24 日。

② 同上。

③ 《北京人艺再排田汉作品〈关汉卿〉：对人性与传统文化的现代捕捉》，中国新闻网 2017 年 9 月 22 日。

田汉解放“魏莲姑”

张　殷

诗人田汉，中国现代戏剧的奠基人，在早期中国话剧剧场艺术中，他的贡献与李叔同、欧阳予倩们一致，均为引领作用。但他与同辈们不一样之处在于，他努力在中国早期话剧的“为社会而艺术，为教育而戏剧”的基点上，增添了新的方向——“为人性而艺术”。虽然他的同辈们，如丁西林、欧阳予倩等人，也有此类方向的作品，但就“为人性而艺术”本身出发，都不如田汉做得丰富和彻底。

中国话剧剧场艺术从萌芽到吐绿，最初的新枝儿是关注恋爱婚姻的命题。早在 1905 年，李叔同就以息霜之名为沪学会编写了《文野婚姻》新戏，到 1907 年 2 月春柳社在东京演出《茶花女》片段和《生相怜》，到 1913 年甲寅中兴前后，春柳剧场的《侠恋记》《渔家女》《神圣之爱》，春柳剧场、新民社等演出的《一缕麻》；到 1918 年胡适翻译介绍的《娜拉》

和1919年创作的《终身大事》，命题算是初步完成。

内容从男女之间的恋爱被破坏，被动的放弃恋爱，到虽被动被结婚，但主动承担了后果；到自主决定终身大事。从1905年到1918年，经过了十三年，完成了一个命题。李叔同给开了个头，胡适给做了个结。他们共同完成了“为社会而艺术，为教育而戏剧”的任务。

其一致的目的是改变中国的面貌，打倒旧道德，与“儒者之纲之说”的传统观念决裂，转而接受西方的“自由、平等、独立”之说，完成国民性整体的自觉改造。而在信息封闭、众多“睁眼瞎”的年代，剧场演出形式无疑成了重要的媒介。李叔同们的行动，五四新文化运动的旗帜，步入20世纪20年代后，由田汉等人自觉地扛了起来，创作了以婚姻为主题的大量剧作。

田汉的此类创作，以1924年的《获虎之夜》为始，随后自1927年至1930年，陆续创作改编了《生之意志》《湖上的悲剧》《古潭的声音》《莎乐美》，以及《卡门》等。显然，从田汉叹息美好爱情破灭的情愫中，看得到田汉的创作观念，起点是以人的个人意志为出发的，哪怕至臻爱情破灭，哪怕鲜活生命毁灭，爱情至上的灵魂，追求内心的梦幻，永存于剧场演出艺术中。

细致分析其创作观念，可以从中窥见他天生的浪漫诗人的情怀，以及中国传统文人禀赋的“路见不平拔刀相助”的品德。因此，“解放”成为田汉以婚姻为主题的自我命题。

一、《获虎之夜》企图解放魏莲姑

1922年，田汉回国后受聘于上海中华书局编辑所，1923年相继翻译发表了《崔斯坦与伊索尔德》《罗密欧与朱丽叶》，这些感动诗人的爱情篇章深刻地重击了他的心灵，引发了创作冲动，田汉决定要打造一部中国的《罗密欧与朱丽叶》。“愿将恋之恼，付与烟俱灭；落叶已成灰，苍烟仍郁结。”

它是作者回国后写的第一个剧本，也是最满意的一个作品，是用典型的浪漫主义写就的。田汉把儿时听过的虎的传说，乡村山野的生活氛围等，穿插到剧本中，充满着浓厚的乡土民情和山村生活的剪影：如大傻诉说与莲姑的恋爱史时讲出的“摘些山花给莲姑戴”，“秋天里我抓得许多萤火虫儿，莲妹把它装在蛋壳里”等。

剧中的黄大傻被写成伤感诗人，而全剧就是对精神层面上的爱情追求的赞美诗。在这个传奇性的两代人对立的故事中：父辈希望儿女能过上稳定富裕的生活，而年轻一代却更注重精神和情感的需要，他们向往到新的环境寻求变化、刺激与新奇。所有这些，都使《获虎之夜》在20年代初的剧苑里别具色香，体现了“五四”精神，对爱情的追求，新时代的新人的价值被田汉所接受。

它是可以获得中国话剧草创时期多个第一部的创作。

——第一部真正表现纯真爱情主题的中国式悲剧；

——第一部成功地塑造了悲剧典型形象（黄大傻）的悲剧；

——第一部象征主义的诗作悲剧。

说它是第一部表现纯真爱情主题的悲剧，是因为山谷深处的这对十七八岁（虚岁）的山娃子和山妹子，讲的是虚岁，周岁也就十五六岁，都是情窦初开的初恋。小小的年纪，具有的果敢力量，环顾当时舞台，只有在田汉剧目中才有。（时隔20年后，李健吾《青春》出现了田喜儿。）黄大傻的行动是合理的，有着执着的爱和恨的力量。

《获虎之夜》写出了那个环境中最大胆的中国青年，继续了陆镜若欧阳予倩们所崇尚的爱情宣言：爱情不仅仅是肉体的，更是精神的。

这里有最光辉的爱情宣言——黄大傻爱莲姑单纯得只有一个爱字，所以自称傻子。他早晓得莲姑不属于他，却宁肯讨吃要饭也要守着莲姑，也要送莲姑一程；他情愿睡在庙里的戏台下面，可以每天晚上上山眺望莲姑窗上的灯光，回忆与莲姑在一起的美好往事。当他被当成老虎被打伤了抬到莲姑家火房的竹床上时，他幸福地哭了，“死也死得值得”。他自自然然地向魏莲生表白了自己对莲姑的爱，大大方方地要求莲妹招抚自己一晚。在大傻的倾诉下，莲姑坦白了自己苦寻大傻的经过。两人当众宣言：生死不离弃。

这里有爱情中最伟大的牺牲——莲姑勇敢地回敬父亲魏福生，“我把我自己许了他，我就是黄家里的人”；勇敢地抵抗父亲的暴力，“不，我死也不放手。世间上没有人能拆开我们的手！”多么胆大的魏莲姑！在封建婚姻制度下的中华女儿，有的是饱尝被嫁之后也不一定能够手拉着手的凄凉，而魏莲姑却能够在未嫁之前便拉住了爱人的手！两个年轻人的个人意志在这里占了上风，这种精神的合一，莲姑感动其中，而魏福生则痛不欲生，他要打死莲姑，于是大傻拿起猎刀，说着：“莲姑娘，我先走你一步罢”，自己刺向胸膛而死。大傻以主动自杀的行动了却了自己的生命，生命在那一刻上升为精神世界，成为第六感官的生死恋。

然而，这个场面，这个在中国乡下的场面，这个在当时中国未开化的蛮荒之所的场面，终究还是徒劳无功，丝毫没有感动的力量，不能解救魏莲姑。尽管田汉深受《罗密欧与朱丽叶》感动，但是落笔的田汉，紧紧地把握从人性出发的观念后，笔尖便跟着“反人性”的现实的封建意识，走向了“无可奈何”；虽想贯穿自己的个人意志，但走到一大半就再也走不下去了，便以魏福生残暴殴打女儿做结。

对比《罗密欧与朱丽叶》《获虎之夜》，你可以看到：

《罗密欧与朱丽叶》：少年与少女相爱，两家有仇。女方家庭让少女嫁给另一个贵族，少女就喝药，昏睡假死，以骗过家人。男的以为少女真的死了，就喝毒药自杀，少女醒来后发现男的死了，就拔剑自刎。两个家族知道他们的悲剧后，就此和解。

《获虎之夜》：少年和少女相爱，两家天上地下两重天。女方家庭让少女嫁给陈姓家族，少女想逃跑但始终没有跑，少年不甘心命运的安排，但只能远远地悄悄地偷看。父亲失误把少年打伤，少年被父亲抬回了家，少年与少女重逢发誓相爱，少女却因抓住少年的手不放而惨遭毒打，少年只好选择死亡，而父亲却没有收手。

显然，《罗密欧与朱丽叶》是两个年轻男女的个人意志决定一切，两人共同对付父权的势力，因为误会，造成两人的死，这种死更强调并歌颂了两人坚贞不屈的爱情，在他们的爱情感动下，家族觉醒。而《获虎之夜》是两个年轻男女的个人意志决定不了一切，两人无法共同对付父权势力。因为失误，两人相见，在父权的干涉下，年轻男女决定选择宁死不屈，而这更激怒了父权，加强了父权的势力。《罗密欧与朱丽叶》告诉我们，爱情的力量高于一切，即人性的力量高于一切。《获虎之夜》告诉我们，父权势力远远大于爱情的力量，怜悯的背后不是恐惧而是恐怖。即美好的人性力量终究不成战胜社会的力量。

因此，在田汉初露锋芒时，还无力完整统一地贯彻自己的“个人意志高于一切”的创作观念。因而，田汉还无法解放“魏莲姑”。

二、《生之意志》到《湖上的悲剧》解放的瞬间即逝

1924年，田汉没能解放“魏莲姑”，于是，解放“魏莲姑”的心愿成为田汉的心结。在长达3年的时间里，田汉思考再三，1928年，田汉准备完成解放“魏莲姑”的心愿。但路遇坎坷，田汉先是设法解放了“魏莲姑”，然后又狠心地勾画了以“魏莲姑”以死追求灵魂自由，反抗婚姻的场面。以“人性”出发，走上了相对完整但不完美的心路历程。

《生之意志》，是田汉内心的希求。20多年来一手拉扯大一双儿女，结果儿女却有违老父亲的意志，自己决定了自己的意志。女儿甚至连结婚生孩子的这种“天大的事儿”都没和老父

亲打声招呼，就怀里揣着婴儿迈进了家门。老父亲在听到婴儿的哭泣声，看到了婴儿的小脸蛋后，居然转怒为喜，默许了女儿所做的一切，恢复了自己的人性，让人不禁有超越时空之感，仿佛那位老父亲是今天的那位独生子女的老父亲。

《生之意志》塑造了一个中国舞台上从没有过的女青年的新形象。她要爱就爱，要同居就同居，要结婚就结婚，要生孩子就生孩子，大胆到“不要脸”的地步，一反传统旧道德；同时塑造了一个表面严厉，实则很懂人情世故的老父亲的形象，看到孩子便返老还童，便唤回儿子。而这老父亲的行动，正可说明田汉自己的行动。

此剧实为中国浪漫主义的杰作。从《获虎之夜》的个人意志不能战胜以父亲为代表的社会意志，到《生之意志》中的个人意志能够战胜以父亲为代表的社会意志，显然，田汉的创作观念正在逐渐向有能力的行动上靠拢。剧中，女儿没有姓名，她就是被解救后解放的“魏莲姑”。

但是，那只是田汉心中的“解放”，更多的事实摆在眼前。在现实婚姻中，《湖上的悲剧》是血淋淋的写照。

剧中，十七八岁的小姐素苹（虚岁），与“魏莲姑”岁数相当，父亲的媒妁被她拒绝，原因是她爱上了穷诗人，和黄大傻形象一致的穷的“诗人”。父亲把她从北方大学的课堂，拉回到南方湖边关起来待嫁，于是，把人生看得极其严肃的素苹，为了自由，即使深爱父亲，也要以自杀表现独立的人性永存。而那个既穷又傻的诗人，与素苹分离后的半年，便在父母的安排下结了婚。为了满足父母要抱孙子的愿望，有了胖小子。内心与行为成为对立双方，自己对自己进行了惩罚：内心吐出的鲜血成为脸上常挂着的泪水，动笔贵重的“爱情”记录，始终不能结尾。但是诗中隐瞒的事实终是隐瞒不了的，为了成全梦梅，他的白薇用枪枪杀了自己。为了解放自己的灵魂，从自杀被救活，又再次选择了无法救活的自杀。

梦梅虽然从爱人的再次牺牲中，懂得了“应该勇壮地统一地生活下去”。但毕竟晚了，当梦梅觉悟的时候，爱人已经离去，想要手牵手的“手”已经凉了。

三、是靠艺术还是靠革命解放“魏莲姑”

难道只有自杀才能完成灵魂的解放吗？更悲剧的结局又以《古潭的声音》重现了。诗人从“尘世的诱惑”里救出了舞女美瑛，因为她具有卡门式的个性：开化、极具诱惑力，甚至放荡。美瑛是中国式的女人，梦想对于她，就像艺术，艺术是想象出来的，是空中楼阁，她可以进来转转，但到底留不住她；她理解“解放”的意义，就是实际生活带着她随波逐流。

因此，诗人把她带进自家高楼，教她艺术以唤醒“灵魂”。而这“灵魂”已经深埋到“古井”里了，想要用艺术的形式改变“灵魂”，改造那落后的“国民性”，达到从精神到行为的解放是不可能的。

“我是一个漂泊惯的女孩子，南边，北边；黄河，扬子江；哪里不曾留过我的痕迹，可是哪里也不曾留过我的灵魂，我的灵魂好像随时随刻望着那山外的山，水外的水，世界外的世界。”

于是，田汉在不能解放“魏莲姑”的情形下，剖析了自己[1]——

——什么地方有着比象牙的宫殿还要深远的水晶的宫殿呢？这是指示着肉的破产与灵的胜利吗？不，这只是表示不以实生活为根据的艺术至上主义的殿堂的崩溃及其哀歌。

田汉自己觉醒了——“你就天天把古潭锤碎也没有用”。他开始解放了自己。

田汉重新寻找坐标，他找到了《卡门》。因为剧本最终是“关于两性问题正确而彻底的解决”的座右铭，南国社在总结剧本的三个特色时指出[2]——

——关于革命性的发挥。所说的革命精神，针对的是剧本里所表现的流氓无产阶级的伟大的灵魂，他们反抗的意志，他们的不屈不挠的精神，他们的极其健康强固的个性，潜藏在他们内心里的革命力量，以及它们对于革命的一种朦胧的认识与要求，与朦胧的阶级的觉醒；

——吉卜赛精神及性格的表现。吉卜赛的人生哲学在此剧里发挥得很尽致，如卡门在临死时所说：吉卜赛无论什么时候都是自由的；

——关于两性问题正确而彻底的解决。卡门要爱唐和逐的时候她就爱他，及至发现他对于爱的自私妒忌的念头而不爱他时，她也就干脆声明她不爱他了。恐吓不能使她强爱，

① 《〈田汉戏曲集〉第五集自序》，载《田汉论创作》上海文艺出版社，1982年4月版，第99页。

② 钱杏邨：《关于南国的戏剧》，《南国周刊》1930年第16期，第808—810页。

威逼也不能使她强爱，就是杀了她，她在临死时还是说："杀了我我就爱你了吗？"在最后的呼吸里，她退给唐和逐他送给她的戒指。在田汉看来，这种非常自由的毫不勉强的有关两性问题的解决，是非常正确，不含有虚伪成分的。

田汉终于将笔端从《获虎之夜》的魏莲姑转到了卡门身上，卡门"爱自由，爱勇敢，爱伟大人格的形象"，使得田汉最终找到了解放"魏莲姑"的钥匙。

田汉在他的《我们的自己批判》中，同意黄素的观点——"暴君夺了民众的面包便同时剥夺了他们的爱。没有已经夺去了他们的'一切'，最后还另外夺去他们的'爱'的，因为没有离开经济的爱。"

他承认自己"太英雄主义了""好像路见不平拔刀相助的侠客"。

公演后半个月后，田汉[①]"恭听了一次新文艺界同志们严格的批评"，大家认为"作者为什么不活泼的深刻的抓住一现代的革命的女性，而必取被他的阶级注定了运命的卡门以自苦呢？"借用卡门，有的是"多量的异国情调的（Exotic），色情的（Exotic）色彩，减少了它的革命性"，"因此使人颤栗的民众喊叫都被使人沉醉的跳舞打消了。"

看来，南国社的同仁，那个时代的新文艺界同仁，是认可田汉的"解放"行动的，并责怪他为什么不把"解放"放在当时中国的新女性身上。

---

① 《关于Garmen》，载《田汉论创作》，上海文艺出版社1982年版，第92页。

田汉 1924 年创作《获虎之夜》时，在上海中华书局的任上，他当时对于艺术与社会的关系问题，是站在艺术是文化的观念一边的，他肯定日本作家林癸未夫的观点[①]——艺术的价值可以说是广义的社会价值的一部分。

——艺术所有的文化价值可分为艺术的价值与社会的价值。

——既然离开社会无艺术，则艺术之应有的价值也不外是它给社会的某种效果。这种效果直接的，即人类美意识之涵养及其满足，间接的，即由人类的美意识之增高而使社会生活之美化。

所以，田汉对于《少年中国》杂志主张“文学一门当尽登写实的，乐观的，鼓吹奋斗的，为人生的一类作品，而摒弃浪漫的，悲观的，颓废的，为艺术而艺术一类作品的”观念有着自己不同的观点。

既然艺术的价值可以说是社会价值的一部分，那么，诗人只管作诗好了，像易卜生的经典回答一样：我不过作诗而已。这些正符合田汉作为浪漫主义诗人的心境。因此“在艺术运动方面却仍保留着多量的艺术至上主义”。

田汉创作的从《获虎之夜》到《生之意志》，再到《湖上的悲剧》《莎乐美》《古潭的声音》等，都是在写诗，写心境，搞艺术的美的创造，直到发表《我们自己的批判》。

《卡门》中，他转向了。借用剧中人物的行动首先表明带

① 田汉：《艺术与社会》，《创造周报》1923 年第 23 期，第 6—7 页。

头“摒弃浪漫的，悲观的，颓废的，为艺术而艺术一类”的作品了，人性还在，但这种人性是敢冒天下之大不韪的，如果还是以婚姻为题，那一定是以“大家的利益”为前提的。

她对唐和逐表达了自己的意志——

——卡西亚是为了大家的利益坐的牢，我虽然不爱他，但我必须救他。现在，我不是很爱你吗？但是如果你离开了我们，我虽然爱你，为了大家的利益，我也不救你了。也许那时候简直就不爱你了。

——卢卡斯为革命而献身，他死我也爱他！正因为他没有什么好处给我，却有许多好处给人家，他的爱比你的爱大得多了。

——我们俩的事情彻底完了！我是吉卜赛女子，随时会受到压迫也随时会起来反抗的，因为卡门是喜欢自由的。

田汉最终以这样的结局收尾了南国社的演剧运动；最终以投奔大众事业，谁代表大众的利益，就爱谁的宣言准备停顿，以重新开始新一轮的创作。因为“爱”是自由的，他找到了解放“魏莲姑”的方向与方法，即自己解放自己。但是，如何塑造解放的“魏莲姑”这个中国现代的女性形象，他必须再思考再发现。终于他在两年之后创作了新剧作《暴风雨中的七个女性》的集体形象。

（张殷：中央戏剧学院戏文系教授）

田汉南国社时期剧本创作论

李　霖

清末民初，随着西方列强叩开了中国国门，西方的科学技术、文化艺术全面涌入中国，形成了独特的中国传统艺术样式与西方艺术样式并立的“双传统”现象。中国古老的戏曲艺术受到西方戏剧的挑战，特别是五四运动后的20世纪20年代，中国知识界出现了全盘否定中国旧剧的大潮。在这场中西戏剧传统优劣的论争中，田汉显示出其敏锐的洞察力和独到的见解。他没有站在全盘否定旧剧或极力维护旧剧的任何一方，而是独辟蹊径，在吸收借鉴中国戏曲艺术的优良传统之上，进行剧本创作。因此，中国新剧在经历了文明戏时代、爱美剧风潮之后，在南国社时期的田汉创作中重新找到了既与中国戏曲传统相连，又能将西方戏剧进行本土化改造的可能，从而最终奠定了戏剧文学在中国现代文学史上的地位。正如洪深所言：“戏剧在中国，还没有被一般人视为文学的一部门。自从田（汉）郭（沫若）等写出了他们底那样富有诗意的词句美丽的戏剧，即不在舞台上演出，也可供人们当作小说诗歌一样捧在书房里诵读，而后戏剧在文学上的地位，才算是固定建立了。”①

一、“从舞台到案头”

“在中国人的概念中，中国的戏曲和西方的话剧（戏剧），虽然同是用代言体讲述故事，但在表达逻辑上却是完全不相同：戏曲是以表演为本的舞台艺术，话剧却是以剧作为本的舞台艺术。对戏曲来说，表演是为了呈现舞台；对话剧来说，表演却是为了诠释文本。”② 正因如此，中国新戏诞生之初的文明戏沿袭了中国传统戏曲的某些特点，不存在演出脚本，更为重视演员的即兴表演，采用仅具有戏路大纲的幕表制演出方式。虽然田汉在创办南国社前，已经创作了许多新剧剧本，但其在领导南国戏剧运动之初并没有完整的剧本以供演出，而是表演与创作同时进行，再将其整理为新剧剧本，有的剧目甚至经过多次舞台演出后才最终写成。根据笔者的统计，南国社从 1927 年“艺术鱼龙会”公演开始直到 1930 年公演《卡门》止，田汉编导的剧目有些在演出后撰写了剧本，有些则只有剧情梗概，未再写定剧本。可以说，南国社时期田汉的多部剧作都是先经过舞台演出才最终定稿的，是从舞

① 洪深：《新文学大系·戏剧集导言》（影印本），上海文艺出版社，第 48 页。

② 蓝凡：《电影论——对电影学的总体思考》（下），学林出版社 2013 年版，第 1014 页。

台走向案头的作品。

“从舞台到案头”是田汉在南国社时期戏剧创作方式的一大特征，这一方面源于青年时代的田汉浪漫多思，有着无限的创作灵感与遐想，但却经常“有始无终”的性格。许多剧作已经有了相对完整的剧情构思，却因田汉忙于各种事务与活动而最终没能落笔。另一方面，从名称来看，如《苏州夜话》《湖上的悲剧》《秦淮河之夜》《新村之夜》一类剧目大多带有就地取材，“以娱座兴”的功用，经过舞台检验后，在思想上和艺术上都能带给观众冲击的剧作才被田汉进一步加工整理写成剧本，而多数“应景之作”就无暇顾及了。

从某个角度而言，田汉“从舞台到案头”的戏剧创作方式可以说是既带有文明戏遗留的印记，又是对文明戏的一种发展，但归根结底是其深受中国传统京剧演出无脚本的创作方式的影响。尽管经过舞台表演、观众检验后再写成剧本的创作方式的确能够在一定程度上保证剧作的观赏性，但这种“反向”的剧本创作也在一定程度上局限了剧作家施展编剧技巧的能力，使得剧作在戏剧结构上相对单一，情节多以线性结构展开，平铺直叙。当然，这些剧作特点也同样与田汉深受中国传统戏曲艺术的影响息息相关。需要指出的是，随着南国戏剧运动地不断深入，“从舞台到案头”的创作方式也逐渐被田汉抛弃。这一改变恰好反映了中国新剧文学从无到有，逐渐确立其一剧之本地位的过程。当剧本创作方式“从舞台到案头”转变为“从案头到舞台”，田汉的戏剧创作，乃至中国新剧的形态都随之发生了变化。

颇值得玩味的是即便是这一时期唯一一部从“案头”走向舞台的剧作，田汉依然选取了其所熟知的京剧伶人的故事，巧妙采用了“戏（话剧）中戏（戏曲）”的结构，将京剧后台展现在剧舞台上，并以京剧中的人物照应剧中人物，形成强烈的对比与反差。剧中刘振声在京剧舞台上饰演杀死渔霸救出女儿的萧恩，而在现实生活中却成为被流氓恶霸气死在台上的一代名伶。这也充分表明田汉对旧社会戏曲艺人生存状态以及传统戏曲文化的熟谙，并借此为严肃认真，爱重自身艺术的伶人正名。

二、现实生活的抒情化“摹仿”

正如乔治·贝克所分析的那样：“任何戏剧家的技巧，大致都可以说是为了达到他所要求的目的的手段、方法和手法。没有一个戏剧家生来就有这个技巧的禀赋，他也不是仅仅通过编剧，就学会了这个技巧。他阅读并观看或许为数甚多的古今剧本。如果他同多数青年剧作家一样，比如同莎士比亚和易卜生一样，最初他就是从事摹仿。”① 然而，不同的青年剧作家所摹仿的事物并不一样。田汉作为从五四时期成长起来的新剧作家，其早期的剧本文学创作走上了不同于其他新剧文学家的“摹仿”之路。

处在初创期的中国新剧家大部分是以西方戏剧中的故事情节、人物等为摹仿对象，将其全部改换为中国社会背景下

---

① 〔美〕乔治·贝克：《戏剧技巧》，余上沅译，中国戏剧出版社2004年版，第1页。

的人与事。而田汉似乎比他们更进一步，其剧作是对现实生活中人与事，情与理的摹仿和超越。田汉早期创作的剧本大部分来源于其现实生活中的所见、所闻与所感，有的来源于身边朋友的故事，有的来自报纸上的新闻。与同时代的其他剧作家相比，田汉跳过了对西方戏剧情节与人物的摹仿，而是直面中国社会，取材于广阔的现实生活。

更为重要的是，田汉的剧作虽然都有其“摹仿”的模特儿，但他并不拘泥于还原真实的理性书写，而是将自己的情感与想象放入剧作之中。应该说，田汉早期的剧本创作并不是简单地对现实生活中的人物、故事进行描摹，而是将自己听到、看到后的或叹息、或同情、或感动的情感共鸣融入其中。并以其丰富的想象力和细腻的情感将人物性格、故事情节延展开来，使其剧作来源于生活，又高于生活。从这个角度来看，田汉真正表达的是自己想要“捉牢”的感觉，而达到这一创作目的的手段和方法则是诉诸抒情的方法，运用抒情化叙事“摹仿”现实生活，进而超越现实生活。而这种对真情实感的自觉追求则是田汉深受中国戏曲的陶染使然。中国戏曲特别讲求抒情，“曲贵传情”“唱戏就是唱人，唱曲宜有曲情”“演者不动情，观者不同情”等戏谚都说明了“求情”是中国戏曲艺术的一大特征。而对于长期观看中国戏曲的观众而言，他们“一般没有一面看戏，一面做逻辑分析的习惯。”① 在中国观众的认知中，“生活的真实以感情的真实为凭

① 张庚：《戏曲艺术论》，中国戏剧出版社 1980 年版，第 207 页。

依，感情的欣赏高于一切。”① 而西方戏剧观众的审美心理恰恰是跟随演员的表演拨开迷雾，对事件进行理性分析，对人性进行拷问。如果说中国戏曲的审美心理是“求情”，那么西方戏剧则是“求理”。而田汉早期大部分剧作恰恰是在抒情中完成了对现实社会生活的刻画与描摹。从某种程度上说，田汉的剧作继承了中国戏曲的抒情性叙事传统，呈现出一种以情见理，求理更求情的剧作特征，从而激起了当时知识分子和青年学生的情感共鸣，获得了极大的社会影响。

在五四新文化运动的推动下，当诸多新文学家将西方戏剧作为范本进行摹仿的时候，田汉却已经开始试图运用自己所积累的中国戏曲文学和西方戏剧文学的经验，对中国当时广阔的现实社会生活展开描摹，并将自身的情感投射于其中。田汉的剧作将经历了五四运动、大革命的知识分子的迷茫、彷徨、感伤与挣扎不留余力地展现在他们面前，并运用中国人熟悉的欣赏方式加以铺陈与叙述。虽然田汉在南国社时期的剧本创作还具有许多技巧上的稚嫩与不足，但我们应该肯定田汉的剧作开启了真正意义上的运用西方戏剧形式、借鉴中国戏曲编剧手法讲述中国故事的创作之路。

三、超然的诗性特征

所谓独特的戏剧技巧是指在一般的可模仿的和一个时期内的特殊技巧之上，“增加了一些别人剧本里找不到的他自己

① 蓝凡：《中西戏剧比较论》，学林出版社 2008 年版，第 53 页。

所特有的东西”，“它是特殊气质在一个特定时期所特有的戏剧问题上起着作用的结果”[①]。而田汉的剧作中恰恰具备这种“特殊气质”——超然的诗性特征。在表达身处于时代旋涡中的知识分子真实情感的同时，倾注了自己浪漫、多情、感伤的风格基调。

早在1920年田汉填写《少年中国学会会员终身志业调查表》时，就将“Play write, Poetry-expression, Painting”[②]，即“编剧，写诗，绘画”立为自己的终身志向。可以说，田汉不仅是戏剧文学家，也是一位诗人，他的诗人气质体现在南国戏剧运动的方方面面，而表现得最为完全与彻底地还是其剧本创作。首先，田汉在生活中不仅喜好读诗与写诗，其在南国社时期创作的多部剧作的灵感也来源于诗。其中，《古潭的声音》的创作动机“是由偶读日本古诗人芭蕉翁的名句——古潭蛙跃入，止水起清音！”[③]；《南归》则受到南国社成员陈凝秋所作新诗《归程》的影响；《名优之死》有波德莱尔散文诗《悲壮的死》的印记。这些由诗而来的剧作都试图表达出他读诗时的感觉与感情，描绘出他对诗的想象与其中意境。可以说，田汉是用剧本文学的形式延展了诗的内容和情感，将“诗”的意境变为了“剧”的情境，从而使田汉的剧本创作在

---

① 〔美〕乔治·贝克：《戏剧技巧》，余上沅译，中国戏剧出版社2004年版，第4页。

② 田汉：《少年中国学会会员终身志业调查表》，载《田汉全集》第15卷，花山文艺出版社2000年版，第1页。

③ 田汉：《〈田汉戏曲集〉第五集自序》，载《田汉全集》第16卷，花山文艺出版社2000年版，第303页。

源头上带有了诗性特征。

其次，田汉不仅从诗中汲取剧本创作灵感，而且他南国社时期剧作呈现出情景交融、超然脱俗的诗般意境之美。例如田汉创作的《古潭的声音》弥漫着一种神秘，虚无缥缈的幻境之美，描摹出诗人堕入古潭，与古潭之水相碰触的一刹那间的清音犹如晨钟暮鼓般使人觉与悟。正如严羽《沧浪诗话·诗辨》中言："大抵禅道惟在妙悟，诗道亦在妙悟。"应当说，田汉早期剧作中无论是爱情悲剧，还是民主抗争的正剧，在田汉的笔下都呈现出超然的诗的意境，以及浓厚的浪漫感伤氛围。

最后，田汉是一个浪漫多情的诗人，他一生中创作了大量的诗歌作品，在其戏剧创作中更是运用了"诗"的语言。田汉剧作中对"诗的语言"的运用不仅包括其所创作的借剧中人之口吟诵出的诗，其剧作中引用的诗，而且还包括诗化的人物对话。其中不仅有五四文学后产生的现代诗，而且运用了大量的古诗词与古典戏曲文学中的辞藻。比如《苏州夜话》中："你可以看见罗马似的城头的月，你可以看见威尼斯似的街头的水，你可以看见弓陀拉似的船，你可以看见那船上卡尔曼似的女儿。"田汉巧妙地运用诗的语言吟诵出苏州的月夜之美，将西方文化中的典型意象用来修饰月/水/船/女性，带有浓浓的异域风情；而话锋一转——"采香船上女如花，千古风流说馆娃。何必新亭挥涕泪？观前街上品清茶。"又以七言四句带有中国传统戏曲定场诗味道的诗剧将悠远的异域风情拉回到市井烟火的温暖惬意之中；而且细细读来这一小段台词还颇具戏曲语言的音韵美。

田汉早期剧作所呈现出的超然的诗性特征不仅源于他本人所具有的浪漫多情的诗人气质，更在于其所熟谙的中国戏曲艺术与西方戏剧文学都具有的诗性传统。中国戏曲艺术中的唱词可以说是抒情诗与叙事诗的结合，张庚先生就将中国戏曲称为“剧诗”。西方戏剧更是属于“诗”的艺术，从亚里士多德开始就将论述戏剧的观点命名为“诗学”，美学家黑格尔更是开宗明义地讲道：“戏剧无论在内容上还是在形式上都要形成最完美的整体，所以应该看作诗乃至一般艺术的最高层。”① 并将其称为戏剧体诗。而在田汉这里中西戏剧文学中的诗性传统悄然交汇。

四、中西戏剧传统的碰撞与融合

田汉不仅是一个戏迷，更是改造中国旧剧的先行者之一。他认为话剧自然重要，但不应该排斥旧剧，“我们今日不安排拿所谓新剧来代替旧剧。他们虽同是戏剧而性质不同。我们把戏剧分为歌剧（Opera）与话剧 (Drama)。话剧是不能代替歌剧的，因为他们的性质与使命不同。我们只安排以新话剧代替旧话剧（文明戏之类），新歌剧代替旧歌剧。”② 早在学生时代田汉就于《长沙日报》上发表了根据京剧《三娘教子》改编的剧本《新教子》，后又改编曲本《桃花扇》为《新桃花

① 〔德〕黑格尔：《美学》（第三卷 下），朱光潜译，商务印书馆 1996 年版，第 240 页。

② 田汉：《南国社的事业及其政治态度》，载《田汉全集》第 15 卷，花山文艺出版社 2000 年版，第 40 页。

扇》以讽刺时政。应当说，他是从改编中国戏曲剧本转而进行戏剧创作的。而其写作的第一个话剧剧本《梵峨嶙与蔷薇》讲述的便是京韵大鼓女伶与琴师的故事；早期创作中最优秀的剧目《名优之死》同样是以京剧名伶为主人公。田汉与多位戏曲名角儿有着密切的往来，周信芳、欧阳予倩都是南国社的成员；曾多次参与上海伶界联合会和中华全国伶界联合会的活动。在某种程度上说，中国传统戏曲艺术不仅是田汉戏剧创作的源头，为田汉话剧创作提供了丰富的故事内容，更是内化于田汉心中的戏剧创作传统。这突出地表现在田汉早期作品在戏剧结构观念、悲剧创作上与中国戏曲“剪不断”的联系。

田汉早期剧作在戏剧结构上受到了中国戏曲艺术“点线串珠式”结构的影响。在这里戏剧结构主要指剧作对于情节的安排，“中国戏曲的点线串珠式结构，即中国戏曲的情节、冲突和场面都以点状的形式出现，和受线性排列的规范。”随之而来便是中国戏曲以“场”相连缀。而西方戏剧则是“板块接进式”结构，即“将故事段落和情节事件调整、挤压成几个大的板块，让事件的进展，矛盾的纠葛都集中在这个板块之中，以数个板块的接进来完成整个故事剧情的发生、发展和终结。”相对应的，西方戏剧是以“幕”来切分全剧。①因此，在西方戏剧中并不一定以情节发生的时间顺序展开铺排，例如索福克勒斯的《俄狄浦斯王》就是从接近故事结尾

① 蓝凡：《中西戏剧比较论》，学林出版社2008年版，第369、370页。

处开始讲述的。田汉的早期话剧在运用西方戏剧结构的基础上借鉴了中国戏曲以线性发展顺序组织排列情节的方法，绝少使用西方戏剧中常见的闭锁式结构。不可否认田汉“对莎士比亚式的开放结构，亦有某些借鉴，但更多地恐怕还是得力于中国传统戏曲的熏陶。”① 特别是田汉创造性地使用中国戏曲中的“场”来连缀情节，这一手法虽然在其 20 世纪 40 年代写作的 21 场话剧《丽人行》中最为突出，但其实在南国社时期创作的《垃圾桶》中就已现出端倪，此剧虽为独幕剧但被田汉分为三场来进行演绎。由此可见，田汉早期的话剧创作已经自觉或不自觉地运用中国戏曲艺术的编剧手法。

中国戏曲艺术作为中华文化的突出代表，可谓源远流长，具备了相当的完整性和稳定性，并且可以说是中国民众最为喜闻乐见的娱乐形式。因此，当电影输入我国时，首先拍摄的便是中国戏曲剧目《定军山》；当西方戏剧输入我国时，也出现了自发向中国传统戏曲靠拢的现象——文明戏就是西方戏剧形式向中国传统戏曲臣服的产物。如前所述，田汉南国社早期的许多剧作都是“从舞台走向案头”，是重视表演的戏曲艺术与介于中国戏曲与西方戏剧之间的文明戏样式双重影响的结果。作为热爱中国戏曲并对其进行过深入研究的田汉来说，中国戏曲艺术是根植于他心中的最为熟悉的戏剧形式，在其最初创作戏剧时自然会本能地运用戏曲艺术的某些手法。

田汉可以说是悲剧创作的“圣手”，特别是在南国社时

① 董健：《论田汉与中国传统戏曲的关系》，《剧艺百家》1985 年 01 期。

期的戏剧创作中，被称为“戏剧中的冠冕”的悲剧成为田汉创作数量最多的戏剧种类。这当然与田汉青年时代的感伤经历有着莫大的关联，似乎只有悲剧才能抒发其丧失爱妻与亲人之痛，才能宣泄他的苦闷与彷徨。悲剧是在民国时期传入中国的西方戏剧种类，中国戏曲由于多数为“大团圆”结局，而被诸多学者认为中国古代并不存在悲剧。其实，中国戏曲只是没有西方意义上的悲剧，但却具备十足悲剧色彩的“苦情戏”。[①] 田汉南国社时期的悲剧创作不仅吸收了西方悲剧的创作手法，而且带有中国戏曲“苦情戏”的诸多元素。换言之，田汉这一时期的悲剧创作是西方悲剧与中国戏曲“苦情戏”相融合的悲剧样态。

首先，从戏剧冲突的角度来看，西方悲剧从索福克勒斯的《俄狄浦斯王》，到莎士比亚的《哈姆雷特》，再到尤金·奥尼尔的《琼斯皇》，无论是命运悲剧、性格悲剧还是社会悲剧，其冲突的本质在于人与其对立物（命运、性格、社会）的挣扎。而中国戏曲中“苦情戏”的冲突主要是描绘恶毁善、奸害忠、邪压正、丑贬美的苦情历程，是一种评判的冲突。仔细分析田汉所创作的悲剧，不难发现，田汉剧作中描写悲剧主人公纠结、挣扎的过程，是与其展现主人公遭遇苦难的经过结合在一起的，并将自己的道德评判放入其中。以《名优之死》为例，田汉并没有着重强调刘振声内心的挣扎、与女弟子刘凤仙的冲突以及对杨大爷一流的反抗，而是极力展现了杨大

① 蓝凡：《中西戏剧比较论》，学林出版社2008年版，第480页。

爷之流引诱刘凤仙不爱惜严肃认真的艺术，从而侮辱、迫害刘振声的过程和行为。田汉侧重展现的是刘振声坚持艺术家的尊严与操守最终走向死亡的苦情经历。田汉先是借左宝奎之口表明自己对刘凤仙和杨大爷之流的评价：“可是她一成名就跟臭肉一样给苍蝇叮上了”；又说明自己对艺术的观点“还是爱重自己的玩意儿吧，好的玩意儿是压不下的！”，再借何景明宣告自己的憧憬：“会有一天这世界变了，唱玩意儿的也翻了身”。刘振声两次呼喊出的“什么东西！”不仅折射出田汉对旧社会破坏艺术的黑暗势力的嗤之以鼻，而且鲜明地表达出剧作家对剧中人物和现实社会的评判。田汉创作的大部分悲剧并不旨在呈现悲剧主人公矛盾挣扎的心理，恰恰相反，其笔下的悲剧人物十分决绝。他注重展现的是悲剧主人公走向灭亡的经历，而非像洪深仿作的《赵阎王》一般，着重于表现“赵阎王”的心理活动与挣扎。因此，田汉的悲剧更容易使长期观看中国戏曲的观众所接受。

其次，从悲剧角色亦即全剧居于主导地位的悲剧主人公来看，西方悲剧总是倾向于以王公贵胄、英雄人物作为悲剧的主角，强调人物的地位和力量。而中国戏曲中的悲情主人公则选择善良弱小，甚至是底层的小人物来充当，强调主人公的无辜与正义。田汉南国社时期塑造的悲剧主人公就其身份地位而言均为普通的小人物，并不是贵族出身或是英雄，如《江村小景》是农民出身的小兵；《名优之死》是旧社会的戏子；《颤栗》的主人公是精神不正常的私生子等等。当然，田汉选取小人物来做悲剧主人公除了中国戏曲“苦情戏”的影响外，与西方 18 世纪启蒙运动中产生的“市民悲剧”也不无关系。但正如朱光潜所认为的那样：“狄德罗和莱辛虽然大力主张‘市民悲剧’，但这种悲剧却很少取得高度成功……随着‘市民悲剧’的兴起，真正的悲剧就从舞台上消失了”[①] 但十分值得玩味的是田汉塑造的一系列以小人物为悲剧主人公的戏剧作品却在中国舞台上获得了极大的关注。这并不是西方“市民悲剧”的胜利，而是中国观众对于戏曲中“苦情戏”的熟悉与接受的结果。可以说，西方的“市民悲剧”和中国戏曲的“苦情戏”在田汉这里完成了统一。

再次，从悲剧结构的角度来说，西方悲剧作品大部分采用彻底的悲剧感来架构情节，在情节发展的过程中不存在悲喜交加的方式，其结局也一定是通向毁灭。而中国戏曲的苦情戏则运用悲喜交织的方式铺排情节，并以传奇的“大团圆”为结局。田汉的悲剧创作一方面采取中国戏曲中悲喜交织铺排情节的方式，另一方面又以主人公走向毁灭为结局。例如《江村小景》中，原本被拐的大儿子归家是一件喜事，但却由于其为北方军阀的小兵身份归来引起了隶属南方军阀阵营的弟弟的误会，从而造成两兄弟相互厮打而亡的悲惨结局。而年迈的母亲在经历了大儿子归家的极喜之后，又不得不面临两子双双死亡的极悲境遇。田汉用极喜极悲的转换，诉说着军阀混战带来的家破人亡。再如《名优之死》中，田汉设置了“左宝奎”这一人物，他既是京剧行当中必不可少的丑角；

① 朱光潜：《悲剧心理学》，人民文学出版社 1983 年版，第 89 页。

又在剧情推进中通过戏谑、揶揄杨大爷一流产生一定调笑、逗乐的作用，使得剧情在悲喜相间的氛围中走向结局。而且“左宝奎”在《名优之死》中的作用与戏曲中丑角的功能具有高度一致性。田汉善于使用中国戏曲苦情戏中悲喜交加的方式结构情节，使得观众与读者在一悲一喜的氛围中接受主人公走向最终的毁灭。

最后，田汉南国社时期的悲剧在其价值上既带给人们西方悲剧的怜悯与同情以及一定的崇高感，又具有中国戏曲苦情戏中悲剧主人公自我牺牲的高尚，从而带有一定的伦理教化作用。比如《湖上的悲剧》中白薇为了成全杨梦梅的婚姻与艺术作品决然地自杀了。“情不知所起，一往而深，生者可以死，死可以生。”田汉用话剧的方式再度阐释了汤显祖的“情”字，赋予其现代性的生命力。在田汉笔下，“情”字不仅指“爱情”，还有“爱艺术”“为艺术”之情。白薇也不单是为爱情、为艺术放弃自己的生命，还在于她对杨梦梅的婚姻家庭有着强烈的道德感，这种道德感也成为驱使她自杀的原因。《苏州夜话》中田汉安排刘书康与失散已久的女儿——卖花女重逢的结尾不仅带有中国戏曲中“大团圆”结局的意味，更是具有戏曲艺术的传奇化色彩。由此可见，田汉这一时期创作的悲剧一方面以主人公的悲惨境遇和死亡带给观众西方悲剧所具有的恐惧、怜悯与同情，从而起到一定的“净化”作用；另一方面又运用了中国戏曲中以“情”动人的手法，通过悲剧主人公的牺牲来感化、教化观众与读者。

基于此，田汉南国社时期的剧作不仅具有前人学者研究成果中所提出的中国戏曲的写意性、抒情性、与音乐性，而且田汉在具体创作中运用了诸多中国戏曲的编剧手法。特别是在其悲剧创作中，中西戏剧传统的碰撞与融合更加强烈。虽然田汉早期编剧手法还稍显稚嫩，带有那个时代赋予剧作家不可避免的局限，但是田汉从最初开始创作戏剧时就将中国戏曲传统与西方戏剧传统融合在一起了。换言之，田汉剧作对中国现实社会生活的抒情化“摹仿”、超然的诗性特征以及中西戏剧创作手法的交互运用使得其剧作展现出鲜明的现代意识与本土化特色。正是中西戏剧传统在田汉笔下的这种交融互渗，最终奠定了现代戏剧文学的地位，并推动了中国传统戏曲艺术的现代化。

（李霖：上海大学新闻传播学院在站博士后、戏剧戏曲学博士）

戏曲研究

田汉的意义

龚 裕

很高兴代表中国戏曲学院参加田汉先生诞辰120周年学术研讨会。今年召开了全国教育大会，也是中国戏曲高等教育创设40年，我们缅怀、纪念田汉先生，理当关注先生作为现代戏曲教育体系的建构者和奠基人，新社会戏曲改革的先驱者、戏曲现代化的倡导者和实践者，社会巨变时期戏曲工作者的政治引路人所取得的成就与影响。

首先，要纪念先生建构现代戏曲教育体系的奠基之功。

一是主持建立了新中国第一所戏曲学校，把戏曲人才培养纳入到国民教育体系之中。中华人民共和国成立之初，为了培养适应新中国需要的新生戏曲力量，先生以四维儿童戏剧学校三分校为基础，筹划建立了新型的国办戏曲学校——文化部戏曲改进局戏曲实验学校（后改名中国戏曲学校），并亲任校长。自此，戏曲人才培养一改科班或者私人办学的模式，成为国家承认、社会认可的学校教育，“正规化、专业化”戏曲学校的建立成为现代戏曲人才教育史上的重要里程碑。

二是确立了适应新中国和戏曲艺术事业发展需要的办学宗旨和培养目标。把培养德智体美全面发展的戏曲人才作为办学宗旨，并将培养具有较高的政治觉悟、中等文化教育水平和基础知识、具有较高的戏曲表演和伴奏能力、全心全意为社会主义建设服务的专业人才作为培养目标。概言之，就是要在保证正确的政治方向的基础上，重视专业教学和学生文化素质的培养。这个宗旨和目标，其实就是我们今天一直在强调的立德树人。

三是重视师资队伍建设，延请名师授课，奠定了中国戏曲学院（校）在戏曲界的定位。先生筹建学校伊始就发挥自己在戏曲界的影响，亲自登门拜访，先后聘请了萧长华、王瑶卿、王凤卿、尚和玉、谭小培、张德俊、金仲仁、鲍吉祥、刘喜奎、马德成等著名表演艺术家来校任教，不仅为这些老艺术家提供了好的教学条件，并且在政治上、生活上给以无微不至的关怀。先生延请刘喜奎先生的故事至今仍是业内美谈。

四是确立了学校以传统戏为主、新戏为辅的教学模式和教学内容。根据戏曲人才成长规律，确定了剧目课教学以传统戏来奠定表演技术基础，规范学生唱念做打的基本功。基础打好后，为高年级的学生排演新戏，加深学生对于戏曲思想性、艺术性的认识，强化理论与技巧的结合。先生的《江汉渔歌》《白蛇传》等作品都在他的指导下由学生排演过。

五是改进教学方法，重视实践实习。在教学上一方面继承传统的口传心授的教学方法，但又不拘泥于一法，强调突破，如要求培养学生的识谱能力，利用曲谱进行教学等。先生强调要根据学生的个性条件，采用普遍培养、重点提高的方法，做到人尽其才。先生注重实习，建立校内试演制度，并争取对外演出，接受观众的检验。

六是在办学上构建了开门办学，善于借鉴姊妹艺术的开放格局。先生打破门户之见，聘请不同流派的教师来校任教，常邀请中外著名艺术家、社会名流来校演讲或演出。还要求学生经常参加社会活动，增长见闻，扩大视野，要求学生阅读名著，观摩话剧、电影、舞蹈等，从中汲取营养。这种开放的格局、博大的胸怀，值得今天的戏曲工作者学习和思考。

其次，要纪念先生在新社会进行戏曲创作改革的开拓之功。

田汉先生之所以被称为“中国的戏剧魂”，是因为他对戏曲改革的贡献是巨大的，他用现代意识烛照传统戏曲，从理论和实践上对戏曲现代化进行了探索。他力图沟通中西戏剧美学，把戏曲纳入社会主义文艺，让古老的戏曲艺术再次焕发生机。对于戏曲如何利用传统形式表现现代生活和现代意识，他主张内容和形式的统一，要勇于创造新形式，去表现新生活、承载现代意识，使传统戏曲的主题、形式、面貌都焕然一新，为戏曲的现代化开辟了广阔的前景。先生的思想对于今天的戏曲创作极具借鉴和启发意义，以改变缺乏高峰的戏曲创作现状。

先生在长期的理论研究和创作实践中所形成的融汇、平衡的戏曲观，促进了戏曲各要素的共同发展。他认为，戏曲是吸收了民间歌舞、说唱、滑稽戏等艺术营养而逐渐形成的，是一门融汇的艺术，什么时候都不应该停止融汇的脚步，必须不断地融汇新的艺术、新的形式、新的内容，才能处理好继承与创新的关系。他认为，戏曲是编、导、表、音、美等各要素综合融汇、平衡发展的艺术，不能“重人不重戏”，任何一个环节出现问题，都会影响戏曲的健康发展。

先生用他自身的创作实践大大增强了京剧剧本的完整性、文学性。在他扛鼎之作的《白蛇传》中，很多唱词都写得情景交融，诗意盎然，可阅读可演出，如“苏堤上杨柳丝把船儿轻挽，颤风中桃李花似怯春寒”“风吹柳叶丝丝起，雨打桃花片片飞”等。如当白娘子败走西湖触景生情时的“看断桥桥未断却寸断了柔肠”唱词，以境写情，妙用双关，写活了白娘子对许仙既爱又怨的心理。这些唱词兼具文学性和音乐性，提高了京剧的文学与文化品位。

最后，要纪念先生在社会巨变时期对戏曲工作者的政治引路之功。

作为戏曲改进局局长，田汉先生因人制宜、因事制宜，提高戏曲工作者的政治觉悟，在政治经济上解放艺人，向党靠拢，为社会主义文艺事业服务。他通过组织培训班、讲习班，并经常亲自授课，对戏曲人进行政治启蒙教育，让他们掌握马克思主义的基本知识，从而改变世界观。

先生还通过提高戏曲人的社会地位、政治待遇、生活质量来激发他们的责任心和使命感，提升思想觉悟。梅兰芳大师的崭新感觉是：从一个在旧社会被人都看不起的下等人，到和国家领袖人物平起平坐的全国政协委员，这个跨度之间的距离大到让他常常觉得难以置信。这不仅激发了政治热情也使他重新焕发了艺术青春："对我的热烈欢迎和关怀，给我以极大的鼓励，也给我以新的力量，使我的艺术创造有了新的生命，因而增强了我的舞台实践的信心。"

先生侠肝义胆、宅心仁厚，关心同志、体恤下情，被戏剧界同仁亲昵地称为"田老大"。他广交戏曲界朋友，理解他们、关心他们、尊重他们，进而影响、引导他们。周恩来总理就曾称赞过："田汉同志在社会上是三教九流、五湖四海，无不交往。他关心老艺人，善于团结老艺人，使他们接近党，为党工作，这是他的一个长处。"先生为抢救戏曲遗产、照顾老艺人及培育年青一代戏曲工作者，付出了许多心血。

总之，田汉先生在戏曲教育、戏曲创作、戏曲管理等方面的开创之功、值得纪念的事情远不止于所提到的这三个方面。习近平总书记讲："文艺是时代前进的号角，最能代表一个时代的风貌，最能引领一个时代的风气。"我们应该从对戏曲与经济社会发展相互关系的深刻认识出发，认真研究、总结他对戏曲创作规律、戏曲人才成长规律、戏曲人才教育规律的探索与揭示，把田汉研究推向一个新的境界。

（龚裕：中国戏曲学院党委书记、教授）

辩证对待继承传统与革新发展

——田汉的戏曲美学思想及其戏曲改革实践

安　葵

田汉是我国杰出的剧作家、诗人、戏曲教育家，同时也是戏剧工作的领导者。早在20世纪二三十年代，田汉就投身进步的、革命的戏剧运动，如茅盾所说：田汉是“我国革命戏剧运动的奠基人和戏曲改革运动的先驱者”[①]。田汉的创作涵盖话剧、戏曲、电影、诗歌等多个领域，对中国当代文学艺术的发展作出了不可磨灭的贡献。中华人民共和国成立后，他先后担任文化部艺术改进局局长、文化部艺术事业管理局局长、中华全国文学艺术界联合会副主席、中国戏剧家协会主席等职，在党和政府的领导下参与制定的戏曲政策，并且是重要的执行者，几十年来发表了大量戏曲理论和评论文章，对戏曲改革和戏曲艺术的发展产生了积极的影响。

① 源自茅盾在田汉追悼大会上的悼词，《人民日报》1979年4月26日。

本文仅就田汉先生关于戏曲方面的论著做简略梳理，谈一谈对田汉戏曲美学思想和他关于戏曲改革思想的认识。

一、如何认识戏曲的新与旧

中华人民共和国成立后，首先面临的问题是如何对待戏曲的传统，即如何对待继承传统和革新发展的问题。在美学上即新与旧的问题。中国戏曲有悠久的历史，它是在长期的封建社会产生和发展的，因此自五四运动以来，戏曲（其代表性剧种为京剧）通常被称为“旧剧”，戏曲艺人被称为“旧艺人”。对此问题，田汉先生早在 1928 年就提出异议。他说：“从事新剧运动的人，说演旧剧没有生命，说旧剧快要消灭。演旧剧的人看不起新剧，说新剧还不成东西，还不能和旧剧竞争。但在我们，觉得戏剧的新旧不是这样划分的，我们只知道把戏剧分成歌剧与话剧。说歌剧便是旧剧，话剧便是新旧，不能说公平，因为不独歌剧有新旧，话剧也有新旧。”①

据记载，田汉的论述得到洪深的服膺，洪深提议将当时称为“新剧”的这种艺术类型改称“话剧”，得到大家的同意，于是便流行起来，一直沿用至今。② 也如夏衍所说，因为有欧阳予倩、田汉、洪深等中国话剧的奠基人、创始者对中国戏曲有比较深的研究、造诣和爱好，所以中国戏曲与话剧有

① 《新国剧运动第一声》，载《田汉全集》第 17 卷，花山文艺出版社 2000 年版，第 1 页。

② 参看《田汉全集·前言》，载《田汉全集》第 1 卷，花山文艺出版社 2000 年版，第 9 页。

长期团结合作的传统。①

田汉先生在20世纪30年代就与进步的戏曲艺人合作，在抗日战争期间，又在西南进行数年戏曲改革的实践，长期与群众在一起，与戏曲艺人在一起，所以对传统戏曲很熟悉；中华人民共和国成立后，他又对各地各剧种进行了认真细致的调查研究，由此他对民族戏曲艺术有一种深深的热爱之情。

在多年的讨论中，人们对戏曲艺术从内容到形式都有许多责难，对其是否能适应新时代的需要也有各种不同估计。如夏衍先生在1946年时曾认为，农业社会的文化水准和物质设备适宜于平剧（京剧）发展，而中国的工业化不是短期可以成功的，因此他断定平剧至少还有一世纪的寿命。田汉不同意这一观点，他说："平剧这一从中国土壤产生的艺术形式，同样是促进中国工业化、现代化的文化武器。"对平剧进行改造，使之适应时代的需要，"我敢保证平剧的寿命绝不止一世纪，就在高度工业化了的中国，平剧将依然存在。那不仅因为平剧的内容形式能适应新时代的需要，更因为新时代会更好地武装它、发展它。新时代不需要封建的东西，但永远需要歌剧，和其需要话剧一样；而平剧是一种歌剧。"② 再如音乐家贺绿汀也曾主张戏曲都改用西洋乐器，而田汉说："然而以我的观感说，中国各种地方剧及民间歌曲真是无尽藏的音乐宝库，有天才有见识的音乐家倘真能加以搜集整理，根据时

① 夏衍：《悼念田汉同志》，《收获》1979年第4期。

② 田汉：《平剧还有多长的寿命？》，载《田汉全集》第17卷，花山文艺出版社2000年版，第60页。

代的需要，把握中国人的灵魂，相信必能完成伟大的创造。”①

中华人民共和国成立后，如何对待戏曲艺术，就不仅是理论问题，而要落实为党的政策并付诸实践。斯大林有过一个观点：“当经济基础发生变化和被消灭时，那么它的上层建筑也就会随着变化，随着被消灭。”（《马克思主义与语言学问题》）于是有人就认为，戏曲是封建时代的上层建筑，因此必将随着封建社会的消灭而被消灭。这一时期，否定戏曲的价值和对戏曲进行粗暴改革的主张气焰甚盛。在这样的情况下，田汉与其他老一辈戏剧家一起，以马克思主义与中国的实际相结合的思想和态度，发表了许多具有学理性的文章，在保护和弘扬民族文化遗产、发挥戏曲艺术的积极作用方面作出了重要的贡献。

20 世纪 50 年代初，关于怎样做戏改工作，他给周扬同志写信（原计划写十封，但只写了三封），在已写出的信中，他就大量的传统剧目分析了表现民族关系的戏、人与自然的关系以及神鬼观念的戏、“辞朝戏”“度人戏”“思凡戏”等的复杂内容作了细致的分析。在各地的观摩调研中，也强调传统剧目思想内容的复杂性，在批判、清除封建性的糟粕的同时，一定要谨慎地保护其民主性、人民性的精华。他指出：“不少神话戏都是古代人民对于自然现象之天真幻想，或对旧社会的抗议和对理想世界的追求。这种神话戏对新社会不但无害而且有益的。只有写阴朝地狱循环报应来恐吓人民那才是

① 田汉：《剧艺大众化的道路》，载《田汉全集》第 17 卷，花山文艺出版社 2000 年版，第 49 页。

有害的。其次是区别恋爱与淫乱。写男女相爱悦的戏，例如通过男女关系揭破封建压迫的《西厢记》，是不应当反对的，但故意把这些戏演成淫亵下流，迎合观众低级趣味，才是应当反对的。”[①] 对于《刘海砍樵》《白蛇传》等作品，田汉指出，这是民间的创造，“中国人民对自然界与所谓的异类都很亲近”[②]。他认为《思凡》“是中国最好的戏曲文学”[③]。对于《四郎探母》《玉堂春》等剧目的思想意义人们多持批判态度或评价不高，田汉也指出其主人公思想中还有“不忘根本”和“不忘旧情”的成分。“由‘不忘根本’到‘不忘旧情’都是老戏所赞扬的，这也是老戏的美丽的民主成分”。[④] 当时对《琵琶记》的评价分歧也很大，田汉先生说：“它的确有地方在做封建说教；但我们决不能单从那一面去看，我们今天要肯定并发扬其人民性民主性的一面，《琵琶记》之所以能保存到今天，正是因为它这一面。”他特别欣赏湘剧《琵琶上路》，“通过湖南人民的创造，人民性更多了。如这一折中‘赵氏女离故乡’以下的赵、张临别赠辞，人情味的丰富动人，是原著所没有的。”他认为赵五娘的糟糠自咽、卖发营葬等，“不能单看作是封建道德，而应看作在天灾人祸中，人民相互间深厚的感情表露在公婆与儿媳之间。”“张广才是中国戏曲写邻里

① 田汉：《为爱国主义的人民新戏曲而奋斗》，载《田汉全集》第17卷，花山文艺出版社2000年版，第181页。

② 田汉：《关于汉剧和湘剧几个演出剧目的小见》，载《田汉全集》第17卷，花山文艺出版社2000年版，第212页。

③ 田汉：《怎样做戏改工作》，载《田汉全集》第17卷，花山文艺出版社2000年版，第139、149页。

④ 同上。

之爱最成功的人物。”“他代表中国农民作为邻人的美德。”“对于这样一个辉煌的作品不要仅从其封建的一面去估计，而应透过或揭去其封建的表层找出其人民性民主性加以发扬光大，才算是祖国艺术遗产的聪明的继承者。”①

1950年，田汉在全国戏曲工作会议上的报告中急呼：“作为爱祖国、爱人民的新中国人必须爱我们祖宗传下来而被人民喜好的文化遗产。独创性极强的中国旧剧形式正是此种宝贵遗产之一。”② 在第一届全国戏曲观摩演出大会的开幕式上，田汉充满真挚的感情说：“我们到今天才真正具体知道中国戏曲艺术遗产是如此丰富和优秀，这证明了中国劳动人民的无比的创造天才，不管是哪一时代，哪一地区，我们都可以接触到和发掘出十分美丽优异的艺术珠宝。”③

二、在继承传统的基础上努力革新

田汉先生热爱戏曲的传统，同时又主张积极地进行改革。早在1928年他就提出搞“新国剧运动”：“我们也并非主张要做前人的叛徒，我们只觉得真想做前人的孝子顺孙，正应该吸收前人创造的精神，而不从事模仿，更不应该走入魔道，迎合社会之低级趣味。我们应该使我们唱的歌剧，音乐的价

① 田汉：《楚、湘、豫剧的现实主义的考察》，载《田汉全集》第17卷，花山文艺出版社2000年版，第222—223页。

② 田汉：《为爱国主义的人民的新戏曲而奋斗》，载《田汉全集》第17卷，花山文艺出版社2000年版，第182页。

③ 田汉：《在第一届全国戏曲观摩演出大会开幕式上的讲话》，载《田汉全集》第17卷，花山文艺出版社2000年版，第228页。

值更高，思想的内容更富。尤其应该使他成为民族全体的东西，不应该成为专供某一阶级的消闲品。这就是我们开始新国剧运动的动机。”①

抗日战争爆发后，他看到许多戏曲工作者参加到抗战中来，便提出“目前实在是改革旧剧最好的机会”，呼吁从“改革旧剧演员生活，使他们过得像一个文化上的民族战士”等方面入手，“实现旧剧之较有力的改革，使在抗战中发挥较大效果。在抗战成功之后，旧剧当在全国全世界放出意想外的光辉。”②

1946年，他在与李健吾讨论旧剧改革问题时，提出了十七条意见，今天看来，都很有价值，现仅摘几点如下：

一、歌剧（老戏）和话剧属于两个不同的范畴，彼此可相影响而不能替代（因此不能说话剧隆盛了，地方戏便要被打倒了）。

二、封建时代孕育的旧歌剧和欧洲资本主义初期发达起来的话剧，在今日人民世纪同样需要被改革，而旧歌剧的现代化尤其刻不容缓。

三、旧歌剧产生于民间，为人民所熟悉，至今有多数从业人员与广大观众。改革旧歌剧是推动整个剧运的平衡发展，是争取广大人民走向进步，因而是重要的革命实践，而不能看作少数人的特殊兴趣。

---

① 田汉：《新国剧运动第一声》，载《田汉全集》第17卷，花山文艺出版社2000年版，第1—2页。

② 田汉：《关于旧剧改革》，载《田汉全集》第17卷，花山文艺出版社2000年版，第43—44页。

四、旧歌剧的艺术形式虽相当精美，却不曾达到高度完成，如音乐等还在简单原始阶段。我们要改革它的思想内容，也要提高它的技术，不要只当做过去的古董去保存它。

五、旧歌剧的改革，当根据他自身的发展规律而不是对其他剧种的投降或无原则的模仿，如地方戏之平剧化，平剧之话剧化，话剧之电影化。①

此外还有从音乐改革入手解决戏曲表现现代生活的困难，内容与形式结合起来进行改革，旧剧改革不等于“旧瓶装新酒”，新文艺工作者要多向传统剧本、地方戏音乐中吸取营养等。田汉先生反对的许多倾向，如对戏曲的剧种歧视，不重视剧种自身的规律而盲目模仿其他剧种等问题，今天依然还存在；我们应该从田汉先生的改革主张中得到启示。

1947年，田汉先生对从事业余戏曲研究的同志提出，希望他们做“传统艺术的最好的继承人”，“我们要承认到今天为止的旧戏，是已经过无数改革、融汇的，因此不必害怕改革，不要拒绝融汇，只有更大胆更细心的改革、融汇，才是保存旧有艺术的最好的方法”，“改革应该包括内容形式全部”，“不仅要把新内容注入旧形式，也要把新形式注入旧形式，使中国原有的戏剧形式更丰富、更生动、更能表现新内容。”②

中华人民共和国成立后，面对人们对戏曲改革的急躁情绪，田汉先生又告诫大家，要细致地保护戏曲人民性的东西，

---

① 田汉：《剧艺大众化的道路》，载《田汉全集》第17卷，花山文艺出版社2000年版，第55页。

② 田汉：《我们需要这样一种“票房”》，载《田汉全集》第17卷，花山文艺出版社2000年版，第89页。

反对“推翻有余而推进不足”的倾向旧形式，使中国原有的戏剧形式更丰富、更生动、更能表现新内容。[①] 勉励大家做“祖国遗产的聪明的继承者”。

他强调新文艺工作者要虚心、认真向老艺人学习，密切与艺人的合作，反对“把欧洲歌剧的帽子勉强套在我们的戏曲上”，强调“不能把斯坦尼体系硬套在中国戏剧上”[②]。

50年代初，关于戏曲革新中内容与形式的关系问题曾有过热烈的讨论。田汉的意见是：“像某些彩头戏那样，只求形式新奇不改封建内容是不对的；另一面，只改内容而过度强调旧剧艺术的完整性，不改形式是不够的。旧戏剧就在形式上也有野蛮落后不健康的部分，不予以修改便足以破坏内容成为人民新戏曲发展的桎梏。”“但旧形式既为一般艺人所习惯，我们还不能要求过高过急，只求先改内容然后渐及形式，由于内容决定形式，新内容适当进入旧形式，他就会使形式起质的变化。胡乔木同志的话是正确的：‘先移起步来，形也就必然会跟着改换。’”[③] 这是一场正常的学术讨论，有各种不同的意见，而且大家都坚持自己的意见这是正常的。前些时候，关于梅兰芳“移步而不换形”引起的讨论成为一个热议的话题，其实我们应该放到当时的历史背景中看。

1951年毛泽东主席为中国戏曲研究院题词：“百花齐放推

① 参见田汉《有关昆曲剧本和演出的一些问题》，载《田汉全集》第17卷，花山文艺出版社2000年版，第250、252页。

② 同上书，第250、252页。

③ 田汉：《为爱国主义的人民的新戏曲而奋斗》，载《田汉全集》第17卷，花山文艺出版社2000年版，第182、187、191、238—239页。

陈出新”，这成为中国共产党和人民政府戏曲工作的指导方针。这一方针是在中国哲学和美学的基础上提出的。田汉是这一方针的积极贯彻者。百花齐放与推陈出新二者互相结合，不可分离。百花齐放是推陈出新的体现，也只有做到推陈出新才能实现百花齐放。而推陈出新不同于“除旧布新”“破旧立新”，它包含着新从陈出的意涵。刘禹锡诗“芳林新叶推陈叶”，新叶必须推掉旧叶才能长出，但它不能脱离与旧叶共同的树干。

三、田汉先生戏曲改革的实践

中华人民共和国成立后，田汉先生担任文化和戏剧领域重要的领导职务，做了很多有益的工作，他又是剧作家，创作和改编了很多优秀的戏曲剧本，并写了许多评论。关于这些方面的成就和业绩，已有不少记述和评论，限于篇幅，本文只简略论述一下他在这些方面的重要特点。

田汉先生在戏曲改革中，非常重视与戏曲艺人的团结合作。1947 年他在上海召开了包括梅兰芳、周信芳、翁偶虹和话剧界领袖人物洪深、熊佛西、李健吾、阳翰笙等参加的评剧改革座谈会，共话戏曲改革。他看到戏曲艺人投身改革的行动都满怀欣喜。他对“平剧前辈”齐如山先生的贡献给予热情肯定，对他们的意见充分重视。他对夏声剧校在戏曲改革中的努力表示祝福，同时勉励他们要有更大的勇气。他对越剧名伶合作演出《山河恋》给予很高的评价，号召大家团结起来进行戏曲改革。

在人民政府有计划有步骤地进行戏曲改革过程中，田汉强调，戏改干部“必须藩篱尽撤，与多数艺人密切合作”。[①]这时期，组织艺人学习，对艺人进行教育。田汉引用毛主席此前的话：“现在是新社会、新时代了，我们应当尊重一切受群众爱好的旧艺人，尊重他们方能改造他们。”他指出，学习、改造，包括批评、教育，“这不是降低我们艺人，恰恰是提高我们艺人。”[②]许多年来，有些论者对“三改”中对艺人的“改造”有不少误解和曲解，读一读田汉的文章应该对此问题有清晰的理解。

50年代中期，他以人民代表的资格到南方各地考察，大声疾呼要切实解决老艺人的困难，对不关心艺人的行为提出严厉的批评。他说：这些艺人是“活的遗产”，“爱护祖国的文化首先要爱护祖国艺术文化所寄托的人——广大艺人和他们的子弟后辈。”[③]

田汉先生原以创作话剧为主，后来，特别是抗日战争开始以后，他又以巨大的热情和精力投入戏曲剧本的改编和创作。其原因，一是为抗战服务，二是为推动戏曲改革，这两个目标是紧密结合在一起的。比如他写《新雁门关》是为了“鼓动国内将帅，消除一切无原则的摩擦，共同御敌。”[④]写《江汉渔歌》“可作为夺回武汉收复一切失地之先声”，同时也作

① 田汉：《为爱国主义的人民新戏曲而奋斗》，载《田汉全集》第17卷，花山文艺出版社2000年版，第182、187页。

② 同上书，第191页。

③ 田汉：《必须切实关心并改善艺人的生活》，载《田汉全集》第17卷，花山文艺出版社2000年版，第238—239页。

④ 田汉：《〈新雁门关〉前记》，载《田汉全集》第17卷，花山文艺出版社2000年版，第315页。

为"改革旧剧的良好机会"。[1]写《双忠记》也是因为瞿式耜、张同敞的事迹"足以使今日反侵略的中华儿女感奋兴起"。[2]他认为，戏曲改革必须体现在新成果上，看到男女演员"唱着以前的那些老调子，我心里实在惨痛非常。""今天绝对没有理由散播宋末、明初朝野间某种灰暗绝望的情绪，而应当于惨痛的历史教训之中仍旧显示光明的展望。"[3]因此他写了"使人气壮的"《岳飞》。有些传统戏为艺人们经常演出，但其思想内容中存在一些问题。如湘剧《追鱼》，曾被列为"第三类"即内容不好应该不演的一类。但艺人对它很留恋，想改进它，开发它。田汉看了也认为"这是一个可以改好的有趣的戏"，于是亲自动手修改。"此剧虽经我们重新写过，但湘剧本的原有好处是尽量保存下来了的。这里不仅有前人的智慧，也有我们较近的先行者的智慧，其中包括康德（按：当地作者）。"[4]

这些作品都体现了田汉先生新的历史观和新的美学观点。如他看了周信芳演出的《明末遗恨》，曾感动得以至于泪下。但认为剧作的历史观存在不足，因此"久欲根据可靠之史料加以改订"[5]。看川剧《情探》，认为是一部优秀的独幕剧，但

---

① 田汉：《〈江汉渔歌〉小序》，载《田汉全集》第17卷，花山文艺出版社2000年版，第317—318页。

② 田汉：《南明双忠记故事》，载《田汉全集》第17卷，花山文艺出版社2000年版，第338页。

③ 田汉：《山居书简——代〈岳飞〉序》，载《田汉全集》第17卷，花山文艺出版社2000年版，第326—327页。

④ 田汉：《〈金鳞记〉后记》，载《田汉全集》第17卷，花山文艺出版社2000年版，第353页。

⑤ 田汉：《〈明末遗恨〉前记》，载《田汉全集》第17卷，花山文艺出版社2000年版，第314页。

亦不满足，于是动手改编，“想给王魁、桂英的悲剧一些必然性，同时削去此剧的神怪气氛，便成为单纯的人情剧”，“使剧中人物性格更有社会意义。”① 写《武则天》则是想对武则天的性格做出细致的分析，展现真实的历史生活面貌，为平剧改革“尽些力量”。②

有些作品是田汉先生经过反复修改的，如《白蛇传》前后改了十二三年。有些作品是带着“冒险精神”去写的，如《西厢记》，他“很早就想把这个戏加以新的处理，让莺莺表现得较主动、较强烈；也更突出红娘为社会正义和为别人幸福献身的精神，让张生较有思想意境，而不是一个色情狂的文士。尤其是想让剧的矛盾冲突愈到后来愈尖锐而不是逐渐减弱。”“田西厢”难免带有时代的特点，也有不同意见的争论，作者自知：“这的确是一种冒险，也可能是一种冒渎”，③ 但他还是勇敢地去创作了，这也体现出田汉先生富有个性的创造精神。

田汉先生的戏曲美学思想和关于戏曲革新的观念也贯彻在他的戏曲批评中间，他的戏曲批评是他戏曲改革实践的一个重要部分。

从20世纪三四十年代起，他就主张，“中国老戏的改革，

---

① 田汉：《关于〈情探〉》，载《田汉全集》第17卷，花山文艺出版社2000年版，第344页。

② 田汉：《〈武则天〉自序》，载《田汉全集》第17卷，花山文艺出版社2000年版，第347页。

③ 田汉：《西厢记·前记》，载《田汉全集》第17卷，花山文艺出版社2000年版，第357—358页。

当从它的思想内容改起”[①]。同时他也很重视形式与内容的联系。如武戏。他说：“言旧剧改革者则多注重文戏，于武戏则轻易看过。”[②] 因此对有的武戏的演出有新的改革给予热情赞扬。在他的戏曲评论中，对演员的表演、音乐唱腔、舞台美术等方面都有全面的关注。

对于传统戏中与历史不合之处，田汉先生一方面能放到当时的历史环境中予以理解，另一方面对于历史人物的错误评价他也都给予指出，并表示“总希望能看见真正的历史剧。”[③] 王骥德曾说：“剧戏之道，出之贵实，而用之贵虚。”（《曲律》）田汉先生对历史剧的要求与此美学观点是一脉相承的。他反对搬用人间的道德习惯去写神话剧，把神话戏写得“不像神话而像人话”。他赞赏传统戏中那些能表现细腻的人情的地方。“我们改戏便是要如何入情入理”。“改编有悠久历史的戏曲剧本，是替几百年来的文化遗产做总结，除了去芜存菁，把古人的东西提高一步，也还要广泛吸收前人或今人的智慧，再三反复用力，只能改好，不能改坏。”[④] 这是“推陈出新”美学思想在戏曲批评中的具体运用。

（王安奎：笔名安葵，中国艺术研究院戏曲研究所原所长、研究员）

---

① 田汉：《〈荒江女侠〉与白莲教》，载《田汉全集》第17卷，花山文艺出版社2000年版，第391页。

② 田汉：《关于〈铁公鸡〉》，载《田汉全集》第17卷，花山文艺出版社2000年版，第379页。

③ 田汉：《〈斩经堂〉评》，载《田汉全集》第17卷，花山文艺出版社2000年版，第377页。

④ 田汉：《观摩一得》，载《田汉全集》第17卷，花山文艺出版社2000年版，第406、412、415页。

田汉、欧阳予倩、周贻白的中华戏剧情结

周华斌

田汉（1898—1968）、欧阳予倩（1889—1962）、先父周贻白（1900—1977），都是湖南人。他们都经历了20世纪初新剧（话剧）的创造、旧剧的改良，文明戏、话剧、电影的开拓，是志同道合的戏剧界挚友。其中，作为戏剧电影作家和中国戏剧史家，周贻白在20世纪前半叶创作了30余部戏剧电影，30年代是闻名上海滩的畅销剧作家。①40年代直至中华人民共和国成立后的60年代，主要着力于中国戏剧史的教学与研究。可以说，这三位湖南人是20世纪带有标志性的中华戏剧人。

① 据不完全统计，周贻白戏剧电影创作包括改良京剧1部，话剧14部，电影23部。可参见《周华斌戏曲论集》附录《周贻白传》，台湾“国家出版社”2011年12月版。

2018年，中国艺术研究院举办了“纪念田汉先生诞辰120周年研讨会”，2019年，中央戏剧学院举办了“纪念欧阳予倩诞辰130周年研讨会”，特以本文拾遗补缺，一并怀念田汉、欧阳予倩等前辈戏剧人。

一、国民革命时期田汉的《新南京》和欧阳予倩的新剧《荆轲》

从清末民初的北伐战争时期说起，当时田汉、欧阳予倩，周贻白都只有二三十岁。1926年7月，北伐的国民革命军攻占长沙，迅速推进到岳州，他们都投身北伐军，田汉28岁、欧阳予倩37岁，周贻白26岁。周贻白在后方第三医院担任了几个月的中尉书记官。1927年5月，他到上海参加了田汉、唐槐秋组办的“南国电影剧社”。6月在南京，纳入了国民革命军编制，田汉任上校衔的电影顾问兼电影股长，周贻白任准尉司书；湖南同乡欧阳予倩主要从事京剧改良，任上校衔戏剧顾问，唐槐秋任中校衔戏剧股长。

国民革命军的体制其实并不稳定，带有相当程度的随意性。“南国电影剧社”既无社址，又无经费，只有七八个社员，连摄影机都没有一部。青年田汉是浪漫的唯美主义者，对外宣传时，他称南国社的女演员易素是“东方莎乐美”，称唐槐秋的妻子吴静是“南国女王”。田汉任电影股长时，编了一个电影故事，叫《新南京》。故事还没有编定，角色还没有派好，他就叫一个日本摄影师跟着去拍外景。在秦淮河转了一阵，拍了不少风景片，洗印出来田汉就很高兴地连赞“好镜头”。

《新南京》没有最后完成，南京国民革命军总政治部训练处就解散了，前后不到三个月。现在说起来，《新南京》只能说是未完成的纪录片。

在南京国民革命军总政治部戏剧股，周贻白同时结识了欧阳予倩。当时欧阳予倩在戏剧界已很有名气。从日本留学回国后，主要从事新剧和京剧表演，并且在南通创办了“伶工学社”。北伐前后，湖南盛行无政府主义，欧阳予倩在戏剧股招收了一批演剧宣传队队员，以义士荆轲刺杀暴虐的秦王为题材，自编自导了五幕歌剧《荆轲》。

《荆轲》的思想宗旨是舍生取义、为民除暴，是欧阳予倩早期代表作之一[①]。由于周贻白有演戏经历，经唐槐秋推荐，欧阳予倩同意，在《荆轲》中扮演了一个次要角色——荆轲的市井朋友、杀狗的屠夫。

《荆轲》属于有幕景装置的新剧。欧阳予倩强调幕场的静态画面、动态画面和人物情感表现，常常为演员做示范。如一开场，荆轲与市井朋友推杯换盏，在酒家饮酒，形成一种气氛。主角荆轲或安排在众人前面，或安排在众人中间，只要求画面静态和动态的总体气氛，不强调主角必须位居舞台中央的重要位置。《荆轲》在南京国民剧场的排演前后不到十天，体现着新剧对旧剧程式的突破。

欧阳予倩演了5年话剧，演了15年京剧，被称作京剧旦角的“自然派”。该说法有赞誉之意，意味着其旦角表演本身

① 话剧《荆轲》原发表于广东戏剧研究所1929年7月《戏剧》第1卷第2期，又见1980年中国戏剧出版社《欧阳予倩文集》。

就含有“真实自然”的生活化因素，体现了欧阳予倩新剧与旧剧兼容的戏剧观。它潜移默化地影响了周贻白“场上重于案头”的戏剧史观。

20年代末社会动乱。1927年底大革命失败，南国电影剧社解散，田汉加入了左翼文艺阵营。周贻白回到长沙，随即被军阀政府逮捕。1928年初，北伐军的西征军打到长沙，周贻白从监狱中跑了出来，到福建泉州黎明学园和西隅师范讲授国文，同时举办文明戏和新剧讲座。

二、上海孤岛时期的抗战戏剧和子弟书《赵老太太》

1937年“七七”事变，8月13日日军攻打上海，江南陷入了战乱。

周贻白在上海参加了抗日救亡协会，与欧阳予倩一起从事京剧改良。他协助欧阳予倩编演了鼓吹民族气节的京剧《梁红玉》《渔夫恨》，还在阿英主编的《文献》杂志发表了岳飞抗金兵题材的改良京剧《朱仙镇》。在阿英组织的“新艺话剧社”中担任编委会主任委员，创作并出版了三国时期大敌当前，蜀国后主刘谌哭祖庙、伏剑殉国、自刎明志的话剧《北地王》。又拍摄了与阿英话剧同一题材的电影《葛嫩娘》（又名《明末遗恨》，顾兰君、梅熹主演）。

其时，周贻白的编剧理念正如他在《救亡日报》1937年11月16日发表的《我眼中的〈梁红玉〉》一文所称，赞赏欧阳予倩密切联系时代氛围的思想内涵：“我几乎以为他们不是在演剧，好像是从战区里刚逃出来的相关的人”，“诚如戏单上所说，‘处处吻合时事趋向，幕幕含有警世意味’”——也就是醒世、喻世、警世意味。

在激情澎湃的文艺思潮中，田汉1935年为电影故事片《风云儿女》创作了广泛流传的《义勇军进行曲》，1949年9月被确定为中华人民共和国国歌。正是在这个时期，周贻白同样以曲艺作品宣传抗日救亡。1939年12月31日，他在上海《神州日报》上发表了一篇以时事为依据的慷慨激昂的子弟书《赵老太太》，与戏剧异曲同工、一脉相承。

赵老太太是东北平民，日军占领东三省后，她失去了家园，让侗儿参加了义勇军。她自己则带着另外几个儿女逃亡到河北蔚县，勉强度日。赵老太太对儿女们说：

现在有两条路随你们自己挑：
一条路是抗，一条路是做奴隶。
你们看哪条路好走、哪条路更高？
一声珍重，分道扬镳。

随后，鼓词中热情歌颂了敌后民众的抗日游击战：

东四省从此展开游击战，
义勇军往来飘忽控制了四郊。
说什么国富民强、械充粮足，
说什么披坚执锐、将勇兵骁，
一会儿火车脱轨中了埋伏，

一会儿后路被截、受了包抄。
只杀得血流成渠、尸横遍野，
只杀得天昏地暗、鬼哭狼嚎。

其中尤其集中塑造了冀中平原作为民间女英雄的赵老太太：

她带着游击队“击破了第二监狱，
解放了五百余人都来抗敌。
割断了电线又把铁路撬。”
“虽是女流杀敌不落后，
别瞧她皤然一老，
胆气比人豪。
双手开枪百发百中，
两杆盒子炮系在裙腰。”
在一次伏击中，这位双枪老太婆发现了日军骑巡队，
“双枪齐响撂倒了两个，
另一个拨转马头不要命的逃。
众村民这才相信她有本领，
都来投效不用相诏。”
其游击队“声势日增，范围愈扩大，
辅助着正规军队侧击旁敲，
捉弄得日人东西奔走无停止。

纵然不战死，心力已疲劳，
才知道，冒险轻进陷入了泥沼。
这一双泥腿早晚要糟糕，
天数已难逃。”

《赵老太太》子弟书和《义勇军进行曲》体现着同样强烈的民族意识和创作理念。此外周贻白又创作了话剧《花木兰》和颂扬民族气节的电影《苏武牧羊》等一系列作品。在《花木兰》替父从军、抗击外敌的情节中，花木兰买马、备鞍，悲壮地向老父告别：

爸爸，愿将此身常报国，不杀胡儿誓不还。

剧终由演出该剧的中国旅行剧团，全体团员合唱激奋的基调：

前进！前进！大家一条心。
脚步要踏稳，目标要认清。
我们是国家的柱石，我们是国家的干城。
驱丑类，扫妖氛，怕什么艰难与苦辛。
莫忘了我们的使命，莫冷了我们的热忱，
前进、前进、一齐向前进！

可见，在民族救亡思潮中，进步知识分子的作品体现着同样的时代精神。田汉、欧阳予倩、周贻白的大量作品均如此，不再一一列举。

三、欧阳予倩的《桃花扇》与周贻白的《李香君》[①]

除了时事题材的作品外，作为古典戏曲精品，欧阳予倩和周贻白始终对中国戏剧史上的名作《桃花扇》情有独钟。抗战期间，其基本情节和人物性格出现了适应时代需求的变异，甚至是带有根本性的变异，这是可以理解的。

抗战期间欧阳予倩对《桃花扇》的改编，对大敌当前形势下知识分子的软弱性敲了三次警钟：

> 第一次是1937年，在上海改编为京剧。尽管观众反应强烈，但是仅演出两场就被勒令停演。
>
> 第二次是1939年，在抗战大后方的桂林改编为桂剧。轰动一时后，亦被禁演。
>
> 第三次是1947年，为1941年在桂林成立的“新中国剧社”改编为五场话剧。演出了四场。

1937年秋末冬初在上海更新舞台，第一次排练京剧《桃花扇》时，周贻白经常与欧阳予倩共同商讨剧本、布景草图、场面调度。改编本没有完全脱离原作者孔尚任的宗旨：“借离合之情，写兴亡之感”，只是强调了朝廷兴亡时期的国民气节。

---

① “改良平剧”《朱仙镇》，发表于1937年《文献》杂志。又见1940年上海剧艺出版社《独幕剧创作月刊》第一卷第二期、第三期连载，有印行本。

关键性改变在于全剧的悲剧结尾：秦淮佳丽李香君一向敬爱与南明王朝权奸阮大铖水火不容的复社文人和东林党人侯朝宗（侯方域，字朝宗）。清军南下时江南生灵涂炭，入关后掌握政权，开科取士，侯朝宗变节应试，中了副榜。当侯朝宗企图鸳梦重温，到尼姑庵中接娶李香君时，钟情守节的李香君痛不欲生，触阶而死。

周贻白与欧阳予倩在改编《桃花扇》上存在着默契。1939年底，唐槐秋的“中国旅行剧团”到各地巡回演出回到上海，为“重整中旅”，周贻白为之编写了话剧《李香君》。该剧1940年7月在上海璇宫剧院首演，10月份由“金星影业公司”摄为电影，卜万仓导演。①

周贻白的话剧和电影《李香君》，同样将抗清志士史可法与清代入仕的复社文人侯方域加以对比，借侯方域与李香君的男女离合之情，写国难的兴亡之痛，由此颂扬平民女子李香君忠贞守节的品格。

当时有署名“邹啸”的论者在《〈李香君〉的编制》一文中写道：

> 昨晚到璇宫剧院看周贻白先生所编的《李香君》的演出，客满加凳，盛况空前。此剧以前曾有孔尚任的《桃花扇》传奇、欧阳予倩的《桃花扇》平剧，……贻白只择出十人左右的重要角色来登台，

---

① 话剧剧本1940年10月由上海国民书店出版发行，现存。

既不太多，又不太少，做到了“省头绪”的好处。……结构也极清楚，差不多完全以阮大铖、李香君、侯朝宗这三个人的葛藤作为戏剧的中心。……并且，因为不掩饰侯朝宗短处的缘故，使得第五幕（结尾）特别精彩，或为诸家未到之笔，尤其值得称赞。①

又有记者在《大众影讯》上称：

予倩写《桃花扇》时，他们（欧阳予倩与周贻白）就曾研究过怎样将这一历史故事作一新的介绍。……显然他（周贻白）对历史考证上曾是有过一番研究的功夫。②

周贻白同时还撰写了弹词开篇《李香君》概括剧情：

秦淮佳丽夙知名，旧院风流说胜明。
倡女尚能持气节，令人长忆李香君。
侯方域，空有才名无骨气，乍逢美色便忘形。
帮闲全仗杨龙友，
还有那，代付缠头（的）阮大铖，暗加笼络具深心。

① 1940年7月，《李香君》首演于上海“璇宫剧院”。邹啸《〈李香君〉的编剧》见于次日的《申报》。

② 1940年10月，《李香君》由“金星影业公司”摄为电影。见1940年第10期《大众影讯》记者采写的影讯。

俏佳人，问明来历花容变，立即裙钗换布荆。
休道我，烟花贱质专为利，
奴家是，红粉怜才一片心，肯令权奸辱此身？
宫车出，庙社倾，半壁江山委劫尘。
王气将终歌玉树，又看《燕子》与《春灯》。
熙朝贵倖推田仰，得意新将漕抚升。
强致聘金三百两，
杨龙友，觍颜再度作媒人，要娶香君备后人。
好一个烈性倡门女，她情愿，碎首阶前不允婚。
只落得，血溅宫纱污扇面，
这才使，阿娘代嫁得完贞。
齐纨一柄堪千古，几笔桃花点缀新，
两朝应举愧侯生。①

中华人民共和国成立后的1963年，西安电影制片厂将欧阳予倩的《桃花扇》改编为黑白故事片，李香君由著名演员王丹凤主演。在“文化大革命”前夕形而上学的文艺形势下，该片仅作为内部片放映，未能公映。当时“造反有理”和“评法批儒”的造反派甚至以明末清初的李自成农民起义与南明王朝覆灭相比附，认为电影《桃花扇》宣扬儒家观念，是“反革命毒草影片”。

但其时欧阳予倩业已去世，未罹其难。

① 1940年5月29日《申报》副刊《春秋》，署“周贻白作，谢小天唱”。

四、从香港“拂袖还家”

此前的1948年，欧阳予倩与周贻白、顾仲彝一同应聘在香港永华电影公司担任电影编导。寓居香港期间，欧阳予倩在香港写了几首《赠贻白》诗，其中的一首写道：

曾磨铁砚点铅黄，击楫临风意气扬。
毡垫何曾因自暖，钳锤亦复为人忙。
择仁不为严刑改，嫉俗翻惊恶梦长。
只有坚贞堪自傲，湘山湘水意偏长。
桃花不疑庵主（欧阳予倩）哼哼韵

诗中寓有周贻白年轻时在湖南当过校对工、钳工，以及抗战时期被日军囚禁的经历[①]。欧阳予倩逝于1962年，周贻白撰写了长文《一笛秋风唱尾声》加以悼念，引了此诗[②]。先父逝于1977年，我将欧阳予倩的《赠贻白》诗镌刻在了周贻白的墓碑上[③]。尽管这首诗是写给周贻白的，但也寓有20世纪前半叶湖南戏剧人坎坷的共同经历。

欧阳予倩在1962出版的《电影半路出家记》中，对他与周贻白同寓香港期间作了如下回忆：

---

① 可参见周贻白纪实性小说《第六号囚笼》，《文艺春秋》1946年第4、5、6期连载。

② 见《周贻白戏剧论文选》，湖南人民出版社1985年版。

③ 见北京长城脚下“凤凰山陵园”的周贻白墓碑。

> 香港永华公司的老板是李祖永，据说他是在重庆买卖黄金、搞投机生意发了国难财的。他把大部分的钱套汇到香港，……办电影公司也是带着几分投机性质的，……听说也还召了若干股份，可是从来没见开过股东会，一切都是李祖永个人发号施令，独断专行。李祖永，就他的生活来看，就是个不成器的大少爷，在香港有好几所新房子，几位姨太太，抽大烟，赌钱，无一不爱。……后来又听说香港当局要收回，建兵营，就把摄影棚给拆了。李祖永的投机生意也很不随意，不记得是1956年，还是1957年，李祖永全部破产，不久就死了。①

但这个公司摄影场的设备比较完善。摄影机、洗印机、录音机和照明器材都是新的，从美国订购的。因此欧阳予倩说参加永华的人“都想拍出一点比较好的片子。它一直没有拍过什么露骨的反动戏，初期所出的影片也还过得去。”当时，欧阳予倩、周贻白、顾仲彝的编剧理念倾向于进步的民主思想，不愿肯按老板的意图编写忠孝节义、儿女风情之类古装片，因此所写题材均遭冷遇。欧阳予倩说：

> 我在那里写过两个故事，顾仲彝、周贻白也都写了，据说这些故事都经公司的某些人传观过了，

① 欧阳予倩:《电影半路出家记》,中国电影出版社1962年版,第46—48页。

可是用与不用，很长时间以来渺无消息。贻白常说：
“剧本在游街呢”。游来游去，没有下落。①

除了写过《赠贻白》诗以外，欧阳予倩还为周贻白写了一首“无题四绝”：

无题四绝呈姬公华裔

作品游街理太差，随时拂袖好还家。
长沙老儿由来硬，走遍江湖不信邪。
话该懒问短和长，老子当场有主张。
国士无双如不识，耶和子夜管他娘。②
帽子横飞不用慌，先生尔已设重防。
寄情千载分前后，大胆摊书尽古装。
余子纷纭不搭山，大江高唱入云间。
浮生万事聊从俗，鸥鹭何曾一日闲。

在香港不到两年，他们已有了“拂袖还家”的准备。欧阳予倩率先辞职回到上海，1949 年北平解放后，离沪进京。当年年底欧阳予倩与田汉便函召周贻白进京。周贻白换上中山装，剪了个工人式的平头，在香港的大厦顶上双手抱臂、踌躇满志地照了张留影，于 1950 年 1 月回到了无锡家中。

---

① 欧阳予倩：《电影半路出家记》，中国电影出版社1962年版，第46—48页。

② 耶和、子夜，劳动和爱情之歌。“耶和”即“邪许”，劳动呼声；“子夜”指“子夜歌”，汉乐府之吴歌，相传为晋代女子子夜所作，泛指爱情歌曲。

2月中旬，欧阳予倩在北京又给周贻白写了封信：

贻白兄：

弟有两电拍到香港，促兄归国。顷奉手教，不意兄已抵家，闻之快慰。寿昌（按：田汉）兄长戏曲改进局亦盼兄即入都。

春节兄必在家团聚，俟驾于灯节前五重后如何？敬盼惠复，当先为准备住处。

可告嫂夫人，北来较香港电影公司为更可放心。

从此“耶和”和“子夜”之歌永成绝响，代之以“咱们工人有力量”矣！

敬请

双安

弟予倩手上

问秋同此

二月十四日

关键是最后一句：“从此‘耶和’和‘子夜’之歌永成绝响，代之以‘咱们工人有力量’矣”。接信后，周贻白连灯节（元宵节）都没有在无锡的家中过，立即到北京参加了欧阳予倩担任院长的中央戏剧学院和田汉担任局长的“戏曲改进局”筹建工作。

欧阳予倩与田汉的推荐，是周贻白在新中国从事戏剧戏曲事业，尤其是戏曲高等教育事业的端倪。1957年7月，周贻白在“自传”手稿里写了这样一段话：

这一时期，我已读得毛主席的《新民主主义论》，已认识到中国革命欲达到共产主义社会，必须经过新民主主义革命阶段……

我本出身小手工业，后又成为江湖流浪者，两年所受欺凌与侮辱，早已含恨在心。此后虽成为知识分子，亦不过做做小职员或教员之类，一切听命于人。

在香港，我目睹英帝国主义对殖民地所施一切压迫，同时又亲身体验了永华公司老板大资本家的那种气焰，深感非从事革命不能挽救中国的危亡及拯救中国人民于水火。

五、余话

欧阳予倩在信中所说的“戏曲改进局”，即“戏曲改进委员会”，委员还包括欧阳予倩、王瑶卿、梅兰芳、曹禺等。20世纪50年代初，在戏曲改进委员会的讨论中，欧阳予倩准备修改中华人民共和国成立前曾经演出过的《同命鸳鸯》，与王瑶卿演出过的《孔雀东南飞》属于同类题材的《陌上桑》，具有反封建意义。讨论时，欧阳予倩强调文学性；王瑶卿主张剧中人刘兰芝投水自尽，可以“翻抢背”，强调技术性。鉴于二者的视角各有区别，各有艺术专长，梅兰芳重唱功的青衣、王瑶卿重做功的刀马旦，因此周贻白都表示支持。

同样的情形，正如田汉据《雷峰塔》改编的京剧《白蛇传》，分别以《断桥》《盗仙草》《水漫金山》为不同的折子戏，以不同行当的演员分别表演，于是成为戏改中京剧的经典剧目。

此后，周贻白始终从事戏剧教育。他定期在田汉担任校长的文化部戏曲实验学校和戏曲专科学校（后中国戏曲学院）讲授戏曲专业课程。又在欧阳予倩担任院长的中央戏剧学院以及上海戏剧学院担任《中国戏剧史》教授——其“戏剧”观念包含民族性的传统戏曲。20世纪50年代初，经田汉推荐，中华书局出版了周贻白的专著《中国戏剧史》。50年代中叶又在戏剧家协会和全国范围讲授了《中国戏剧史讲座》，并出版了一系列相关论著。

1962年春，周贻白被聘为北京市第三届政协委员，列席了全国政协三届三次全会。作为20世纪戏剧人，周贻白“毡垫何曾因自暖，钳锤亦复为人忙”，“代之以‘咱们工人有力量’”。回过头来看，从世纪初的北伐战争，到抗日战争，到20世纪中叶新中国成立，田汉、欧阳予倩、周贻白在坎坷的人生道路上各尽所能，发挥了民族戏剧的正能量，可以说是20世纪带有标志性的中国戏剧人。

2019.7.29定稿

（周华斌：中国传媒大学戏剧研究所原所长、教授）

二十世纪五六十年代田汉戏曲演剧述论

谢雍君

二十世纪五六十年代，田汉迎来戏曲创作的成熟期和黄金期，创作的《白蛇传》《谢瑶环》《西厢记》等，不仅创造了个人戏曲创作生涯中的代表剧目，也缔造了当代戏曲史上的经典之作，尤其是《白蛇传》，以《金钵记》为基础，重新打磨、提炼，再经李紫贵导演、王瑶卿创腔及诸多名演员的共同努力，打造出具有示范意义的舞台演出样板，至今还在戏曲舞台上传播着。如果说民国时期，一个剧目由一个名艺人演绎后，就成为该艺人、该流派的代表作，那么，二十世纪五六十年代，不同的剧团、不同的剧种、不同的演员同时诠释、演出《白蛇传》《谢瑶环》成为普遍的现象，它打破了民国时期一个戏只属于一位艺人专演的局面，重建新中国经典剧目传播新模式，为当代经典剧目的确立和流传开拓了一条新思路。本文尝试从剧目演出的角度，从不同演员对《白蛇传》《谢瑶环》的演绎角度切入，探究二十世纪五六十年代经典传播新模式形成的内在机制，及其对当下戏曲创作的启发和影响。

一、具有独立品格的非职业创作

田汉是位才子型的创作者，创作时天马行空，不着一字、尽得风流，自1912年发表第一个戏剧作品《新教子》始，至1964年改编京剧《红色娘子军》止，他的戏剧创作活动跨越了半个多世纪，创作了几十部戏剧作品，创作风格一直在变。如果说他的话剧创作大多为原创作品，那么，他的戏曲创作表现出另一种特点，即题材大多有蓝本，有的取材于民间传说，如《白蛇传》；有的借鉴传统戏，如《谢瑶环》；有的受同时代剧作家的作品启发，如《武则天》，等等，较少自己炮制戏曲素材。这种创作方式与明代戏曲大家汤显祖有些类同，“临川四梦”的题材皆来自话本小说或民间传说。还有一点与汤显祖相同的是，都是文人剧作家。但田汉很少创作脱离舞台的戏剧作品，他关注舞台，注重戏剧作品的舞台演出，他的戏剧作品几乎都被搬演到舞台上，抗战时期，他带着演剧队在长沙、桂林辗转流连，他对舞台的熟悉、对演剧规律的把握是在参与演剧队演出、与艺人们的交往中建立起来的。1949年后，他创作的戏曲作品由不同的戏曲院团频繁搬演，尤其是《白蛇传》，演出次数之多，掀起了一股“白蛇传”演出热，成为二十世纪五十年代的一种戏曲现象。

中华人民共和国成立后，私人剧团解散，国有剧团成立，国家剧团配置专职编剧，编剧专职化，成为国家剧团公有制经济的一部分。如果说 1949 年之前的京剧戏班为名角挑班制，而 1949 年之后的国家剧团打破了名角中心制，建立融编剧、导演、音乐、舞美等一体的综合创作体制，编剧一跃成为创作集团里的核心地位。戏曲剧作家的职业化、专业化，有一个历史变化、发展过程。以京剧为例，清末时期京剧戏班没有专职的编剧，这个时期编剧并不是独立的行当，有的编剧主要身份是艺人，如三庆班的卢胜奎，编戏是他的兼职工作。这个时期剧目创作只有剧名，而没有编剧名字，是个非常普遍的现象。到了二十世纪初叶，京剧编剧也没有完全从舞台演出中独立出来，依然作为艺人的附庸，与艺人保持着若即若离的关系，艺人兼编剧的很多，比如，汪笑侬、夏月润兄弟、欧阳予倩等等。到了二三十年代，京剧文学创作情况有所变化，一些热爱京剧的非职业编剧开始出现，与之前编剧兼为艺人的双重身份不同，他们以文人的身份介入梨园行，如齐如山、罗瘿公、金仲荪、陈墨香、翁偶虹等，而且是为自己喜欢的名角创作新戏，所编戏后来成了这些名角的代表作。也就是说，他们既是编剧，也是戏迷，更是文人。

1949 年之前京剧编剧尚未完全职业化，有的是职业的，有的为半职业，1949 年之后，戏曲编剧正式成为一个职业。这可以从戏单编剧署名的变化得到证实。传统戏单上的内容只有戏码和主要演员名字，没有编剧名字，即使到了二三十年代职业编剧、半职业编剧出现时，也不标注他们的名字，如齐如山、罗瘿公、金仲荪等人的名字，在戏单里是无法寻见的。1949 年之后，这种情况发生了变化。据《菊苑留痕——首都图书馆藏北京各京剧院团老戏单（1951—1966）》，1951 年的戏单，见不到编剧的名字，1952 年 10 月 2 日首都人民京剧团（后为北京京剧团四团）演出《伊帕尔罕》，戏单上列出了编剧名字：吴素秋、吕瑞明；12 月 20 日，《野猪林》戏单列出编剧李少春，同时列出主演李少春。之后各京剧院团的戏单均有编剧之名。戏单上编剧名字从无到有的变化，反映出编剧在京剧创作群体里地位的变化，也体现出 1949 年之后戏曲院团创作体制的变化，当时的国家剧团包括地方剧团大多配备了职业编剧，如中国京剧院的专职编剧有翁偶虹、范钧宏等，北京京剧院的专职编剧有汪曾祺、张艾丁等。

编剧专职化后，为本剧团、为本剧团名演员创作作品，成为编剧的专业，也是他的职责。但田汉不同。他是编剧，但不是某剧团的职业编剧，他的正式身份是戏曲改进局局长和剧戏主席，担任着国家文化部门和戏剧界的领导职务，与翁偶虹、范钧宏等人的职业编剧身份不同。因为他的这种非专职、独立编剧的身份，使他的戏曲作品可以超越剧团所限，被不同剧团的不同京剧演员所接纳。如《白蛇传》分别由中国戏曲实验学校的刘秀荣、中国京剧院的杜近芳、燕鸣剧团的赵燕侠、云南京剧院的关肃霜、上海青年京昆剧团李炳淑等演出过，《谢瑶环》分别由中国京剧团的杜近芳、上海京剧团的童芷苓、沈阳评剧院的花淑兰所扮演。不同演员的演出，尤其是名演员领衔主演，是《白蛇传》《谢瑶环》流播成为戏曲经典的前提条件。

1958年，戏曲创作的大环境发生变化，创作现代戏成为潮流。但在这股潮流面前，田汉依然保持赤子之心，创作古代历史剧。1958年，北京举行了现代题材戏曲联合公演，6月13日，举行为期一个月的“戏曲表现现代生活座谈会”，有28个省市代表参加了会议，有几个戏曲剧团举行戏曲现代戏联合公演，7月15日，周扬发表讲话，把现代戏的工作作为今后戏曲工作的方向提出来。从这年开始，现代戏创作成为各地方剧种创作的主要工作，几乎全国各地方剧种都演出过现代戏，1964年6月5日至7月31日，举行京剧现代戏观摩演出大会，北京、上海、江苏等18个省市自治区的29个剧团和全国30个观摩团，共演出35个剧目，244场，之后，各地举行现代戏会演，湖南、广西、江苏、甘肃举行现代戏观摩演出大会，1965年，东北、华北、华东、中南等大区分别举行京剧现代戏观摩演出。现代戏创作达到高峰。

但田汉没有创作现代戏，而是创作了古代题材的传统戏和历史戏。1958年创作《西厢记》；1961年创作《谢瑶环》。关于为什么创作历史剧，田汉有自己的见解。他写给欧阳予倩的诗中曾论及二者关系：“不薄今人爱古人，古今都有不磨身。古来贤哲宜歌颂，今日英雄更绝伦。继光又比黄忠勇，秋白何如式耜仁。堪笑明明两条腿，走来常是不均匀。”① 在他看来，古代历史剧和现代戏都很重要，戏曲创作要两条腿走路，而不是重视现代戏，而忽视历史剧创作。本来创作历

① 田汉：《挂剑吟》，载《田汉全集》第12卷，花山文艺出版社2000年版，第436页。

史剧是现代戏创作思潮中的清流，但在当时的历史环境下，这种创作被视作一种逆流，因此受到批判。笔者以为这正是田汉的可贵之处。当时他是中国剧协主席，是国家戏剧部门的领导，但他的创作不随意识形态变化而变化，他只按照戏曲发展规律去创作。从这个角度来说，田汉的创作具有独立性，这与他的艺术素养有关，与他的非职业剧作家身份有关，尽管他的作品多由国家剧团演出，但他的创作不依附国家剧团，具有自己的独立品格。

不受大环境影响、不受剧团拘限的独立创作模式，使田汉的作品在同时代类型化的作品中脱颖而出，其非同一般的思想内涵和艺术品质，使《白蛇传》《西厢记》《谢瑶环》等剧既浸染时代气息，又超越时代局限，带着二十世纪五十年代、二十世纪六十年代的时代温度，跻身戏曲史上的经典剧目行列。

二、案头、场上皆擅的演剧新思维

《白蛇传》《西厢记》《谢瑶环》能够成为经典，与剧作内涵的深刻思想性密切相关。《白蛇传》述说的虽是蛇仙故事，但展现在观众面前的，已经不是蛇精，而是美丽善良、为了追求人间幸福而战斗不懈的凡女；《西厢记》里的莺莺不再是遵守三从四德的传统女性，为了爱情自由而奋力抗争；《谢瑶环》里的谢瑶环不仅有女性气质，更有一派政治家气度。这些女性形象与 1949 年前流行在戏曲舞台上的女性形象完全不同，田汉赋予她们新的精神内涵，《白蛇传》表现“妇女追求自由和幸福的不可征服的意志，以及她们勇敢的自我牺牲的精神”①；《西厢记》改变当时戏曲舞台上红娘为主角的倾向，以塑造莺莺为主角，突出莺莺对传统礼教的反抗精神；《谢瑶环》借谢瑶环之身体现武则天与豪门贵族斗争的精神，强调平等、自由、博爱思想，使这些女性形象在新中国文艺舞台上独具气质，熠熠生辉，光彩照人。因此，深刻的思想内涵和独特的人物品格，使田汉剧作脱却二十世纪五六十年代阶级论的时代印记，以普世性的价值与未来相接。

不仅如此，在演剧上，田汉张扬文戏、武戏兼备，一人跨两行的京剧演剧新思维，而这种思维是与舞台表演艺术密切相关。在田汉的创作思维里，剧本，不是纯案头创作，它与舞台演出相勾连，在创作剧本阶段，必须要考虑舞台呈现情况。这种创作思维引导戏曲创作摆脱旧文人戏曲创作案头化的倾向，在文本与舞台之间架构起桥梁，为舞台化的剧本创作树立典范。

1. 文戏、武戏兼备于一剧的演剧思维

一本京剧演出时，舞台上文戏、武戏交叉进行，这种演剧方式在当下的观众看来，并不觉得新奇。若追溯到70年前，文戏、武戏兼备于一剧之中，属于新的演剧思维。

古典戏曲剧作都具有文武相间、冷热相剂的特点，如汤显祖《牡丹亭》、洪昇《长生殿》、孔尚任《桃花扇》等剧，男女主人公的爱情主线和家国兴亡的历史副线交叉铺排，文

---

① 田汉：《〈白蛇传〉序》，载《田汉文集》第17卷，花山文艺出版社2000年版，第351—352页。

场、武戏花式呈现。从表演角度来看，这样的安排是考虑到主演和配演的体力，交错安排，可以保证他们每次上场都有最佳的表演状态。从结构来看，主线一般为文戏，注重情节、唱腔、表情、做工。副线有文戏也有武戏，或者文武相间，武戏展现跌、扑、翻、摔、吊、打等武技表演。主线演员一般为生旦，副线演员为净丑，昆曲传奇作品里，生、旦、净、丑行的演员，一般各司其职，不跨行兼演（除个别作品外）。文戏演员，与武戏演员，是两拨人，不重合。但田汉剧作里的文戏、武戏演剧情况与此有所不同。《白蛇传》里，文戏《游湖》《断桥》，武戏《水斗》，主演都是白娘子和青儿，从开场的《游湖》到结尾的《倒塔》，两位主演在舞台上的演出贯串到底。

这种主演兼文戏、武戏的演出体制，不属于田汉的独创。老本《雷峰塔》就有，田汉在创作改编时，在剧本中保留并强化这种演剧模式。老本《雷峰塔》，有文戏《断桥》和武戏《水漫》，清代折子戏选集《缀白裘》就保存这两出经典的文武场。田汉改编时，不仅保留这两出，而且新增两出文武场《游湖》和《盗草》，足见田汉对文武兼备的演剧格局的喜爱和推崇。在这四场里，两场文戏，两场武戏，人物角色白素贞都是主演。这对于饰演白素贞的演员来说，是一次演技大检验。

民国时期，京剧名旦也演白蛇传，但演过全本的，据资料可知是荀慧生，其他人大多是演其中经典折子，如梅兰芳以昆腔演《金山寺》《断桥》，尚小云多演《雷峰塔》，程砚秋只演《金山寺》和《断桥》，张君秋演《金山寺》《断桥》《雷峰塔》。1949 年后，如演《白蛇传》，多以田汉撰写的剧本为演出本。他在剧本中将文武相间的舞台表演模式固定下来，而且《游湖》《盗草》《水斗》《断桥》四出戏是重点场次，不可或缺。这就给扮演白素贞、青儿的演员提出一定的要求，需要他们唱舞皆工，文武兼擅。如是青衣演员主演，就需要有武功的功底；如是武旦演员主演，就需要有唱功的功底。如只会文戏，或者只会武戏，都不能主演《白蛇传》。田汉的《白蛇传》虽然是剧本，但它内含的综合演剧观，为二度创作树立了一个标杆。只有文武兼备的演员才能胜任演出田汉版《白蛇传》，它成为衡量京剧演员技艺才能的标准。

2. 一人跨两行表演（女扮男装）的演剧思维

女扮男装，在越剧舞台上，经常看到。如《梁山伯与祝英台》《孟丽君》等剧中，祝英台女扮男装和梁山伯同窗共读、孟丽君女扮男装赴京赶考。但京剧舞台上不多，因为民国时期京剧舞台男旦兴盛，男艺人用美妙的技艺表现女性的妩媚妖娆、爽直泼辣，京剧艺术舞台上的女性形象，是依靠男艺人用女扮男装体现出来的，从表演难度来说，男旦比女旦难度系数更高。梅尚程荀四大名旦以扮女戏为主，扮演男装的戏不多，梅兰芳有《木兰从军》，尚小云有《珍珠扇》，程砚秋有《聂隐娘》，荀慧生有《荀灌娘》。中华人民共和国成立后，京剧舞台女演员增多，男旦逐渐淡出舞台，女演员逐渐占据舞台中心。对于她们来说，女扮女，不难，难的是，女扮男。女扮男装，是一种艺术挑战。

《谢瑶环》为女演员挑战自我提供了一个平台。该剧是田汉根据碗碗腔《女巡按》改编的，在碗碗腔老本里，有多个场次展现谢瑶环女扮男装的表演技艺。1961 年 1 月田汉在西安看《女巡按》，剧中的谢瑶环由青年演员温喜爱饰演。女扮男装，是碗碗腔、秦腔的表演传统。田汉将这种表演方式保留下来，移植到京剧里，这对于京剧女旦来说，是一种考验。谢瑶环这个角色，要求演员跨行表演，这比起单一的旦行表演，需要具备更为全面的表演技能。对此，杜近芳深有体会："'忠臣不怕死'这里头我用了很多的腔调，有旦角的有小生的。……虽然谢瑶环是女的，我怎么让观众知道她是女，还不是一般的女的，因为她是有职位的。我在旦角唱腔里头是有点小生的味儿，但不是小生腔，我是女扮男装，不能和旦角或者小生一个味儿。我让胡琴定好了调门，这个调门，在胡琴工尺谱里头能降下来、能上去。"① 从杜近芳的叙述可知，谢瑶环是女性，但不是普通的女性，她是女官，是巡按，扮演谢瑶环，不能按照一般女性形象来处理，要表演出女官的气势，还要表现出她扮男巡按时的身份和派头。可见，谢瑶环这个角色不是一般的旦行角色，她的女扮男装经历，检验演员跨行表演的能力，要求她在时女时男、亦女亦男的不同身份中自然转换，拿捏到位。杜近芳在女扮男装方面有着丰富的舞台表演经验。在主演谢瑶环之前，曾反串过《木兰从军》，主演过《柳荫记》中的祝英台。在排演《柳荫记》时，

① 杜近芳：《我是我，我是非我，我非我也》，载《谈戏说艺：百位名家口述百年京剧传承史》下卷，上海文化出版社 2015 年版，第 50 页。

王瑶卿曾从头到尾为她说过祝英台的唱腔，包括祝英台女扮男装，与梁山伯同窗共读时的唱腔。有花木兰、祝英台为底子，她再演谢瑶环，胸有成竹。谢瑶环的唱腔是杜近芳自己编的，她曾在《我是我，我是非我，我非我也》一文中提到自己在扮演谢瑶环时的创腔和表演情况，她说，谢瑶环微服私访时，要按小生演；公堂时，要按官生演，念白用女声，但要念出官生，甚至武生的味儿。[①] 这是杜近芳关于女扮男装的表演经验谈，为其他演员跨行表演提供参考的摹本。

田汉强调案头、场上均美的演剧新思维，既是对传统戏编剧方法的继承，也融入了个人领导戏剧活动、熟谙戏曲舞台演剧的实践经验和戏曲创作心得，他在提升京剧文本的文学品位的同时，打开了京剧文本创作的新视域，为文本和舞台对话确立了范本。

三、超越时空的经典传播

经典不是孤立的文本，而是一种持续创作、再创造的过程，一种历史的编织物和更新迭代，在不断衍生的后续文本、舞台演出中不断生长、发展和增殖，并凸显普世的价值和意义。《白蛇传》《谢瑶环》诞生后，受到不同剧团、不同演员、不同剧种的移植改编，这既是剧本不断完善的过程，也是传播经典的过程。《白蛇传》《谢瑶环》的传播，在二十世纪五六十年代主要表现为不同剧团、不同地域、不同剧种、不

---

① 参见杜近芳《我是我，我是非我，我非我也》，载《谈戏说艺：百位名家口述百年京剧传承史》下卷，上海文化出版社 2015 年版。

同媒介的传播，其中，演员是传播主体，他们是推送《白蛇传》《谢瑶环》成为经典的功臣，他们的不同演出方式使这两个剧目焕发出耀眼光芒，穿越时空，抵达经典的彼岸。

《白蛇传》《西厢记》《谢瑶环》发表、演出后，田汉一直没有停止修改工作，导演、演员、唱腔设计在排演过程中，纷纷贡献智慧，使剧本渐趋完美。《白蛇传》《谢瑶环》之所以成为经典，与田汉能够从善如流有关，与导演、演员、音乐唱腔设计通力协作打造经典之作分不开，是凝聚一度编剧、二度表导演、三度批评合力的结果。

《白蛇传》舞台演出次数最多，参与二度创作的人员也最多，导演、唱腔设计、演员对该剧主题立意的调整、唱词的丰富与提升、人物形象的丰满与鲜活，都发挥了一定的作用。

李紫贵，《金钵记》首演导演，《白蛇传》首演导演，他了解《白蛇传》老本的剧情和演出方式，是田汉的《白蛇传》从文本转换为舞台演出中起到关键性作用的人。他最有创意的导演构想，是在《水斗》场面设计演员拿旗子晃动代表水波涌动，去解救被神将包围的白娘子和青儿。白娘子、青儿在舞台中间，神将包围着他们，然后在外头反转，水旗冲上来，包围着神将，救出他们。用三层包围的调度形式，把两对阵营的对抗场面灵活、有序呈现在舞台上。这是李紫贵受美国和苏联电影中水波的蒙太奇镜头启发而创造出来的，这种水旗转动的武打场面至今还在演出中保留着，甚至被其他戏所引用。李紫贵的贡献是为武戏场面设计了丰富多变的武打表演，这些武打表演是田汉文本所没有的，存在于剧本之外舞台之上，是《白蛇传》舞台化、经典化的重要推手。

王瑶卿，《白蛇传》的唱腔设计，他的贡献是让《白蛇传》从文字流传转变为音乐流传，他为《断桥》里长短句的唱腔设计，至今为人传颂。《断桥》出，原来唱段少，做工多，青儿有大量的表演技巧，比如变脸、窜椅子等，许仙有抢背、吊毛等动作。相比较之下，白素贞只有简单的几句【散板】，在一旁呆着无所表现。为之，王瑶卿建议田汉为白素贞加段唱词，用数落许仙的方式，把白蛇此时此刻的爱和恨都表达出来，唱词可以不用太规整，长短句更好。受王瑶卿的启发，田汉当场写出了“你忍心将我伤”的一大段唱词，王瑶卿用【西皮碰板流水】为之按腔。这对于王瑶卿来说，也是富有创造力的音乐创作。越不规范，越能激发他的创腔灵感，【西皮碰板流水】映证了王瑶卿绝伦无比的编腔才华。田汉把这段唱词加入了新版本《白蛇传》里，成为定本中重要的桥段。

更值得书写的是演员演出传播经典。演绎《白蛇传》的，有不少演员，前有刘秀荣、谢锐青，后有杜近芳、赵燕侠、关肃霜。到了二十世纪九十年代，还有年轻的演员加入演绎行列，如张火丁用程派来排《白蛇传》，引起业界的关注。刘秀荣、杜近芳、赵燕侠、张火丁演绎的《白蛇传》，成为她们的代表作。赵燕侠年轻时曾演过昆曲《水漫金山》《断桥》和京剧《祭塔》。1963 年，根据周恩来总理指示，北京京剧院要排演《白蛇传》，准备出访日本所用，任务就落在年轻的赵燕侠身上。有刘秀荣、杜近芳演出的版本在前，如何演《白蛇传》，模仿谁的版本，这是赵燕侠关心的事。经过深思熟虑，赵燕侠决定不模仿任何人，只演自己。她根据自己对剧情、人物的理解，觉得《合钵》一场，唱腔少了一些，应该有大段的唱，才能抒发彼时白素贞难离娇儿的悲愤之情，才能收到感人、完美的观演效果。她向田汉建议增加一个唱段，田汉也非常支持她的想法，很快写好“亲儿的脸，吻儿的腮，点点珠泪洒下来”27句的新唱段，李慕良为之设计出“徽调二黄三眼”新板式，新唱腔“小乖乖”由此诞生。与张艾丁导演、李慕良音乐唱腔设计共同努力，赵燕侠主演的《白蛇传》具有鲜明的赵派风格，它不仅没有湮没在之前诸多《白蛇传》版本里，而且有胜出之势，为《白蛇传》演剧史增添新版本。赵燕侠的这段唱腔被田汉收入剧本，成为“合钵”出的另一个演出文本。

此外，关肃霜版本的白素贞也值得关注。关肃霜，能文能武，既有唱功，又有武功，武旦是她本行，花旦、青衣也在当行。在《白蛇传》里，文唱武打，一人演到底。她的“打出手”令人赞赏，保留“盗库银”出，与“盗草”出（“两盗”）一起成为她展现“打出手”技艺的精彩段落。她认为白蛇应有蛇的性格特点，改双鞭为双剑，增加了出手难度，又把出手处理得合情合理，惊险绝伦。她有一项绝活，在猛地一个“前桥”，以脚跟踢出从前空飞来的枪后，紧接着又一个“后桥”，仰面以脚背踢出从背后投来的枪。这个动作非常熟练，因此也特别美妙。[①] 1962年，郭沫若在昆明看完她的《水

① 参见中原《滇池花香达申江——看关肃霜来沪演出的〈白蛇传〉和〈多沙阿波〉》，《上海戏剧》1960年第1期。

漫金山》，题诗赞道："舞姿轩昂回落照，歌喉嘹亮遏行云。身披铁锁温侯活，水漫金山白氏真。"郭诗高度肯定它塑造白素贞形象的成功。关肃霜对《白蛇传》的精彩演绎，使该剧从京城传播到南国，拓宽了经典传播的地域空间。

《白蛇传》向南流传到云南，向东还传播到上海。1961 年，上海市青年京昆实验剧团成立，将赴香港演出，选定以京昆同台的形式演出全本《白蛇传》，白蛇有四位，华文漪的《游湖》到《惊变》，王芝泉的《盗草》，王君惠的《金山寺》，杨春霞的《断桥》《合钵》。《游湖》《断桥》《合钵》唱【西皮二黄】，《盗草》《金山寺》唱昆曲。用昆曲唱的两出，用的还是田汉的本子，也就是说，词还是田汉的词，只不过重新订谱。① 京昆合演《白蛇传》，意义深远。十年前，田汉创作《白蛇传》，参照了昆曲老本，昆曲折子戏为京剧《白蛇传》成为经典剧目提供了可资借鉴的艺术资源。如今京昆合演《白蛇传》，京昆版的《白蛇传》以新的演出样式和艺术风貌重归昆曲界，再归来，《白蛇传》已非昨日的《雷峰塔》，其深刻的思想内涵和诗意的审美品格，远超《雷峰塔》之上，是京剧界的经典，也是昆曲界的经典。

不仅如此，1980 年，京剧名家李炳淑主演戏曲电影《白蛇传》，以新的媒体方式传播田汉京剧本。上海电影制品厂摄制的这部电影，风靡全国，获得观众一致称赞，至此，《白蛇传》故事更加深入人心，源远流长。

---

① 李紫贵口述，蒋健兰整理：《田老写〈白蛇传〉始末》，《中国戏剧》1998 年第 7 期。

相比之下，演过《谢瑶环》的演员没有《白蛇传》多，传播速度也没有《白蛇传》快，但传播方式也有特色。1961年，杜近芳首演《谢瑶环》，之后云南的关肃霜和上海的童芷苓也排演，二十世纪八十年代，李维康也演过。1963年9月，关肃霜带着《谢瑶环》和《多沙阿波》进京演出。1986年，她将《谢瑶环》拍成戏曲电视片，扩大了《谢瑶环》的受众群。童芷苓主演的《谢瑶环》的特点是新腔多，在塑造谢瑶环人物形象时，化用梅腔、荀腔和程腔，在与大师似与不似之间，形成自己的唱腔风格，刻画了不一样的谢瑶环形象，为业界所称道。

此外，《谢瑶环》还被评剧、黄梅戏、秦腔、晋剧等地方戏移植过，沈阳京剧院的花淑兰因主演评剧《谢瑶环》而声名鹊起。对于花淑兰来说，演谢瑶环并不容易。这个角色唱做并重，女扮男装的戏份重，用评剧方式来演，有不少的困难。因此她在人物身段表演、角色唱腔设计等方面狠下功夫，终于移植成功。《谢瑶环》为她带来声誉，她也因为《谢瑶环》在“文革”中受到牵连，艺术生涯被迫停顿。1981年9月底，花淑兰带着《谢瑶环》《半把剪刀》《茶瓶记》等戏进京演出，中国剧协为评剧《谢瑶环》的演出召开座谈会。

二十世纪五六十年代田汉的戏曲作品有一部分移植、改编于地方剧种，如京剧《谢瑶环》移植于碗碗腔，京剧《金鳞记》改编于越剧，京剧《杨八姐智取金刀》移植于越剧，豫剧《对花枪》改编于京剧。有意思的是，从其他剧种改编、移植来的作品创作演出后，又被地方剧种、地方戏演员再次移植，再次演绎。田汉高品质的戏曲文本，为演员的表演创造，提供良好的平台，成为他们走向艺术高峰的基石。而他们的艺术创造，又极大扩大了京剧及其地方剧种的表演空间，提升了京剧乃至地方剧种的表现力，丰富了戏曲表演艺术，为戏曲艺术留下珍贵的遗产。田汉的这种移植、改编传统戏，又被地方剧种再次移植、改编的实践创作，在推动、提升地方剧种的文学品位、提升演员的表演水平的同时，也推动了京剧与地方剧种以及地方剧种间的交融与对话，为实现当代戏曲的整体性现代化，起到了重大的作用。这也是《白蛇传》《谢瑶环》留给我们的当代启示。

（谢雍君：中国艺术研究院戏曲研究所研究员）

京剧《白蛇传》经典性的内在构成①

黄静枫

京剧《白蛇传》基本定型后，经过半个多世纪的舞台演出已成为剧种的“骨子戏”“教学戏”、剧团的“保留戏”以及观众心目中的“看家戏”。虽然在它成型之初，文化权力、意识形态等积极参与其经典化的建构，对该剧目的推广具有一定作用，但作为外部规约其影响具有时效性。换言之，京剧《白蛇传》自身的艺术品质才是其生命力的根本保证。它才是“使得某些作品比其他作品更有可能获得较为长久的生命力”② 的某种东西。“艺术品质不高的作品，可能因一时权

① 本文系第62批中国博士后科学基金面上资助项目“‘十七年’时期戏曲史学研究”【资助编号：2017M621518】、国家社科基金艺术学项目“戏曲改革与‘十七年’戏曲经典的生成研究”【项目编号：2015BB02775】阶段性成果。

② 〔荷〕D. 佛克马（Douwe,Fokkema）、〔荷〕E. 蚁布思（Elrud,Ibsch）讲演：《文学研究与文化参与》，俞国强译，北京大学出版社1996年版，第53页。

力推崇和意识形态的推波助澜而喧嚣一时进而成为经典，一旦推崇它的权力和意识形态过去，那么它就必然要跌回非经典的地位。”①

本文试图立足本体分析京剧《白蛇传》经典性的内在构成。文本和舞台是考察戏曲剧目经典性的两个重要维度。因此本文基本思路如下：通过还原剧作者田汉在中华人民共和国成立后的一系列修改过程，以及分析导演演员屡次舞台实践经历，总结《白蛇传》剧本和表演的艺术特色，完成其经典性的揭示。并试图为当下戏曲创作提供某些有益的借鉴。

引言：田汉的回归

《金钵记》在中华人民共和国成立后不久即被田汉选中，并不遗余力地进行修改，其背后的动机与田汉的“戏改”领导者身份密切相关。换言之，强烈的身份意识是他回归白蛇故事的重要内因。通过修改白蛇故事，他试图实现以下三个目的：

第一，将其提出的在“戏改”中尊重旧戏的工作原则落到实处。作为戏曲改进局局长，田汉看重的是“戏曲”而非“局长”。② 在获得一定权力后，他开始对戏曲投以更大的热情。无论是其撰写的评论文章，还是在全国戏曲工作会议上的报告，抑或是写给文化部门上级领导的信中，田汉都以“保护”的姿态面对众多旧剧。一方面，他认为禁戏行为过激，强调

① 童庆炳：《〈红楼梦〉、“红学”与文学经典化问题》，《中国比较文学》2005 年第 4 期。

② 董健：《田汉》，中国华侨出版社 1999 年版，第 214 页。

对待旧戏应该采取谨慎的态度，[①]充分肯定旧剧是一笔巨大的财富，不仅剧本浩瀚，而且“经长期演出也由演员们的智慧与努力产生优秀的技术”。[②]指出戏曲的大量传统剧目在“消毒”后可以出现在人民的舞台上。另一方面，他从编剧工作出发强调修改工作本身的重要性与艰巨性，认为“能改好一个旧的等于创造了一个新的”。[③]

在旧剧中他最肯定的是民间神话一类，时刻提醒要正确对待神话，认为它们中“也不少天真有趣、含意深远的故事，足以考见人类的智慧发展的轨迹”，[④]具有一种人类幼年时期的美。而这类戏中“白蛇戏”正是他心目中“几乎流传全国久被管弦，受广大人民爱好的神话戏”。[⑤]把“白蛇传”一类民间神话戏剔除“毒素”，从“鬼神怪异信仰或迷信题材”中剥离，让其继续在新中国的舞台保持鲜活的生命力，以此证明旧戏中的民间神话传说一类具有强大的生命力，不容草率处理。将其提出的“戏改”工作不应一笔抹煞旧戏的原则落到实处。这是中华人民共和国成立后田汉回归白蛇故事的初衷。

---

① 1950年11月27日至12月11日中央人民政府文化部在北京召开全国戏曲工作会议。时任戏曲改进局局长的田汉作了题为《为爱国主义的人民新戏曲而奋斗》（12月1日）的报告。该报告回顾了第一届全国文代会召开一年多来的“戏改”工作。而田汉本人对“戏改”的“保护主义”态度也表现得很明显。他在报告中直言不讳地指出对旧戏“其少数最严重的，应请示中央处理，一般地应尽量消除其中毒素而保留其原剧目，不轻易采取禁演、停演的办法”。《田汉全集》第17卷，花山文艺出版社2000年版，第181页。

② 田汉：《一年来戏改工作问答》，《光明日报》1950年10月3日。

③ 同上。

④ 田汉：《怎样做戏改工作——给周扬同志的几封信》，载《田汉文集》第16卷，中国戏剧出版社1986年版，第7页。

⑤ 同上书，第10页。

第二，为民间神话剧的修改提供必要的借鉴。田汉认为民间神话的修改不是件易事：“民间传说一类的东西常有一种不易模仿而容易破坏的人类幼年时代的美，修改此类剧本也要注意，不要轻易加以破坏。”① 因此，修改白蛇故事又多了一层用意，即身体力行为民间神话剧的改编提供可操作的指导，这也是他身为“老大”的一份担当。

第三，避免历史题材创作将其引入政治批判的旋涡。《武训传》引发的政治事件对田汉本人触动不小，原本被他和好友陶行知引为“平民教育”模范的武训成了新政权批判的对象，田汉开始努力地寻找自我认识与新意识形态的差异。从他的反省文章《〈武训传〉使我猛醒》中可以看到他对历史剧产生了警惕：“如何正确地认识与表现历史人物，在艺术创作上，特别在戏曲创作上，是一个十分重要的问题。”② 他本人对驾驭历史、现代题材表现出谨慎的态度。在没有十足的把握开展历史人物的当下塑造时，民间传说中的虚构人物或许更适合表现。首选白蛇故事也是他有效规避政治的手段。

1950年田汉主编《人民戏剧丛书》，由上海中华书局出版。他将中华人民共和国成立前创作的《金钵记》整理后收入这套丛书。他在该丛书的凡例中强调“戏剧事业发展的中心环节系于新剧本的大量创作和旧剧本的大量修订”③。整理出版

---

① 田汉：《为爱国主义的人民新戏曲而奋斗》，载《田汉全集》第17卷，花山文艺出版社2000年版，第186页。

② 田汉：《〈武训传〉使我猛醒》，《人民日报》1951年6月10日。

③ 田汉：《人民戏剧丛书发凡》，载《金钵记》，中华书局1950年版，第1页。

《金钵记》正是他修订旧剧本的开端。该版《金钵记》在同年11月至12月召开的全国戏曲工作会议期间举行了观摩演出。1952年此剧由中国戏曲实验学校在第一届全国戏曲观摩演出大会上演出，更名为《白蛇传》。1953年该剧本在《剧本》8月号上发表，10月由宝文堂书店出版。同年12月人民文学出版社出版《第一届全国戏曲观摩演出大会戏曲剧本选》，该剧本亦收入其中。1954年重排《白蛇传》，剧本基本定型，后由作家出版社于1955年6月出版。概言之，中华人民共和国成立后经过田汉的修改，京剧《白蛇传》实际形成了以下三个颇具代表性的版本，即“中华书局1950年本《金钵记》”“宝文堂书店1953年本《白蛇传》”“作家出版社1955年本《白蛇传》”。

一、剧本经典性

1952年第一届全国戏曲观摩演出大会之前，田汉针对戴不凡《评〈金钵记〉》的批评进行了修改。戴氏主要围绕主题、情节和人物展开批评，认为：白蛇别师下山的报恩动机“削弱了争取自由恋爱者的典型白素贞的强烈野性”[①]，白蛇之师白莲圣母“遇湖而合、遇海而分、遇酒莫乱、遇水莫争”的谶语，使得这一“具有严肃的反封建教育意义的白蛇故事，好像已经恢复到尼姑说《白氏宝卷》的地步”[②]。而“在剧中生硬地插入倭寇侵略来作为白蛇故事的时代背景”[③]表现出粗暴对待神

① 戴不凡：《评〈金钵记〉》，《人民日报》1952年9月12日。
② 同上。
③ 同上。

话、反历史主义的不良倾向。戴氏还进一步指出正是没能掌握反封建的主题，《金钵记》在人物关系的处理上是紊乱的。主要表现在：白莲圣母和南极仙翁这两个“反派”以“中间派”的姿态出现，某种程度上宣传了神仙佛理；而“煎药”一场小青规劝白蛇放弃爱情的言论破坏了小青不妥协、坚决斗争到底的性格。概言之，“歪曲反封建主题”和“反历史主义”是戴不凡对《金钵记》最严厉的批评。这两点正是政权建设最忌讳的，足以引起田汉的重视。从“中华书局 1950 年本《金钵记》”到“宝文堂书店 1953 年本《白蛇传》”，抗倭的内容被删除，消除了战时的痕迹，摆脱了“反历史主义”的嫌疑；“报恩”动机被抹去，白莲圣母这一角色以及南极仙翁的规劝白蛇回山修炼之词也被删掉。

从 1954 年冬至 1955 年 5 月，田汉“在《白蛇传》的改本上，进行第二阶段的修改”，[①] 使得“宝文堂书店 1953 年本《白蛇传》”开始向“作家出版社 1955 年本《白蛇传》”转化，即由“二十四场本”向“十六场本”转化。第一届全国戏曲观摩演出大会上，京剧和越剧都出演了《白蛇传》。会后张庚在《关于〈白蛇传〉故事的改编》（原载于《文艺报》1952 年 12 期）一文中指出越剧《白蛇传》“把白娘子的斗争性弄模糊了，弄得令人感到总有些才子佳人气味”。[②] 并强调白蛇故事应该向着不屈不挠的抗争方向发展，白蛇应该是一个为人民

---

① 黎之彦：《京剧〈白蛇传〉创作纪实》，载《田汉创作侧记》，四川文艺出版社 1994 年版，第 37 页。

② 张庚：《张庚文录》（第 2 卷），湖南文艺出版社 2003 年版，第 79 页。

扬眉吐气的女英雄。虽然京剧《白蛇传》还不至于“山温水软”，但接下来让法海的反动目的更明了，白、青、许三人的斗争精神更突出，应该是进一步完善剧本的方向，以便“让原来朦胧的突现出来，模棱的尖锐起来”。[①] 经过第二阶段的修改，白蛇、青蛇、许仙的人物形象都获得最大可能的净化。不雅的盗库银行为被删除，“煎药”一场被删除，白蛇主动向许仙吐露实情，由此，青白二蛇的“妖性”基本褪尽，而小青也自始至终和白蛇保持在“反封建”的战线上。发出“纵然是异类我也心不变”誓言的许仙，也由一个被否定被批判的软弱之人变成了“代表了忘我无私的爱和自我保存欲望剧烈战斗的情人”。[②] 他们三人最终站在法海的对立面，成为大胆追求爱情，同压迫者进行殊死斗争的正面人物。

田汉最初创作《金钵记》是站在新文化的立场歌颂自然爱力，[③] 在他的一系列美化与对立化的改动操作后，再加上官方批评话语的认定，[④] 京剧《白蛇传》在当时舆论界、批评界

---

① 张庚：《张庚文录》（第2卷），湖南文艺出版社2003年版，第81页。

② 田汉：《自序》，载《京剧白蛇传》，作家出版社1955年版，第4页。

③ 1942年《金钵记》拟在桂林首演，后遭当局禁演。但田汉已为其撰写好说明书，题作《怎样写金钵记》，道：“素贞抱着怀里的孩子惨烈地叫着：‘法海法师，别笑吧，自然界的爱力不是金钵可以压得下来的！’这大概就是我们想说的话，也算一篇的主题。”《田汉全集》第17卷，花山文艺出版社2000年版，第334页。

④ 周扬在《改革和发展民族戏曲艺术——一九五二年十一月十四日在第一届全国戏曲观摩演出大会上的总结报告》中，揭示出白蛇故事的积极意义：白蛇成为中国妇女追求自由和幸福的典型。她所具有的“不可征服的意志，以及她们的勇敢的自我牺牲的精神”，不仅是对革命英雄主义的礼赞，更是对人民的教育。白蛇成了一名“在远非她们的力量所能抵抗的强暴的压迫者面前竟敢于抵抗”的革命者。周扬：《周扬文集》（第2卷），人民文学出版社1985年版，第170—171页。

乃至学术界被普遍定性为一部反映中国妇女反封建压迫、争取婚姻自由与幸福的扛鼎之作。换言之，京剧《白蛇传》在主题上已经基本符合意识形态话语的期许。

我们认为田汉的改动成就了白蛇故事的经典。当然不是从它被赋予的政治隐喻着眼，而是立足剧本文学成就。首先，修改后的京剧《白蛇传》虽然注入“政治性”，但“民间性”的底色，保持了故事的对话性，让它在接下来的时空中继续获得阐述。其次，传奇性与现实性的统一，丰富了审美层次，能够引起多方位的审美愉悦。最后，单一冲突形成的一线到底、环环相扣的布局，突破了旧传奇创作强调波折横生的结构意识，推动了戏曲讲述故事方式的现代化进程。它们是京剧《白蛇传》文本生命长久延续的基本保证。是该剧目叙事文学经典性的重要内在构成。

（一）“民间性”底色保持了文本的反复对话性

京剧《白蛇传》并未随着那个特殊的年代一同远逝，关键在于“政治性”并非该剧的内核。相反，它几经修改褪不去的依旧是浓郁的“民间性”。民间趣味是一代代观众与作品“对话”的媒介，它吸引着大众为了满足某种愉悦涉足这个情致缠绵的世界。而神话本身的不确定性与模糊性更使得反复“对话”成为可能。

田汉逐步修改的过程，实际也是京剧《白蛇传》这样一个原本应该被封杀的神怪故事最终获得新政权嘉许的过程。白青二蛇、许仙、法海的主体性格开始变得“单纯”和善恶分明。“单纯化”的目的是遮掩个体特征，使之成为群体的代表，而善恶分明正是为了肯定抗争的合理性。至此，剧中的人物与冲突，便能够轻而易举地与阶级斗争话语比附。把神话故事变得更有倾向性，当然要比基于社会阶级分析杜撰故事更自然；而以从人物本身合理的行为来进行意识形态的宣传，原比口号式地呼喊出政治主张的拙劣手法更高明。在民间性的“底色”上涂抹了一层政治性的“色彩”。但它并未遮盖之前的光彩。这多上去的一层“深意”，并不影响民间趣味的呈现。妻贤夫德仆义的民间道德诉求依旧是挥之不去的基调；而白、青、许三人同台出现时即以一种传统“三角”关系存在也营造了十足的“戏味”；至于田汉没有接受周扬的建议将它写成一个大悲剧更是一种迎合民众心理的操作。尤其是在解除了抗倭内容的生硬绑定后，京剧《白蛇传》的具体时代背景被模糊了。它又恢复了民间神话在时空上的巨大伸缩性。换言之，它不需要具体的发生时空，也可以说它能借助各种时空开展。时过境迁，当我们不再用阶级斗争的视角去打量它时，它依旧能够顺利地完成一个合乎情理的故事的讲述。比起接下来的“样板戏”，它不存在机械化、口号化处理阶级对抗的缺陷。正因为如此，白蛇故事可以脱离那个曾经诞生它的时代与政治的土壤继续存活，继续在舞台上与观众互动。甚至经过一再处理的男女主人公形象已经成东方典型男女代表，他们的倾情方式和爱恋心理极具民族特色，被视作写照，从而唤起台下观众的自我省察。

伊塞尔认为：“文学作品就有两个极点，我们可以称之为艺术极点和美学极点。所谓艺术极点是指作家创作的作品；

所谓美学极点就是由读者完成的实现过程。”[①] 文艺作品在递代接受中实现了它的美学极点。而保证这一关系持久发生的正是作品本身所具有的对话性。京剧《白蛇传》的“对话性”正源于它的“民间性”。点缀其间的政治色彩会渐渐被遗忘，但《白蛇传》依旧存活在每个时代。

（二）传奇性与现实性的统一丰富了审美层次

田汉虽然认为在“戏改”中应该保留民间神话的原始清新，但面对权力话语的批评，他为了让故事本身更清楚地影射人类阶级的对抗，青、白二蛇的“妖性”实际被一定程度遮蔽。经过“改动”，白、青二蛇完成了由“妖”向“人”的转化，有别于人类的“妖”的情感世界和行为方式已经荡然无存，她们具有了和人类一样的逻辑。白蛇与许仙的结合也变成了正常的异性吸引。挑开白蛇情窦的不仅有许仙“潘安式”的俊秀外形，还有其巨大的人格魅力：志诚、纯孝和自食其力。爱慕这样一位勤劳的无产者并愿意与其结成革命的伴侣，正是新政权倡导的婚姻典范。田汉为了打造她们阶级“代言人”的身份，在京剧《白蛇传》中人妖相恋实际已经只剩下一个基本框架，民间神话外壳裹挟着的实际是极具代表性的人类恋爱婚姻情感。蛇妖的身份已经退居其次，它只能是若干冲突的导火索。在推动故事进入下一个矛盾漩涡后，冲突实际是在情感纠葛中展开。法术等所营造的奇异氛围和真

---

① 〔德〕伊塞尔：《阅读过程：一种现象学方法探讨》，载胡经之、张首映《西方二十世纪文论选》（第 3 卷），中国社会科学出版社 1989 年版，第 185 页。

实细腻的人类情感，使得《白蛇传》不再只是一个具有特殊性的民间神话，还是一个拥有普遍性情感的典型爱情故事。精神世界的真实与生存环境的变幻，形成了具有多种品格的审美空间。田汉将民间神话的离奇怪异与两性情感的迂曲真实熔铸一炉，其所具备的审美性是多层次的。奇幻、浪漫与缠绵、深情是我们重要的审美体验。

（三）单一冲突的紧张推进突破旧传奇创作波折横生的结构意识

京剧《白蛇传》打破了曲折舒缓、迂回往复的叙事结构，开启了以“动作整一律”为基础的编剧方法。“以‘动作整一律’为基础的写法，是以写冲突作为结构意识的，它要求故事的发展不断导向矛盾的纽结，不断逼近冲突的焦点，以求得矛盾的最终解决。它是按冲突的肇端、发展、推向高潮和迅速结局的形式来组织剧情的。”①

京剧《白蛇传》的篇幅随着修改在不断削减，最终只留下16场。这个删削的过程实际也是实现“一线到底”这一故事布局的过程。相比于一个完整的爱情故事，旧故事中有关斗法的情节实在是旁逸斜出的枝蔓。小青盗库银、许仙发配以及为乡民疗疫的情节被芟夷，拉快了白、许二人情感纠葛的进度：定情、结亲、吓许、救许、索许、重逢、分离、团圆。总之，经过修改，一条清晰的白、许爱情线索被呈现出来。“一线到底”的故事脉络也使得人物关系更加清晰，白、

① 陆炜：《田汉剧作论》，南京大学出版社1995年版，第201页。

许作为男女主角领衔故事，上演了一出“青年男女勇敢无畏追求自由幸福的神话剧”。[①] 而将这条爱情线索向前推移的则是作为破坏者的法海不断肆意闯入所带来的冲突。虽然只是间歇性地发声，但他的行为使得故事本身出现了波折，既不是平铺直叙、平淡无奇，也不会局面失控一泻千里。法海的每一次闯入推动故事进入下一个矛盾中。至“断桥”后，法海彻底成为白、许、青三人的共同敌人。质言之，戏剧冲突单一，即婚姻一方（白、青、许）与反婚姻一方（法海）的抗争，是故事环环相扣、一浪高似一浪，最终走向高潮的保证。因此，婚姻情感发展的阶段实际也就是矛盾冲突的阶段，二者是合一的，即“端阳酒变”中的嫌隙、“金山水斗”下的徘徊、“断桥相遇”时的矢志、“闺房合钵”前的悲愤、“搬兵倒塔”后的幸福。

正是因为运用“所谓三 S——令人疑虑 (suspense)，令人吃惊 (surprise) 和令人安慰 (satisfaction)——造就和解决危机 (crisis) 的方法”，[②] 京剧《白蛇传》相比于传统的传奇写作，在剧本结构上表现出较强的原创性。原创性是一部作品进入经典之列的重要条件。“任何一部要与传统作必胜的竞赛并加入经典的作品首先应该具有原创魅力”。[③]

田汉在“文革”受难时撰写了《剧本创作心得二十条》，

---

① 黎之彦：《京剧〈白蛇传〉创作纪实》，载《田汉创作侧记》，四川文艺出版社 1994 年版，第 39 页。

② 董每戡：《戏剧的欣赏和创作》，群众书店 1951 年版，第 55 页。

③ 〔美〕哈罗德•布鲁姆：《西方正典：伟大作家和不朽作品》，江宁康译，译林出版社 2005 年版，第 5 页。

其中第十七条是他关于传统戏曲写作的经验之谈："有头有尾，脉络清爽；环环扣紧，字字铿锵；观听咸宜，雅俗共赏；无话即短，有话即长。"① 一个在两三个小时内即演完完整故事的戏曲剧本如何编创，田汉给出了自己的心得。京剧《白蛇传》也同样具备上述创作特点。或许可以说，田汉的心得正是他从京剧《白蛇传》修改中提取的有效经验。

二、舞台经典性

主题、人物、情节、环境甚至细节是在一度创作，即剧作家剧本写作中完成的。但安排场面次序，设计身段动作、运用板式声腔则需要导演和表演艺术家共同努力。这实际是二度创作，即"是以剧本文学为蓝本的舞台艺术的创作，由导演统率戏曲音乐、舞台美术、表演艺术等创作人员来完成"。② 它实现了文本向舞台的转化。最终将一个剧目"立"起来。二度创作之于剧目生成至关重要，甚至很多画龙点睛之笔来源于此。

编剧田汉本人曾十分中肯地对京剧《白蛇传》的二度创作予以肯定："关于唱腔和舞台处理剧本作者虽有所规定，但也信托导演和演员在服从剧本主题要求的范围内的共同创造。"③ 李紫贵是中华人民共和国成立后首排《白蛇传》的导

① 田汉：《田汉自述》，大象出版社2002年版，第199页。

② 张庚、郭汉城：《中国戏曲通论》（上），文化艺术出版社2014年版，第209页。

③ 田汉：《自序》，载《京剧白蛇传》，作家出版社1955年版，第3—4页。

演。王瑶卿作为该剧的艺术指导和音乐设计，更是为唱腔“殚精竭虑”，以至于产出了很多脍炙人口的唱段。这是《白蛇传》经典性的重要标志之一。《白蛇传》音乐也成了王瑶卿晚年的杰作。田汉对这位前辈为该剧唱腔作出的贡献表示了无比的谢意，他感慨道：“王先生下世了，我们少了一个向他领教的高明的老师了。”① 田汉、李紫贵与王瑶卿实际是京剧《白蛇传》经典生成的缺一不可的“三功臣”。李、王二人联袂打造了京剧《白蛇传》精彩绝伦的舞台表演。

概言之，京剧《白蛇传》将戏曲表演从以“炫技”为落脚点的误区中拉回，讲求通过塑造鲜活人物真实完美地讲述故事。原本“引吭高歌”和“身手不凡”的舞台追求，开始向内心体验、程式表现以及细节处理“三位一体”的表演模式转变，开启了戏曲表演的现代路径。这正与东西文化交融的大趋势保持一致。正是打开了演人物的大门，该剧才能凭借情绪饱满而又层次分明的表演不断征服观众，也因此成就了《白蛇传》的经典性。

而作为戏曲，如何演活人物？就需要在音乐和动作这两个必备手段上下功夫。演员出身的导演李紫贵和表演艺术家王瑶卿功不可没，他们一位在兼顾程式表演的同时设计展示内心的细节动作，一位根据人物情感处境和情绪类型恰当运用板式和设计唱腔，成功实现了该剧演活人物、讲好故事的戏剧追求。这是《白蛇传》能够持续收获广泛观众群体的重

① 田汉：《自序》，载《京剧白蛇传》，作家出版社1955年版，第3页。

要原因，也成就了它作为京剧成熟表演典范的地位。

（一）王瑶卿根据人物情绪选用板式、设计唱腔，达到了“在心为情”“发而为声，鼓而为气”的抒情境界，引发广泛共鸣

王瑶卿不愧是一位举重若轻的“国手”。多年的舞台经验使得他深谙板式、声腔与场景、情绪的配合。《白蛇传》的音乐似乎是他信手拈来，却又合情合理。对白蛇出场，“游湖”和“断桥”两场都使用了“闷帘”【导板】，但曲调却有所区别，一为“南梆子”，一为“西皮”。选择【导板】，通过渐强的旋律造成人物由远及近的动感。比起“西皮”，“南梆子”的腔调明快、秀丽，“很适合表现少女细腻而欢悦的心情，也可作独自沉思内心独白用”。①“游湖”用“南梆子”将白蛇离开仙山、飘然而至西湖的兴奋心情渲染出来。与接下来“小安板”一段配合，清新流畅，万般旖旎，具有极强的抒情性。而高亢激越的“西皮”更适合表现白蛇悲愤交加的心情，它与《女起解》中“玉堂春含悲泪忙往前进”这句【西皮导板】，共同成为这一板式运用的典型案例。事实上，板式在这里不仅准确传达人物情绪，还起到了营造空间效果的作用。

不仅【导板】运用恰当，【快板】使用也很贴切。在情感高潮时，王瑶卿热衷使用【西皮快板】，通过明快的节奏进行畅快的表达，而且在运用他擅用的“拉猴皮筋儿”②唱法后，

---

① 武俊达：《京剧唱腔研究》，人民音乐出版社 1995 年版，第 261 页。

② “拉猴皮筋儿”是戏曲行话，指演出中演员在允许范围内对板式进行伸缩处理以造成缓急错落的效果，需要鼓师和琴师配合随时调节，是板式弹性运用的表现。参见陈多《戏曲艺术的宫殿是由演员支撑起来的》，载朱恒夫主编《中华艺术论丛》（第 1 辑），上海辞书出版社 2003 年版，第 136 页。

越发能将饱满的情绪有致地播洒在舞台上，动人心弦。这种选择正是【快板】这一极具戏剧性的板式与紧张的戏剧情绪的有效配伍。其中“断桥”一场，在王瑶卿建议、田汉积极配合下，打造了经典唱段【西皮垛板】[1]“你忍心将我伤”，已成为梨园佳话。[2] 它的成功不仅在于曲调铿锵、声韵流畅，更在于出现的恰如其分。在白蛇与许仙见面后，情绪的闸门洞开，此处选择字多腔少、节奏紧促的【垛板】，长短不一的句式并运用张弛有度、舒缓有致的唱法，确是在充分利用音乐的表现力，更有效地呈现戏剧效果。至于“端阳酒变”一场，白蛇在盗草前交代小青的一段唱，王瑶卿为它设计了【西皮快板】。快板比起流水板更明快，用在这里与剧情和情绪更相匹配。白蛇恨不能马上飞到蓬莱仙山盗取灵芝的焦急心情，通过干净利落、不拖不垮的演唱表现得淋漓尽致。临行前匆匆托付的真实情境借助唱腔快速展现在舞台上。

《白蛇传》音乐设计生动诠释了如何娴熟运用板式准确传达情绪、营造情境。戏曲艺术在表演体系上有其独特之处，

---

① “流水板”与“快板”实属一种板式，速度稍快则为【快板】，反之则为【流水板】。“垛板”与“流水板”本质上也属于同一类型的板式，节拍形式同为一拍子，表现性能也相似，能营造紧张的气氛。参见何为《戏曲音乐思考》，文化艺术出版社 2016 年版，第 122—125 页。

② 据刘秀荣回忆：“记得当戏排到‘断桥’时，发生过这样一段小小的插曲：那天，剧作者田老（田汉先生）来到排演场，老师向他说：‘我觉得在这场戏里，白娘子的唱不够劲儿。她在此时此地见到许仙，该把对于许仙的一腔怨、一腔恨和一腔诚挚的深情抒发出来才好。您写一段【垛板】，句子和唱词怎么写都行，只要把白娘子的心情表达出来就成。’田老听了之后，略略一想，表示赞同，当即伏在一张道具桌子上，一气呵成地写好了戏中那段：‘你忍心，将我伤，端阳佳节劝雄黄。你忍心，将我诓，才对双星盟誓愿你又随法海入禅堂……’的唱词。”见刘秀荣《频添沃壤培桃李永铭严师诲谆谆——纪念瑶卿老师》，《戏曲艺术》1981 年第 4 期。

以声传情、声情并茂便是重要一端。但在具体运用时，并非轻而易举。板式的选取、旋律的谱写以及演唱的处理皆关乎其最终的呈现。

（二）李紫贵打破旧有“炫技”式的表演，从人物和情感出发，对程式进行解剖和重组，设计出与情节混融一体的“新”程式表演。同时，注重生活动作的安插，这些耐人寻味的细节起到了“传神”的作用，对演活人物至关重要

概言之，李紫贵的场面调度以表现人（人的性格、人与人的关系）为核心。① 这是他在中华人民共和国成立后结合一度流行的斯坦尼斯拉夫斯基理论，努力建构中国戏曲成熟表演体系的重要表现。② 李氏发现在表演真实问题上中国戏曲表演的成功经验与斯氏体系是相通的，斯氏体系的元素“在戏曲表演里并不是生疏的东西”。③ 他不仅呼吁“仿造”斯氏体系确立中国演剧体系，还通过排戏努力确立既“做戏”又“演人”的舞台表演体系。而核心工作则是正确运用程式。李紫贵给出的基本原则是：“运用程式必须从戏出发，如果在不

---

① 李紫贵曾在《戏曲导演点滴体会》中明确指出：“戏曲舞台上总是以人来表现他所处的时代，当时的时间、地点等等。因此，我们的舞台调度必须以人物的性格、人物的内心活动、人物的关系为前提。”李紫贵：《戏曲导演点滴体会·舞台调度（2）》，《戏剧报》1959 年第 5 期。

② 李紫贵在青年时期，曾于上海、桂林等地陆续读到过斯氏的《演员自我修养》，颇有所得。参见陈培仲《一个时代的终结——缅怀李紫贵老师》，《戏曲艺术》2000 年第 1 期，第 19 页。1954 年，他又进入中央戏剧学院导演训练班系统学习，苏联专家列斯里讲授的斯氏体系课程。参见刘乃崇《李紫贵同志艺术生平》，《戏曲艺术》1990 年第 4 期，第 21 页。

③ 李紫贵：《试谈斯坦尼斯拉夫斯基体系与戏曲表演艺术的关系》，《戏剧论丛》1958 年第 1 辑。

需要的地方硬用，尽管技术精美，也不可取。”[①] 但也不能一味地“以自然主义的生活摹拟代替了戏曲舞台上传统的表现形式”。因为这会使得“在某些戏曲舞台上几乎听不到有情感、有韵味、能打动人心的唱、念，看不到富有表现力的舞蹈动作”。[②]

1954 年再次重排京剧《白蛇传》时，李紫贵“这时已经在跟列斯里学习（笔者按：学习斯氏理论），这次排又下了一番工夫，主要是为了刻画人物。”[③] 李紫贵将其对斯氏体系的理解第一时间用于实践。抽象性的程式与写实性的动作在其导演的京剧《白蛇传》中获得了颇令人满意的结合。《白蛇传》成了中国戏曲演活人物的典范，鲜明的写实特征成为它能被永久回味的重要原因。正是因为存在反复接受的可能，该剧才能作为保留剧目经久不衰。

进行“重组”后的身段，在强化人物情绪、使人物立起来的同时，自身也变得更细腻，增进了程式本身的美感。在京剧《白蛇传》中，李紫贵结合内心进行程式“重组”的典型案例是他对人物出场身段的设计。他要求演员要带戏出场，为的是开幕便已进入戏剧情境，打破了之前演员上场低头抖袖再抬头才出戏的惯例。如何“带戏”？不仅要恰当运用眼神，

---

① 李紫贵：《程式不能不套，又不能被它套住》，载戏剧报编辑部、戏曲研究编委会编《论戏曲反映伟大群众时代问题》（第 1 辑），中国戏剧出版社 1958 年版，第 152 页。

② 李紫贵：《戏曲表演的舞台真实——试谈戏曲艺术借鉴斯坦尼斯拉夫斯基演剧体系问题》，载刘乃崇编《李紫贵戏曲表导演艺术论集》，中国戏剧出版社 1992 年版，第 360 页。

③ 李紫贵、蒋健兰：《田老写〈白蛇传〉始末》，《中国戏剧》1998 第 7 期。

还要创造富有意味的程式表演。比如第一场“游湖”，李紫贵要求青、白二蛇带着戏上场，他告诉演员，首先假想舞台前面有一团花，然后聚精会神地看着上场，表示被某处固定的风景吸引，而且目光在移换过程中仍然不能松弛下来，需要继续专注，表示始终被景色吸引。为了表现白、青二蛇离却峨眉初到江南被西湖美景震撼后的喜悦、兴奋心情，他要求青蛇“甩着线尾子，小碎步跑着出来”；① 同时，考虑到与青蛇身份差异，他又要求白蛇“快步不慌，碎而不乱，随走随翻水袖；垫步立身；与小青亮高低相”。② 又如“断桥”一场，李紫贵要求白蛇带戏上场，“脚步略带踉跄，表示疲惫不堪。双臂垂在身后，向前扎身，一下子冲到台中，展开双臂，翻起水袖，抖开上腰包，身体微微向前倾斜，踏步亮相”。③ 这也是李紫贵在程式元素基础上的“重组”，目的在于更准确地展示白蛇此刻的处境。

相比于大开大阖、有式可循、抽象写意的程式表演，对现实生活中小动作进行“美化”处理后而获得的写实性动作，是“颊上三毫”“传神阿堵”。对生活的细致模仿与真实再现，使得京剧《白蛇传》的很多表演值得反复咀嚼，而每次品味又都能收获身临其境的感受，这也是该剧“耐看”的重要原因。

---

① 谢锐青：《在演员心中播下艺术的种子——记李紫贵老师排戏》，《戏曲艺术》1982 第 2 期。

② 刘秀荣：《从〈白蛇传〉说起——谈我的表演导师李紫贵先生》，《戏曲艺术》1990 第 4 期。

③ 同上。

比如《游湖》一场，李紫贵为“借伞”“还伞”的情节设计了一系列细微的动作，展示了内心也丰富了表演。他要求许仙在递伞、小青欲接之时，白蛇突然阻拦，伞在许仙手中左右摇晃，然后白蛇拉小青的手才缓缓松开。有力地表现了白蛇的害羞与喜悦。而小青在还伞时，白蛇连忙向前按住伞，然后用阻拦小青的手朝雨伞轻轻地点两下。展示了白蛇的难分难舍之情，使得这场戏情感旖旎，打动人心。又如《结亲》一场，李紫贵要求小青献茶时，眼睛盯着杯子，小心地走。这一“盯”的细节使得杯子虽空，但表演得有实感。再如《断桥》一场，为表现白蛇腹痛难当，李紫贵要求扮演者谢锐青将现实生活中腹痛的表情和动作稍做处理后运用在表演中。谢锐青回忆道：

> “断桥”一场白蛇腹痛我体会不了，李导演就问我：你肚子疼过吗？我说疼过。
>
> 他又问：肚子疼的时候，你觉得怎么着舒服点？我说捂着肚，猫着腰，就和着点儿。
>
> 李导演说：对了，你就这么着，身子往前探着点，腰略微下弯，手捂肚子，但得虚着点，捂死了就不好看了。动作要软，但又不能太软，因为她是武的。①

---

① 谢锐青：《在演员心中播下艺术的种子——记李紫贵老师排戏》，《戏曲艺术》1982 第 2 期。

在演到“小青妹且慢举龙泉宝剑”时，李紫贵为白蛇加入了两个生活化的动作细节。他要求白蛇轻轻地、慢慢地推开青儿手中的剑，回过头来又一指许仙脑门，指头在脑门上戳重了，许仙坐倒时，她又赶紧去扶。“推—指—扶”的小动作是李紫贵早年从汉剧中学来并化用在此处的，[①]准确地传递出白蛇爱恨交织的复杂心情。接下来白蛇大段唱中，李紫贵为了让青蛇依旧有戏，也设计了两个小动作。小青收剑后转过身、脸向里，不愿听，以示怒气未消；白蛇唱到“妻本是峨眉山一蛇仙”，小青转身用手拽一下白蛇左胳膊，对吐露真情表示着急。正是这两个小动作让青蛇自然地融合在戏中，三人依旧聚在一起而未散。而结尾处白蛇唱完“猛回头避雨处风景依然”，三人慢慢转身，李紫贵在这里又为白蛇设计了一个“小动作”，即向左边搀扶的小青微微点头，又转向右边的许仙点头，既请求小青原谅也安慰许仙。

李紫贵本人曾对其排戏有过总结：“我排戏最讲究合理性，从生活出发，戏才能活起来。比如，最简单的一个出场亮相，也要让它合情合理，而不能为了亮相而亮相。”[②]正是秉持着演真人活戏的观念，李紫贵在京剧《白蛇传》中展示了如何将中国戏曲的行动虚拟与情感写实进行有机结合。

① 谢锐青：《在演员心中播下艺术的种子——记李紫贵老师排戏》，《戏曲艺术》1982 第 2 期。

② 袁文娜：《戏曲导演琐谈——访李紫贵老师》，载王洪应主编《袁文娜导演艺术散论》，中国戏剧出版社 2002 年版，第 59 页。

结论

剧本文学成就与舞台艺术成就共同支撑起京剧《白蛇传》高尚的艺术品质。该剧也因此能不断激起一代代接受者的审美期待。而当作品存活在接受中，它便拥有了永恒的艺术生命，并在历史中成为经典之作。1967年身处难中的田汉对自己的《白蛇传》发出了令人心酸的担忧："我不知道《白蛇传》这样的戏是不是还有存在的余地。它不是鬼戏，但有蛇神，虽说它在旧戏中有很长的传统。"① 半个世纪过去了，依旧屹立在舞台上的京剧《白蛇传》回答了田汉的疑惑，它有存在的必要。

（黄静枫：华东师范大学文学博士，现为上海戏剧学院戏剧与影视学博士后流动站师资博士后）

① 《田汉全集》第20卷，花山文艺出版社2000年版，第12页。

时局、政局与史剧

——论田汉《岳飞》之生成与意蕴

胡一峰

苦口婆心唱岳飞

1940年10月，田汉赋诗赠予将率领广东戏剧宣传团赴海外宣传抗日的粤剧艺人关德兴，诗的最后一句为“苦口婆心唱岳飞”。所谓“唱岳飞”，既是对关德兴擅演岳飞戏的赞赏，也带有田汉夫子自道的意味。就在这一年年初，田汉在衡阳与长沙之间的旅途奔波中，完成了京剧《岳飞》的创作，而且很快在长沙公演。对这部剧田汉颇为看重。他在自述创作缘起时说：“写《岳飞》的很多，到重庆来时又看到好几种。但我们这篇似乎犹有发表的必要，因为这是从一个不同的视角看的，而且是用不同的手法切取的。”[①] 而据饰演“岳飞”

① 田汉：《〈岳飞〉序》，转引自《田汉全集》第2卷，第325页。

的郑亦秋回忆，田汉对该剧的排练也付出了极大心血。“有一场戏，岳飞上场来就有一大段唱，开头一句倒板‘立马蛇山豁壮眸’，唱的平平淡淡，没有一点气氛。田汉反复听了以后，就耐心地讲解戏词，再接下去的一段唱腔里，从词到运腔，一句一句地帮我抠。”田汉不但给郑亦秋讲解戏词，还背诵苏轼的词给他听，帮助郑亦秋揣摩岳飞的理想和抱负。同时，他还和郑亦秋一起设计岳飞站的位置和身段，给郑亦秋讲解艺术的戏剧立体感、舞台调度、艺术的真善美等。①《岳飞》上演后，轰动一时。田汉的心血得到了回报，对此他颇为满意，自陈该剧“成绩不太坏”，“在我看见的几次，甚至引起甚高的效果”。②《岳飞》除了在国统区激起强烈反响外，两年后又在延安连演多场，在高层和延安军民中同样好评如潮。

可见，无论是田汉的自我评价还是客观影响，《岳飞》都是田汉戏剧生涯甚至现代中国戏剧史上一部十分重要的作品。与此相比，学界目前对该剧的研究似还不够充分。长期以来，对《岳飞》的研究主要从两个维度展开。一个是抗战戏剧运动。《岳飞》作为抗战时期戏剧创作的重要成果写入史册，其在抗战宣传动员中的作用也得到充分肯定。戏剧史论著作中提到抗战戏剧，一般都会提及《岳飞》。如田本相先生认为，《岳飞》等作品“让田汉终于找到了这种以气势取胜来高扬民族意志与民族情感的特殊方式，演出时宣传效果极佳。这种

① 郑亦秋：《我的良师益友》，载全国政协文史和学习委员会编《回忆田汉》，中国文史出版社2015年版，第205—209页。

② 田汉：《〈岳飞〉序》，转引自《田汉全集》第2卷，第325页。

表现方式，在传统戏曲的传统表现方式中是难以想象的。”① 另一个维度是戏曲改革运动。作为田汉戏曲改革思想的实践成果，《岳飞》被研究者频频提及。如董健先生认为，《岳飞》和《新儿女英雄传》《江汉渔歌》一起，标志着田汉戏曲创作的一个新阶段。他把戏曲改良提高到了崭新的水平，“第一个赋予了近200年来在文学性上逐渐贫困化的京剧以新的文学生命”，“他使畸形、瘸腿的旧京剧（只重唱腔、表演而无文学，只重技艺而无意识）开始向健康的戏剧转化”。② 再如李伟认为，中国现代戏曲改革有三大模式，田汉模式的代表作之一即“岳飞”。③ 此外，还有学者对《岳飞》的思想内涵和政治意蕴作了研究。曹树钧较详细地分析了田汉在《岳飞》等剧中对人民群众的表现。④ 谢雍君富有启发性地指出，认为田汉在抗战时期创作的作品政治性强、内容单一的观点，只是看到了“皮毛”，《江汉渔歌》《岳飞》等作品强调了普通百姓的英勇行为，其主旨是和毛泽东所说的“历史是人民创造的”的理论相呼应的。⑤

概言之，现有的研究主要是对《岳飞》作了“定性”分析，尚缺乏全面的个案研究。适逢田汉先生诞辰120周年，笔者

---

① 田本相：《在抗战烽火中的田汉》，《人民政协报》2016年12月12日，第11版。

② 董健：《田汉评传》，南京大学出版社2012年版，第419页。

③ 李伟：《20世纪戏曲改革的三大范式》，中华书局2014年版。

④ 曹树钧：《田汉抗战戏剧的创新特色与实践精神》，载中国田汉基金会、中国田汉研究会学术活动部编《田汉研究》（第3辑），中国戏剧出版社2006年版，第187页。

⑤ 谢雍君：《抗战时期田汉戏曲理论和创作再探讨》，《戏剧文学》2003年3月。

将《岳飞》这部重要的史剧回置于抗战时局与政局之中进行分析，力图在时代氛围和政治话语双重力量形塑之下，探究该剧的生成逻辑，品读其历史意蕴。

抗战烽火中的“岳飞戏”高潮

岳飞是历史上真实的英雄，也是活在文学艺术中的英雄。岳飞故事在民间源远流长。中国历史进入现代之后，岳飞又被塑造为国家认同的符号。早在1928年，南京国民政府已将岳飞列为可建立神祠的“先哲”之一，并评价其“精忠报国，富于民族精神”。①1931年，日寇发动“九一八事变”，民族主义思潮在中国不断高涨，岳飞也更受重视。1937年，日寇又发动“卢沟桥事变”，全面抗战爆发。文艺界与全国军民一道，投入了抗战洪流之中，用艺术的方式宣传民众、鼓舞士气，振奋民族精神。岳飞成为艺术家创作取材的重要来源，出现了一次编演“岳飞戏”的高潮。

田汉的《岳飞》就诞生于此时。为了抗战而写岳飞，并非田汉的首创。在他之前，还有顾一樵创作的话剧《岳飞》（1932年），王泊生的歌剧《岳飞》（1935年），四幕剧《风波亭》（1936年），朱双云和洪深合编的楚剧《岳飞的母亲》（1937年），以礼改编的七场改良平剧《陆文龙》（1939年），周贻白的七场改良平剧《朱仙镇》（1940年），舒湮的《精忠报国》

① 〔日〕孙江、黄东兰：《岳飞叙述、公众记忆与国族认同》，载龚延明、岳朝军编《岳飞研究论文集汇编》，浙江大学出版社2013年版，第923页。

（1944 年），周文、王修的二十场历史戏曲《千古恨》（1945 年）等都可归入抗战时期的“岳飞戏”范畴。[①] 这些剧大部分被搬上了舞台。1938 年 4 月 11 日，武汉十二家戏院举行抗战宣传周戏剧日，免费日夜演出。“岳飞戏”是其中的重头。据《（汉口）新华日报》记载，29 场演出中，其中就有王泊生的《岳飞》和《岳飞的母亲》，每部都演了两次。[②] 王泊生的《岳飞》分七幕 12 场，“熔冶皮黄、昆曲、杂剧、话剧及中西音乐、布景、服饰、光影、道具、歌舞于一炉”，歌颂了岳飞不屈外侮、英勇奋战的精神。[③]《岳飞的母亲》描写了岳母送子参军的故事，塑造了岳母深明大义的形象，宣传了全民抗战思想。[④] 顾一樵的《岳飞》是岳飞戏中较早问世的一部。顾一樵在自序中说创作目的即为“扬国人忠愤之气”，提倡民族精神。[⑤]1939 年顾一樵又结合时局改写了该剧，1940 年在重庆隆重公演，随后又被改编为京剧和汉剧公演，在东南各地，还被改编为其他地方戏上演。[⑥] 该剧在重庆的演出由江安国立剧专担纲，连演七场，场场爆满。中国国民外交协会得知后，又特请剧专

---

① 此处的剧目根据董健主编《中国现代戏剧总目提要（修订版）》（中国戏剧出版社，2012 年）等整理，详见该书第 695、798—799、919、1010、1310—1311、1375 页。

② 《武汉第二期抗战宣传周戏剧日》，转引自朱伟明、陈志勇主编《汉剧研究资料汇编 1822—1949》，武汉出版社 2012 年版，第 468—469 页。

③ 北京艺术研究所、上海艺术研究所组织编著：《中国京剧史》（中卷·上），中国戏剧出版社 1990 年版，第 873 页。

④ 同上。

⑤ 顾一樵：《岳飞及其他》自序，转引自张泽贤《中国现代文学戏剧版本闻见录 1912—1949》，上海远东出版社 2009 年版，第 111 页。

⑥ 宋宝珍：《迈入现代的门槛·五四新剧》，中国文联出版社 2016 年版，第 275 页。

加演早场招待驻渝各国使节、外侨及外国记者，国民党高层孔祥熙、孙科、王世杰等出席作陪，开幕前还向各国使节、外宾赠送了“还我河山”的小三角旗。①该剧改为汉剧后，由著名汉剧演员吴天保饰岳飞，“唱作俱佳”，得到老舍先生的好评。②此外，曹禺先生抗战时期也萌生过写岳飞戏的念头。1943年5月3日，重庆《新华日报》刊登消息说，“名剧作家曹禺氏，近拟创作一历史剧《岳飞》，现正搜集材料中”。③曹禺后来回忆此剧拟名为《三人行》，“这出戏写岳飞抗金的爱国英姿，主要写高宗、岳飞、秦桧这三个人物，自然也是有所针对的”。④该剧虽未全部完成，但借古喻今是显而易见的。可见，抗战之后的时局变动，以及全民抗战号召下的思想文化动员，掀起了“岳飞戏”的高潮，田汉的《岳飞》在这样的时代背景中诞生的，自然就带有抗战时局的深刻烙印。

兵民是胜利之本

如前所述，抗战时期的“岳飞戏”都歌颂抵抗外侮的英雄事迹，弘扬中华民族的民族精神，但若细致分析，又可发现它

---

① 张家浩：《记忆犹新的话剧〈岳飞〉》，载中国人民政治协商会议四川省江安县委员会文史资料研究委员会编《江安文史资料 总第七辑 国立剧专·江安》，资料，1994年，第122—123页。

② 张桂兴编著：《老舍资料考释》（上册），中国国际广播出版社2000年版，第296页。

③ 田本相、阿鹰编著：《曹禺年谱长编》（上卷），上海交通大学出版社2016年版，第322页。

④ 同上书，第324页。

们之间存在思想倾向的差异。换言之，当时的“岳飞戏”虽然都采取了借古喻今的手法，但所借之“古”同，而所喻之“今”异。对此，比较顾一樵和田汉的同名剧作就可以看清楚。

在传统的岳飞故事中，岳飞被宋高宗、秦桧的十二道金牌召回，壮志未酬，含冤而死。岳飞与秦桧、宋高宗，是无法回避也着力表现的矛盾。顾一樵的《岳飞》基本沿袭了传统岳飞戏的叙事范式。而且，顾一樵把谋害岳飞的账算在秦桧头上。岳飞在狱中还寄希望于韩元帅以及朝中“正直的老臣”在高宗面前为他申冤。① 正如有学者指出的，这反映的还是反奸臣保皇帝的传统思路。② 田汉的《岳飞》则完全不同，剧本没有写风波亭这一段，而是跳出传统套路，安排了巩县祭陵，岳飞在宋代列帝陵前的唱词中回顾宋史，并唱出了“康王爷南渡后力支大厦，每日里又何心湖上观霞？连累了列圣们也含愁地下，几年来哪曾见半杯冷酒、半碗麦饭、半盏残茶”，很明显矛头直指高宗，反奸臣也反皇帝。③ 更重要的还在于两个剧对民众的不同处理。顾一樵的《岳飞》中也有民众的角色。但民众只是受难的百姓，当朝廷召回岳飞时，只是哀求“元帅去不得”。④ 面对侵略，他们只是充当被拯救者。楚剧《岳飞的母亲》（1937 年）中写到了号召百姓同仇敌忾，

① 顾一樵：《岳飞》，《时代公论（南京）》1932 年第 1、2、4、5 期。

② 王雪芹：《1930 年代戏剧创作：“大写”国民的三副面孔》，《中国现代文学论丛》2016 年第 2 期。

③ 值得注意的是，这一判断和毛泽东对岳飞故事的看法暗合。毛泽东晚年曾对陪他读书的芦荻说过，主和的幕后决定者是宋高宗，责任并不全在秦桧。（参见芦荻《毛泽东谈二十四史》，《人民日报》1993 年 12 月 20 日。）

④ 顾一樵：《岳飞》，《时代公论（南京）》1932 年第 1、2、4、5 期。

与敌人决一死战，但没有写百姓的武装斗争。[①]田汉的《岳飞》则让百姓拿起了武器，成为与岳飞共同抗金的“义军”。两相对比，差别十分明显。

这些差异绝非无意为之，恰恰表达了田汉的创作意图及政治倾向。在《岳飞》序中，他说自己创作时力图避免“写《岳飞》时极容易陷入的失败主义”。[②]次年的《山居书简》中，田汉说得更加明确，他总是希望“现实比较朝着胜利的道路上走”，“拿《岳飞》说我看过的不下四五种，从老的《风波亭》直到现代作家的话剧、歌剧，总觉得多脱不了中国人传统的灰暗的命运观，历史材料的决定使人气闷时多，气壮时少。……处理这样的历史题材实在无法使现代观众愉快。为着怕天下志士寒心，我这个《岳飞》里却把这些地方都避开了，专写一些使人气壮的。那就是从岳母死后，飞练兵鄂州奉诏讨贼，直到朱仙镇大捷为止。”另外，“我常常想在写历史人物时强调群众的力量。”为此，田汉专门研读参考翦伯赞的《南宋初年黄河南北义军考》，以文中所述太行山抗金义士之史迹，作为艺术创作的原型和依据。[③]翦伯赞当时的公开身份是中苏文化协会总会理事兼协会机关刊《中苏文化》杂志副主编，但他是1926年的中共老党员。中苏文化协会1936

① 董健主编：《中国现代戏剧总目提要（修订版）》，中国戏剧出版社2012年版，第798—799页。

② 田汉：《〈岳飞〉序》，转引自《田汉全集》第2卷，花山文艺出版社2000年版，第325页。

③ 田汉：《山居书简——代〈岳飞〉序》，转引自《田汉全集》第2卷，花山文艺出版社2000年版，第326—328页。田汉在此文中将翦伯赞的文章名写为“南宋初年黄河南北义勇考”，当为笔误。

年成立于南京，主持其工作的协会常务理事王昆仑是国民党中央候补执行委员、立法委员，但在1933年就秘密加入了中国共产党，和潘汉年直接联系。翦伯赞这篇刊发于《中苏文化》的论文和他这一时期其他论文一样，资料丰富、观点新颖，而且充满了现实针对性。如史学家邓广铭、张传玺所言，翦氏此文主要是为了歌颂坚持敌后抗战的八路军和新四军而写的。[①]这也反映了田汉在《岳飞》中的政治寄托，以及左翼文人之间的思想呼应。

更重要的是，田汉在《岳飞》中对民众武装的重视，又与毛泽东的《论持久战》相一致。国共两党都提出过长期抗战的思想，但“兵民是胜利之本”则是毛泽东《论持久战》中最著名的论断之一，也是中共的抗战主张与当时其他政治势力的区别所在。那么，田汉在创作《岳飞》时是否读过毛泽东雄文呢？笔者目前尚没有直接史料来回答。不过，考察一下《论持久战》的出版和传播，还是可以得出肯定的答案。《论持久战》本是毛泽东1938年5月26日至6月3日在延安抗日战争研究会上的演讲稿，1938年7月首次出版，很快就传到了国统区。《论持久战》最早的版本中就有汉口新华日报馆版。1938年至1939年间，《论持久战》在重庆、桂林等地都有发行。1938年8月，周恩来以《论持久战》为指导思想给国民政府军事委员会政治部第三厅联系的抗敌演剧队、宣传队等作过四个小时的形势与任务的报告。而当时对演剧队

① 邓广铭、张传玺：《要翻历史千年案》，转引自《邓广铭全集》第十卷，河北教育出版社2005年版，第348页。

组建和培训工作负总责的人，正是担任第三厅艺术处长的田汉。[①]1939年2月，田汉担任社长的《抗战日报》又发表了《论持久战》。[②]由此可以推断，在创作《岳飞》之前，田汉已经了解并认同了毛泽东《论持久战》的思想观点。因此，在没有更直接的证据之前，固然不能简单地论定《岳飞》就是田汉贯彻和宣传毛泽东《论持久战》而作，更不能认为这是一种“组织任务”，但是《岳飞》受《论持久战》的影响无可置疑。这部史剧所折射的正是当时错综复杂的政局，以及局中各方政治力量对抗战主导话语权的争夺。

塔山颂英雄

熟谙中国历史与传统文化的毛泽东，对利用传统戏曲中的历史故事隐喻现实，宣传政治主张，不但抱有浓厚兴趣，而且信手拈来、出神入化。尤其是对岳飞，毛泽东更是经常提及。在《论持久战》中，他说“古人所谓‘运用之妙，存乎一心’，这个‘妙’，我们叫作灵活性，这是聪明的指挥员的出产品。”这里的“古人”，其实就是指岳飞。[③]1941年秋，毛泽东观看了鲁艺平剧团的《独木关》后说，“你们的《独木

---

① 向延生：《田汉与抗战音乐》，载中国田汉基金会、中国田汉研究会学术活动部编《田汉研究》第3辑，中国戏剧出版社2006年版，第276—277页。

② 沈绥南：《我到〈抗战日报〉工作的情况》，中共沅陵县委党史资料征集研究办公室编《辰州烽火》，内部资料，1987年，第331页。

③ 盛巽冒：《毛泽东眼中的历史人物》，上海辞书出版社2005年版，第313页。

关》演得很好，薛仁贵的赫赫战功都记在何宪忠的头上，这很不公平嘛。现在的抗战也有这种情形，八路军就是累建战功的薛仁贵，是真白袍小将，国民党军队就是通敌窃功、陷害忠良的张士贵、何贵宪，是假白袍小将，真假两个白袍小将，就是真假两种抗战。”在场亲耳聆听的简朴说，“这段言简意赅的话，对于演出传统戏曲如何借古鉴今和古为今用，以及对于整理改编传统戏和新编历史戏，都给了我们深邃的启迪。”在同一个场合，陈云说得更加明确，“平剧有很多戏是可以为抗日战争服务的，中国历史上有许多民族英雄，把他们抗敌救亡的故事编演出来，就可以提高人民群众的爱国觉悟，增强军民团结抗战的力量。”①1942 年春，中央办公厅宣布了组建延安平剧研究院的决定。朱德在讲话中点到了岳飞，“平剧中有许多戏可以为抗战服务，岳飞、文天祥、史可法、郑成功、林则徐等抵御外侮的民族英雄，有很多可歌可泣的故事，你们编演出来，就可以激励军民爱国救亡的热情，增强抗战的力量，为抗战做贡献。”②

实际上，延安此前演出过《岳母刺字》等岳飞戏。田汉的《岳飞》不同于传统的岳飞故事，而且在当时的岳飞戏中首先旗帜鲜明地表现民众在抗击外敌入侵中的作用，艺术化

---

① 简朴:《艺苑花艳 源于甘泉——毛泽东同志培育延安平剧事业的追忆》，转引自中国京剧院编《旧剧革命的划时期的开端——延安平剧研究院纪念文集》，中国戏剧出版社 2005 年版，第 49 页。

② 简朴：《弘扬爱国情　坚定胜利心——为纪念抗日战争胜利五十周年暨延安平剧研究院成立五十三周年而作》，转引自中国京剧院编《旧剧革命的划时期的开端——延安平剧研究院纪念文集》，中国戏剧出版社 2005 年版，第 466 页。

地成功助力中国共产党的抗战主张。因此，延安平剧研究院成立后，选择田汉的《岳飞》作为开幕戏，可谓水到渠成。对于该剧的排演，研究院十分重视。该剧导演王一达，学识深广，才华横溢，是集演、导、编、论于一身，精通话剧、戏曲艺术的优秀戏剧家。[①]而且，此前延安演戏不重视导演的作用，演员一般都是“台上见”，对演出造成过损害。从排演《岳飞》开始，导演制度得到了重视。[②]饰演“岳飞”的张一然，自幼矢志好学，腹笥渊博，酷爱京剧艺术，又有一条得天独厚耐人聆听的好嗓子，唱到哪儿就红到哪儿。[③]饰演“盖天大王”的王洪宝，七岁学艺，武戏演得相当有水平，在延安也是一个家喻户晓的名角儿。[④]《岳飞》在延安的八路军大礼堂连演十五场，场场爆满，观众达二万余人次。演出前，文化沟口还出售《〈岳飞〉公演特刊》。演出时，观众的情绪被极大地调动起来，献出了长时间的热烈掌声。演出结束后，剧院汇集各方反映，也是好评如潮。中央文委肯定该剧符合“戏剧应切实服务于战争、生产、教育任务”的方针。党政军民

① 简朴：《一达，你不该走得这么快——深情缅怀王一达同志》，转引自中国京剧院编《旧剧革命的划时期的开端——延安平剧研究院纪念文集》，中国戏剧出版社2005年版。

② 罗合如：《回忆延安平剧研究院》，转引自中国京剧院编《旧剧革命的划时期的开端——延安平剧研究院纪念文集》，中国戏剧出版社2005年版，第181—182页。

③ 张琪瑶：《风采靓丽　先声夺人——缅怀著名戏曲表演艺术家张一然同志》，转引自《旧剧革命的划时期的开端——延安平剧研究院纪念文集》，中国戏剧出版社2005年版。

④ 中国京剧院编：《旧剧革命的划时期的开端——延安平剧研究院纪念文集》，中国戏剧出版社2005年版，第709—712页。

学各界均对该剧表示了赞扬。① 此后，《岳飞》又在各地巡回演出，毛泽东也数次观看。一时间，形成了“延河《满江红》，塔山颂英雄，痛诉亡国恨，诛伐奸佞臣”的局面。

回响与余论

此后，“岳飞”更明显地成为国共两党话语权斗争的文化符号。就在田汉的《岳飞》在延安演出一年后。1944年，左翼文学家周文和王修一起创作了一部反映岳飞抗金的二十场的山西梆子《千古恨》，这部剧的目的很明确，就是形式教育的“艺术教材”和开展对敌宣传。周文自陈“蒋介石就是宋高宗，蒋介石要进攻边区就是对日投降妥协，汉奸一类的人是秦桧，八路军就是保卫陕甘宁边区、晋绥边区，就是比作坚决抗敌的英雄——岳飞”。② 剧中更鲜明地批判了岳飞的愚忠思想，对义军和民众的作用则作了充分的展现。比如，第十二场，表现太行忠义军梁兴、八字军傅选与百姓助战火烧金兵粮草。第十三场，秦桧命令各路粮台官员不给岳家军发粮饷，百姓为岳家军送来大批粮草。第十四场，金兀术到河北征兵，但河北百姓起来造反，金兀术哀叹大势已去。第二十场，岳飞被害死后，牛皋率卒与梁兴同上太行山坚持抗

---

① 简朴：《弘扬爱国情　坚定胜利心——为纪念抗日战争胜利五十周年暨延安平剧研究院成立五十三周年而作》，转引自中国京剧院编《旧剧革命的划时期的开端——延安平剧研究院纪念文集》，中国戏剧出版社2005年版，第468—469页。

② 王修：《回忆周文二三事》，载上海鲁迅纪念馆编《周文纪念集》，上海文艺出版社2002年版，第51页。

战。[①] 剧中岳飞忍痛渡江南返，悲愤地唱起《满江红》，并说出了“愿千秋后世，不要再走我这条路”的沉痛之词。该剧在十八个月中，演出143场。演出时，“台下一片哭泣声，而后是一片激愤的口号声”。晋绥边区行署主任续范亭还撰文提出，“遍地岳飞，不怕金牌”的号召。[②]

《千古恨》与《田汉》之间，剧种不同，剧情有异，也很难找到文本意义上的承续，但二者在政治倾向一脉相承，高度一致，在这个意义上，《千古恨》也可视为《岳飞》在根据地的一次回响吧。从《千古恨》再回望《岳飞》，让人越发清楚地看到，史剧是创作者审时度势的产物。所谓时，即时代大局或说时局，它往往表现为一种客观趋向。所谓势，则是陷入时局中的各方政治力量之歧异与消长。史剧创作的审时度势，折射的不但是创作者对时局变化的感知，而且是创作者作为局中人的判断与选边。当岁月流逝，时事已成历史，将艺术文本回置其生成之现场，方能品读其独特的历史意蕴。

（胡一峰：《中国文艺评论》杂志副主编、编辑部主任）

① 董健主编：《中国现代戏剧总目提要（修订版）》，中国戏剧出版社2012年版，第1375页。

② 冯松、吕光：《七月剧社演出新编历史剧〈千古恨〉概况》，载《晋绥边区七月剧社回忆录》，内部资料，成都，1989年，第105—106页。

“五四”回望：论四五十年代田汉的戏剧批评

陈秋婷

20世纪四五十年代，田汉以“五四”戏剧文化作为论说基点，梳理20世纪戏剧的发展脉络，主要表现为两种倾向：一是重申“五四”的现代戏剧精神与经验，论说其“祛弊”传统戏曲的现代化意义；二是检讨“五四”新旧剧争论中不同阵营的戏剧观念，反拨与调整因其滥觞而形成的戏曲与话剧分庭抗礼的格局。这是田汉借由审视“五四”以来戏剧的发展轨迹，寻找戏曲与话剧间互鉴共融的可能性，以求复归于当下剧坛的建设，提出具有民族特色的戏剧体系设想。

一、田汉与“五四”问题缘起

“五四”时期，围绕“旧剧存废”与“新剧提倡”等问题展开的戏剧论争，奠定了20世纪以来旧剧与新剧的对峙局面。① 以“新青年”新式学人为代表的激进派，如胡适、傅斯年、周作人等人以西方戏剧文化为参照系，提出“中国旧戏应彻底废除”“中国戏是野蛮”等论调，为新剧的发展营造声势。② 时有张厚载为代表的保守派，全面肯定传统戏曲的长处，主张“保存旧戏”，却拒绝改良；宋春舫则是持平，主张改良旧剧与提倡新剧，二者应兼而有之。以上三种戏剧取向代表了不同的文化观念。其中，由“五四”反传统所开启的现代意识与启蒙理性思想，成为新剧倡导者的文化利刃，他们借用西方文化审判中国旧剧的弊病，由此消弭了其他持有异见的说法。长久以来，“五四”戏剧论争不仅改变了原有的中国戏剧文化体系，形成戏曲与话剧鼎足而立的阵势，又继而演化为隔离与对峙的状态，更是影响了有关传统戏曲的

---

① 本文论述的“戏剧”是一种广义概念，包含传统戏曲与现代话剧。由于20世纪上半叶早期话剧、文明戏、旧戏、旧剧及新剧等概念混融使用，尚未界定分明，所以有必要加以分梳与说明。中国早期话剧的产生大约在20世纪初，一般观点认为“文明戏”即“早期话剧”，当时亦称“新剧”，与传统戏曲相对称。参见王凤霞《文明戏考论》，广东高等教育出版2011年版，第28—36页。然而，“文明戏”在演进过程中流于商业化与庸俗化，亦成为“五四”新旧剧论争的批判对象，在“五四”论说语境中，“文明戏”与“旧戏”（“旧戏”主要指中国传统戏曲，以唱念做打为主的表演形式）并归为“旧剧”一类中，与“五四”所提倡的“新剧”观念对举。由此，本文提及的“文明戏”仅指“五四”之前为改良社会、普及文明的早期话剧。“五四”时期，在新文化运动的浪潮中，“现代话剧”逐步兴起，此乃学界现代戏剧史研究的常规说法。然而，“五四”时期，“话剧”一词尚未使用，其自西方“drama”传入中国后，有过“文明戏”“新剧”“爱美的戏剧”等称谓，至1928年洪深最终将其定名为“话剧”，成为话剧研究界的共识。参见宋宝珍《迈入现代的门槛——五四新剧》，中国文联出版社2016年版。为以示区别，结合“五四”时人戏论语境，本文论涉的“新剧”，乃指“五四”时期倡导的新式戏剧样式，即“现代话剧”。其中，出于论述的需要，亦将“旧剧”与“新剧”沿叙为“戏曲”与“话剧”，前者大抵指“传统旧戏”与“文明戏”，后者则是“现代话剧”。

② “五四”刊载于《新青年》上“反对旧戏”的代表文章主要为：胡适《文学进化观念与戏剧改良》（1918年第5卷第4号）；傅斯年《戏剧改良各面观》（1918年第5卷第4号）；周作人《论中国旧剧之应废》（1918年第5卷第5号）等。

客观评价，致其遭受猛烈的抨击。

田汉初涉剧坛，正是西方文艺思潮剧烈冲击中国传统文化的“五四”时期。于此浪潮下，现代话剧的创作探索方兴未艾。田汉通过创办《南国》半月刊与组建南国社等形式，致力于中国现代戏剧的创作，如《获虎之夜》《咖啡店之一夜》《湖上的悲剧》等紧扣社会现实与时代主题作品，成为“五四”文艺的先锋者。然而，田汉虽置身于批判“旧戏”与“文明戏”的戏剧语境中，并在“五四”新文化视野中展开话剧创作，但作为从小熏染传统戏曲艺术的剧作家，他坚守传统戏曲的表现形式与内在价值，不依附“反旧剧”的时论。1929年，针对“五四”戏剧论争中新旧剧对立的格局，田汉承接“国剧运动”理念发表了《新国剧运动的第一声》一文，试图融合新剧与旧剧之间的对抗关系，这是田汉戏剧观念的初期探索之一。此后，田汉历经30年代戏剧大众化潮流，又参与40年代“戏剧的民族形式问题”的论争；至中华人民共和国成立后，担任文化部戏曲改进局局长，领导戏曲改革与话剧创新。在此过程中，田汉始终在思考与探求如何对待“五四”顺承而来的戏剧精神，如何继承与处理传统戏曲与现代话剧间的资源关系。由此，当新时期的戏剧建设遭遇着“五四”的重复性境遇，即如何审视与抉择各类资源间的交流问题时，田汉选择追溯“五四”，依此寻找现代戏剧的逻辑起点与历史经验，从而为新时期戏剧体系提出建构目标。

二、反思与纠偏："五四"再评价

纵观田汉的戏剧实践，他始终在不遗余力地宣说戏曲的传统价值与美学意义。他穿梭于新旧戏剧界，成为沟通二者联系的桥梁，更是突破"五四"以来所奠定的戏曲与话剧长期隔离、对立的戏剧格局。[①] 然其意义不止于此，四五十年代，田汉重返"五四"戏剧语境，不仅确认"五四"精神内涵与现代戏剧的转型关系，而且检讨与反思"五四"戏剧言论，试图为重估戏曲地位开辟一条合理的评价体系，亦是为了回应对当时剧坛现有问题的思考。

（一）"五四"与戏曲"祛弊"

20 世纪戏剧在"五四"观念的统摄下，透视出对现代性的自觉追求，承担着现代意义与民主政治的内涵。[②] 伴随着"五四"新文化的核心精神，中国现代戏剧思潮的特点体现为：吸纳与包容外来文化，否定与批判传统文化。基于这一文化视角，"五四"激进派以"重新估定一切价值"的评判态度评论旧剧，主要体现为"要重新估定旧戏在今日文学上的价值"。[③] 由此，在"五四""新思潮"中，旧剧不得不被纳入

---

① 邓兴器：《田汉与现代戏曲》，《文艺研究》1984 年第 2 期。

② 如陈白尘、董健认为：20 世纪戏剧在"五四"新文化的背景下，戏剧思潮与戏剧观念进一步更新，体现为戏剧在张扬启蒙理性与现代意识的过程中，逐步完成现代性的转变。参见陈白尘、董健《中国现代戏剧史稿：1899—1949》，中国戏剧出版社 2008 年版。又如现代戏剧研究中重评"五四"戏剧论争的文章，也都明确指出"五四"思潮与戏剧"现代化"之间的精神关联。参见王良成《"五四"时期的新、旧戏剧观论争及其现代性追求论述》，《戏剧》2006 年第 3 期；张婷婷《回到"五四"戏剧论争的现场》，《戏剧》2008 年第 2 期；张鑫《重审五四时期〈新青年〉杂志上的旧戏论争》，《中国现代文学研究丛刊》2012 年第 1 期。

③ 参见胡适：《新思潮的意义》，《新青年》1919 年第 7 卷第 1 号。

“现代意义”的论说范畴。“五四”宣扬的“科学与民主”“反帝反封建”等课题，致使旧剧因其不合时宜的内容遭受质疑与批判，尤其在新剧当道的戏剧格局中被严酷挤压。但若从“五四”旧剧批判的正面意义而言，却是另一种价值导向。田汉指出，“五四”新文化运动的浪潮虽有偏见，抹煞了传统戏曲的艺术价值与美学精神，却实实在在地为现代戏剧的发展祛除“封建”旧剧的障碍，甚至由于“五四”的旧剧攻讦，促使戏曲寻求改革出路。其中，最突出的表现是，“五四”戏剧观念的现代化追求，促使戏曲寻求艺术形式与承载内容的革新。

田汉从“五四”赋予文学的“启蒙”与“现代”意义这一层面着眼，强调“五四”为戏曲铸造的改革契机，“五四时代在反帝反封建的大潮中，旧戏曲作为‘封建艺术’遭受过严厉批判，也因此促成其改革机运”。① 当传统戏曲被判定为“毫无美学价值”“形式太嫌固定”，② 甚至被要求替代为西洋派的“真戏”时，旧剧却并未如预期般灭亡，而是在梅兰芳等一大批戏曲艺术家的“改良”下，出现了“中兴”的局面。③ 这是拥护戏曲人士对“反戏曲”言论做出的抵抗，而此恰有赖于“五四”论争，触及了戏曲发展的根本问题，④ 致使戏曲家转而反思如何利用与改造戏曲。

---

① 田汉：《为爱国主义的人民新戏曲而奋斗》（1950），《田汉全集》第 17 卷，花山文艺出版社 2000 年版，第 179 页。

② 傅斯年：《戏剧改良各面观》，《新青年》1918 年第 5 卷第 4 号。

③ 参见田本相、胡志毅《“五四”戏剧论争与中西文化》，载田本相主编《中国话剧研究》第 1 期，文化艺术出版社 1990 年版，第 12—13 页。

④ 参见胡星亮《中国戏曲与中国话剧》，学林出版社 2000 年版，第 74 页。

董健指出，“五四”时期，传统戏曲受到现代意识批判后，分为两条途径演进，一是梅兰芳为代表的戏曲现代化手段，改良戏曲并重新包装，以参与文化市场竞争的方式保有；二是田汉为代表的戏曲改革，融合传统内涵与时代思潮，从“启蒙”与“革命”的需要出发，改革与利用旧式戏曲形式。① 实际上，这两种改进路径的动机皆在于反驳“五四”激进派的“旧剧应废”论。其中，如何扬弃传统戏曲成为戏曲实践的前提。田汉主张寻求传统戏曲与时代变革、社会主题相关的途径，并以此为基准，评价同时期梅兰芳等人的“旧剧改良”手段。他在《中国旧戏与梅兰芳的再批判》一文中指出，梅兰芳“所演各剧的封建的内容与反大众的表现形式”，不适于现代的生存。② 可以看出，在“反封建”与“现代化”的紧张需求中，田汉更为认同“五四”所承载的批判戏曲“封建内容”的精神，并强调“五四”戏剧观念的革命性，由此道出戏曲革新运动的重要性与必然性。这是田汉有意识地搭建“五四”现代化理念与戏曲改革的联系，以戏曲“祛弊”的形态言说“五四”影响下的戏剧发展道路。

不仅如此，“五四”思潮所携有的“世界的眼光”在审视中国传统戏曲的同时，亦促使戏曲被放置于宏大的戏剧体系中，形成一种“自我批判”的视角。自20世纪初而始的“戏

---

① 参见董健《中国戏剧现代化的艰难历程——20世纪中国戏剧回顾》，《文学评论》1998年第1期。

② 参见田汉《中国旧戏与梅兰芳的再批判》（1934），载《田汉全集》第17卷，花山文艺出版社2000年版，第14页。

曲改良运动”[1]，及至“五四”戏剧论争以来，对戏曲封建内容、形式困境等问题的指责，皆从外部文化视角切入，或是为了宣扬新剧的社会性功能，将传统戏曲作为对立面进行攻击；或是为了完成戏剧的现代性进程，强行运用“世界的眼光”形塑戏曲的现代化特征。在种种“变革戏曲”行径的推波助澜下，迫使戏曲不得不“推陈出新”，以“自我批判”的方式摒弃旧有观念。

而田汉于四五十年代的任务则是，判断新时期戏剧建设与“五四”戏剧精神之间的关联。1959年，田汉于《接受“五四”的精神和经验，创造社会主义新戏剧》中指出：“四十年后的今天，中国戏剧界早已能清楚地分辨出自己的戏剧传统中所包含的封建性和人民性、迷信和神话。”[2]并就戏曲的发展方向表示：“于今我们的任务正是要克服老戏里思想内容上的毒素，肃清其封建性、反进步性、反民族性，使它适合今天中国的需要，适合广大人民的利益、兴趣，争取其技术水平的继续提高。我们不是把老戏当古董保存，而是使它更洗练、更丰富、更高级化。”[3]虽然中华人民共和国成立后，田汉的戏曲理念表现出强烈的政治意识，逐步向“文艺为政

---

① “戏曲改良运动”即“戏曲革新运动”，它以1904年创办的刊物《二十世纪大舞台》为阵地，疾呼改良戏曲，涉及戏曲队伍与戏曲作品两方面，以摒弃落后意识和表现时代精神为中心。不过这场运动并未对戏曲造成全局性影响，并且缺乏成熟的思想理论指导，流于“宣传化”，未能促成传统戏曲面目上的更大改观。参见幺叔仪主编《戏剧通典》，解放军文艺出版社1999年版，第669页。

② 田汉：《接受“五四”的精神和经验，创作社会主义新戏剧》（1959），载《田汉全集》第16卷，花山文艺出版社2000年版，第131页。

③ 田汉：《鲁迅先生与老戏》（1946），载《田汉全集》第17卷，花山文艺出版社2000年版，第570页。

治服务”的方针路线靠拢，但他始终未曾脱离“五四”视角，而是借“五四”以来蔚为主流的启蒙思潮重新架构戏曲建设道路，以此延续“五四”戏剧经验与精神在新时期的戏剧建设中的意义。

（二）检讨“五四”戏曲言论

“五四”崇尚“破旧立新”，以抨击旧剧的方式为新剧正名。这固然是现代戏剧确立艺术倾向与社会内涵的一种手段，但在建构戏剧“现代意义”的同时，掩盖了传统戏曲的民族特色，导致戏曲在以“西方戏剧知识”为主的参照体系中被过分贬低，更被解释为“封建时代的遗留物”。诚然，戏曲含有的“封建成分”“旧式内容”阻碍了它与现实社会的契合。但“五四”时期缺乏辩证分析的评判立场与“一刀切”的做法，切实影响了戏曲艺术与功能的客观评价。由此，“五四”过后，如何消解“五四”确立的戏曲偏见，如何反拨与调整“五四”戏曲观念，成为建设戏剧发展路径的任务之一。早在讨论“新旧剧得失”的南国社时期，田汉便分析“五四”的反旧剧言论，是资产阶级利用西欧知识抨击旧剧的方式。此后，田汉以“兼容并包”的立场反观“五四”，认为“新剧倡导者”从来有一种观念论上的“成见”，不能历史地考察传统戏曲，主张对“五四”的戏剧言论做一个“批判的批判”。① 长久以来，由“五四”新旧剧论争激起的关于戏曲变革的讨论，都未能真正解决戏曲的评判问题；延续至四五十年代，戏曲究竟该如何改

① 参见田汉《中国旧戏与梅兰芳的再批判》（1934），载《田汉全集》第17卷，花山文艺出版社2000年版，第18页。

造，众人依旧莫衷一是。由此，田汉借以重估“五四”的评价尺度，调拨戏曲观念的偏执之处，主要体现为两个方面：

其一，田汉通过重新评价“五四”学人的戏曲言论，指弊“五四”关乎戏曲的判断标准与文化立场。“五四”时期，新文化人士总结与批判旧剧的存在风貌，将其定性为落后与腐朽。他们以《新青年》为阵地，纷纷撰文否定旧剧价值，将其放置于西方戏剧文明的立场中加以苛责，以此宣说新剧的意义。然而，隐藏于“新剧倡导”论调下的评判失衡问题，引起一批戏曲家的质疑。由此，新旧剧之争及其奠定的戏曲与话剧的对峙格局，成为20世纪戏剧活动的展开点。如张厚载、宋春舫等人持有别见，认为他们舍弃旧剧的做法是对“吾国戏剧毫无门径”的表现，更是“受欧美物质文明之感触”的影响，“遂致因噎废食，创言破坏”。[①]可惜的是，以张、宋等人为代表的戏曲言论与见解，虽然指出新剧派存有“矫枉过正”的问题，却无法扭转戏曲在“五四”反传统潮流下被贬斥的命运。

1925年，余上沅、赵太侔、闻一多等人不满于“五四”新旧剧辩论，提倡“国剧运动”，意欲创建融合中西戏剧优长为一体的民族特色戏剧。他们以西学教育为背景反思与承认中国戏曲的不足之处，如余上沅于《旧戏评价》中指出中国旧戏存有格律空洞的问题；赵太侔则指出旧戏在当时成了畸形的艺术，“泥守成规，因袭不变”，“实不足以表达现代人生

---

① 参见宋春舫《戏剧改良平议》，载《宋春舫论剧》第1集，中华书局1923年版，第264页。

繁复的意境和情绪”，[1] 但他们肯定中国戏曲的纯粹艺术成分，主张“要用这些中国材料写出中国戏来，去给中国人看”。[2] 只是，本为反思“五四”论争的“国剧运动”却遭到“新剧倡导”派的批驳，尤以向培良为甚。他反对“国剧运动”的戏剧路线而标榜西法，批评“国剧运动”乃是“民族卑劣精神的产品”，[3] 应全部推翻；他认为：“我们绝不能把戏剧弄成旧剧的形式，用旧剧的方法表现，这都是一些应该丢到坟墓里去的腐骸。我们只能用西方人创造的较好的方法，并且设法创造更好的方法——但不是旧戏的方法。”[4] 客观而言，向培良解读与反驳“国剧运动”的观点不免存有谬误，因其忽视了它对民族戏曲艺术的阐发意义。虽然“国剧运动”未能完成建构民族戏剧的目标，但它主张应该发挥民族艺术的个性，避免将中国新剧与西方戏剧等同的观念，[5] 是值得肯定的。“国剧运动”不仅涉及如何对待中西戏剧文化的差异问题，而且质疑了“五四”全盘否定民族戏剧的问题，印证了“五四”对戏曲民族性认识的阙失之处。

30 年代前后，“国剧运动”的基本理念持续推进，针对新旧剧论争这一话题，田汉以“新国剧运动”之名义辩驳话剧独占戏剧阵营的格局，并始终围绕着传统戏曲资源的继承

---

① 赵太侔《国剧》，载余上沅编《国剧运动》，上海书店出版社 1992 年版，第 7—20 页。

② 余上沅：《国剧运动·序》，上海书店出版社 1992 年版，第 5—6 页。

③ 向培良：《中国戏剧概评》，泰东图书局 1929 年版，第 144 页。

④ 同上书，第 2 页。

⑤ 宋宝珍：《迈入现代的门槛——“五四”新剧》，中国文联出版社 2016 年版，第 95 页。

与革新等问题展开戏曲实践。尤其在戏曲歧视尚未消除的环境中，田汉身体力行着戏曲改革与创作。至四五十年代，田汉依旧没有搁置调和戏曲与话剧的构想，仍是坚守戏曲的民族性意义，理性审视“五四”戏剧，为戏曲的生存与发展寻找合理性。事实上，若要理清戏曲被漠视的渊源，则必然需要重返“五四”的论争语境。这是田汉展述戏剧观念的路径取向，借重新讨论“五四”戏剧言论来提取论述立场与视角，揭示“五四”学人在文化立场上的偏颇之处，强调尊崇新剧不应以牺牲旧剧为代价，而是“戏曲革新”与“话剧建设”齐头并进。他指出，“五四”的戏曲评价陷入了“民族自卑”心理中，是一种民族虚无主义。当时新剧派“错误地把整个中国戏曲作为宣传封建东西的一笔抹煞”①，“把话剧与歌剧（旧剧）对立起来，企图以欧洲式的话剧代替中国的旧戏，蔑视传统和人民的好尚”②。在田汉看来，这是“缺乏真正冷静细致的科学分析”的表现，导致“全盘欧化”思潮下轻视民族传统的错误偏向。即言之，“五四”戏剧主张在判断标准上存在失误，片面地将民族戏曲形式当作野蛮、落后的东西加以全面否定。以《新青年》为阵营的旧剧批判，及其衍生的关于“新旧剧”孰是孰非的辩解，都在一定程度上遮蔽了中国本土戏曲的艺术范式。

其二，田汉在论述话剧与戏曲的关系时，注重戏曲的承

---

① 田汉：《接受“五四”的精神和经验，创造社会主义新戏剧》（1959），载《田汉全集》第16卷，花山文艺出版社2000年版，第131页。

② 同上书，第118页。

续价值，一再重申戏曲艺术资源之于话剧发展的资鉴作用，借以拨正戏曲与话剧间二元对立的局势。“五四”过后，“新剧倡导”运动渐趋消弭，原本激进反对旧剧的论客，认识到传统戏曲蕴含的民间积淀，亦明白到废除旧剧非一时之易事，于是他们转而提出建议：一方面要积极设法改革旧式戏曲中的不合理地方，另一方面去创造纯粹的独立的有高等艺术价值的新戏曲。① 只是，“五四”所形成的新旧剧对立框架抹杀了戏曲的文化价值与美学内涵，引致寻求戏曲与话剧的共融途径成为现代戏剧进程中的支流之一。

较之于“国剧运动”的戏曲观念，田汉的创见在于，自1929年发表《新国剧运动第一声》，至50年代重返“五四”戏剧语境，他始终都在确认传统戏曲的价值，强调戏曲在现代戏剧进程中的必要意义。田汉分析20世纪初期提倡新剧、批判旧剧的原因在于，“当时中国传统的戏曲一律被错误地当作封建的、反科学的东西受到严厉批判，而新剧作为民主的、科学的艺术被热烈地提倡着”②。这是由于“五四”时期片面强调“社会功能”，导致脱离现实情境的传统戏曲的美学价值未能被科学地认识。有研究指出，“五四”论客所规划的戏剧进化路径，在很大程度上是以“西方戏剧”审美“中国旧戏”

① 参见宗白华《戏曲在文艺上的地位》，《时事新报·学灯》1920年3月30日。

② 田汉：《中国话剧艺术发展的径路和展望》（1957），载《田汉全集》第16卷，花山文艺出版社2000年版，第80—81页。

的单向过程，[①] 因而造成“五四”以来话剧与戏曲间互鉴断层的状态。田汉在回望与梳理“五四”戏剧的艺术实践中指出，“五四”时代“传统戏曲错误地被一概否定，造成了话剧与戏曲间的一定距离，妨害话剧更好地向古典的现实主义学习”，[②] 这是“五四”戏剧偏见酿成的戏曲与话剧双向互动阙失后果。一方面，“五四”学人所谋划的现代戏剧进程，是单向地借用西方戏剧知识审判“旧剧”的行为，导致西方戏剧样式民族化、本土化过程中的“旧剧”资鉴意义被忽视；另一方面，传统戏曲被标识为新剧的“对立面”，由此遭受了持久的批判。由此，田汉立足于戏曲的本土特性，以此述说戏曲与话剧这两种形式共存的可能性，并明确表示：新时期的话剧表现形式若要进一步提高，若要实现更富民族风格的艺术形式，则传统戏曲的表现方式亟待借鉴。[③]

三、探析“五四”与构筑戏剧体系

四五十年代，田汉为何选择“五四”作为戏剧观念阐述的基点呢？关于这个问题则不得不从当时的戏剧文艺的发展态势着眼。1942 年 5 月，毛泽东《在延安文艺座谈会上的讲话》（以下简称《讲话》）在很大程度上决定了文艺作品的审美表

---

① 周云龙：《普适性的建构：新、旧剧观念论争中的西方知识状况》，《福建师范大学学报》（哲学社会科学版）2013 年第 6 期。

② 参见田汉《中国话剧艺术发展的径路和展望》（1957），载《田汉全集》第 16 卷，花山文艺出版社 2000 年版，第 88 页。

③ 参见田汉《话剧要有鲜明的民族风格》（1957），载《田汉全集》第 16 卷，花山文艺出版社 2000 年版，第 76 页。

达形式，不仅指出了20世纪后半叶中国戏剧发展的意识形态方向，更是成为国家文艺政策的最高纲领，由此塑造着中国戏剧创作的基本形态，同时也划定了此后半个多世纪戏剧理论与批评的基本论述空间。①在《讲话》思想统摄文艺创作的戏剧语境中，田汉一边追溯“五四”戏剧进程中的“现代性”旨归，尤其是在戏曲革新过程中所包含的现代转型诉求，以此追认“五四”精神与《讲话》方针的契合点；另一边，当《讲话》日益成为戏剧领域的权威指示，且由延安时期沿袭而来的“戏剧为政治服务”的观念占据主导地位时，戏曲再次被放置于“艺术审美”与“政治诉求”的抉择维度中，面临着“顾此失彼”的窘境。所以，于田汉而言，若要突破戏曲的“政治性”困境，则需要回溯“五四”以来被限制的戏曲艺术，论说戏曲的演进形态，并借此提出构筑民族特色的戏剧体系的想法。

首先是如何调整中外戏剧资源的关系问题。田汉指出，“五四”时期资产阶级教授们鄙夷民族戏曲遗产，“主张完全用欧洲式的话剧来代替旧戏”，以抹煞民族传统的方式高举外来戏剧的旗帜。②这种否定传统、吹捧西方戏剧的看法，是盲目“崇拜欧美文化”的表现。至五六十年代，由“五四”沿革而来的“鄙薄”观念依旧存有，尤其是剧坛持续盛行与推

---

① 参见周云龙《“十七年”戏剧理论批评的问题与方法》，《扬子江评论》2013年第5期。

② 参见田汉《建国十一年来戏剧战线的斗争和今后的任务——在中国戏剧家协会第二次会员代表大会上的报告》（1960），载《田汉全集》第16卷，花山文艺出版社2000年版，第197—198页。

崇西方戏剧体系的现状，将重心投掷于国外戏剧理论，少有学习传统戏曲的痕迹。针对这种现象，田汉以一种“纠偏”的深意说明“五四”以来对民族戏曲的忽视问题，意在指正与补救剧坛对西方知识的盲从局面。他不仅在戏曲改革实践中申述中外戏剧的关系，如其言“一切硬搬硬套古人的或外国的东西都没有好处”，“硬搬外国的固然不对，硬搬传统，食古不化，也建立不了新的民族风格”①，而且通过总结“五四”以来戏剧观念，回答了如何规避中外戏剧资源的失衡问题：一是提出继承本土艺术传统的重要性；二是主张理性认识国外艺术经验，并在此基础上逐步建立具有民族特色的戏剧体系。

其次是依托于西方戏剧知识，申说戏曲所具备的符合当下戏剧建设的内在特性。田汉将西方戏剧知识作为参照系，标举传统戏曲所附有的“话剧”特征，指出戏曲含有与话剧相符的要素，诸如写实与说话、“现实主义”内涵等。田汉表示，这类传统戏曲的表现方式是可以批判地吸收到话剧表演上，②认为话剧与戏曲的关系一脉相承，主张话剧向戏曲学习，包括戏曲的内容与形式。③与“五四”时期有关中西戏剧文化差异的言论相比，田汉的论述逻辑标示出迥异的立场。因为田汉并非从中国戏曲艺术的生成角度来确认它的美学意义，而是尽力将戏曲

① 田汉：《快马加鞭发展话剧》（1959），载《田汉全集》第16卷，花山文艺出版社2000年版，第111页。

② 田汉：《话剧要有鲜明的民族风格》（1957），载《田汉全集》第16卷，花山文艺出版社2000年版，第76页。

③ 田汉：《看话剧〈万水千山〉后的谈话》（1956），载《田汉全集》第16卷，花山文艺出版社2000年版，第461—462页。

的传统因素与西方戏剧特征进行挂钩，使戏曲能在“西方戏剧知识”的框架中被接纳与认可。此举虽然不甚完美，在某种程度上意味着田汉对西方戏剧知识的屈从，但却不失为应对剧界弊症的权宜之举。即若要在西方强势文化占据上风的社会情境中，建立与之抗衡的本土戏剧话语体系，则不得不借用西方戏剧的立场来嫁接说明本土戏曲的艺术价值。

不论是中外戏剧资源的借鉴问题，还是现代话剧与传统戏曲间的沟通问题，田汉的戏剧实践与言说立场始终指向着对本土戏曲美学精神的肯定。一直以来，田汉都以“开放性的文化心态”对待现代戏剧发展中的各种关系问题，既注重传统艺术形式的推陈出新，又注重西方话剧艺术的民族化渗透与改造，竭力呼吁“要创造能表现出中国民族独特风格的艺术”①，主张要发挥自己的民族特色，建立中国特有的戏剧理论体系，② 主要体现在两个方面：一是兼顾话剧民族化与戏曲现代化，尤其重视戏曲的民族特性；二是当代戏曲建设应承续“五四”沿袭而来的精神内涵。前者关乎田汉的戏剧目标，与张庚的戏剧理念一致；后者涉及田汉的戏剧立场，即在文艺与政治的权衡中如何秉持戏曲的审美特性。

1939 年，张庚在延安提出了“话剧民族化与旧剧现代化”

---

① 1957 年 4 月 27 日，田汉出席陕西省文化局召集的文化艺术界工作人员大会，就戏剧工作方面的问题作报告。参见《戏剧家田汉在西安谈戏改工作》，《陕西日报》1957 年 4 月 30 日。

② 参见田汉《要总结一下民主革命阶段的戏剧经验》（1961），载《田汉全集》第 16 卷，花山文艺出版社 2000 年版，第 225 页。

的构想，[①] 关联着戏剧的“民族形式”建设、如何继承旧戏资源、如何改进表现形式等问题。实际上，张庚的戏剧见解是四十年代“戏剧的民族形式问题”讨论中不可避免的问题。1940年6月和11月，田汉先后在重庆和桂林主持“戏剧的民族形式问题座谈会”，提出要在旧有民族戏剧形式的基础上创造新的民族形式。可以看出，张庚与田汉关于“戏剧民族形式”的看法趋于一致，皆在关注民族传统艺术的基础上触及戏曲深层审美特性的认识问题。

这场关于“戏剧民族形式”的讨论，实际上解决的是如何把握与处理“五四”以来戏曲与话剧间的关系难题，亦在纠正20世纪以来轻视传统戏曲的时势，不仅为中国剧界的艺术形式、舞台演出等提供了改进方向，更是冲击了以西方戏剧艺术为尊的局面。事实上，这场讨论稍显不足，因其过度标榜“民族化”道路，片面地将传统戏曲作为话剧艺术寻求民族形式的“中心源泉”，其原因在于这场讨论与当时政治形势的发展密切相关，剧界人士希望通过旧形式加入新内容的手段来鼓动民众、宣传抗战，构筑民族戏剧文化的优势与自信力。只是在此过程中，“民族化”倾向被过分拔高，导致由“五四”开启的戏剧面貌面临着被重新定位的命运，尤其是“五四”赋予戏剧的“启蒙”精神承受着被否定的危机。

---

① 张庚指出：所谓“话剧民族化与旧剧现代化”，指话剧必须向一切民族传统的形式学习，改变过去对旧东西轻视、漠视的态度；至于旧剧现代化的中心，是去掉旧剧中根深蒂固的毒素，重新给予新的意义，二者的保障在于“现实主义”。可见，张庚的戏剧观念主要涉及两个方面，一是如何继承传统戏曲问题，二是传统戏曲如何现代化问题。参见张庚《话剧民族化与旧剧现代化》，《理论与现实》1939年第1卷第3期。

及至50年代“戏改”，出于新政权文化建设的需求，戏曲成为宣传政治理念的有效工具。由此，“政治话语”囊括一切，导致戏剧面临两个层面的问题：“五四”戏剧精神的断层现象以及“政治诉求”与“艺术审美”间两难权衡的形势。因此，虑及戏剧发展与戏剧体系的建构需求，重返“五四”戏剧语境成为梳理戏剧艺术的演变路径与形态风貌的重要线索。在政治话语模糊艺术美学的戏剧趋向中，田汉借用论说“五四”一边确认戏曲附有的民族性价值与现代性意义，另一边平衡与弥补“五四”以来戏剧建设的偏失之处，为当下剧界替之以理性的观照视角。

结语

如果说“五四”《新青年》阵地引发的戏曲与话剧间的论争，是一种以攻击旧剧为新剧赢得生存空间的激进方式的话，那么，田汉对“五四”的省察，对胡适、傅斯年、周作人等人戏剧观念的重新论说与剖析，则是为了寻找“戏曲出路”问题的解决路径，从而为戏曲所遭遇的长久困境理出一条清晰的褒贬道路。田汉一方面驳斥“五四”学人的评判立场，拨正“五四”戏剧批评体系，并提供一种更为客观、理性的批评视角；另一方面，当本土戏曲屡次成为西方戏剧的审视对象时，田汉以调和冲突、打破僵局的态度提取传统戏曲与西方戏剧之间的互鉴方式，为戏曲的革新路线提供合理的方案。

事实上，“五四”戏剧论争的喧嚣并未时过境迁，而是遗留了一系列问题，诸如如何审视与把握各类文化资源间的关系，如何协调戏剧文艺与政治方针间的关系，如何弥补剧坛流失“五四”戏剧经验的局面等问题，皆尚待进一步商讨。而当我们重返“五四”戏剧论争现场，会发现它虽然在新旧剧的分庭抗礼中促进现代话剧的繁荣，但却未能创设出全新的戏剧模式。这恰是“五四”戏剧的缺陷之处，为戏剧界灌输了戏剧的现代意识和现代思想，而关于现代戏剧的发展方向仍是模糊不清。由此，田汉的戏剧活动与观念阐述的意义尤显可贵。于南国社时期，他打破剧坛的惯有壁垒，首创戏曲与话剧合作的局面，拨正戏曲与话剧的对立情势；至进入新的历史机遇与戏剧建设的契机时期，他承续《新国剧运动第一声》的“新旧剧论”观点，倡导戏曲革新并客观看待“五四”精神影响下的戏剧演进历程。

总体说来，20世纪的戏剧领域中，话剧与戏曲历经对抗、融合、沟通等一系列境况。在此过程中，田汉的戏剧实践功不可没。在传统戏曲备受挤压的局势下，他兼具开放性与继承性视角呈述“五四”戏剧，致力于打破有关戏曲价值判断与言说立场的单一视角，不仅提供了重新观照与审查“五四”意义与戏曲价值的角度，而且试图理清长久以来横亘于戏曲与话剧间的潜在偏见，并且提出了构建民族戏剧体系的诉求。可以说，田汉回望“五四”戏剧历史情境与现代基点的行为，为我们提供了一种经验与途径，具有援鉴当下戏剧图景建设的意义。

（陈秋婷：华东师范大学中文系博士研究生）

史料研究

国歌《义勇军进行曲》歌词创作时间再证

郭　超

2018 年是国歌《义勇军进行曲》词作者田汉诞辰一百二十周年和逝世五十周年，是《国歌法》颁布实施一周年。国歌是国家尊严和民族精神的象征，是神圣的、庄严的。学习贯彻《国歌法》和弘扬国歌精神，是每个公民的责任和义务。因此，在宣传《国歌法》和国歌精神时，应该知晓国歌的创作背景、创作经过、创作时间；应该依据第一手史料来准确地表述和宣传有关国歌《义勇军进行曲》歌词和曲谱创作的史实经过，而绝不能任意猜测、道听途说、以讹传讹。

但令人遗憾的是：多年来，关于国歌《义勇军进行曲》歌词创作经过及时间，有一种非理性的任意猜测、道听途说、以讹传讹的观点在流布，甚至还有个别媒体不加甄别地加以宣传，使得国歌尊严受到了影响。笔者认为国歌《义勇军进行曲》歌词的创作经过和创作时间，必须依据第一手史料文献来论证。为此，笔者曾于1999年写过一篇《国歌〈义勇军进行曲〉歌词创作考》的文章，辨析了关于国歌《义勇军进行曲》歌词创作经过及时间的几种观点，论证了国歌《义勇军进行曲》歌词创作于1935年1月。此文收入笔者编著的《国歌历程》[①]一书。本文是在笔者主编《田汉画册》收集到的影片《风云儿女》本事后，对国歌《义勇军进行曲》歌词创作时间的再次论证。

一、关于国歌歌词创作时间的三种观点

关于国歌《义勇军进行曲》歌词的创作经过及时间，社会上主要流行有三种观点：

一种观点认为：电影《风云儿女》本事（即电影故事提纲）与主题歌《义勇军进行曲》歌词不是同时创作的——《风云儿女》本事创作于1934年秋冬，主题歌《义勇军进行曲》歌词于1935年2月下旬创作于狱中，写在一张香烟锡纸上。持此观点者是孙师毅、许幸之。

一种观点认为：电影《风云儿女》文学剧本（又称“电影故事梗概”[②]）与主题歌《义勇军进行曲》歌词是同时创作的，《义勇军进行曲》歌词写在《风云儿女》文学剧本的最后一页，写在旧式直行红格纸上，创作于1934年冬。持此观点者是夏

① 郭超：《国歌历程》，中国国际广播出版社2002年版。

② 夏衍和司徒慧敏的回忆文章，称《电通半月画报》刊出的电影《风云儿女》文学剧本为“电影故事梗概”。

衍、司徒慧敏。

前两种观点的持有者，均系历史当事人。持第一种观点的孙师毅是《电通半月画报》第二期《风云儿女》特辑的责任编辑；许幸之是影片《风云儿女》的导演。持第二种观点的夏衍是《风云儿女》电影摄制台本的改写者；司徒慧敏是影片《风云儿女》的摄场主任。同为经历过影片《风云儿女》剧本创作和拍摄过程的历史当事人，为什么他们四人对《义勇军进行曲》歌词创作过程会出现截然不同的两种时间认定的观点呢？这两种观点究竟孰是孰非？哪个更接近于史实呢？要解开这一“历史谜题”并不难，只需通过研究第一手史料——1934年至1935年上海的新闻报刊和文艺刊物来验证诸多历史当事人的回忆，进而还原这段历史的史实即可。

在依据第一手史料辨析前两种观点的矛盾与成因后，笔者持第三种观点，认为电影《风云儿女》文学剧本与主题歌《义勇军进行曲》歌词同时创作完成于1935年1月10日前后几天。

笔者认为，要理清前两种观点的成因与分歧，要论证《义勇军进行曲》的歌词究竟是创作于1934年秋冬或1934年冬，还是1935年1月10日前后几天，抑或1935年2月下旬于狱中，须先论证电影《风云儿女》剧本的创作过程和理清此部影片的拍摄过程。换言之，只有把电影《风云儿女》剧本的创作过程和影片的拍摄过程弄清楚，才能确定影片主题歌《义勇军进行曲》歌词的确切创作时间。依据存世的史料、文献，笔者认为：电影《风云儿女》先后写有三个文字本——第一个文字本是田汉完成于1934年秋冬的《风云儿女》本事（即电影故事提纲本，约一千六百字）；第二个文字本是田汉完成于 1935 年 1 月 10 日前后几天的电影文学剧本（分为十五章，约一万六千字）；第三个文字本是夏衍于 1935 年 3 月上旬依据田汉的第二个文字本改写完成的电影摄制台本（约四万三千字）。笔者认为：考证《义勇军进行曲》歌词的创作时间，必须辨析田汉所写的两个文字本的创作时间和文字内容的不同。

二、影片《风云儿女》文本辨析

第一个文字本，即电影《风云儿女》本事[①]，约一千六百字的电影故事提纲，供导演分镜头用，里面没有主题歌《义勇军进行曲》的歌词[②]。“本事”是田汉于 1934 年秋冬，确切的时间应该是在 11 月 10 日前后几天完成创作并在电通公司处女作《桃李劫》完成初拍并进行修改补拍时，交给电通公司的。笔者判断并认定第一个文字本《风云儿女》本事的完成时间是 1934 年 11 月 10 日前后几天，有四个客观依据：一是《青青电影》半月画报 1934 年 11 月 16 日出版的一卷八期有电影《风云儿女》的消息报道，而 11 月 1 日出版的该画报一卷七期却没有电影《风云儿女》的消息报道。二是电影《风云儿女》本事原文文献的存在（参见《田汉画册》第 65 页，电影《风云儿女》“本事”原文影印件）。三是电通公司于 11

---

① 参见《风云儿女》本事，载《田汉画册》，中国戏剧出版社 2018 年版，第 65 页。田汉创作的早期电影剧本多为“电影本事”，如电影《翠艳亲王》本事；也有先根据口述电影本事拍成电影，然后再整理出电影剧本的，如电影《湖边春梦》。

② 参见《风云儿女》本事，载《田汉画册》，中国戏剧出版社 2018 年版，第 65 页。

月中旬，为筹备拍摄第二部影片《风云儿女》而招聘导演、摄影。四是田汉、夏衍、司徒慧敏、孙师毅、许幸之等历史当事人的回忆：田汉于1934年秋冬为电通影片公司写了一个《凤凰涅槃图》[①]的电影本事[②]。

第二个文字本，是田汉于1935年1月10日前后几天完成的电影《风云儿女》的文学剧本，里面含有主题歌《义勇军进行曲》的歌词[③]。它是在1934年12月中旬电通公司完成处女作《桃李劫》的补拍后，向田汉"催稿""催稿甚急"[④]的情况下，田汉在《风云儿女》本事的基础上扩写成电影文学剧本的，分为十五章，结构完整，情节线索清晰，人物齐全，约一万六千字。第二个文字本里面含有主题歌《义勇军进行曲》歌词两节，写在电影文学剧本的最后一页的结尾处，即第十五章《凤凰的再生》的结束文字——即电影的高潮，人们唱着义勇军军歌，即影片的主题歌《义勇军进行曲》前进。第二个文字本全文刊登在1935年6月1日出版的《电通半月画报》第二期《风云儿女》特辑上，并注有："原著《风云儿女》，电影《风云儿女》系据此原著改编"等醒目文字。

之所以电通公司向田汉"催稿""催稿甚急"，是因为初次担任电影故事片导演的许幸之，无法依据田汉写有

---

① 原为《凤凰的再生》。

② 夏衍回忆：电影本事的原名不是"凤凰涅槃图"，原名是"凤凰的再生"，后由作者改题为"风云儿女"。

③ 参见1935年6月1日出版的《电通半月画报》第二期《风云儿女》特辑刊出的《风云儿女》电影故事原著，结尾处为主题歌《义勇军进行曲》歌词两节。

④ 夏衍：《〈义勇军进行曲〉的来历》，《北京晚报》1983年2月14日。

一千六百字的电影“本事”来完成拍摄任务，必须要依据比较详细的电影文学剧本或电影摄制台本，才能完成摄制任务。而田汉最初于1934年秋冬交给电通公司的电影《风云儿女》本事，只能供导演许幸之作为拍摄外景地分镜头所用。所以，在处女作《桃李劫》公映后，电通公司的第二部故事片《风云儿女》的开拍时间一再推后至1935年1月20日，即田汉完成电影《风云儿女》的文学剧本后。然而许幸之仍然不能依据此电影文学剧本来完成拍摄任务。电通公司只得在田汉被捕后，请夏衍来写电影《风云儿女》的第三个文字本，即电影摄制台本。

第三个文字本，是夏衍依据田汉创作的电影文学剧本的内容和情节，改写成电影摄制台本的，约四万三千字，约完成于1935年3月10日前后几天[①]。许幸之是依据夏衍改写的电影《风云儿女》摄制台本才完成影片摄制任务的。多年来，有些研究者，总是混淆电影《风云儿女》前两个文字本的创作时间，故而理不清电影主题歌《义勇军进行曲》歌词的具体创作时间。

笔者认为，在弄清电影《风云儿女》有三个文字本（“本事”即电影故事提纲本、电影文学剧本、电影摄制台本）的创作过程的前提下，还须理清影片《风云儿女》的整个拍摄过程，才能最终认定主题歌《义勇军进行曲》歌词的创作时间。

---

① 夏衍回忆：《风云儿女》电影摄制台本，是在田汉于1935年2月19日晚被捕后，他接手编写的，编写时间约用了两个星期。

三、影片《风云儿女》拍摄过程

1934年春，由中共中央文委“电影小组”①直接领导的左翼电影公司电通影片公司在上海成立，夏衍、田汉主持电影创作，司徒慧敏任摄场主任，袁牧之、应云卫任导演。公司成立后，又吸收一批左翼文化人士加入。在电通公司成立后的一次会议上，田汉“承担了一个电影剧本，那就是以亭子间奇遇开始，以长城抗日结束的，写知识分子由象牙之塔断然走向民族民主战场的《风云儿女》。”②

《风云儿女》是电通公司拍摄的第二部影片。电通公司拍摄的第一部影片是《桃李劫》，编剧是袁牧之，导演是应云卫，于1934年10月中旬拍摄完成。因担心处女作失败，夏衍、阿英、田汉、阳翰笙、郑伯奇等十几位左翼作家齐心协力，进行了“两个月的补戏”。影片主题歌《毕业歌》由田汉作词、聂耳作曲。《桃李劫》终于在12月16日上映并获得观众和评论界的好评。

在补拍《桃李劫》的同时，电通公司于11月中旬，为筹备拍摄第二部故事片《风云儿女》而招聘导演、摄影。“曾任天一美术布景摄影工作的许幸之及吴印咸已离开天一，加入电通，一任导演，一任摄影。”③在《桃李劫》补拍完成后，于12月中旬“电通第二剧《风云儿女》已通过，导演许幸之往

---

① “电影小组”组长是夏衍。

② 田汉：《〈风云儿女〉和〈义勇军进行曲〉》，《中国电影》1959年3月号《影事追怀录》之八。

③ 《青青电影》半月画报1934年11月16日第1卷第8期。

苏州分镜头，已公毕返沪。闻年后开始设置，角色大体已定，主角王人美、袁牧之。”[①] 如果仅仅依据《青青电影》的消息，似乎电影《风云儿女》的文学剧本已经完成。但结合1934年12月下旬，电通公司向田汉“催稿”“催稿甚急”[②]，因为当时田汉正在进行三幕话剧《回春之曲》和独幕话剧《水银灯下》的剧本创作，虽然田汉有交叉写作的习惯，但在12月下旬同时完成三部剧本是有一定难度的；《大晚报》和《中华日报》关于《风云儿女》开拍日期一而再，再而三地推后[③]；以及主要配角演员尚未选定等多重因素分析，结论只能有一个：田汉于1934年秋冬提供给电通公司供导演分镜头的文字本，是一个只有约一千六百字的电影故事提纲性质的“本事”，而非可供导演参照完成拍摄任务的电影文学剧本。这与田汉的创作风格相吻合——田汉经常是口述剧本的故事情节大纲，然后根据排演情况写出简单的文字本，最后再整理成完整的文字本。许幸之分镜头的文字本正是田汉最先写出的一个情节线索清楚但只有两页纸的《风云儿女》本事，即电影故事提纲。由于许幸之是第一次担任故事片导演，不像卜万苍导演那样可以根据田汉口头描述的故事情节线索而在没有电影文学剧本的情况下拍摄完成影片《湖边春梦》（1927年）。于是电通公司向田汉提出扩写《风云儿女》电影文学剧本的要求，并

---

① 《青青电影》半月画报1934年12月16日第1卷第10期。

② 夏衍：《〈义勇军进行曲〉的来历》，《北京晚报》1983年2月14日。

③ 上海《大晚报》1935年1月3日刊出“《风云儿女》于近日开拍”，《中华日报》1月5日刊出“电影《风云儿女》于1月15日开拍”，1月15日再刊出“《风云儿女》于1月20日开拍”的消息。

“催稿”“催稿甚急”。

田汉扩写的电影文学剧本，是用电通旧式直行红格纸写就的，十余页，分为十五章：一、亭子间的奇遇；二、宴会席上；三、“天上的福音”；四、在医院里；五、新家；六、女同学；七、不测的风云；八、狱中风景；九、在风景地青岛；十、“铁蹄下的歌女”；十一、无限的惆怅；十二、投到祖父怀里；十三、诗人与战争；十四、血写成的诗；十五、凤凰的再生。总共约一万六千字，是第一个文字本——电影故事提纲性质的“本事”的文字体量的十倍！主题歌《义勇军进行曲》的歌词有两节，写在第十五章《凤凰的再生》的结尾，完成的时间约在 1 月 10 日前后几天。因为在 1 月 15 日以后，《大晚报》和《中华日报》再没有影片《风云儿女》推后开拍日期的报道。田汉在交出《风云儿女》的第二个文字本——电影文学剧本后不久，于 1935 年 2 月 19 日晚被捕了。初次担任故事片导演的许幸之依据田汉的电影文学剧本，还是不能完成拍摄任务，于是电通公司不得不委托夏衍将田汉的电影文学剧本，改写成电影摄制台本。夏衍用了约两周时间（约在 2 月下旬至 3 月 10 日前后几天）完成了电影摄制台本并交给导演许幸之；许幸之用了约两个月的时间（3 月中旬至 5 月中旬）完成了影片《风云儿女》的全部摄制工作。影片《风云儿女》于 1935 年 5 月 24 日首映于上海金城大戏院。这就是影片《风云儿女》的整个拍摄过程。

四、关于国歌歌词创作时间三种观点的辨析

笔者通过梳理史料文献并进行逻辑分析后，认为第一种

观点因为《风云儿女》“本事”里没有主题歌《义勇军进行曲》的歌词，就推断是田汉于1935年2月下旬在狱中补写的歌词，错把田汉在狱中写于香烟锡纸上的一首《入狱》七律诗当作《风云儿女》的主题歌《义勇军进行曲》的歌词了。此观点错误的成因是：只承认第一个文字本（即“本事”）中没有主题歌歌词的事实，竟不顾《电通半月画报》第二期《风云儿女》特辑刊出的“原著《风云儿女》”文学剧本（即第二个文字本）和主题歌《义勇军进行曲》的两节歌词，以及向读者公布的“电影《风云儿女》系据此原著改编”的事实；没有对《风云儿女》三个文字本进行综合分析和动态发展分析。

1959年田汉在重新看到《电通半月画报》第二期《风云儿女》特辑后，在《中国电影》3月号上发表了《影事追怀录》[①]之八——《〈风云儿女〉和〈义勇军进行曲〉》，文中说：

> 亏着残留的《电通半月画报》第2期，我们还可以看到《风云儿女》文学故事的原文。这是分成下述的十五个章节的……《义勇军进行曲》这支歌是作为诗人辛白华《万里长城》长诗的最后一节，紧附在第十五节后面的。但据孙师毅兄说：这支歌不写在故事里面，而是写在另一张包香烟的锡纸的

① 笔者注：《义勇军进行曲》被确定为中华人民共和国国歌后，田汉先后撰写过三篇关于《义勇军进行曲》创作的文章：1.1949年9月写于北京饭店一篇《关于〈义勇军进行曲〉》；2. 1957年写过一篇《影片〈风云儿女〉和〈义勇军进行曲〉》，刊登在《大众电影》1957年第19期；3. 1959年在重新看到《电通半月画报》第二期（《风云儿女》特辑）后，写过一篇《〈风云儿女〉和〈义勇军进行曲〉》。

> 衬纸上的，衬纸被茶水濡湿，字迹模糊，他们从衬纸上一字一字抄下来的。但关于这些，我的记忆跟字迹一样的模糊了……把两节合成一节是完全对的。也可以知道当时执笔一定是十分匆促。记得原是要把这主题歌写得很长的，却因没有时间，写完这两节就丢下了，我也随即被捕了。

改写电影摄制台本的历史当事人夏衍，在《〈义勇军进行曲〉的来历》[①] 一文中澄清了这一讹传：

> 田汉同志的梗概写在旧式十行红格纸上，十余页。《义勇军进行曲》这首主题歌，写在原稿的最后一页，因在孙师毅同志书桌上搁置了一个时期，所以最后一页被茶水濡湿，有几个字看不清楚……长期以来，还有一种传说，说《义勇军进行曲》的歌词，是田汉同志被捕后在狱中所作，写在一张包香烟的锡纸的衬纸上，托人带出来交给我和孙师毅的。这种说法，传得很广。事实是许多人把《义勇军进行曲》的歌词，和田汉同志的一首狱中诗稿混淆了。《风云儿女》的剧本是田汉同志被捕前写好交出的，怎么能把主题歌留到被捕后再写呢？但他的确在香

① 此文为夏衍于 1983 年 1 月 27 日写给《北京晚报》编辑部的一封信，发表于 1983 年 2 月 14 日《北京晚报》，收入《天南海北谈》(花城出版社 1992 年版)、《夏衍七十年文选》(上海文艺出版社 1996 年版)、《夏衍电影文集》第二卷（中国电影出版社 2000 年版）。

烟衬纸上写过一首诗，那是田汉同志被押送去南京前，林维中同志带了女儿田野去探监时，他写的后来流传很广的那首“平生一掬忧时泪，此日从容作楚囚……”的七律。这首诗写后，他要林维中交给了孙师毅和我……希望不要以讹传讹。

历史当事人司徒慧敏在《在暴风雨中诞生——追忆聂耳创作〈义勇军进行曲〉的经过》①一文中说：

田汉同志只写了十来张直行的稿纸，不依行格，用毛笔细字写成。这仅能称作故事梗概。夏衍、阿英、孙师毅和我读了都很高兴……我告诉聂耳说：剧本中有一首《义勇军进行曲》的诗词，希望他能谱成歌曲。

聂耳找夏衍“抢”任务，见到夏衍后的第一句话就是“听说《风云儿女》的结尾有一个主题歌？”所以一拿到剧本，“就找最后的那一首歌，他念了两遍（原作为两节歌词——笔者注），很快说：‘作曲交给我，我干，田先生一定会同意的。’”②

《电通半月画报》第二期《风云儿女》特辑和夏衍、司徒慧敏、聂耳等历史当事人已经证明了《义勇军进行曲》歌词创作于电影《风云儿女》的第二个文字本中的史实，并为第一手

① 《大众电影》1982年第10期。

② 夏衍：《永生的海燕》，《人民日报》1955年7月18日。

史料所验证。所谓田汉于 1935 年 2 月下旬于狱中在香烟锡纸上创作《义勇军进行曲》歌词的观点系为错记和讹传，不能成立！

笔者认为：第二种观点把写有主题歌《义勇军进行曲》歌词的《风云儿女》电影文学剧本的创作时间，错记成《风云儿女》“本事”的创作时间 1934 年秋冬了。因为田汉写的第一、第二两个文字本，都交给电通公司了，且第一个文字本（1934 年 11 月 10 日前后几天）和第二个文字本（1935 年 1 月 10 日前后几天）的创作时间相隔只有约两个月。尤其是第二个文字本，在电通公司“书桌上搁置了一个时期”①，直到夏衍改写电影摄制台本（1935 年 2 月下旬）时，发现“原稿的最后一页被茶水濡湿，有几个字看不清楚。”② 这个搁置的时期，应该就是 1 月 10 日前后几天到 2 月下旬约一个多月的时间，正好与田汉回忆：“我交出了故事不久就被捕了”③ 的时间相接——田汉于 1935 年 2 月 19 日晚被捕，之前约一个月他创作完成了电影《风云儿女》的第二个文字本——电影文学剧本；之后约一个月，夏衍改写完成了电影《风云儿女》的第三个文字本——电影摄制台本。

如果按照第二种观点，认为田汉的第二个文字本——电影文学剧本完成于 1934 年冬的话，那么，电通公司于 1934 年 12 月下旬向田汉“催稿”“催稿甚急”，影片《风云儿女》

---

① 夏衍：《〈义勇军进行曲〉的来历》，载 1983 年 2 月 14 日《北京晚报》。

② 同上。

③ 田汉：《〈风云儿女〉和〈义勇军进行曲〉》，载 1959 年《中国电影》3 月号《影事追怀录》之八。

开拍日期一再推后至1935年1月20日、田汉交出《风云儿女》电影文学剧本（即故事梗概本）不久就被捕了、聂耳于1935年1月上旬前为田汉话剧《回春之曲》谱写了四首歌曲而于3月才得知电影《风云儿女》剧本结尾处有首主题歌并要求谱曲等等客观因素就无法解释通！如果《义勇军进行曲》歌词创作于1934年冬的话，那么1934年秋冬为田汉作词的电影《桃李劫》主题歌《毕业歌》谱曲的聂耳，早就有机会为《义勇军进行曲》歌词谱曲了，而不必等到1935年3月才去找夏衍“抢”任务！

解析上述诸原因，只有田汉于1935年1月10日前后几天完成《风云儿女》电影文学剧本，即含主题歌《义勇军进行曲》歌词的第二个文字本，才符合这段历史的史实，若干客观因素才能解释得通，前两种观点均出自历史当事人且相互矛盾的“历史谜题”也就迎刃而解了。

（郭超：中国田汉研究会副会长兼秘书长、
研究员、《田汉画册》主编）

史料中的田汉

李　辉

1

20世纪90年代初，我在潘家园旧书摊，淘到一批中国剧协20世纪50至60年代的档案资料，其中有不少涉及当时担任中国剧协主席田汉。

1959年8月，庐山会议以人们意料不到的方式结束，彭德怀诸人的命运大起大落，并不意味着事情完全结束。恰恰相反，又一波"反右倾斗争"，从北京到地方相继展开。之后，是1964年开始的文艺界整风。

据《建国以来毛泽东文稿》一书注释所写，可以得知中直机关系统的反右倾斗争是1959年10月进入高潮。同月19日中共中央办公厅编印的《情况简报》上，转载了《中央国家机关各部门对反右倾斗争的领导存在三种情况》一文。文章指出，中央国家机关各部门对反右倾斗争的领导可分为三种情况:(1)领导上既有把运动搞深搞透的决心，也有把运动搞深搞透的办法，对运动形成了有力的领导。这样的单位大约有百分之八十。(2)群众已经普遍发动，但领导缺乏决心和办法，不能形成强有力的领导。这样的单位大约占百分之十。(3)群众既未发动起来，领导本身也存在着问题，怯于开展斗争，致使运动进展很迟缓。这样的单位大约也占百分之十。

毛泽东10月22日就这篇文章做出批示:“这里没有谈到中央直属机关各单位的情况，不知也有这三种情况没有?请你们抓紧办一下，使这个斗争深入下去。”

就在毛泽东做出这个批示的第二天，10月23日，中共中央直属机关党委立即给中央做了关于中直机关开展反右倾斗争情况的报告。报告说，中直机关开展反对右倾机会主义、保卫党的总路线的整风学习运动总的情况还是好的，但在一部分机关中，开展得还比较缓慢，也不够有力。为此，我们对中直各机关提出了以下要求:(1)必须认识这次斗争是社会主义建设时期一场极其深刻的两条道路的斗争，各机关领导同志必须下定决心，挂帅出马，抓紧进行。(2)必须放手发动群众，贴大字报。发动群众的关键是领导上以身作则，带头检查。(3)必须反对不联系思想实际，泛泛学习文件的教条主义方法。(4)必须不断地反对各种阻碍运动开展的右倾思想，把斗争搞深搞透。

毛泽东当天就在这个报告上做出批示："中直要与国家机关密切联系，参考他们的经验。他们的劲头很大。"

从毛泽东的两个批示看，他对中直机关前段时期的反右倾斗争是有所不满的。而正是在他的催促下，中直机关的反右倾斗争很快进一步展开。关于田汉的批判材料，也就是在这样的背景下整理出来的。

2

我所收集到的这份关于田汉的批判材料，是一份油印件，蓝色油墨，共两页四面，左侧上下订有两个订书钉。无标题。前面是否还有一页题目，不得而知。

这份田汉的材料是以当时中国剧协党组的一位负责人的名义整理、打印出来的。所署时间为 1959 年 10 月 28 日。可以推断，这是在落实 10 月 23 日毛泽东的批示，包括中国剧协在内的各部门党委负责人，无疑纷纷加强了对反右倾斗争的领导。而在剧协，为什么把身为剧协主席的田汉定为反右倾的主要目标，是来自上方的指示或暗示，还是剧协内部的领导人之间的矛盾所致，不得而知。

材料全文如下：

田汉，男，62 岁，1932 年参加工作，1932 年入党，现任剧协主席。

主要问题：

一、政治上一贯右倾。1956年，田汉同志以人大代表名义去各地视察，在上海电影厂听到吴茵(右派分子)石挥(右派分子)等叫嚣说，党和政府不注意培养青年演员，浪费演员的青春，并参加了该厂演员"诉苦"大会后，表示非常激动，说木头不用还会腐朽呢。到湖南得到康德(右派分子)田洪(田汉弟，右派分子)供给了不少反面材料，后又到广东、广西、武汉等地又得到不少反面材料，回京后便写了《为演员的青春请命》和《必须改善艺人生活》两篇文章在《戏剧报》上发表，把演员在新社会的工作和生活描写得十分凄惨，严重地损害了党和政府的威信(《为演员的青春请命》一文被香港和日本的反动报纸利用)。

康德和田洪在反右斗争中划为右派分子后，有些案情牵连到田汉同志，田不满，认为材料不确，声称要写文章进行反驳，让其秘书收集材料和湖南打官司。

对河南豫剧演员陈素贞(右派分子)表现右倾，丧失立场，1957年给《戏剧报》写文章(题为《人民需要这样的演员》)为陈素贞翻案，批评甘肃省对陈素贞的斗争。并将陈素贞的自传材料拿来，准备写一自传体表演艺术经验的文章为陈捧场。同年五月左右，陈素贞住在田汉家月余(当时安娥同志因病住进了医院)，反右斗争开始后，剧协领导同志在田汉同志家中开会研究对吴祖光的斗争问题，田汉随便请陈素贞参加会议，会后陈向吴祖光通风报讯(当时未发觉陈被河南调回)。经发觉后田当即发一电报给河南省委。但当河南省将陈素贞划为右派时，田又表示不满，以党组书记名义给河南省委发一电报指责河南省不该过火，电文被伊兵同志发现未发出。1958年陈素贞又来京到田汉家取自传，田汉和陈谈了话，并请母亲和安娥陪同去看陈的演出。

在批判吴祖光的一篇文章中，田以资产阶级的民主观点反对吴祖光，说我们社会是海阔天空的自由。反右后期，在对葛一虹(中右分子)的斗争中，田汉同志采取包庇葛的态度，不坚决执行党组的决议。

二、违反党的组织原则，一贯不遵守党的组织纪律，散布不利于党的团结和国际团结的言论。在一篇评论部队文艺演出的文章中说“欧洲部队的戏反映一般社会生活情趣的很多，正面写战争的很少，有些兄弟国家因为在第二次世界大战中牺牲惨烈，人们听到枪炮声就厌恶和害怕，这也是可以理解的……”公开发表这种言论，严重影响兄弟党的团结。1956年在江苏镇江文教干部会上和湖北歌剧团的一个会上随便传播吕骥和贺绿汀的党内文艺思想斗争情况。最近中宣部负责同志在党员大会上报告以后，剧协党组织决定向全体党员传达领导同志报告的精神，规定不传达检讨部分，但田汉同志传达时仍讲了周扬同志的检讨，并讲了陆部长对中宣部工作上的意见，经提醒才没有全讲出来。此外，甘肃省一个政治思想很坏的分子李中(地主家庭，在甘肃发表过许多右派言论)给田汉同志多次来信向田汉奉承，要求从事戏剧工作，田汉未经过组织关系，以个人名义写信给甘肃省地质局将李调至剧协，并令剧协安排在出版社工作，甚至拟让其作田的秘书工作，在剧协党组坚决反对之下，田汉才表示将李退回甘肃(现此人在河北省工业所工作)。

三、田汉同志的世界观是资产阶级个人主义的，并有浓厚的封建思想。喜欢别人奉承，实行小恩小惠，如对陈素贞的翻案。在湖南看到一些演员穷困，掏腰包送给艺人80块钱，送给湘剧团学习班20块钱。在群众中常常以救世主的姿态出现，抬高个人威望，损害党和政府威信，喜欢听落后群众的意见，站在在野党的立场，抱打不平。1956年出去搜集了一大堆反面材料，回来后所写的“为演员青春请命”和“改善艺人的生活”等文便是典型事例。田汉同志以中国著名戏剧家自居，以梨园领袖自居，他的秘书黎之彦同志写的《田汉同志杂谈戏剧技巧》一文，经过田汉同志亲自改的，但文首“田汉同志是我国著名的戏剧家之一，他除了通过创作以外还经常到各地去通过评论、讲演和谈话推动社会主义民族戏剧”等语，田汉同志并未删去。似乎推动戏剧运动的不是党而是田汉同志自己。田汉同志和组织的关系长期以来是不正常的，过去张光年同志担任党组书记时，他对张光年同志不满，不积极参加工作，多数时间在外地活动。田汉同志带着很大的股份到党内来，思想上并未入党。田汉同志一贯轻视群众创作的智慧和积极性。如对于《随地吐痰》这种迅速反映当前斗争的作品，他表示轻视，说一天写一个作品谁也可以作到。但他写《十三陵水库畅想曲》本来用了一个多月，而有的文章说他用了几个不眠的夜，他就默认了。对于湖南的《生死牌》，广州军区的《南海战歌》肯定不够指责过多，客观上是泼了冷水的态度。

田汉同志长期未解决个人和党的关系，他在政治上是一贯右倾的，世界观是唯我主义的，组织上严重的无组织无纪律。

田汉同志过去的错误在整风反右时期未解决，在这次整风中应彻底解决。

剧协党组：孙福田

一九五九年十月二十八日

根据这份材料，从反右到反右倾，田汉都有着引人注目的、严重的“错误”。尽管还是称田汉为“同志”，但领导剧协反右倾斗争的党组领导人的态度也是极为严厉的。这一点，从材料中所列出的事例和用的语言便可以看出。

3

随后剧协的反右倾斗争如何进行，田汉是如何检讨、被批判，没有具体的材料证明，尚待考证。但可以确定的是，这场斗争在第二年6月间便告一段落。剧协对田汉的批判，被认为是“过火了”，这从下面这份周扬与田汉的谈话记录可以看出。

这份周扬与田汉的谈话记录，系用毛笔抄写在三页大稿纸上，从字迹看似为田汉亲笔所抄。这份材料题为《六月二十五日与周扬同志谈话摘记》，标有：黎之彦（田汉秘书）记录，田汉校，但最初写为“整理”，后又改为“校”。日期没有写年份，但可以推断是1960年。

全文如下：

六月二十五日与周扬同志谈话摘记

黎之彦　记

田汉 校

周扬同志：反右倾运动有许多搞过火了，搞错了；现在都纠正了，重新有了结论。剧协有没有什么结论？

田汉同志：剧协似乎有一个结论性的东西，由孙福田同志在支部大会上宣读过。

周：有没有给你看过？

田：没有。

周：有没有报部？

田：不知道。

周：可能没有。若报部了，我应该看到。……

田：看过一份1960年一月三日孙福田同志在全国文化工作会议上一个专门发言，关于我的部分他是这样写的："还有一种表现是认为文艺是民间的，在野的，与政府无关的。"在国民党统治时代我的确说过"文艺是民间的、野生的"这样的话，所谓"民间的，野生的"实际也等于说文艺是"人民的"，在那时为了反对国民党豪绅买办官办的文艺，也反对依附反动统治者搞文艺事业，提出这样的口号是有革命意义的。但我从没有认为文艺是与政治无关的。

周：你的作品也都是为革命服务的，不是与政治无关。关于你，我和许多同志都很清楚。你搞组织工作不如我，但你有你的长处。你有些毛病，如说话有自由主义；有时候意图是好的，但不讲究方式，方法，就不免对党不利。你却有一个好处，只要一经党提醒，你总是听党的话。反右的时候，湖南提了你很多意见，但那不一定对。反右倾的时候的确主张对你一些毛病批评一下，但没有定你是重点批评对象，更没有要对你进行某种斗争。在斗争会上中宣部是谁参加的呢？可以查问一下。对一个老作家进行过火斗争，我们不会同意。这事我不知道，但为什么不知道呢？我们也不能辞责任。

关于谁当剧协党组书记的问题，默涵也跟我谈过。绝没有派谁征求你的意见谁当书记合适的事。

这次检查工作为了澄清问题，在新的基础上达到团结。

对检讨的人要求他弄清是非，提高认识。但一个人真正认识问题是要经过一个过程的。因此不要过于追求彻底，过于追求彻底，势必过火。这是一条经验教训。

剧协的工作首先是搞好团结。团结党内外，团结全世界百分之九十五以上的人。剧协过去一些人的做法不是团结人而是得罪人，得罪了许多不应该得罪的人。

其次是搞好创作。作家只要正派，有才能，能联系群众就不错。经常出去旅行，和艺人们青年们接触，谈话，可以使我们头脑清新，不致僵化。这次老舍曹禺等同志到南方一趟，于人于己都有许多好处。你常常下去，关心艺术家们这是对的。不主张你担任太多剧协事务，主要还是写作。不要过分分散精力，也不要太紧张，一年写一个剧本就行了。其余的时间也要松散一下。

要注意扶植有才能的作家。有些同志不愿提才能。但有的人就是有才能，有的人就是没有。有的人有科学头脑，擅长逻辑思维，但却没有艺术才能。有的人又相反。剧协应当经常注意发现人才。一个人为人正派，有丰富的感情，又擅长形象思维，就是我们加以培养的对象。

第三要注意总结艺术经验，特别是关于推陈出新的经验，这方面我们已经积累了一些宝贵的东西，值得进一步加以提炼，向国际介绍。要多做些研究工作，浓厚学术空气，欧阳老可惜病了，但还有一些有学问有志趣的同志可以联合起来投入长期研究工作。

“全国地方戏剧集成”出了多少了？可以在这个基础上进行总结和提高，把各省地方戏的好剧本精选出一套来，也可以把全国各地戏曲发展的来龙去脉弄得更清楚。

读这样一份谈话记录，令人颇多感慨。谈话人之间彼此身份的区别，周扬的领导者的口吻，跃然字里行间，生动而形象。对过去的战友田汉的性格，周扬的概括应该说是比较准确的，在当时情形下也甚是难得。这也难怪后来在“文革”中，周扬被说成一直在包庇田汉。

田汉在反右倾斗争中遇到的麻烦便这样过去了。但这不是结束，而只是一次小小的“练兵”。四年之后，1964 年在毛泽东发出著名的第二个关于文艺工作的批示之后，剧协再次被视为裴多菲式的“俱乐部”而在文艺整风中成为重点。这时，田汉又一次成为众矢之的，反复在大会小会上被批判，反复做书面和口头的检讨。他不得不对反右斗争中所列举出来的那些事情做出解释和检讨。

4
关于田汉同志为右派分子陈素真做辩护的材料

1955年9月号《戏剧报》上发表了中共甘肃省委干部朋鸟的来信《人民不欢迎这样的“名演员”》，对兰州市素真豫剧团主要演员陈素真在剧团内剥削群众等恶劣的思想作风进行了严厉的批评。来信指出，陈素真在剧团不仅拿着优厚的待遇（从七角钱的票价中她个人抽二角），而且还受所谓“特别开支”“额外照顾”等权利（如包车、保姆、电灯、房租等费用统归剧团负担）。她借钱给剧团，每月以二分利息计算；同时还每天从剧团的收入中提取所谓“箱租”十二元。此外，她还凭借团长地位，打击威胁向她提意见的演职员，同时经常打骂剧团内的学生。1957年7月，陈素真给田汉同志写了一封申述信，田汉同志就把这封信转给甘肃省委和省文化局，要求他们慎重调查此事。这时候，甘肃省的党政领导也接到了陈素真的申述和呼吁，于是就组织了专门的工作组到剧团调查事件真相。调查结果，证明朋鸟的批评有些地方是与事实不符，于是在1957年10期《戏剧报》上发表了朋鸟的检讨和甘肃省委文艺处与省文化局联合署名的来信，对以前发表的来信作了更正；并在1957年11期《戏剧报》上发表了陈素真的文章《我申述我在　　[1] 的遭遇》。省委和省文化局的来信认为朋鸟对陈素真的批评“虽然有一定的根据，但对有些问题的分析认识和定性定量是有主观片面的错误的，是和事实不相符合的，而且还有某些夸大。”朋鸟也承认自己的对陈素真的批评，“有的情况和原来的事实就有出入，特别是在定性定量地进行全面分析上是存在着问题的。”可是，陈素真在她的文章中却认为朋鸟的批评“全部都不是事实”。

就在这个时间前后，陈素真来到北京，住在田汉同志家里。此时北京文艺界已对右派分子吴祖光进行斗争，田汉同志竟让陈素真参加在他家里举行的党内负责同志研究反右斗争的会议。结果，陈素真就把在会上听到的有关情况，暗地派人给吴祖光通风报信。

陈素真回去以后，河南戏剧界开始揭露陈素真的右派言论，田汉同志得悉后竟准备打电报给河南领导，并拟寄去有关材料，为陈素真辩护。幸被剧协其他领导同志发现，扣下未发。最后，陈素真在河南被定为右派分子。

从这件事看来，虽然朋鸟的批评有很多失实之处，但陈素真当时确实是个在政治上对党严重不满的敌对阶级分子（她在中华人民共和国成立前曾当过十一年国民党伪官员和高级军官的“阔太太”），后来终于成为右派分子，就是一个最好的证明。可是田汉同志却失去起码的政治嗅觉，与陈素真之间划不清思想界限，竟至于准备打电报给河南省领导，为

① 本文此处为空白。

右派分子辩护，这证明田汉同志的所谓“为民请命”的错误思想作风，已发展到了何等严重的地步。

5
田汉检查

南国半月刊发表过我初期剧作《获虎之夜》，但那只是我和我妻易漱瑜两人的事业。妻死后回沪，在《醒狮》上搞南国副刊。更是个人奋斗，直到接办上海艺大，创办南国艺术学院，才有许多有力的同志参加，才成为一种群众运动。这些人对当时腐败现状有一种渐渐明确的反抗。

这些人认为有生命的艺术是野生的、民间的，不愿意接受当时国民党统治者的帮助而宁愿以自己的力量艰苦奋斗。这种精神在当时是有革命性意义和积极作用的。但在人民掌握了政权，艺术成为鼓舞生产斗争情绪的有力武器的今天，还残存着朝野官民的旧感情那就不只是时代错误，也必然要犯政治上的严重错误了。

南国戏剧运动虽然（有？）一定群众影响，但它演出的剧本从《苏州夜话》《卡尔曼》主要是我的作品或译作，从我老母起，对团体辛苦掌持是大家共见的，我的个人英雄主义发展得很厉害，这引起一部分青年同志的不满，分裂出去，成为摩登剧社。

1936年与阳翰笙同志一道主要以离开南京为条件被保释出狱。

当时张道藩对我说："我们不仅爱惜你的艺术生命，也爱惜你的政治生命。"他们的狰狞面目原来如此，直到今天才充分认识。

长沙大火作了一些艰苦工作，在较（校？）场坪与任光同志分发赠款组织群众时，才亲切地看到群众的伟大，他们用自己的智慧，帮助我们完成发款任务。他们的坚毅不屈、爱乡爱国的感情，给了我极深感动。我有一首诗末四句是：携雏将妇人千百，破瓦颓垣户二三，犹有不磨雄杰气，再从焦土建湖南。①

但记得曾应文委会总务科写一条幅，引了蒋介石以前抗战必胜的话，因是从所谓"总裁言论集"中引的，随意写："录总裁话"，严重失去立场。

我为新中国剧社写过《秋声赋》，也透露些时代的感情，但也有个人不健康的东西。新中国（剧社）某次要演曹禺的《家》，我没有积极支持，换了别的戏，剧团因此受到损失，这事曾引起剧社同志的不满。

现在忆起第一次到桂林时与离了婚的黄大琳相遇，我在救亡日报上发表的诗中有一绝涉及此事，有"相对梦前无一语，又踏践（残？）英别桂林"句，曾受过恩来同志的批评。

西南大撤退中，我在从　　② 到贵阳的路上看到四维儿童剧校，孩子们都颠沛流离，到贵阳后因遇伪青年军 207 师政

---

① 原诗为七律，末四句为："衔枚荷重人千百，整瓦完垣户二三。犹有不磨雄杰气，再从焦土建湖南。"——编者注。

② 本文此处为空白。——编者注。

治部主任某二　[1]上海旧识，说他们要出国到密支那作战正缺乏适当的文工团，我便轻率地把四维儿童剧团介绍他们。207师把这剧团带到云南昆明，公演一些我们的剧本之后正式成立剧校。迁到曲靖，在　　[2]，我领导林路同志去跟他们进行了一日上课，并写了《情探》等。207师派政工队员张科等人管理他们，给幼小儿童一些错误的政治影响。1945年日寇投降的（时？）伪青年军不再“出国作战”了，而是开到东北打内战，剧校儿童们便乘车由曲靖经玉屏入湖南的时候，由于司机不慎把一辆大车翻落河中，学生沈维志（12岁演老生极有天才）、贝贝（十岁演小丑）等五个小孩溺死，造成很大悲剧。

当时得重庆信知我的儿子海云病重，但我又不能回重庆，我私心希望由于我做了些好事是不是小儿子万一能得救，但我的希望成空，小儿子终于死了，我的唯心主义竟达这样程度。

闻、李先后被国民党匪帮暗杀，我也十分愤怒，民主党派中我对民盟有较好印象是从昆明开始的。因而对中华人民共和国成立后他们一部分坏分子别有用心向党进攻失去警惕。

这年我50岁了，于伶同志为了向敌人显示力量，细心的筹备，替我举行祝寿，但潘公展等也来参加，洪深为了掩护我又找他讲话，这样把意义搞糊涂了，那时国民党发动内战，并赶走了董老，举行这样的会是完全不适当的，后来在北京

---

① 本文此处为空白。——编者注。

② 同上。

总理为此对我进行了批评。

在李家庄和李维汉同志谈过一次话，是为了恢复党籍写了一封信请他转中央，后来某夜总理又召我到他的办公室，那时他正指挥着太原战役，百忙中跟我谈了许多，批评我缺乏打落水狗精神等等。在严肃的批评面前，一方面十分惶恐难过，回来整夜无眠，一方面也发现若干消极情绪，第二次给中央的信中万一不能恢复也愿在党外竭忠尽智为党工作之类的话。李维汉同志久久没有转去，说“你那封信有情绪，不好‘又说’一定得在里头，在外头多不合适”。我急忙改写过才给转去。同林老出关欢迎民主人士，在那里的时间与洪深相遇，林老给了我一些钱，常常跟民主人士逛古玩店，买过一个喇嘛庙出来的铜欢喜佛，制作极精。洪深曾在一次讲演会上阐述过它的故事意义。这一类的事也说明我觉悟低和不严肃。总之我们应该是艰难创业的斗志（？）士，而不该沾染资产阶级趣味。

彭真同志曾在北京文代会上主张不要限制太严，说“《四郎探母》演了不知多少年并没有阻碍革命胜利”，我在会上却提出不同的意见。认为《四郎探母》之类还是不让它泛滥。这首先是一种无组织、无纪律的行动。周扬同志叫我做了检讨，市文代会党组也对我进行了批评。

在天星阁开了一次茶话会到了许多老艺人，因其中有王益等年老多病，我以剧协名义送了贫苦老艺（人）每人 20 元，还有一位刚去世的老艺人的妻子 20 元，共 80 元。另一清唱乐想彩排无力借行所（头？），又买不起大茶壶，我那时有些稿费，津贴了他们一百元。

又在戏剧报上写文章一《必须关心艺人的生活》，对长沙桂林艺人困难情况作了暴露。湖南文化局局长陈曦同志在文化部会议上对我提出不满，他说湖南艺人没有一个是为生活困难而自杀的。我起先还以为他的话有些掩饰缺点，实际即令有些艺人之死不能说全与生活无关，但这是自己的事，那样写出来就给想攻击人民政权的敌人帮了很大忙。写这文章的时候忘了自己是党员代表，不知觉悟降低到群众水平，甚至还客观上成为右派分子的代言人，使党遭受很大损失。

因此起先我对康德印象不太坏，觉得在戏曲创作上他还是一个可用的力量，万没想到他竟是民盟右派分子在长沙文化界主要活动分子。《追鱼记》的四个月满座竟成了他阴谋组织剧团与党对抗的依靠。尤其是不可容忍的是康德竟无耻地造谣说中央救济贫困艺人的捐款是他对我说了，我才向总理请求的。（一位谭君实在新《湖南日报》上说的）我若是早看到这个报道决不会在《金麟记》后记上还替康德说好话，对这阴谋分子寄予厚望。

剧团移交后起先派田洪搞剧场建造，1954 年派他到湖南当副经理。从 1954 年到 1957 年间，田洪认为省文化局的“宗派主义”给了他各种各样的打击，他对省文化局副局长刘斐章同志有很深的不满，1958 年[①] 到长沙视察之后由于我的一些错误处置，更加深了他的痛苦。1957 年 3 月 24 日来信说因

① 应为 1956 年。——编者注。

我到长沙一趟，“有损当地领导的影响”，对他有看法，“他好像成了敌人”，在此如何工作？连他妻子也“无路可走”，他要求我帮助他调动工作。他提得很哀切，说：“若是这样下去，我的政治生命绝不会有，一切进步又从哪里来？我今年也有54岁，再这样怎么办？……我希望你能把你在湖南的影响改进。事情又要好些。”我当时回了他一封信，要他还是在长沙工作，听党的话，总会有办法的。

由上面这些话我怎么能想到他会从1953年起就参加康德们的“文艺沙龙”的阴谋剧团成为他们的重要一员呢？从1953年起湘剧团移交给省文化局领导后，田洪被投闲置散，心怀不满，康德们利用他们这种不满思想吸收他入盟，但上了他们的当却加入了康德的阴谋组织“文艺沙龙”。在大鸣大放时按康德的分配在省政协发表了反对省文化局的谬论。1957年6月1日的信可能是将要 ① 以前写的。

他说你去年到长沙视察后，我在此间说不尽苦啊！你一定能体会到今日毛主席号召大鸣大放，我认识到我们必须争鸣，对党对人民只有好处。

后来新《湖南日报》发表了张爵贤同志写的“在幕后——康德的乐理”，写康德和田洪等怎样明目张胆地谩骂领导和党员，策划一些反党活动，非常出我意外，而这时候田洪恰从安徽赶到北京来。一天早晨他到细管胡同看我，交给我的一封信，我没有管他的信，问他在湖南怎么搞的，怎么说出那

① 本文此处为空白。——编者注。

样话？要他写一个材料给我。第二天一早他交了一封信，大体说张爵贤的文章不实，“本来有许多话要谈，现在还谈什么，”并说长沙来了长途电话要他赶回去，我说“你快回去”。

七月卅一日，田洪在新《湖南日报》发表了“我向人民请罪”的文章。

田洪文章水平低，不会写文章，这篇文章是在同志们帮助下写成的。第一条领我们视察湘剧团演员宿舍那段文章，是与事实有出入的，到樊西巷湘剧二团访问的确康德不在。

1957年10月27日田洪又来了一封长信，的确使我高兴，几个月来反右斗争烈火把心烧醒了。

我觉得田洪已经有了新的基础。

陈曦同志在小组会上也提到我的意见，大体是以下三点：

在长沙视察后在“戏剧报”写文章，说湖南有艺人自杀，陈说这是信口胡说，湖南艺人自杀的一个也没有。

到艺人中间去百儿八十的随便给钱，树立个人威信，目前无湖南党。

回到北京以后以文化部名义把王元和调来北京治病，王死了还给他开追悼会，这使下面很难办事，以为（后？）艺人死是否都开追悼会?

陈曦同志所指摘的三点是没有根据的。

1. 对穷病艺人的照顾尽管是剧协的名义，当时长沙剧协还没有分会组织应通过湖南省文化局，而不应直接照（找？），这样必然引起地方不满，把好事变成坏事。

2. 艺人有些困难应当关心，但不应不估计客观影响无选择的指摘，甚至受人蒙蔽，夸大缺点，《必须关心艺人生活》的文章与其后写的《为演员青春请命》一样显然是损害党的利益的毒草。

田洪交来的金贰的信，我一直夹在信件包里，金贰的来信索取也没有理会，任意搁置，是与湖南党不合作，也就是与整个党的关系不正常。

在这里，我想就《关心艺人生活》和《为演员青春请命》这两篇文章，再说几句话。我完全同意这两篇文章应该提到反党高度来看，因为对于人民自己的缺点采取了错误的在野的脱离党员立场的态度，夸大了一些缺点对随时找机会攻击我们的敌人有利。

当然写这些文章不是为了反党，而是引起大家的注意，及时纠正这一与今天伟大国家建设普遍突飞猛进不相称的。

当时的确有人说你站在戏剧领导地位，向谁请命呢？同志们说我不是站在党之内而是站在党之外，以“在野党”的身份在说话是完全对的，但是我也未完全把责任推给别人，我也还是想到了自己的责任，文章说：

“演员们把青春交给我们，而我们把他们投给滔滔的逝水。”

我自己也正是这样麻痹的人们，我只是在最近才感到这个问题的严重，认识到责任重大，这个问题和广大艺人的生活一样，必须迅速获得解决。

但那时还当他只不过是政治上的糊涂、落后，被人利用，所以从报纸上看到河南把他划为右派，有些紧张，因为怕我的电报给一个艺人以“毁灭性的打击”，也将是一种政治性的错误。所以又拟了一个电报想请河南以慎重态度处理他的问题，感谢伊兵同志把这封信给扣下，没有发，这也挽救了我。

我在贵阳的那首诗：

爷有新诗不救贫，贵阳珠米挂为薪，杀人无力求人懒，千古伤心文化人。

（李辉：著名作家、学者）

田汉与北平的文化接管

杨红军

田汉，中国话剧艺术的奠基人，现代戏曲改革的先驱者，杰出的戏剧家、文学家、诗人和早期进步电影、音乐事业卓越的组织者与活动家。在新中国成立前后，这个中国命运的转折点，他以独特的身份和方式，参加北平的和平解放与文化接管工作，为巩固革命政权和北京新文化建设做出了不朽贡献。

一、挽留民主人士，迎接北平解放

田汉，是一位从革命的暴风雨时代走过来的人。早在1924年，他就陆续创办了“南国电影剧社”“南国艺术学院”“南国社”等具有进步性质的文艺团体，从事话剧、电影创作与演出实践。1927年，蒋介石发动“四一二”反革命事变，革命陷入低潮，而恰恰在这危险时刻田汉提出加入共产党，并公开转向革命。这是难能可贵的。1930年，在中国共产党领导下，田汉与鲁迅、夏衍等人发起成立中国自由大同盟、中国左翼作家联盟即“左联”，高举民族解放大旗，为发展无产阶级文艺而奋斗。他不怕“南国社”被查封，坚持利用电影、戏剧与国民党和帝国主义作斗争，并把一批革命文艺工作者团结在“左联”周围，与欧阳予倩、洪深、徐悲鸿、周信芳等著名人士建立深厚的友谊。这在当时艰难复杂的形势下，对于保存革命力量，培养文化骨干是十分重要的。

1948年春，田汉接到党的通知，携夫人安娥离开上海来到河北省平山县西柏坡党中央所在地，受到毛泽东主席、周恩来副主席的接见，并在附近的李家庄住了下来。

这一年冬天，平津战役打响，华北局势急剧改观。中央指示：为确保北平这座古城免遭兵燹，立即进行争取和平解放北平的各项准备工作。太行八路军总指挥部、中央社会部、冀中、冀东等区党委，都派人到北平从事地下斗争，与北平地下党员一起战斗，力求北平解放时保护尽可能多的物资财产，留下尽可能多的知识分子、技术人员、公职人员、专家教授等有用人才，使之了解共产党的政策，拥护人民解放军的到来。

反动派绝不愿意专家学者为共产党所用，蒋介石觉察傅作义与解放军秘密谈判的迹象后，即派军统特工配合政府要员和军用武器南撤。当解放军的炮火封锁南苑机场后，国民党军在东单抢修了临时机场，同时加紧对各界知名人士进行恫吓、威胁和诱骗，企图要挟他们南迁，北平城内出现一片惊慌和混乱。飞离北平的机票一票千金难求，而徐悲鸿却收到了两张。

就在这紧急关头，受毛泽东和周恩来的嘱托，田汉和安娥秘密进入北平。他们先住到安娥哥哥家中，后通过盛家伦找到北平艺术专科学校油画系教授冯法祀，再由冯法祀通知徐悲鸿，并安排田汉与徐悲鸿见面。

这天晚上，徐悲鸿派专人把田汉接到家中。那时的田汉身穿一件臃肿的蓝布棉袍，戴着一个大口罩，脖子上围着一条又厚又大的围巾，帽子压得低低的。当徐悲鸿认出眼前的田汉，他兴奋地迎上前去，两双手紧紧地握在一起。恰逢停电，客厅里一支小小的蜡烛摇曳着。田汉风尘仆仆，却洋溢着抑制不住的喜悦。他向徐悲鸿、冯法祀和在座的吴作人描绘共产党的领导和解放区自由民主的情景，每一条消息都令他们欣喜不已。田汉异常激动地说："我来北平之前，见到了毛主席和周恩来同志。他们希望悲鸿在任何情况下都不要离开北平，并尽可能在文化界多为党做些工作。"

徐悲鸿与田汉是"南国社"初创时期的挚友，在经历了风风雨雨阔别多年后再次相见，格外惊喜和激动。他彻夜难眠，经过认真思考，终于决定在任何情况下都坚决留在北平。

第二天，徐悲鸿夫妇立即去看望齐白石，发现齐老先生正愁容满面地坐在画室里。原来，齐白石也受到特务的恐吓，说共产党进北平后要把有钱人都杀掉，名单中就列有齐白石的大名。齐白石正准备举家飞往香港。徐悲鸿马上劝他留在北平，哪里都不要走，说共产党不但尊重所有对文化有贡献的人，而且北平和平解放的可能性非常大，白石老人全家一定会平安无事的。等到北平解放以后，画家还可以照常画画、卖画。白石老人一向对徐悲鸿十分信任，他心中最大的疑虑消除了，毅然取消了香港之行，坚持留在北平等待解放军进城。

在此期间，田汉还请地下党员马彦祥带口信给四维戏剧学校的师生，万万不要随国民党军南撤，一定要留在北平等待解放。

田汉凭着自己多年在文化界的影响和人格魅力，争取文化名人留平工作取得显著成效。在一次傅作义召集的学者名流座谈会上，徐悲鸿直言陈述：北平是一座闻名于世界的文化名城，这里有许多宏伟的古代建筑，如故宫、天坛、颐和园等，在世界建筑宝库中也是罕见的。希望傅作义将军顾全大局，顺从民意，使北平免受炮火摧毁。历史学家杨人楩说，如果傅将军能为北平免于战火做出贡献，历史学家在书写历史时，一定会为傅将军大书一笔。社会各界的呼声震撼了傅作义，使他感到：一旦古城毁于兵燹，那他就会成为千古罪人，而实现和平，将为人民立功。何去何从，该下决心了。

田汉冒着危险，秘密宣传我党的政策和解放区的新气象，使许多民主人士消除了疑虑，没有跟国民党走，而是留在北平，为繁荣新中国文化事业增添了力量。

1949 年 2 月 3 日，田汉参加检阅人民解放军进入北平的入城仪式。当他登上正阳门箭楼，看到北平人民载歌载舞迎接解放的兴奋与欣喜之情，激动地即兴写了三首诗，以纪念大会盛况。

其中一首写道：

破阵声声百里闻，万雷轰处起浓云。
婆娑织锦文工队，不动如山解放军。
桴鼓誓当收海域，买丝争盼绣元勋。
登台休笑缝衣女，换换先生旧脑筋。

二、担任文化接管顾问，参与接管文艺团体

1949年2月4日，经中国人民解放军北平军事管制委员会决定，田汉担任军管会下设的文化接管委员会顾问，参加文艺团体的接管工作。

当时，北平刚刚解放，人民政权接收的是一个乱摊子，社会各界还存在国民党反动宣传的影响。对和平接管问题，文化界出现三种不同的认识。共产党员和进步的积极分子坚决赞成和支持；也有很多人不了解共产党的性质，担心新政权站不住脚，表现出观望和迟疑；还有极少数人抱有抵触情绪，持反对意见。那么，怎样对待不同的人群，怎样平稳顺畅地做好文化接管工作，这关系着稳定人心和建立社会新秩序的大局。

进入北平后，田汉一直被“开国的气象”激动着。尤其担当文化接管委员会顾问后，他那火一样的热情更加高涨。多年以来，田汉与文化界方方面面保持着广泛联系，全国各地有不少老朋友、老熟人，自然对北平文化界的情况也不陌

生。但是，为了做好北平的文化接管工作，他不辞辛苦地奔波在大街小巷，抓紧走访周扬、阿英、欧阳予倩、周信芳、梅兰芳等文化界有影响的知名人士，听取他们对发展北平文化事业的意见和建议；还亲自到四维戏剧学校去看望师生，了解大家的想法、困难和要求。通过开展这些有针对性的调研工作，从而更深入细致地掌握北平文化界的状况。

为了做好文化接管工作，军管会多次召开专题会议，讨论接管工作的原则、方法和注意事项。参会人员分别从不同角度发表意见。有的主张采取强硬办法，把反对的人关起来，对观望的严加批评，不要手软，该撤职的撤、该辞退的辞。也有的认为接管工作步子要缓要慢，不要着急。田汉认真听取大家的发言，也开诚布公地谈出自己的思考，大意是：文化接管工作是历史上的新鲜事物，涉及面宽，包括新闻、广播、出版、报社、学校院所、文化社团、戏剧班社、电影制片厂等单位，人员复杂，思想活跃。要妥善做好接管工作，必须要讲党的政策和策略，要本着建设新中国新气象的目标，从实际出发，不同情况不同对待。

在北平市军管会领导下，文化接管工作进展比较顺利，截至2月19日，已接管四维戏剧学校、第三电影制片厂、国民大戏院、建国东堂等11个单位。对于文化部门原有人员的处理，原则上除了反动顽固分子予以撤换外，其他人员均维持现状，影戏人员一律留用，并且组织留用人员上政治课和文化课。

在接管文化团体的同时，田汉还担任了文艺宣传、电影审查工作。不久，接政务院任命，奉调文化部工作。

田汉作为北平文化接管顾问，不是潦潦草草地“顾一顾”、简简单单地“问一问”，而是激情满怀，亲力亲为，认真做事，追求实效。虽然他在北平工作时间不长，但他为繁荣北平文化呕心沥血的一段佳话却永载史册。

三、领导旧剧改革，繁荣北京新文化

在旧中国，一些旧戏曲剧目的内容充斥着陈腐的封建伦理道德和迷信、色情、凶杀、恐怖等种种不健康倾向，演出则表现出庸俗无聊、低级趣味。

针对这种情况，周恩来副主席1948年就明确提出：“过去几年我们比较重视话剧、电影，对于旧剧重视得少了点。今后我们要进大城市了，旧剧问题就摆在我们面前。旧剧问题很复杂，它是封建社会遗留下来的艺术遗产。人民喜爱它，它的观众比话剧不知要多几十倍！我们怎么能不重视它？但是它还需要改造。”

自从进入北平第一天起，田汉就把旧剧改革当作一件文化上的大事来对待，探索旧剧改革的实践和理论。他全面回顾了早年的戏曲改革情况，觉得单讲哪些旧剧“有害”、哪些“无害”、哪些“有益”，而没有提出判断“害”“益”的标准和原则，是很不够的。他考虑的是历史的、现实的、艺术的、政治的、形式的、内容的问题，认为戏曲改革不仅联系着思想意识，还关系着艺人们的生活，既是一个文化艺术问题，又是一个社会问题。因此，对旧剧既不能放任自流，也不可强迫命令。除了明令禁演少数有害无益的剧目以外，对一般的旧剧，应当与艺人们共同商量修改完善，或者劝说他们自动放弃不演。要繁荣新民主主义文艺，主要的还是在于积极创作健康进步的剧目，保证艺人的生活稳定，稳步推进戏曲改革工作。

田汉十分关心北平的文化艺术事业，指导中共北平市文化委员会确定了北平市文艺工作的指导方针，即发展新的革命的文艺，改革旧的封建落后的文艺，有计划有步骤地进行戏曲改革。戏曲改革的对象是京剧（包括梆子）、评剧、曲艺（包括杂技）三个行业公会下所联系的若干私人班社，戏曲改进的内容是改革旧的戏曲艺术和改革旧的班社制度，戏曲改革的方针是“推陈出新”，简言之，是“改人、改戏、改制”。

1949年8月至10月，北平市军管会文艺部在天桥万盛轩剧场开办了几期“戏曲学习班”，把京剧、评剧、曲艺的演员们组织在一起，学习社会发展史、解决世界观问题；学习毛主席《在延安文艺座谈会上的讲话》，明确文艺工作的方向；学习文化，着重提高艺人的业务水平。

田汉满腔热情地到去讲习班给学员讲“艺人的道路”，组织学员观看他编写的电影《梨园英烈》，鼓励学员们“学习是进步的保证，进步是光荣胜利的保证”，作为新民主主义社会的新演员，要热情地反映中国社会发展和革命的历史，要打破旧时代艺人的门户之见、派别之分，加强团结，增强戏曲改革的信心。艺人们听了他的课，明白自己在旧社会所处的受压迫、被榨取的地位，认识到新中国成立后天下是人民的，要还戏于民，戏曲应当启发人民的政治觉悟，鼓舞人民的劳动热情。许多班社还少安排学员演出，让学员腾出时间参加文化补习。学员们非常珍惜学习机会，经过学习，有的人从文盲提高到初中文化程度，由原来靠口传心授记台词、记唱腔，提高到能看剧本认台词、识简谱。

这一时期，分布在全国各地的著名剧作家、导演、演员、戏剧教育家、戏剧理论家、戏剧翻译家、戏曲音乐家、舞台美术家、戏剧出版家、戏剧活动家，包括学贯中西的戏剧大师，从祖国各地和海外四方陆续来京，与原在北平的戏剧家荟萃京华。

田汉白天开会讲课，晚上审戏、创作、聚会讨论，常常通宵达旦。根据1951年5月5日周恩来总理签发的《政务院关于戏曲改革工作的指示》，田汉带领戏曲工作者对于广为流传的大量传统戏曲剧目，慎重、认真地进行了审定工作，改编、加工了一大批优秀剧目。例如，他创编了剧本《江汉渔歌》，拿出了创作样板。一时，京剧、评剧、曲艺各行从业人员备受鼓舞，从领导到剧作家、导演、演员创作热情高涨，纷纷动手改编剧本。田汉还不时地约翁偶虹、焦菊隐、洪深等人商讨有关戏曲改革问题，登门看望程砚秋，鼓励他多排新剧。时间不长，艺人们创作了许多新颖健康的剧本、唱腔和唱段。尚小云改编了《墨黛》，荀慧生、谭富英等改编了《秦琼》《小放牛》，说书艺人连阔如与苗培时合作编写了《长征演义》，翁偶虹编写的《将相和》后来成为优秀传统保留剧目。

另一方面，经严格审定，也禁演了28出坏戏，其中有京剧《杀子报》《海慧寺》《九更天》《全部小老妈》《八月十五杀鞑子》等。清除了演出中的丑恶现象，发扬了民主性的精华，剔除了封建性的糟粕，大大净化、活跃了北平的戏曲舞台。这不但适应了人民大众的艺术趣味、欣赏习惯和审美要求，而且有的作品还在国际上赢得赞誉。这些都是新中国才有的戏剧史上的盛事。

对旧剧“改制”的问题，田汉倾注了大量心血。长期以来，旧戏曲班社存在着某些不合理的制度，如旧徒弟制、养女制、经励科（也有称经理科的）制度等，严重地侵害了艺人的福利，造成剧院与后台、艺术人与经励科的矛盾。怎样才能通过“改制”，改变旧戏班社的封建剥削制度，实行新的国营剧场的民主管理制度？田汉委派戏曲改进局副局长马彦祥侧重抓“改制”，以改造华乐戏院（后更名大众剧场）为突破口，以典型带路，推动各个戏曲班社的改革。

改制工作首先从清理整顿职工队伍入手，取消了旧的小卖行、茶水行和手巾把行，将楼座包厢拆除改成散座，建立起剧场的新秩序。而后，在深入调查研究旧班社的内部组织结构及分配方式，广泛听取艺人们的意见和愿望后，决定通过戏曲改革局掌握的阵容坚强的剧团作为剧场固定演出团体，从而彻底打破经励科对戏曲演出的挟持和垄断，并进行艺术示范，推动班社组织的民主改革。当时，经过改制的大众剧场安排上演了《千年的冰河开了冻》，此剧由马少波等编剧，洪深导演，非常叫座，连演一个多月，上座率始终不衰。其他剧场也先后上演了《赤叶河》《解放》《白毛女》等剧。这种做法，为在中国戏曲界最终取消经励科，改设剧务科，结束封建剥削制度提供了范例。

田汉先生对中国文化建设的贡献功高至伟，对北京文化建设的关爱无法言述。今逢田汉先生诞辰120周年，谨奉拙文缅怀先生，以表承继之志！

（杨红军：北京市档案馆研究员）

《母亲的话》中的田汉家史

张耀杰　陈雪

1940年9月，蒋介石下令免去郭沫若的国民党军事委员会总政治部第三厅厅长职务，让其改任总政治部的部务委员，周恩来也由总政治部副部长改任指导委员。三厅工作人员为此事联名辞职，蒋介石亲自出面召见郭沫若、田汉等人加以安抚，并另设文化工作委员会，由郭沫若任主任委员，田汉为专任委员兼第二组组长，主管文艺研究与写作。

随着1941年1月4日“皖南事变”的爆发，周恩来等中共上层领导开始安排人员疏散，田汉经组织同意，于3月6日离开重庆返回湖南。抵达湖南南岳后，田汉把母亲易克勤接来同住，于是便有了长篇回忆录《母亲的话》：

去年三月间由渝回湘，奉老母在南岳菩提园住了将近七个月。借用了唐三家两间房，我在一间读

> 书，老母在另一间绩麻，门是通的，我们母子一面工作，一面谈话，完全恢复了我幼年时代的愉快的场面。那时我母亲将满七十了。……我想把她老人家作为一个中国农民层的女性如何过出这艰难辛苦的七十年的历史记录下来。难得有当时那样的闲日月，又有南岳那样的好环境，我便于工作之余请她老人家每晚说一段，一直说到现在，随说随记，前后费了一个多月光景，大体记完了。①

《母亲的话》最初发表于桂林《人世间》1942年第1卷第1至6期，记录了易克勤自1872年到1916年的人生历程和家庭变迁，以及田汉早年读书看戏的成长历程，堪称是关于中国戏剧史和中国民俗史的一部重要文献，其文本价值甚至超过田汉的诸多影剧作品。

一、孕育田汉的破落之家

1898年（清光绪二十四年）3月12日，湖南省长沙县东乡田家塅茅坪村的普通农家，一个小生命呱呱落地。没有人知道这小生命将会在人世间创造出什么样的奇迹和成就出什么样的事业，不过，对于生养这个小生命的普通农家来说，他的到来所代表的是无限希望。

这个小生命就是原名田寿昌、乳名和儿，长大之后成为

① 田汉：《母亲的话·序》，《田汉文集》第15卷，中国戏剧出版社1983年版，第189页。

中国文艺界的影剧之王的田汉，他的父亲是田禹卿，母亲是易克勤。

按照《母亲的话》当中的相关记录，寿昌出生6年前，刚刚20岁的易克勤曾经生下过一个男孩儿，但不到三个月就夭折于脐带风。为此她伤心得几乎崩溃。是一位算命的陈瞎子，用“你不要急。你是先开花，后结果，你生子要到二十六岁”①的欺人之谈拯救了她。靠着中国民间这种宗教、准宗教的神道福音，易克勤的身体逐渐复元，26岁时如愿生下了田寿昌。

寿昌的父亲田禹卿远在岳州厘金局当伙夫，对于一家之主的祖父田桂泉来说，寿昌是田家存活的第一个孙子辈男丁，也就是传宗接代的首选载体。为了在精神上保证宝贝孙子的长寿，连同整个大家庭的香火不断，田桂泉专门备上祭品到金龙寺，把寿昌“寄在观音菩萨名下，做个徒弟，因此寿昌的乳名叫作‘和儿’，就是‘和尚’的意思”。

就这样，田寿昌从小就被包装在宗教神道的保护罩里，仗着观音菩萨的神圣名义成为田家亦人亦仙、半人半神的二重宝贝，一直长到十多岁，还剃着光光的和尚头。

对于这种靠着神道包装才得以存活成长的生存之道，田寿昌日后在自传体小说《上海》中提供过一种颇为正式的说法，叫作“人非幻影不生活”。②借用马克思《黑格尔法哲

① 田汉：《母亲的话》，《田汉文集》第15卷，中国戏剧出版社1983年版，第210页。

② 《申报·艺术界》，1927年10月16日至12月3日。

学批判·导言》中更为经典的话语，就是“宗教是那些还没有获得自己或是再度丧失了自己的人的自我意识和自我感觉。……宗教把人的本质变成了幻想的现实性，因为人的本质没有真实的现实性”①。

比田汉（田寿昌）大 17 岁的鲁迅（周树人），也曾有过大致相同的神道包装和宗教启蒙，正如他在《且介亭杂文末编·我的第一师父》中所介绍的那样：“我生在周氏是长男，‘物以稀为贵’，父亲怕我有出息，因此养不大，不到一岁，便领到长庆寺里去，拜了一个和尚为师了。”②

据《母亲的话》介绍，易克勤是 16 岁嫁到田家的，丈夫田禹卿小她一岁，当时还在家里读书：“禹卿是最爱读书的。直读到 18 岁才以家贫废学。他不知哭过多少次。但我母亲替我选了田家，却因为田家是久富财主，……公公桂泉翁行四，在诸兄弟中最为能干，但亦以忠厚仁义名闻遐迩。田家那么一个大家庭，子女众多，在公公桂泉翁手里嫁过两个侄女，娶过三个侄媳，家里有出无进，已经扯得很空，恰像一个烂灯笼快要破了。不过因为家里种田、养猪等等人手既杰，公公在外面信用好，扯得动，所以表面上还没有什么败相。”

寿昌的父亲田禹卿，在六个嫡亲兄弟中排行老三，上面两个哥哥，下面三个弟弟。他的两个哥哥都是包办婚姻的牺牲品，大哥对自己妻子的“痴肥迟钝不能满意，常常不愿意回家，也成了他后来漂泊生涯的原因，……后来客死北平”。

---

① 《马克思恩格斯选集》第 1 卷，人民出版社 1972 年版，第 1 页。

② 《鲁迅全集》第 6 卷，人民文学出版社 1981 年版，第 575 页。

二哥的妻子长得很漂亮，却看不起丈夫是个庄稼汉，等到丈夫 25 岁因肺病累死田间后，很快就改嫁他人。

在这种情况之下，并不是长子的田禹卿不得不承担起长子的责任，18 岁时辍学到外乡当差成为一名厨师。并不是长房媳妇的易克勤，也成了田家的大管家，一度为这个破落家庭带来过回光返照式的中兴之相：“我的手很红，每年收的茧子很好，缫出丝来卖得好几十元钱，交给公公，对于家里经济周转上帮助很大。”

为了使易克勤的缫丝技术充分增值，田家老四专门拜师学习织绢，出师后回家带徒弟，请机匠，像模像样地办起家庭织绢厂，“家里一时有六七张机织绢，甚是兴旺”。

包裹在三纲五常、忠孝节义之类“存天理，去人欲”的神道天理之下责、权、利混然不分的宗法制经济共同体，与现代产权制度环境之中责、权、利充分量化细分的社会化扩大再生产，是两个时代的产物。陶醉于宗法制大家庭温情脉脉的亲情假象的田家人，显然不明白这一点，却也从来没有真正断绝过自私自利的本能“人欲”。两次进城卖绢都说是丢了钱款的田家老四，开始染上抽鸦片的恶习，每天嘴里含着冰糖像模像样地当起了小老板，从而引起家人与雇工的不满情绪，用他的三嫂易克勤的话说，“人心一涣散，本来刚有起色的家就此完了”。

祸不单行，当时在“郴州府衙门里服务”的田禹卿不幸染上肺病，失意落魄之中也抽上鸦片烟，“因为有了这种习惯，更加使他的生涯不幸”。田禹卿从郴州回到家中一病不起，年仅33岁就撒手去世，留在他身后的是34岁的妻子和未成年的三个儿子："大的八岁，正在读书；第二个五岁，淘气得很；第三个三岁不足，还在吃奶。"

在这种情况下，易克勤的父亲易道生借着给死人赠送坟地的机缘，为田寿昌及两个弟弟包装了第二道宗教神道的保护罩："葬地是我爹爹送的。禹卿去世的那天，寿昌到三字墙屋去叩头，随即同他外祖父回来了。我也向爹爹叩了头。爹爹老泪纵横地安慰我，说一切应朝着孩子们身上想，便送了这块地。地在铜钱潭上藤子冲的山上，那山势远望去好像一条牛，禹卿葬的那地方像牛鼻子。我爹爹说：'牛鼻子的气是很大的，孩子们必有发达。'这虽是农民的说法，但我和孩子们怎能不感谢他老人家的好意呢？"①

田禹卿病死，对于像"箍桶篾"一般凝聚着由祖孙三代人所构成的宗法制大家庭的田桂泉，堪称是致命一击，他只好采纳了老伴的分家意见："家里人多，难以支持，不如让儿子们各自努力。"

这时候的田家，实际上已经无家可分。据田汉后来在自传体小说《上海》中提供的说法，母子四人所分到的是"一张柜、一张桌，和一些零星的家具，此外还有百多块钱债务"。

相比之下，易克勤在《母亲的话》中的相关介绍，应该更接近事实："茅坪里剩下的一点田和一所房子由祖父母管理，杨泗庙一带该欠的一些铺账也由祖父负责偿还。儿孙们

① 田汉：《母亲的话》，《田汉文集》第15卷，中国戏剧出版社1983年版，第228页。

分得的不过一些什物器皿。……实在木料我分得不少，但后来也给他们拿去做猪栏去了。另外分得一张破烂柜子和六块楼板（至今还留在八叔家）。拿起这些东西我得养活一家，把三个孩子抚养成人！”

二、“读书种子”田寿昌

田禹卿去世时，8岁的寿昌已经在母亲易克勤的支持下读了一年多的私塾。

易克勤的弟弟易梅臣（又名易象，字梅园）小姐姐7岁，由于母亲多病，他几乎是由姐姐一手带大的。梅臣4岁就入馆发蒙，“成绩甚好，但性情倔强，不能受一点委屈”，易克勤便天天陪护。弟弟在学堂读书，姐姐就在窗外一边撕麻一边旁听，不仅学习了三纲五常、忠孝节义之类的儒教经典，还在内心深处埋下一个“学而优则仕”的神圣心愿：“我若有了孩子，我也一定要让他读书。”①

易梅臣先考取秀才，17岁时进了新学，就读于长沙南城书院，也就是后来的长沙第一师范，与林伯渠、程潜等人同学。易梅臣后来到吉林谋到一份官差，终于为小农之家走出了一条“学而优则仕”的正统路子，给穷困的易家带来前所未有的荣耀与地位，也为姐姐易克勤带来了一种希望与寄托：“想让孩子追随舅舅之后，做个读书种子。”

7岁时，寿昌被送到茅坪附近一个叫“枞榕树脚下”的

① 田汉：《母亲的话》，《田汉文集》第15卷，中国戏剧出版社1983年版，第228页。

小村落，随私塾教师王益谦发蒙读书。按易克勤的说法，“寿昌的性情还算纯顺。他四五岁时，寿康晚上发烧的时候我常叫他起来给我提着灯笼到鸡窝里取鸡蛋，用蛋白给他弟弟荡头、胸和肚皮。他总是很听话的。……我见这孩子资质不算坏，又很沉静，我让他读书的心思更加坚定。幸亏家里也没有人一定要他去看牛的。”

当时的田家还温饱有余，易克勤使出浑身解数，把寿昌打扮成“少爷”一样。寿昌也算是争气，人称“王五憨子”的塾师王益谦，常常把学生打得鬼哭狼嚎，功课做得好的寿昌总能幸免。

第二年，易克勤与寿昌的叔叔们一道搬到八九里外的陈家冲去租种别人家的田地，只好把寿昌留在茅坪，转学到大园里殷家学堂读书。后来听说殷家学堂学风不好，一些大点的孩子“专一教寿昌画白虎，偷丝团子”，易克勤痛下决心，把寿昌转学到陈家冲的另一所私塾，随塾师王绍羲读书。

当年的私塾学生，年龄有大有小，学龄有长有短，相当于现在还存在于中国贫困地区的复式班。有一天，王绍羲给班上大一点的学生讲文天祥的《正气歌》，寿昌也靠过来旁听，他便专门提问寿昌：“假使我们也遇上像他那样的境遇，我们该怎么样？”寿昌的回答是“我们也应该尽节”。一句话令王先生大喜过望，当即称许他“会有大出息”。

寿昌8岁那年，由外祖父易道生做主转学到黄狮渡，陪伴他的小舅舅易虎臣读书。塾师易雨生是外祖父的本家兄弟，又是易梅臣在长沙南城书院读书时的老同学。寿昌在这里进步很快，易雨生常常拿着寿昌“成了篇”的文章向易道生夸耀，使得田、易两家的大人很为这个“读书种子”感到骄傲。

地处济渭河支流渡口的黄狮渡，是当地相对繁华的小集镇，易虎臣“形貌轩昂，言语朗爽，是一个‘打口岸’的人物。他到黄狮渡不到一两个月，附近的村庄、商店的大大小小人物，他都熟识了。每天放了学，常常领着寿昌到人家喝茶吃点心。”① 这对田寿昌日后以“田老大”的美名从事爱国唯美的影剧活动，并成为中国文化界公认的影剧之王来说，不失为一种早期的演练。

父亲田禹卿去世后，家里再没有财力供寿昌上学。好在寿昌辍学不久，在吉林做官的舅舅易梅臣回家省亲，拿出十二块大洋给寿昌交学费，寿昌才得以到新塘桥张鼎新家的私塾继续读书，塾师恰巧是在陈家冲教过寿昌的王绍羲。

新塘镇是湘北有名的茶业重镇，比寿昌此前就读的黄狮渡还要繁华。寿昌在这里第一次见到带着大量“圣书”前来传教的外国传教士，并得到几本《马可福音》之类的传教读本，“使他晓得除了他所读的圣贤传之外，世间还有另一些教条在传播”。②

三、民间神道与朦胧初恋

田寿昌到新塘镇读书不久，外祖父易道生派家人租种了

---

① 田汉:《母亲的话》,《田汉文集》第15卷，中国戏剧出版社1983年版，第226页。

② 田汉:《母亲的话》,《田汉文集》第15卷，中国戏剧出版社1983年版，第234页。

槐树屋梁三娭姆家的田地，无家可归的易克勤因此带着两个小儿子寿康、寿麟，搬到离茅坪老家很远的槐树屋居住。

槐树屋是梁家聚族而居的老宅，梁家人口众多，广有田产，已经去世的梁三公是一位饱读诗书的秀才；他的续弦夫人梁三娭姆更是一位喜读才子书、喜爱读书人的才女。梁三公生前钟情于这位续弦夫人，专门在离槐树屋半里之遥的山坡上为她修建了单门独院的“栖凤庐”。经过一段时间的交往，这位将近五十岁又落落寡合的寡妇，喜欢上了客居中的田家人，主动邀请田母搬到“栖凤庐”同住：“槐树屋人家太多了，太吵闹了，不宜于孩子们读书，就搬到我那里去吧。”①

寿昌一家一直靠着母亲选丝帮工的一点工钱维持最低限度的生存条件，等到舅舅易梅臣资助的学费用完之后，寿昌便不得不再次失学，回到母亲身边自修学业。好在有梁三娭姆与他谈论《西厢记》之类的言情故事，寿昌反倒因此接触到正统教育所难能涉及的小说传奇与戏曲传奇。按照《母亲的话》中的说法：“因为喜爱读书人，梁三娭姆对寿昌非常器重。她识字，能读才子书，尤喜读《西厢》，差不多都能背诵。寿昌去了，她就和他高谈《西厢》。寿昌在以前从几个先生读的都是‘四书五经’之类，直到见到了这位风雅的老太太才接触了另一些书。”

这时的寿昌已经是一个十多岁的“小大人”，由于母亲的偏爱偏养，身材远比普通的农家孩子高大魁梧，加上梁三娭

① 田汉：《母亲的话》，《田汉文集》第15卷，中国戏剧出版社1983年版，第239页。

姆才子佳人式的传奇故事的潜移默化，使他提前进入情窦初开的青春期，一场朦胧初恋随之降临。

有一次，失学在家的寿昌到位于上杉市（集市之市而非城市之市）的王绍羲家中看望先生，不巧王先生不在家，接待他的是先生家的女公子王小姐。王小姐与寿昌年龄相仿，出落得亭亭玉立，眉清目秀，一对少男少女虽然没有说出多少知心话，却于心照不宣中一见钟情。从上杉市回来后，寿昌再不愿继续充当寄托在“寄母观音娘娘”名下的光头和尚，坚决要求蓄起头发来。母亲虽然不明白寿昌“受了什么刺激”，却还是顺着儿子的意愿，带他到金龙寺举办了一次烧香磕头的“赎名”仪式。

离“栖凤庐”不远处的山顶上，有一座远近闻名的古庙仙姑殿。寿昌休学期间，常常伴着到山上打柴的寿康、寿麟到仙姑殿游玩，很快便与这里的主持王道人成为忘年朋友。据他后来在《清谈之月》中介绍：

> 小时候“不佞”也和“老去”的周作人先生一样，很爱听人家谈狐说鬼。……一个时候，我们家住在 ×× 山脉的一个支岭下。……（峰巅）一所颇有历史意义的古庙，那庙里所祀的女神是“不见经传”的，——仿佛是小脚，……一个长大身材、飘着黑的长须，含着和蔼的微笑来迎你的道人。这人“俗”家姓王……他的禅房里，和道教的经典一道，还“容忍”着一些糟糕的书。那二十多本木刻的《绿

野仙踪》，就是从他那儿借来的，……从超尘、逐电起，到锦屏、翠黛止，不是有许多可爱的狐鬼吗？[①]

与田汉的说法相印证，周作人晚年也有过这样的回忆："《绿野仙踪》……鲁迅的《中国小说史略》中也不著录，现今也没法查考。这是一部木板大书，可能有二十册，是我在先母的一个衣柜（普通称作大橱）内发见的，……书中说冷于冰修仙学道的事，这是书名的所由来，但是又夹杂着温如玉狎娼情形，里边很有些猥亵的描写，最奇怪的是写冷于冰的女弟子于将得道以前被一个小道士所强奸的故事。……这里有意思的事，乃是讽刺乾隆皇帝的。"[②]

《绿野仙踪》写于清朝乾隆年间，作者李百川，写的是主人公冷于冰科举失败，断绝读书做官的念头出家修行，在火龙真人那里吃了"换骨丹"，并得到"伏仙剑""雷火珠"两件神器，从而在超尘、逐电、锦屏、翠黛之类男女神仙的帮助下，收厉鬼，降妖魔，为民除害，干出了一系列孙悟空式的先替天行道而后再成贤成圣、修成正果的神道买卖。与戏曲传奇《西厢记》中所宣传的靠着十年寒窗求得金榜题名加洞房花烛的人间正果不同，神怪小说《绿野仙踪》与更加经典的《西游记》一样，开辟出的是另一种修成正果、出人头地的人生捷径。

在《西厢记》的金榜题名加洞房花烛与《绿野仙踪》的

① 田汉：《清谈之月》，《大晚报》1934 年 5 月 16、17、22、23 日。
② 周作人：《知堂回想录》，河北教育出版社 2002 年版，第 739 页。

替天行道加得道成仙之间，当年的田寿昌所倾心的是更为实惠的世俗道路，用他在《清谈之月》中的说法："我却上有老母，下有弱弟，而且'凡心不死'，还有心中窃窃恋慕的人，在势不能出家。"

田寿昌所谓"心中窃窃恋慕的人"，就是王小姐。

可惜的是，在私塾里向学生传授忠孝节义乃至于"杀身成仁"的"存天理，去人欲"的儒教天理的王绍羲，却又迷信儒教祖师爷孔子明确反对的"怪力乱神"，从而把世俗男女谈婚论嫁的人道权利，通过求签问神奉献给了民间道教的神道祭坛。因为神签给出的是否决性的谕旨，一对有情人的朦胧初恋被彻底断送。幸亏田汉与王小姐只有一面之缘，这一次左道旁门的"存天理，去人欲"的神道把戏，并没有给他造成精神层面的致命创伤。

田寿昌后来以田汉的名字创作的《获虎之夜》的原始素材，就源于客居"栖凤庐"的一段生活经历。据《母亲的话》回忆："因为山里多虎，黄栗坡后面的猎户魏四爷家便有过一次大收获。……魏家的老虎，寿昌也看见的。他后来曾把这些故事写成一个剧本，叫《获虎之夜》。在他的剧本里，李三疯子变成罗大傻。他至今主张受伤的是罗大傻，但我记得是李三疯子，不知谁是对的。……他们的姓名是无关紧要的，紧要的是小时候的环境常常给孩子们的将来很大的影响。"①

① 田汉：《母亲的话》，《田汉文集》第15卷，中国戏剧出版社1983年版，第243页。

四、田汉早年的影剧因缘

湖南是楚文化的发祥地，沅湘之地自古巫风盛行，成为戏剧文化得以孕育成长的天然母体。正是巫风熏染下的民间戏剧，培养了田寿昌从业终生的影剧因缘。

《安徽通志》称郑之珍根据民间目连戏整理改编的《劝善记》，为“支配三百年来中下社会之人心”的一部宝典。就其文化根性来说，较为正统的宋元杂剧和明清传奇，也无非是神教设道的民间目连戏的一种翻版。关于这一点，鲁迅在《且介亭杂文末编·女吊》一文中，曾经有过颇为透辟的分析和说明：

> “大戏”与“目连”，虽然同是演给神，人，鬼看的戏文，但两者又很不同。不同之点：一在演员，前者是专门的戏子，后者则是临时集合的Amateur——农民和工人；一在剧本，前者有许多种，后者却好歹总是一本《目连救母记》。然而开场的“起殇”，中间的鬼魂时时出现，收场的好人升天，恶人落地狱，是两者都一样的。①

比之于鲁迅所说的“大戏”与“目连”，田寿昌生于斯长于斯的巫风盛行的楚地，有着更为悠久的戏剧文化传统和更为丰富的戏剧文化资源。这一点在他以田汉之名崛起于中国

---

① 《鲁迅全集》第6卷，人民文学出版社1981年版，第615页。Amateur意为业余演员。

剧坛影坛之后的一次演讲中，曾有所介绍：

> 谢无量先生在《楚辞新论》上说，屈原的楚辞，其中《离骚》,《九歌》之类，正是独白，因为独白是最初的戏剧。那楚辞上的开场，便是“帝高阳之苗裔兮，朕皇考曰伯庸……”等语，那就是自道姓氏、祖先，这就是戏剧！
>
> 更因屈原为楚人，古代的楚人信鬼，畏鬼，故多由“巫”时时歌颂跳舞于神前，屈子乃将粗辞加以文雅声韵，遂成《九歌》，这是楚辞的来源，也就是戏剧的来源。不过我们知道戏剧就和歌谣一般，包含有：一、动作，二、言语，三、音乐，三种情愫，只是楚辞现今所剩给我们的仅仅言语一种，所以人们读起来只当他是文学而不是戏剧了。
>
> 总之，最初的戏剧是独白的，楚辞是独白，是戏剧，是中国最初的戏剧，那么，可以说屈原就是中国最初的戏剧家！①

单单从形式上说，戏剧性的独白应该是王国维在《宋元戏曲史》中强调的“由叙事体而变为代言体”,② 而不是屈原式抒情诗人自言自语的“叙事体”之“独白”。以古希腊戏剧为

---

① 田汉：《戏剧与民众》，《田汉文集》第15卷，中国戏剧出版社1983年版，第209页。

② 王国维：《宋元戏曲史》，东方出版社1996年版，第67页。

源头活水的严格意义上的戏剧，更是黑格尔《美学》中所说的表现“自由的个人的动作的实现”[①]的崇高悲剧。谢无量和田汉当年的戏剧理论，显然还处于初级阶段。

当年的长沙东乡寺庙林立，花果园的李公真人庙，赤石河的金龙寺，茅坪附近的洪山庙和成佛庵，枫林港的清源寺，都是民间社戏演出的当然场所。当时所演出的剧种，有流行于乡下民间的皮影戏、木偶戏、花鼓戏，也有盛演于城郭集市的湘戏。当地民众不仅是戏剧活动的欣赏者，还经常是粉墨登场的表演者，一些在民间社会口口相传的经典戏曲传奇，更成了民间信仰与民间精神的重要载体。

田寿昌最早接触到的民间戏剧是皮影戏和木偶戏。据易克勤在《母亲的话》中回忆，亲友中的“向家姊爷”向福生，“就是唱影子戏的，附近农村遇了年节、吉庆，或是还愿，总是他领班子来唱戏”。小寿昌并不满足于看戏，看完了还要着意模仿：“老是嘴里唱呀唱的，身子也学着‘影戏菩萨’的走路姿势。有时偷我们的布壳子学着剪影戏中的人物。……向家姊爷来我家里，寿昌老问他讨‘影戏菩萨’和玻璃脸子。又用竹纸敷起架子在青油灯下自己唱着玩。”

与一般的同龄稚童不同，田寿昌在戏场里最感兴趣的就是看戏，这在易克勤眼里，就成了“读书种子”的出类拔萃之处：“田家的叔叔们都喜欢看戏，又都喜欢寿昌，每逢看戏，叔叔们总爱带寿昌去。我也给了些钱让他买东西吃，他一到

---

① 黑格尔：《美学》第3卷（下册），商务印书馆1986年版，第298页。

庙里，因为人小怕挤，老是靠柱头站着呆看。偶然也由叔叔们抱他坐高凳。……（他）不像别的孩子那样，看戏是第二件事，主要的是到戏场里吃零嘴。还有你问他今天看了些什么戏，他常常能说出戏的情节来。有时还会把衣角展动着，巧妙地戏学舞台上的演员的动作。”①

五、辛亥革命时期的“英雄怀汉”

1909年，民主革命的浪潮已经波及中国的内陆农村，一些有志之士开始更加自觉地兴办新学以传播新思想、建设新文化。田寿昌家乡附近枫林港的清源庵，也被改造成一座初等小学。学校教员陈勤初，是寿昌外祖父易道生家的世交，易道生便亲自带着外孙去报名上学：“入学的手续很快办妥了，寿昌住校，每礼拜日回家一次。那时寿昌的同学的陈家、粟家的弟兄们，他们都是所谓书香子弟。但寿昌在读书上也不落人后。”

一年下来，寿昌的学习成绩得到老师们的一致肯定，爱才心切的黄湘澄老师主动推荐寿昌到省城长沙的选升学堂去深造。易克勤自然高兴，懂事的寿昌还通过文字戏法来武装自己的精神面貌并安慰正在浸洗衣服的母亲：

“衣呢？妈妈！”

“浸了。”

---

① 田汉：《母亲的话》，《田汉文集》第15卷，中国戏剧出版社1983年版，第219页。

“对的，妈妈，你放心，我这次一定‘进’了。”①

有湘澄先生的推荐信，寿昌顺利进入选升学堂，到第二个礼拜发作文卷子时，他的写作才华便得到了老师和同学们的一致肯定：“那时国文先生发卷子的次序是按着分数多少而定的。当黄先生抱着一大摞子作文本子上堂的时候，同学们都紧张地望着他的脸。及至他第一个叫到寿昌的名字，许多同学都不免惊异起来，从此再也不敢太看不起这‘小乡巴佬’了。”

选升学堂的师生与当时大多数新式学校的师生一样，是得风气之先的先进人群，是新思潮的受众载体。到了1911年5月“反对铁路国有”的风潮中，选升学堂表现得最为踊跃，态度也最为激烈。同学们在集会演讲之余，还组成一支志愿队帮助“民营”铁路当局修路搭桥，以示对“国有政策”的对抗。

当时已经临近辛亥革命的前夜，随着革命运动的深入和革命情绪的高涨，寿昌与部分同学不再满足于选升学堂的相对保守，而向往于以“朴素刻苦、笃实奋进”著名的修业学校。于是，田寿昌与柳之俊、陈剑五、张伯陵各自改名为田汉、柳英、陈雄、张怀，相伴着到修业中学投考并且全被录取。四个人的名字联在一起，恰好是“英雄怀汉”四个字。

1911年10月10日武昌起义胜利后，湖南方面也随之反

① 田汉：《母亲的话》，《田汉文集》第15卷，中国戏剧出版社1983年版，第255、256页。

正，大清王朝对于大汉民族二百多年的奴役统治宣告崩溃，主宰中国数千年的皇权专制也宣告结束。

10 月 22 日，革命党人焦达峰、陈作新率新军和会党攻占长沙，建立湖南军政府。袁世凯手下的北洋军一度逼近汉口，企图扑灭新生政权，湖南方面派出的援助武汉的新军在荆州打了胜仗，湖南军政府发起祝捷大会，在教育会坪里一下子搭起三个戏台。名伶陈绍益在临时编写的时事新戏《血战荆州》里扮演革命军官，以中国传统戏曲所特有的煽情力量，呐喊出“五千年来，专制恶毒，一旦扫而空……”的时代强音。在当晚参加提灯游行大会的军民中间，这几句唱辞演变为成千上万人共同的呐喊。作为这次祝捷大会的参与者，田汉第一次感受到了戏剧宣传的煽情力量，为他此后百折不挠地致力于戏剧运动和政治宣传埋下了火种。

正是在这种群情振奋的煽情场面与煽情氛围的刺激下，十三岁的田汉与几个同学“以必死的志愿”一道报名参加了学生军。易克勤听说后急忙赶到城里，看望并陪伴费尽了自己的全部心血、寄托着自己的一生希望的宝贝儿子。

有一天，田汉兴冲冲地来到母亲面前，拿着一份《长沙日报》指给母亲看。报纸上刊登着田汉由传统戏曲剧目《三娘教子》改编而成的时事新戏《新教子》，“写一个汉阳之役阵亡军人的寡妻，教训她的儿子继他的父志为国家民族尽力的故事”。从《新教子》中，易克勤感到“那分明也是鼓励作母亲的我"。①

到了1946年，已经成为文艺界的影剧之王的田汉，曾以"招魂"为题发表过一篇文章，大力提倡戏剧界救国救民的"招魂运动"和"效忠运动"②。"招魂"与"效忠"四个字，几乎成了田汉一生当中从事影剧活动和影剧事业的最强有力的主旋律，而《新教子》，就是田汉的第一部"招魂"加"效忠"的戏剧作品，也就是通过母子间的相互"招魂"来"效忠"于国家民族的爱国之作。张耀杰著《影剧之王田汉：爱国唯美的浪漫人生》一书中所概括的田汉影剧的情节模式——"灵肉调和的理想＋爱国唯美的招魂＋理大于情的效忠＋天神救星的拯救＋天理人欲的两全"——在时事新戏《新教子》中，已经初步成型。

（张耀杰：中国艺术研究院话剧研究所研究员。
陈雪：中国艺术研究院话剧研究所助理研究员）

① 田汉：《母亲的话》，《田汉文集》第15卷，中国戏剧出版社1983年版，第267页。

② .《上海文化》，1946年10月1日第9期。

基于《南国》文献的田汉和南国社研究

——兼谈《田汉南国社话剧史料整理及研究》几个问题

李　歆

在中国现代戏剧史上，“田汉和南国社”研究是一个历久弥新的经典议题，而史料的整理和研究一直则是该研究领域的重中之重。相关论著主要分为四个方面：一是田汉的剧作、文集，如《田汉全集》《田汉文集》；二是田汉的年谱、人物传记，如张向华的《田汉年谱》、董健的《田汉传》、田本相、吴戈、宋宝珍的《田汉评传》、刘平的《戏剧魂——田汉评传》等；三是南国社其他相关人物的回忆性著述，如阎折梧编的《南国的戏剧》、陈凝秋的《吼狮——塞克文集》、陈白尘的《五十年集》、赵丹的《地狱之门》等，都记录或提及了南国社的相关演出实践和活动；四是南国社相关史料，如沈仍福所编《南国社大事记》《中国话剧史料集》(中国艺术研究院话剧研究所编)和《广东话剧运动史料集》(中国戏剧家协会广东分会、广东话剧研究会编)也都收录了田汉和南国社办学、演出等方面史料。对相关史料的发掘、搜集和系统性梳理,使“田汉和南国社”研究已形成一批质量较高、卓有成效的研究成果,研究领域拓展到史料以外的其他多种学科,呈现出多元化的研究方法和视角。

然而,回归文献本身,由田汉亲自创办的南国社社刊——《南国》系列期刊,由于出版时间早、种类较多,其间存在停刊、重刊、复刊等多种复杂情况,早期的《南国半月刊》现在已轻易不太得见,甚或逸失。对话剧研究者来说,它们尽管都耳熟能详,但长期以来《南国》文献并未得到较好的梳理及关注,不免为憾。因此,紧扣“田汉和南国社”主题,以《南国》专题文献资料为基础的资料汇编及研究得以酝酿、诞生——《田汉南国社话剧史料整理及研究》即是如此一本研究、资料集子,它几乎完整收录了田汉南国社不同时期出版的刊物,在此基础上,通过《南国》文献来考证“田汉和南国社”这一领域中的一些易被忽略但又很重要的细处,诸如《南国》期刊的出版和影响力情况;南国社的创办、存在、发展、消亡情况;南国社的组织机构和人员管理情况;南国社几次较大规模的公演及社会反响情况等。下文将择其要点一一述之。

一、《南国》系列期刊的再梳理

如前所述，《南国》系列期刊种类较多，停、复刊情况复杂，通常所见较多的是1929—1930年间出版的《南国月刊》和《南国周刊》，而最早于1924年创刊的《南国半月刊》因发行量少、保存难等问题，已鲜见于世。20年代田汉为《醒狮周报》《中央日报》所编的《南国特刊》《摩登》副刊，散落在各期报纸中，亦未能汇集成册，极少为研究者所用。南国艺术学院时期，田汉和南国社同仁不仅着力恢复《南国半月刊》，学院师生还合力办了一种《南国周刊》。此外，南国社公演时期，除单独出版过公演特刊，如《南国社旅京第二次公演特刊》、《摩登月刊》第1卷第2期《南国社公演专号》、《南国周刊》第16期《南国第三期第一次公演特刊》，还曾在《中央日报》、上海《民国日报》、广州《民国日报》、《上海画报》上办过几期《南国特刊》和《南国专号》。现按期刊性质与时间顺序梳理如表1所示[①]。

① 根据《南国》系列期刊、特刊及相关报刊《南国》专刊统计。

表1 《南国》系列刊物一览表

刊名	时间	期数	主编	出版单位	备注
《南国》半月刊	1924.1—1924.3	4	田汉	上海泰东图书局	半月刊，第二期起附《南国新闻》
《南国特刊》	1925.8—1926.3	28	田汉	中国国家主义青年团	《醒狮周报》副刊
《中央日报·摩登》	1928.2.2—1928.3.13	24	田汉	中央日报	《中央日报》副刊
《南国》（不定期）	1928.5—1928.12	2	田汉	南国艺术学院	不定期刊
《南国周刊》	1928.9	1	陈子展	南国书店	周刊
《南国月刊》	1929.5—1930.7	10	田汉	上海现代书局	月刊
《南国周刊》	1929.7	1	田汉	上海现代书局	南国社第二次公演时赠刊

续表

刊名	时间	期数	主编	出版单位	备注
《摩登》	1929.7.20	2	陈明中	摩登社	月刊
《南国周刊》	1929.8—1930.6	16	左明、赵铭彝	上海现代书局	周刊
《南国社旅京第二次公演特刊》	1929.7.6	1	高潮	南国社戏剧部话剧股	特刊
《中央日报·南国特刊》	1929.7.7—1929.7.12	4	田汉	中央日报	特刊
《上海画报·南国戏剧特刊》	1929.7.30	1	田汉	上海画报	特刊
《民国日报·南国社专号》	1929.7.31	1	田汉	上海民国日报	特刊
《南国的戏剧》	1929.7	1本	阎折梧	上海萌芽书店	南国史料合集

为“打破文坛的惰眠状态，鼓动一种清新芳烈的空气”[1]，怀抱宏愿、年轻的田汉与妻子易漱瑜自1922年由日归国，便一同开始筹划创办自己的刊物——1924年1月5日，《南国半月刊》创刊。刊物起名《南国》，并取法文刊名“lemidi”，意为“南方”，因“歌德的《迷娘歌》里曾说到南方是‘橙桔之乡’，是浪漫的青年男女的乐园。”[2]《南国》一期约30页，涵盖文艺创作、评论、简讯、通信等内容，田汉既为主编、主笔，还自行校对、印刷、发行，其早期负有盛名的作品《乡愁》《落花时节》《获虎之夜》（未曾刊完）等都刊登其中。从第二期开始，《南国半月刊》附刊《南国新闻》，“注重各种艺术如戏剧、电影，以及出版物的批评”。[3]南国事业正当起步，如火如荼，惜田汉夫妇二人的经历、财力，独撑这一事业毕竟力不从心，后易女士劳瘁成疾，因病早逝，《南国半月刊》出到第4期只得停刊。

1925年田汉自湖南返沪，获邀在友人左舜生负责的《醒狮周报》主编文艺副刊《南国特刊》，同时也为该刊主笔，《南国特刊》自1925年8月29日创刊，至1926年3月20日停刊，共出28期，但特刊从21—28期刊期有误，最后一期的出版期号为24期。《南国特刊》主要登载剧作、小说、散文、游记、文艺杂语、通讯等，发表了如《黄花岗》（第一、二幕）等剧

① 田汉：《南国宣言》，《南国半月刊》1924年第1期。

② 施蛰存：《南国诗人田汉》，载《施蛰存七十年文选》，上海文艺出版社1996年版，第282页。

③ 田汉：《编辑余谈》，《南国半月刊》1924年第3期。

本以及《从悲哀的国里来》《东西文化及其吃人肉——宗白华归国谈》等文章，这些依然延续了南国戏剧运动前期“艺术之社会化”或“社会之艺术化”的指导思想。

在追寻了一段时间的“银色梦”，经营过“南国电影剧社”事业之后，田汉在执教大夏大学和上海大学期间，继而又为《中央日报》主持《摩登》副刊，自1928年2月2日创刊，至1928年3月13日停刊，共出24期。从这24期《摩登》发表的作品看，田汉一人就超过总篇目半数之多，虽然他在《黄花岗》序言部分提到“黄花岗一直没有写完，《中央日报》出版邓以蛰先生主编《摩登》又以写完此篇为嘱”[①]，表明主编还是邓以蛰，而非学界一直认为的田汉、王礼锡，但田汉无疑是《摩登》的最关键人物。他与一群志同道合的知识分子通过《摩登》塑造了一个“摩登”的观念，思考和探索中国传统艺术的“摩登”转变，这种全新的观念甚至影响了后来南国社的一大部分骨干学生，他们因此独立出来另组“摩登社”，创办的社刊也起名《摩登》，以更“摩登”的精神和态度去实现自己的人生志向与抱负。

1928年田汉在欧阳予倩、徐悲鸿等人支持下创办南国艺术学院，并以学院名义重新出版《南国》期刊。《南国》续《南国》半月刊而出第5、6期，《南国》系不定期刊，因经费困难，出版这两期之后就又停刊。不定期出版的《南国》报道了南国艺术学院的动态，田汉在《复刊之词》称：“觉得单办学校

---

① 田汉：《黄花岗》，《中央日报·摩登》1928年2月4日。

而无杂志以为喉舌，吾党精神无由表见，吾人创作欲无由得到刺戟，于是南国半月刊又与吾新兴之社会相见了”[①]，借此继续宣扬着南国精神，为南国社及其成员提供创作和活动的阵地。田汉还撰写了《南国社的事业及其政治态度》《南国与官府》等文，表明了南国社反抗黑暗统治的决心和信心。

1929 年 5 月，《南国月刊》又续出，田汉在《序〈南国月刊〉》中说：“由这月刊我想慢慢地发表几篇比较有自信的，比较坚实的作品。同时想慢慢地吐露一些我的和我们的文艺观，社会观”。[②] 至 1930 年 7 月，共出 10 期。

同年 8 月，因“月刊太久了，不定期刊更是‘太不定期了’”[③]，于是《南国周刊》创刊，由左明、赵铭彝编辑，至 1930 年 6 月，共出 16 期。

《南国月刊》和《南国周刊》延续并发展了《南国》系列戏剧期刊的宗旨和精神，刊载了大量田汉和南国社社员的戏剧作品、小说、电影、文艺评论；报道南国社的各类公演、活动和组织情况；社员与戏剧界同行的学术见解和往来通信等等。不仅反映了该时期上海、广州等地的戏剧运动开展情况，也见证了田汉等戏剧工作者的思想转变过程。

值得一提的是，《南国》系列期刊中有三种虽同名但不相同的刊物《南国周刊》。包括 1929 年 8 月创刊并连续出版的 16 期《南国周刊》，以及在此之前，1929 年 7 月上海现代书

---

① 田汉：《复刊之词》，《南国》（不定期）1928 年第 5 期。

② 田汉：《序〈南国月刊〉创刊号》，《南国月刊》1929 年第 1 卷第 1 期。

③ 田汉：《序〈南国周刊〉》，《南国周刊》1929 年第 1 期。

局曾单独出版、发行过一期同名刊物《南国周刊》，这是为南国社第二次公演所出的赠书，由南国社编辑，赠印 1 万册给观众。而早在南国艺术学院期间，一批南国社同仁于 1928 年 9 月也创办了一种《南国周刊》，由陈子展负责编辑，南国书店出版，刊登学院师生戏剧作品和交流，以及南国社戏剧运动情况，目前仅见此一期。

《南国》系列戏剧期刊自《南国半月刊》始，包括《醒狮周报·南国特刊》《中央日报·摩登》《南国》(不定期)、《南国月刊》、三种《南国周刊》，以及摩登社的《摩登月刊》和数种南国社公演特刊、专号，《南国》文献几乎伴随田汉、南国社发展和剧运活动的各个时期，尤其是在兴盛时期，它报道了大量社内的活动及组织情况，如上海艺术大学的鱼龙会、南国社的三次重大公演活动等，为研究这个著名的戏剧团体留下了珍贵的史料，在南国社发展的不同阶段扮演、发挥着同样重要的角色与作用。

二、南国社几次重要公演的再考证

南国社在上海艺术大学时期，自“艺术鱼龙会”起，开始进行对外公演及苏浙沪粤等地的一系列旅行公演活动，从 1927 年底至 1930 年 6 月，南国社前后共举办了三次较有规模和影响力的重要公演。

关于南国社的公演活动，前有陈明中、阎折梧两人所做《南国社历届公演确记》、张向华编《田汉年谱》、沈乃福编《南国社大事记》等史料，虽有较高史料和研究价值，不免仍有错漏之处，笔者通过查找《申报》《民国日报》《新闻报》《中央日报》等报上演出广告和《南国》期刊、《南国的戏剧》《田汉全集》等相关史料文献，对南国社历次重要公演再做考证与补充，整理如下页表2所示。

表 2　南国社历次重要公演一览表

日期	演出剧目	演出时间	演出地点	票价	备注
1927.12.18	《名优之死》《苏州夜话》《江村小景》《到何处去》《画家与其妹妹》《烧鸭子》《爸爸回来了》	晚八时起	上海善钟路上海艺术大学小饭堂	试演招待	“鱼龙会”试演招待（见《申报》新闻）
1927.12.19—24	除试演日剧目外，加演《父归》《生之意志》《未完成的杰作》等剧，另有新编京剧《潘金莲》	晚八时起	上海善钟路上海艺术大学小饭堂	票价不详	“鱼龙会”正式对外公演（见《申报》新闻）
1928.1.7	《潘金莲》	晚	上海天蟾舞台	票价不详	南国社加演《潘金莲》
1928.4.17—21	《苏州夜话》《湖上的悲剧》《父归》《未完成的杰作》《白茶》	晚	杭州湖滨运动场	票价不详	南国社旅杭公演

续表

日期	演出剧目	演出时间	演出地点	票价	备注
1928.6.9—11	《父归》《湖上的悲剧》《未完成的杰作》《桃花源》等	晚	上海西爱咸斯路南国艺术学院内小剧场	票价不详	南国艺术学院举行小剧场公演
1928.12.15	日场:《苏州夜话》《最后的假面》《生之意志》《名优之死》。夜场:《苏州夜话》《名优之死》《古潭里的声音》《湖上的悲剧》	日场：下午二时起。夜场：下午七时起	上海西门方浜路梨园街梨园公所	每场一律小洋六角	南国社第一次话剧大公演，另有本社乐队奏乐（见《申报》《新闻报》广告）
1928.12.16	日场:《苏州夜话》《名优之死》《生之意志》《湖上的悲剧》。夜场:《湖上的悲剧》《古潭里的声音》《生之意志》《名优之死》加演《迷娘》	日场：下午二时起。夜场：下午七时起	上海西门方浜路梨园街梨园公所	每场一律小洋六角	

续表

日期	演出剧目	演出时间	演出地点	票价	备注
1928.12.17	夜场:《古潭里的声音》《湖上的悲剧》《生之意志》《名优之死》	日场：下午二时起。夜场：下午七时起	上海西门方浜路梨园街梨园公所	每场一律小洋六角	
1928.12.22	除原有各剧外，加演《白茶》《未完成之杰作》两剧	日场：下午二时起。夜场：下午七时起	上海西门方浜路梨园街梨园公所	每场一律小洋六角	南国社第一次公演加演（见《申报》新闻广告）本社于前星期六起公演三日夜。荷蒙各界之观众之爱好，每场均拥挤不堪，致向隅者甚众。本社引以为歉。兹以各方纷纷函邀或面请续演，经本社执行委员会决议，爰定于二十二（星期六）二十三（星期日）续演日夜各两场。

续表

日期	演出剧目	演出时间	演出地点	票价	备注
1928.12.23	除原有各剧外，加演《白茶》《未完成之杰作》两剧	日场：下午二时起。夜场：下午七时起	上海西门方浜路梨园街梨园公所	每场一律小洋六角	
1929.1.16	《苏州夜话》《名优之死》《古潭里的声音》《湖上的悲剧》《父归》	晚六时	南京半边街通俗教育馆	试演招待	南国社赴南京第一次公演试演
1929.1.17—22	除试演剧目外，增加《生之意志》《颤栗》《最后的假面》《未完成的杰作》	晚	南京半边街通俗教育馆	票价不详	南国社赴南京第一次正式公演
1929.1.23—24	《生之意志》《颤栗》《苏州夜话》《一文钱》《新村之夜》	晚	南京晓庄师范学院内	学校交流演出	南国社在晓庄师范演出

续表

日期	演出剧目	演出时间	演出地点	票价	备注
1929.3.7—12	《屏风后》《车夫之家》《湖上的悲剧》《苏州夜话》《生之意志》《颤栗》《名优之死》《未完成之杰作》《空与色》《强盗》《刺虎》《人面桃花》	每晚八时起	广州大佛寺国民体育会	一元至两元，均依号入座	南国社新话剧部旅粤公演（3.7—3.12）舞台监督：田汉；舞台装置及灯光：田洪，邵知归（见《广州民国日报》）
1929.7.6	《南归》《沙乐美》	每晚七点三十分至十一点三十分	南京大中桥半边街通俗教育馆	试演招待	南国社第二次旅京公演试演（见《中央日报》）
1929.7.7	《南归》《湖上的悲剧》《沙乐美》	每晚七点三十分至十一点三十分	南京大中桥半边街通俗教育馆	一律小洋六角，孩童恕不招待	南国社第二次旅京正式公演（见《中央日报》）

续表

日期	演出剧目	演出时间	演出地点	票价	备注
1929.7.8	《南归》《湖上的悲剧》《沙乐美》	每晚七点三十分至十一点三十分	南京大中桥半边街通俗教育馆	一律大洋一元，孩童恕不招待	本社此次来都，原欲充分与首都民众接近。但天气炎热，而场小人多，不独戏剧之空气难于造成，且影响观众卫生，极为抱歉。万不得已，仍将票位提至第一次公演同价（一元）。虽稍有限制然真同情南国者当能相谅也
1929.7.9	《强盗》《沙乐美》《湖上的悲剧》	每晚七点三十分至十一点三十分	南京大中桥半边街通俗教育馆	一律大洋一元	

续表

日期	演出剧目	演出时间	演出地点	票价	备注
1929.7.11	7.11:《公园之夜》《强盗》《第五号病室》《火之跳舞》	每晚七点三十分至十一点三十分	南京大中桥半边街通俗教育馆	一律大洋一元	
1929.7.13	《南归》《第五号病室》《火之跳舞》	每晚七点三十分至十一点三十分	南京大中桥半边街通俗教育馆	一律大洋一元	
1929.7.14	《古潭里的声音》《火之跳舞》《第五号病室》《沙乐美》	每晚七点三十分至十一点三十分	南京大中桥半边街通俗教育馆	一律大洋一元	本日为旅京公演之最后一天，准午前十时起售票以售完四百座为限，迟到者将错过时机，特此奉告
1929.7.17	《古潭的声音》《颤栗》《南归》《一致》	晚	无锡中学礼堂		南国社旅锡公演（见《锡报》《新无锡》）

续表

日期	演出剧目	演出时间	演出地点	票价	备注
1929.7.18	《南归》《一致》《垃圾桶》《太湖的黄昏》	晚	无锡中学礼堂		
1929.7.28	《南归》《一致》《追慕》，《强盗》或《沙乐美》	午后八时起	上海宁波同乡会	一律大洋一元	南国社戏剧部话剧股第二次上海公演（见上海《民国日报》）
1929.7.29	《追慕》《南归》《一致》《强盗》或《沙乐美》《古潭的声音》	午后八时起	上海宁波同乡会	一律大洋一元	
1929.8.3	《湖上的悲剧》《强盗》《沙乐美》	午后八时起	上海宁波同乡会	一律大洋一元	
1929.8.4	《南归》《第五号病室》《沙乐美》	午后八时起	上海宁波同乡会	一律大洋一元	
1929.8.5	《垃圾桶》《第五号病室》《火之跳舞》《一致》	午后八时起	上海宁波同乡会	一律大洋一元	

续表

日期	演出剧目	演出时间	演出地点	票价	备注
1930.6.11	《卡门》	日场暂停；夜场八时起	上海六马路中央大戏院	一元六角两种	南国社话剧部第三期第一次公演（见上海《民国日报》）
1930.6.12	《卡门》	日场三时起；夜场八时起	上海六马路中央大戏院	一元六角两种	
1930.6.13	《卡门》	日场三时起；夜场八时起	上海六马路中央大戏院	一元六角两种	

南国社的历次公演，既有免费公益或交流演出，也有商业性演出与经营。这是社团成立之初就不得不接受的一个现实，和南国社的创始人和领导人田汉坚持要做一个“在野”的文人和戏剧家不无关系。在社团成立之初田汉就下定决心一不依靠富豪赞助，二不依靠官府养活。而他自己却不是一个富人，凭着一些稿费艰难创业，甚至经常缺粮，受到诸多朋友的帮助和补给。在这样的背景下，只有进行商业演出才能以此养活社团，这是南国社保持独立、自由的唯一出路。事实证明，南国社也的确是这样做的。

通过对历次南国社演出情况的整理、统计，我们可以得出以下几点：第一，南国社的戏剧在当时有一定市场，也有一定市场化经营。其演出票价从几角到大洋一元不等，并针对市场反响情况，有加演和提价的策略行为。这既与南国社一般面向于有一定经济实力和受教育程度的观众定位有关，也与相较于“机关布景、五彩电灯”的旧戏，南国戏剧内容更丰富精彩、演出更真实有趣、舞台更现代精美有关。一元的票价以当时的物价水平来说，已超出了普通老百姓的正常消费水平，“第一票子卖得那么贵（票价一元）……我看那些在中的观众，除了我们几个寒酸刺眼的丘八外，多半是些豪富的先生奶奶……”①从这个名叫章冠群的观众给田汉的书信中，很能看出相关问题。第二，无论有无意识，田汉和南国社也注意自身的广告宣传。从南国社公演时常于《申报》《新闻报》

① 章冠群：《一个二等兵的信》，载《南国的戏剧》，萌芽书店1929年版，第208页。

《民国日报》等报上登广告的行为，到作为公众人物和文艺领袖的田汉并不完全拒绝其他社团甚至政府机关的邀约安排和应酬，以及南国社诸多成员以《南国》期刊、特刊和其他报刊为阵地、采取多种形式的评述和报道、宣传，这是南国社公演具有相当商业色彩的一面。第三，南国社的演出总体说来社会反响虽不错，却因为社团的“在野”和不完全商业化性质，以及对人员和组织管理的不够稳定而经常出现资金短缺问题，可谓发展曲折、维持不易，这一特点在当时的戏剧团体中显得格外突出。如演出的资金通常先来源于自筹经费，演出剧场通常也是选择了位置较偏、并不豪华的小剧场。为了 1928 年 12 月第一次在沪公演，田汉母亲“她老人家为了供给社员的伙食，把她唯一的氅裘都当掉了，这样的寒天穿着一件没有半斤棉花的袄子。”① 而在 1929 年 7 月底到 8 月初的第二次上海公演期间，南国社尽管好评依旧却突然停演了几日，当时报上刊登了紧急启事说明，其原因有三：“（一）时在暑假社员行动多不自由。（二）演员发生变动，临时补充，于艺术的良心有愧。（三）入不敷出，难于支持。”② 种种因素，造就如此颇具特色、旗帜鲜明的南国社及南国社公演。

三、南国社组织结构和人员管理的再探讨

依田汉《我们的自己批判》一文所述，南国社的发展阶

① 田汉：《我们今年的戏剧运动》，《田汉全集》（第 15 卷），花山文艺出版社 2000 年版，第 12 页。

② （广告）《南国社紧要启事》，《申报》1929 年 7 月 30 日。

段分为：《南国》半月刊时代、《南国特刊》时代、南国电影剧社时代、南国在南京总政治部时代、南国在艺术大学时代、南国艺术学院时代和南国社时代。

南国社自创办之初，其创办者田汉就已是在文艺界崭露头角的留日精英。至南国社正式定名时，该社已具有较大的规模和影响力，仅管理层若干人就颇具社会名望。南国社的成员组成阶层和来源复杂，个性强烈、特点突出，流动性较大。“南国社的成分，大半是各大学的教授、学生及新闻记者等知识分子。”[①] 既有从上海艺术大学、南国艺术学院留下来的学生，如陈明中、陈白尘、郑君里、金焰等，也有新加入的有志青年，如俞珊、黄白英等；有当时电影界的名导演万籁天，也有中国戏剧的传奇人物唐槐秋；有留美归来的大学教授洪深，也有欧阳予倩、周信芳等戏剧界的翘楚。来自五湖四海的社员和始终保有“在野”文人气质的田汉，使得南国社由始至终基本上保持了自己的独立性。

参考《我们的自己批判》一文及《田汉年谱》《南国》系列期刊等相关史料文献，笔者再将南国社的发展历程、组织结构及相关人员构成情况分为南国社萌芽时期、南国电影剧社时期、赴南京总政治部任职时期、南国电影剧社改组南国社时期、南国社发展新时期五个阶段，如表 3 所示。

---

① 田汉：《南国社的事业及其政治态度》，《南国周刊》1929 年第 1 期。

表 3　南国社组织机构和主要人员一览表

发展阶段	机构设置	机构性质	机构地址	主要成员
南国社萌芽时期（1924.1—1926.3）	无	自由的个人团体	上海哈同路民厚北里 406 号	田汉、易漱瑜、田洪、田沅
南国电影剧社时期（1926.4—1927.4）	事务部、剧务部	组织不严密，缺乏市场运作	上海斜桥徐家汇路 10 号；后迁至蒲石路 64 号	田汉、唐槐秋、顾梦鹤、姚肇里、唐琳、唐越石、吴家瑾、阿土、叶鼎洛、陈望道、左舜生、宗白华、黎锦晖、田沅、李金发、傅彦良、周越然、林祖烈、明增龄、唐有壬、徐公美、张梦九、谢六逸、欧阳南杰、钟华锷等人
赴南京总政治部任职时期（1927.5—1927.8）	电影股、戏剧股	挂靠于政府下的文艺机构	南京	田汉、欧阳予倩、唐槐秋、吴家瑾、唐琳、易素、王泊生、吴瑞燕、杨泽蘅、黄玉如、严与今等人

续表

发展阶段	机构设置	机构性质	机构地址	主要成员
南国电影剧社改组南国社时期（1927.8—1928.10）	电影部、文学部、音乐部、绘画部、出版部	组织结构松散，人员流动性强	上海西爱咸斯路371号	田汉、欧阳予倩、徐悲鸿、洪深、唐槐秋、顾梦鹤、周信芳、孙师毅、陈子展、王礼锡、叶鼎洛、黄芝冈、汪馥泉、徐志摩、万籁天、陈白尘、陈明中、赵铭彝、阎折梧、刘雯卿、朱维基、陈凝秋、左明、廖沫沙、陈幻侬、张慧灵、陆惠之、黄蔓岛、吴似鸿、陈万里、金焰、郑君里、魏中、陈秋澄、裘诒园、吴湄、林千叶、吴家瑾、易素、唐叔明、王素、艾霞、杨泽蘅、叶翼衔、欧笑风、田洪、田沅、辛汉文、吴作人、吕霞光、刘菊庵、刘艺斯、张谔、张曙、严工上、李杰民、黄志尚、蒋光慈等人

续表

发展阶段	机构设置	机构性质	机构地址	主要成员
南国社发展新时期（1928.10—1930.9）	总务部、文学部、戏剧部、绘画部、音乐部、出版部、影片部	组织结构初具规模，人员管理加强，但仍为独立的自由的民间职业文艺团体	上海金神父路日晖里41号	田汉、唐槐秋、万籁天、左明、周信芳、欧阳予倩、张本清、严工上、王芳镇、左明、万籁天、赵光涛、王平陵、欧阳予倩、洪深、孙师毅、陈子展、黄芝冈、陈白尘、陈明中、赵铭彝、阎折梧、廖沫沙、刘雯卿、陈凝秋、姜敬舆、许德佑、萧崇素、谢家崧、金焰、郑君里、吴家瑾、易素、唐叔明、王素、张慧灵、吴似鸿、艾霞、杨泽蘅、黄大琳、田洪、田沅、辛汉文、吴作人、吕霞光、刘菊庵、刘艺斯、张谔、张曙、冼星海、谢伟棨、俞启威、黄白英、俞珊、谢岳章、胡萍、李尚贤、杨秀鹤、周存宪、康白珊、姚素贞、凤子、安娥、钱杏邨、蒋光慈等人

虽然田汉在创立南国社之初及后来的戏剧活动探索过程中，逐步明确了南国社在文艺领域内覆盖面较全的发展方向，但事实上除了话剧公演、戏剧运动以及《南国月刊》《南国周刊》两种南国社刊物基本得以按计划推进、执行外，在南国社改组成立大会和执行委员会上确立的其他各项均未能完全办到，最终也没能拍成一部电影、开成一家书店、办成一个戏剧理论研究室，甚至绘画部后期和音乐部几乎从未有过活动，南国画会和南国音乐会也似乎一直处于田汉的“计划”中。管理的松散、组织的不严密和成员的不稳定性，这是南国社人“波希米亚”风格的延续，可能也是之后南国社在戏剧演出方面取得突出成就的一个重要因素。保持独立又兼容并包的特色，令南国社与其他文艺社团相比起来，显得那么与众不同。

南国社是一个职业的文艺社团，它的专业化、职业化发展成就斐然。但它又是非营利性的，且不隶属于任何一个政府或机构，其资金主要来源于艺术家和社员们的个人资助及演出收入。南国社的成员在从事南国事业和投身于南国社的艺术运动同时，还干着各种各样的工作，甚至以工作收入补贴他们的艺术理想。可以说，南国社实际上是一个由诸多文艺界人士共同参与、支撑起来的，独立于政府和资本的民间职业艺术人团体。

正如南国的老社员陈明中所言：“南国的同志只要各具专长，能与时代共痛痒，同呼吸，在艺术的立场与认识不相背驰，都可以共同努力合作。这是南国的真面目。”①

上海是田汉和南国社主要活动地区，《南国》文献基本在上海出版、发行，是田汉和南国社同仁的直接宣传阵地，是研究“田汉和南国社”这一领域的重要史料文献。在中国二三十年代话剧运动和南国社艺术活动中，《南国》系列期刊不仅仅是参与其中，更是为整个戏剧运动起到呐喊和指导的关键性作用。它们和主创人田汉先生一样独树一帜，如锦簇繁花，展现出了“南国”独有的卓尔不群的精神和巨大影响力。

《田汉南国社话剧史料整理及研究》的出版，或能给田汉与南国社相关研究的深入展开提供一定的线索和资料帮助。文献是许多学科研究开展的基础，对戏剧文献的有效发掘、使用，并以此展开研究，之于戏剧学科的建设同样是一个不可或缺的基础环节。借助《南国》及其他话剧文献，期待更多研究者不仅可以真实还原田汉和南国社的戏剧创作、戏剧教育、演出活动及戏剧运动等情况，还对话剧发展史的丰富延展、深入研究有所突破，收获更为丰硕的成果。

（李歆：上海戏剧学院图书馆馆员）

① 陈明中：《余话》，《摩登》1929年1卷1期。

专题报道二

走在田汉研究的大道上

——"纪念田汉先生诞辰120周年学术研讨会"在京举行

光明日报

2018年，是中国新文化运动涌现出的百科全书式的文化巨匠——田汉先生诞辰120周年。11月17—18日，由中国文联、中国艺术研究院主办，中国艺术研究院话剧研究所和戏曲研究所、中国田汉研究会联合承办的"纪念田汉先生诞辰120周年学术研讨会"在中国艺术研究院隆重举行，深切缅怀田汉先生在革命文艺事业中的光辉业绩，全面总结他在先进文化发展中的历史贡献，深入探索他追求人类文明进步的时代启示。中国艺术研究院副院长祝东力和中国田汉研究会会长周光主持了这次研讨会。中国艺术研究院院长、党委书记、中国非物质文化遗产保护中心主任韩子勇出席并讲话。

田汉的世界是辽阔壮美的，他从长沙走向世界，贡献了中国智慧，为中国人民赢得了世界声誉。作为杰出的无产阶级文化战士、中国现代革命文艺的先驱者、中国话剧运动的重要奠基人、戏曲改革的开拓者、中国早期革命音乐和电影事业的优秀组织者和领导人、中华人民共和国国歌的词作者，田汉一生叱咤风云、浓墨重彩、硕果累累。“命为生民立，人为诗剧生”：2000余首诗词，近200首歌曲，90余部话剧、歌剧、戏曲剧作，30余部电影作品，还有数百篇理论、评论、翻译文章，洋洋洒洒，蔚为壮观，不仅在中华大地上影响深远，还让中国精神、中国作风、中国气派走向世界，为不同文化的共生共荣、交流互鉴作出杰出的贡献。

韩子勇在讲话中深情追忆了田汉先生70年的人生历程，高度肯定了田汉先生宽广的文化胸襟和探索创新的艺术品格，诚挚讴歌了他秉承民族良知、捍卫国家利益、坚持艺术理想的辉煌业绩，鼓励新时代文艺工作者学习其真诚的报国志向、总结其丰富的思想资源、弘扬其高尚的文化精神，在习近平新时代中国特色社会主义文艺思想的引领下，潜心文艺事业，不驰于空想、不骛于虚声，与时代同行，与人民同心，一步一个脚印，开创新格局，干出新业绩，为提升国家文化软实力、实现中华民族伟大复兴的中国梦、推动构建人类命运共同体奉献应有的光和热。祝东力进一步强调，田汉先生不是一个书斋里的艺术家，而是时代洪流中的开拓者和奋勇者，他热情似火、披荆斩棘、开拓进取，他的成功不仅得力于文艺上的独特创造，更得力于身上永不泯灭的深刻的家国情怀和天下情怀，这是对每一个文艺工作者都弥足珍贵的时代启示。

这次研讨会高效务实、成果丰硕，来自全国各地的五十多名专家学者，围绕着“田汉先生的历史价值及其当代文化启示”这一主题各抒己见，敞开对话。他们或是茹古涵今、纵横驰骋；或是高屋建瓴、大气磅礴；或是擘肌分理、深耕细作，无不激荡着学术光辉，高扬着文化自信，创造和演绎了一场精彩纷呈、高潮不断的田汉世界探秘之旅。

中国艺术研究院戏曲研究所研究员王安奎就田汉的戏曲美学思想及其戏曲改革实践问题，发表了自己的观点。中国戏曲与古希腊悲喜剧、印度梵剧并称为世界三大古老的戏剧文化，其中，中国戏曲是唯一不曾断裂且存活至今的戏剧样式。他认为，应该把戏曲这一宝贵的文化遗产放在具体的历史语境下剖析其美学思想和文化价值。我们今天纪念田汉先生，应该在他美学思想的指导下，继续加快戏曲改革发展的步伐，争取创造出一片新天地。而且，土生土长的戏曲和作为舶来品的话剧有长期合作的传统，田汉的戏剧作品，就是你中有我、我中有你的典范之作，为世界戏剧史贡献了中国特色，值得海内外文艺工作者深耕细研并加以借鉴。

中国艺术研究院话剧研究所所长、博士生导师宋宝珍从抗战时期田汉的一首诗“演员四亿人，战线一万里。全球作观众，看我大史戏”切入，论述了田汉戏剧创造的时代特色与艺术成就。她认为正是基于田汉卓尔不凡的肝胆、气魄和胸襟，才成就了其一生的伟大事业。虽然田汉已经离开我们半个世纪，但其精神不倒，斗志永在。他在文艺领域的贡献，为我们创造了一片风清气正、山河隽秀的文艺生态。其戏剧批评的诗性智慧，也必将在人类戏剧史、艺术史上闪烁着永恒的光芒。

中国田汉研究会副会长兼秘书长、田汉研究专家郭超针对多年来田汉研究的现状，从学理的深度和时代的高度，全面论述了田汉的历史贡献和历史地位。其主要聚焦于田汉精神对中华民族精神的贡献、田汉文艺思想与艺术实践活动对建设中国新文艺事业的贡献。他呼吁文化界必须尽快组建一支高水平的田汉研究队伍，深化细化田汉研究的各项工作，加强田汉研究的数据库建设，创立田汉学新学科，推动田汉研究迈上新的台阶。

对田汉世界的探秘，《中国文化报》周刊中心主任杨晓华另辟蹊径。他从国家伦理和个人价值冲突的角度剖析了田汉深邃复杂、苦难深重的现实际遇。田汉的一生，始终激荡着民族命运与个体命运的文化冲突，这也造成了其深刻的人生悲剧。从马尔塞所提供的解放美学的观点看，一个忠于民族解放目标的艺术家所从事的是远比政治和经济的当下目标更根本和更长远的美学解放事业，以田汉为代表的一大批美学解放先驱们的历史贡献，在这样的时代境遇下应当更加彰显。田汉不仅是一座山，更绵延出一条山脉，以他为代表的一批批文化英雄前仆后继，支撑了民族精神大厦的历史性建构，直到今天，这种建构越复杂，我们越需要探寻和追问，这也许是不断向田汉学习和致敬的原因所在。

研讨会上，97 岁高龄的老一辈戏剧家胡可发来书面发言。中国传媒大学教授周华斌，中国社科院研究员刘平，国防大学教授欧阳维，南京大学教授陆炜，浙江大学教授胡志毅，中央戏剧学院教授夏波、张殷、胡薇、陈珂，上海戏剧学院教授陈军，中国戏曲学院图书馆馆长谭铁志，中国戏曲学院教授谢柏梁，中国艺术研究院研究员谢雍君，广西师范大学教授黄伟林，中国唱片集团总经理、中国戏剧出版社社长樊国宾，学苑出版社副社长潘占伟，《艺术评论》执行总监郭翠君，《中国文艺评论》副主编胡一峰，《人民日报》高级记者李辉，北京市档案馆研究员杨红军，北京楷模剧社剧作家霍秉全，上海戏剧学院图书馆员李歆等分别做了主题发言。

这次学术研讨会，对于研究和弘扬田汉先生的崇高精神风范和丰厚的思想文化遗产，推动中华优秀传统文化创造性转化、创新性发展，进一步繁荣新时代文艺事业，建设中国特色社会主义文化，探究如何运用中国智慧打造人类命运共同体等，都具有重要意义。田汉的世界，是一个永不枯竭、取之不尽的宝藏。走进田汉的世界，方知厚实博大、恢宏磅礴；走出田汉的世界，定要征途如虹、纵横艺海。田汉研究永远在路上，随着岁月的更迭、时代的呼唤，定会硕果不断，异彩纷呈。

（光明融媒记者苏丽萍 通讯员康海玲）

编 后 记

2018年是田汉诞生120周年和逝世50周年，由中国文联、文化和旅游部联合主办，中国戏剧家协会、文化和旅游部艺术司、中国田汉研究会、田汉基金会联合承办的“纪念田汉诞辰120周年座谈会”在人民大会堂隆重举行；由中国文联、中国艺术研究院联合主办，中国艺术研究院话剧研究所和戏曲研究所、中国田汉研究会联合承办的“纪念田汉先生诞辰120周年学术研讨会”，在中国艺术研究院举行。

在田汉研究进程中，2018年是一个重要的年份：中国田汉研究会在中国文联和田汉家乡的支持下，编辑出版了《田汉画册》；发起在北京、长沙、上海、南京、桂林等地建立“田汉研究史料文献数据库”总库和专题库；吸收高校和研究院所的学者以及青年戏剧工作者入会，壮大了“田汉研究”队伍；启动了建立“田汉学”学科的筹备工作。

本辑收录了纪念座谈会的领导讲话和各界代表的发言；收录了学术研讨会的领导讲话和依据多位专家学者审稿意见所推荐的论文；收录了《中国艺术报》对纪念座谈会和《光明

日报》对学术研讨会的专题报道。

本辑的编辑，得到了中国戏剧出版社和中国艺术研究院话剧研究所同仁的大力支持，谨此致以衷心的感谢。

中国田汉研究会、田汉基金会

2019 年 8 月